I0759019

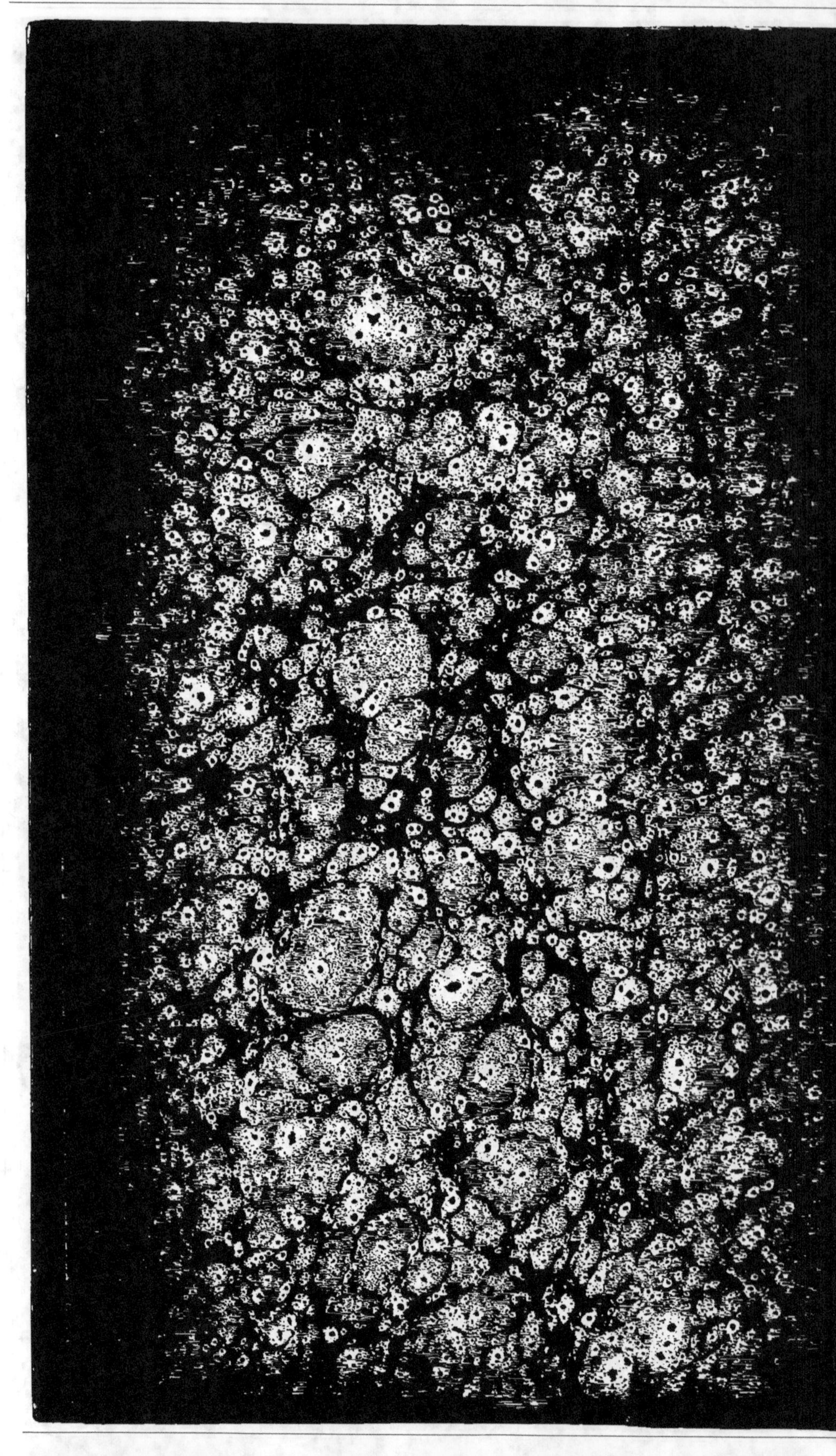

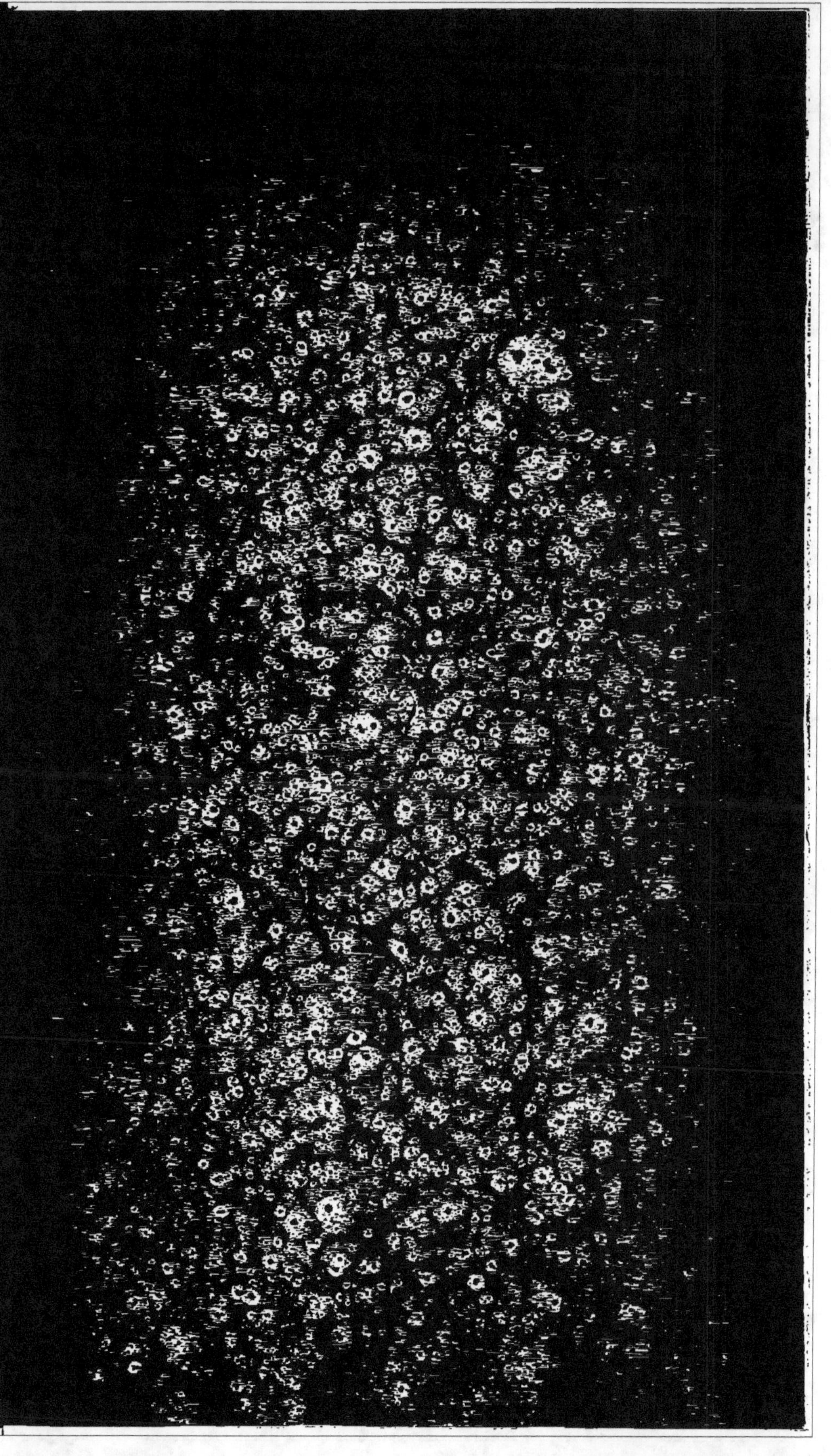

LA
CAMPAGNE D'ITALIE
DE 1859

PARIS. — IMPRIMERIE DE CH. LAHURE ET Cⁱᵉ
Rues de Fleurus, 9, et de l'Ouest, 21

LA
CAMPAGNE D'ITALIE
DE 1859

CHRONIQUES DE LA GUERRE

PAR LE BARON

DE BAZANCOURT

APPELÉ PAR ORDRE DE L'EMPEREUR A L'ARMÉE D'ITALIE

avec

le **Plan du champ de bataille de Solferino**
et la **Carte** générale des opérations militaires

TOME DEUXIÈME

TROISIÈME ÉDITION

PARIS

AMYOT, ÉDITEUR, 8, RUE DE LA PAIX

—

M DCCC LXII

Reproduction interdite. Droits de traduction réservés

LIVRE PREMIER

LIVRE PREMIER.

CHAPITRE PREMIER.

I. — Avant de suivre la marche de l'armée alliée vers
la capitale de la Lombardie et de retracer les événements qui suivirent la glorieuse journée de Magenta, il
est important de nous occuper des deux corps d'armée
indépendants qui manœuvraient, chacun dans une direction différente.

Ces deux corps concouraient, l'un par sa présence
dans l'Italie centrale, l'autre par une course hardie
sur le flanc droit des Autrichiens, à l'ensemble général
du plan d'opérations combiné par l'Empereur. — S'il ne
leur était pas donné d'agir de concert avec l'armée
principale, ils n'en étaient pas moins efficacement utiles
par les inquiétudes permanentes que tous deux causaient à l'ennemi.

Lorsque l'Empereur avait transporté son quartier
général à Alexandrie, le prince Napoléon, nous l'avons
dit, restait à Gênes pour compléter l'organisation de

son corps d'armée, composé presque en totalité de troupes venues d'Afrique (1).

II. — Nous avons déjà vu le 3ᵉ zouaves se détacher sur Bobbio pour maintenir les communications avec notre base essentielle d'opérations et couvrir la vallée de la Trebbia, par laquelle elles pouvaient être soudainement coupées.

Des considérations à la fois politiques et militaires commandaient d'occuper la Toscane.

Devant l'agitation des esprits, le grand-duc avait quitté ses États. Deux envoyés toscans s'étaient rendus auprès de l'empereur Napoléon III, et lui avaient demandé l'envoi d'un corps de troupes pour sauvegarder leur territoire contre l'envahissement des Autrichiens, qui se montraient par les défilés de la montagne, très-près de l'extrême frontière du duché.

(1) *Ordre du jour du prince Napoléon, au 5ᵉ corps de l'armée d'Italie :*

Soldats du 5ᵉ corps de l'armée d'Italie !

« L'Empereur m'appelle à l'honneur de vous commander. Plusieurs d'entre vous sont mes anciens camarades de l'Alma et d'Inkermann. Comme en Crimée, comme en Afrique, vous serez dignes de votre glorieuse réputation. Discipline, courage, ténacité, voilà les vertus militaires que vous montrerez de nouveau à l'Europe, attentive aux grands événements qui se préparent. Le pays qui fut le berceau de la civilisation antique et de la renaissance moderne, va vous devoir sa liberté ; vous allez le délivrer à jamais de ses dominateurs, de ces éternels ennemis de la France dont le nom se confond, dans notre histoire, avec le souvenir de toutes nos luttes et de toutes nos victoires.

« L'accueil que les peuples italiens font à leurs libérateurs témoigne de la justice de la cause dont l'Empereur a pris la défense.

« Vive l'Empereur ! vive la France ! vive l'indépendance italienne ! »

Le prince commandant en chef le 5ᵉ corps de l'armée d'Italie,
NAPOLÉON (JÉRÔME).

Le 17 mai, le prince Napoléon recevait de l'Empereur une lettre autographe qui lui prescrivait de s'embarquer avec la division Uhrich pour Florence, en passant par Livourne. — La division d'Autemarre, momentanément détachée du 5ᵉ corps, devait continuer son mouvement sur l'extrême droite de la ligne française.

« L'apparition à Florence d'un corps d'armée dont on ignore le nombre, et qu'il faudra même grossir (écrivait l'Empereur au prince Napoléon), produira un grand effet et forcera les Autrichiens à se diviser. »

Le prince devait prendre sous son commandement supérieur toutes les troupes italiennes et toscanes; ses avant-postes devaient être établis sur les routes de Modène et de Bologne.

III. — Mais la division Uhrich n'était même point encore en totalité prête à partir de France. Le prince Napoléon se rend à Alexandrie pour en informer l'Empereur, et aussitôt le télégraphe porte à Toulon l'ordre d'expédier au plus vite cette division sur Livourne.

L'Empereur, dès qu'il aura rejeté les Autrichiens au delà du Tessin, a l'intention de réunir alors les deux divisions du 5ᵉ corps, et de leur donner, pour rendez-vous commun, Modène en ce moment occupé par l'ennemi.

Déjà deux escadrons du 8ᵉ hussards quittent Gênes. Ces deux escadrons doivent être suivis par la brigade entière du général de Lapeyrouse, composée du 6ᵉ hussards, sous les ordres du colonel de Valabrègue, et du

8ᵉ **hussards**, sous les ordres du colonel de Fontenoy ; ils se rendent à Livourne (1).

IV. — Le voisinage des États du Pape et la question de la neutralité du territoire pontifical devaient rendre très-délicate la position du prince en Toscane.

Les instructions qu'il recevait de l'Empereur étaient précises.

« Ne rien faire contre Bologne ni contre les États pontificaux, tant que les Autrichiens n'auront pas violé la neutralité ; et, dans ce cas, expliquer par une proclamation l'entrée des troupes sur le territoire pontifical. »

(1) *Livourne.* — Ville du grand-duché de Toscane, sur les bords de la Méditerranée, à 20 kilom. S. S. O. de Pise et à 64 kilom. O. S. O. de Florence. 83 000 habitants. Port militaire de la Toscane.—Grand entrepôt de commerce entre l'Italie, l'Europe occidentale et le Levant, Livourne est un point de relâche pour les paquebots entre Marseille et les côtes d'Italie. Au XIIIᵉ siècle, ce n'était qu'un village, au XVᵉ qu'une escale habitée par quelques marins; Livourne appartint à la république de Pise. En 1403, le maréchal Boucicaut l'occupa au nom de la république de Gênes. Il fut cédé aux Florentins par les Génois en 1421. C'est aux princes de la maison de Médicis que Livourne doit ses fortifications et les priviléges qui ont contribué à sa prospérité en y attirant les négociants de toutes les nations. Cette ville a souffert d'un tremblement de terre en 1742; en 1604, sa population fut décimée par la fièvre jaune. La nouvelle enceinte de Livourne a été élevée de 1835 à 1838.

Son port, créé par Ferdinand Iᵉʳ, grand-duc de Toscane, est défendu par des fortifications bien combinées. Il a environ 600 mètres de long sur 400 de largeur, et est protégé par un môle qui s'avance dans la direction N. N. O. Il communique par un canal assez étroit avec une darse ou bassin intérieur qui ne reçoit que de petites embarcations. L'entrée de la darse est fermée par une chaîne attachée, d'un côté, à la vieille forteresse, de l'autre, à la pointe du môle intérieur. L'eau est peu profonde. En 1853, ont commencé les travaux de construction d'un nouveau port destiné à recevoir des bâtiments de haut-bord sous la direction d'un ingénieur français, M. Poirel.

Le duc de Gramont, ambassadeur de la cour de France à Rome, est aussi arrivé à Alexandrie. — Après une conférence avec ce diplomate, les décisions suivantes sont notifiées au prince commandant le 5e corps.

« Alexandrie, 18 mai 1859.

« Il est déclaré au Gouvernement pontifical que nous considérons comme une des obligations découlant de la neutralité, celle, pour les Autrichiens, de ne pas augmenter d'un seul homme leurs garnisons à Ancône et à Bologne.

« Cela fait, toute augmentation constituera, à nos yeux, une violation de la neutralité pontificale.

« Il en sera de même :

« Si les Autrichiens font, dans les États pontificaux, des réquisitions destinées à leur armée, hors des États pontificaux ;

« S'ils y dirigent une partie quelconque de l'armée d'occupation.

« S'ils modifient, en quoi que ce soit, l'état de leurs forces dans les États romains, prenant pour point de départ l'état de leur armée d'occupation, tel qu'il était au jour de l'acceptation de la neutralité pontificale.

« Il va sans dire que l'état de siége, fait sans la demande du gouvernement pontifical, constitue également une violation de la neutralité pontificale, attendu qu'elle substitue l'autorité absolue de nos ennemis à l'autorité neutre des fonctionnaires pontificaux. »

V. — Le 20, le général Coffinières, commandant en chef le génie du 5e corps, part avec son état-major pour Livourne.

Le général, chargé de préparer l'installation des troupes, est en outre porteur d'une lettre adressée par le prince Napoléon à M. Buoncompagni, commissaire de S. M. le roi de Sardaigne à Florence.

Une attitude bien nette, bien franche, était la seule qui pût convenir au cousin de l'Empereur.

Aussi la lettre dont était porteur le général Coffinières, datée de Gênes, le 19 mai, disait :

« J'ai reçu, sur la demande de deux envoyés toscans auprès de S. M. l'Empereur, l'ordre d'occuper la Toscane avec le 5e corps d'armée. L'Empereur et le Roi veulent que je prenne sous mon commandement les troupes italiennes.

« Je suis envoyé par l'Empereur dans un but exclusivement militaire, pour aider le pays dans la guerre de l'indépendance italienne qu'il a entreprise. Je ne compte me mêler en rien de la direction du gouvernement du pays.

« Je tiens à ce que vous fassiez bien connaître partout, que j'arrive, non comme un prince français avec des vues politiques, mais uniquement comme commandant en chef du 5e corps d'armée pour des opérations militaires.

« Le choix de ma personne n'a été fait par Sa Majesté que parce que les quatre premiers corps d'armée sont

déjà échelonnés sur le Pô, tandis que la plus grande
portion du mien se trouve encore en route. »

VI. — Le 22 mai, le prince Napoléon s'embarquait à
bord de *la Reine Hortense*, et entrait le 23, en rade de
Livourne, accompagné de son chef d'état-major général,
le général de Beaufort d'Hautpoul, et des officiers de son
état-major, qui l'avaient suivi de Paris à Gênes.

Depuis le matin son premier aide de camp, le colonel
de Franconière, arrivé de Marseille, attendait le prince.

Dès son arrivée, Son Altesse adressait aux Toscans
une proclamation qui ne pouvait laisser aucun doute
dans les esprits sur la grande et noble pensée qui seule
guidait nos armes en Toscane.

> « En rade de Livourne, à bord de *la Reine-Hortense*,
> le 23 mai 1859.

« Habitants de la Toscane,

« L'Empereur m'envoie dans votre pays sur la demande de vos représentants, pour y soutenir la guerre
contre vos ennemis, les oppresseurs de l'Italie.

« Ma mission est exclusivement militaire ; je n'ai pas
à m'occuper et je ne m'occuperai pas de votre organisation intérieure.

« Napoléon III a déclaré qu'il n'avait qu'une seule ambition, celle de faire triompher la cause sacrée de l'affranchissement d'un peuple, et qu'il ne serait jamais in-
fluencé par des intérêts de famille. Il a dit que le seul
but de la France satisfaite de sa puissance, était

d'avoir à ses frontières un peuple qui lui devra sa régénération.

« Si Dieu nous protége et nous donne la victoire, l'Italie se constituera librement; et, en comptant désormais parmi les nations, elle affermira l'équilibre de l'Europe.

« Songez qu'il n'est pas de sacrifices trop grands, lorsque l'indépendance doit être le prix de vos efforts, et montrez au monde, par votre union et par votre modération, autant que par votre énergie, que vous êtes dignes d'être libres.

Le prince commandant en chef le 5e corps
de l'armée d'Italie,

« NAPOLEON (Jérôme).

VII. — A Florence, dans la matinée du même jour, le général Ulloa, commandant en chef les forces toscanes, avait réuni aux Cascines, les troupes qu'il avait sous ses ordres.

Il s'y transporta lui-même; la musique militaire joua l'hymne national de guerre, et le chef de l'état-major général lut à haute voix la proclamation (1) par laquelle

(1) *Proclamation de S. M. le roi de Sardaigne aux troupes toscanes:*

« Soldats toscans,

« Au premier bruit de la guerre nationale, vous avez cherché un capitaine qui vous menât au combat contre les ennemis de l'Italie. J'ai accepté ce commandement, parce que c'est mon devoir de donner l'ordre et la discipline à toutes les forces de la nation. Vous n'êtes plus les soldats d'une province italienne, vous faites partie de l'armée d'Italie.

« Vous estimant dignes de combattre aux côtés des braves soldats de

S. M. le roi de Sardaigne annonçait à l'armée toscane qu'elle était mise sous les ordres du prince Napoléon.

« Les troupes et la population (écrit le général Ulloa en date du 23 mai) accueillirent cette nouvelle par d'unanimes acclamations. »

L'armée toscane était à peine organisée.

Le général Ulloa remit au prince un rapport dans lequel il énumérait l'effectif des troupes qu'il devait avoir bientôt sous les armes. — Homme instruit, désintéressé, sincère, il espérait plus que la réalité ne pouvait lui donner, sans se rendre un compte exact des difficultés qui devaient surgir à chaque pas et l'entraver dans ses projets (1).

Le général Mezzacapo commandait en outre un corps de volontaires italiens et romagnols.

VIII. — Bien que le prince Napoléon eût résolu de res-

la France, je vous place sous les ordres de mon bien-aimé gendre, le prince Napoléon, à qui sont confiées par l'Empereur des Français d'importantes opérations militaires. Obéissez-lui comme vous m'obéiriez à moi-même. Il partage mes pensées et mes affections, qui sont aussi celles du généreux Empereur qui est venu en Italie pour le triomphe de la justice et la défense du droit national.

« Soldats, les jours de fortes épreuves sont arrivés. Je compte sur vous. Vous avez à maintenir et à augmenter l'honneur des armes italiennes.

Victor-Emmanuel. »

(1) « L'armée toscane (disait le général Ulloa, dans son rapport au prince), aura le 5 juin 6000 hommes d'infanterie. — 400 cavaliers. — 2 batteries de 6 pièces ; le tout en état d'entrer en campagne.

« Le 20 du même mois, elle aura de plus une batterie complète et le personnel de chevaux d'une 4e batterie. »

Il demandait à l'Empereur le matériel de cette 4e batterie, ainsi que 2000 fusils de précision ; les arsenaux toscans contenaient 80 000 fusils ordinaires. »

ter strictement étranger au gouvernement intérieur du duché, sa mission était sous certains points de vue tout à la fois politique et militaire.

Le commandant en chef du 5ᵉ corps définit nettement dans son rapport à l'Empereur cette double position.

La mission politique était :

1° De maintenir le duché de Toscane dans la ligne de conduite tracée par l'Empereur, c'est-à-dire de ne pas laisser dégénérer l'expression du sentiment patriotique, et surtout d'organiser militairement toutes les ressources que l'on pouvait tirer de ce pays, ainsi que des duchés de Parme et de Modène.

2° De contraindre, par la présence du drapeau français sur les frontières de la Romagne, le gouvernement autrichien à observer strictement la neutralité dans les États du Pape.

3° De garantir les habitants contre un retour offensif de l'Autriche, et de leur permettre de faire éclater, sans entrave, l'expression de leur sympathie pour la cause de l'indépendance italienne et de leur reconnaissance pour les bienveillantes intentions du Gouvernement de Votre Majesté.

La mission militaire était :

1° D'empêcher un corps autrichien de faire une pointe sur la Toscane, et de priver l'ennemi des précieuses ressources de l'Italie centrale.

2° De menacer le flanc gauche de l'armée autrichienne, en compromettant ses lignes de retraite et hâter son abandon des duchés de Parme et de Modène, dès après la première victoire de l'armée alliée.

IX. — Au moment où le prince Napoléon débarquait à Livourne, l'armée autrichienne occupait en force toute la ligne qui s'étend depuis Ferrare (1) jusqu'à Ancône (2); en outre elle avait porté de gros détachements à Rimini (3)

(1) *Ferrare.* — Ville forte des États romains, à 38 kilomètres N. E. de Bologne. 24 900 habitants.

Ferrare fut fondée au v⁰ siècle; elle prit de l'importance sous le gouvernement des princes de la famille d'Este. En 1598, Clément VIII réunit Ferrare aux États de l'Église. Les Français s'en emparèrent en 1796 et en firent, en 1805, le chef-lieu du département du Bas-Pô. En 1814, Ferrare fut restituée aux États de l'Église par le congrès de Vienne, sous la condition de recevoir une garnison autrichienne.

(2) *Ancône.* — Ville des États romains, sur la mer Adriatique, à 190 kilom NN. E. de Rome. 32 000 habitants; son port est un des plus beaux et des plus fréquentés de l'Italie. Ancône, fondée par les Syracusains, devint ville libre au xii⁰ siècle et fit partie de la ligue lombarde, elle fut réunie aux États de l'Église en 1532. En 1798, elle fut prise par les Français et fut reprise par les Russes et leurs alliés après un siége mémorable. Rendue aux Français par les Autrichiens en 1801, elle fut restituée par ceux-ci au Pape en 1802, puis incorporée plus tard au royaume d'Italie jusqu'en 1814, époque où elle rentra sous la domination papale. En février 1832, les Français s'emparèrent de la citadelle d'Ancône et la conservèrent jusqu'en 1838.

(3) *Rimini.* — Ville des États romains, à 44 kilom. de Ravenne. 14 000 habitants. Ville très-ancienne, a formé pendant quelque temps une république. Son ancien port était renommé et construit en marbre. L'an 93 avant J. C. Jules César s'en empara; elle fut embellie par César et par Auguste. Après avoir passé tour à tour sous la domination des exarques grecs et des Lombards, elle tomba au pouvoir des empereurs d'Allemagne. L'an 1200, Othon III y établit, comme vicaire de l'empire, Malatesta, dont un des descendants la vendit aux Vénitiens, qui la perdirent dans la bataille de Gera d'Adda (1528) contre le pape. Tous les efforts que firent depuis, dans le xv⁰ siècle, les Malatesta pour reconquérir Rimini, furent sans succès.

et à Faenza(1); — leurs reconnaissances s'étaient même avancées jusqu'aux défilés des Filigares et de la Poreta, défendues par les troupes du général Ulloa et par les volontaires du général Mezzacapo. — Il était à craindre que l'ennemi ne prononçât son mouvement d'invasion sur le territoire toscan, avant que le prince eût à sa disposition des forces suffisantes pour occuper les défilés de la montagne.

La Toscane, en effet, par sa position topographique, est comme une forteresse; les Apennins qui l'entourent la défendent et ne donnent accès que par trois défilés, celui de la Poreta, allant sur Ancône, — celui des Filigares sur Bologne et Ferrare, — celui de l'Abetone sur Modène. — Le reste de la montagne est complétement inaccessible à des troupes; des contrebandiers seuls s'y hasardent par des sentiers à peine tracés, et au milieu de gorges et de ravins innombrables.

Le défilé des Filigares offrait sans contredit le plus de chances favorables aux Autrichiens; aussi les principales forces des Toscans s'étaient établies à Pietra Santa, à 2 kilomètres environ de l'extrême frontière, pour défendre cette position. L'entrée du défilé lui-même est marquée par les maisons de douane des États romains et toscans; des deux côtés, la montagne s'élève abrupte et presque à pic, rendant ainsi la défense facile pour ceux qui occupent ces maisons.

(1) *Faenza*. — Ville des États romains, à 26 kilom. O. S. O. de Ravenne. 20 900 hab. Elle est protégée par une citadelle et entourée par une muraille qui présente une circonférence d'environ 4 kilomètres.

Le défilé de l'Abetone qui conduit à Modène (1), devait également donner de sérieuses inquiétudes par l'état complet d'hostilité dans lequel s'était placé ce duché, que le feld-maréchal de Wimpffen occupait avec son corps d'armée.

Ce défilé est situé au sommet d'un col qui n'a pas moins de 1337 mètres au-dessus du niveau de la mer ; une forêt de sapins garnit les flancs de la montagne, plus abrupte et plus inhospitalière encore de ce côté que vers le défilé des Filigares.

L'entrée de cette position faiblement occupée, pouvait être facilement forcée.

X. — Les renseignements recueillis de tous côtés, ainsi que les rapports des espions, s'accordaient à dire que les Autrichiens avaient déjà porté leurs avant-postes jusqu'à Pieve Pelago à 1 kilomètre environ de la frontière toscane.

Fort heureusement le feld-maréchal de Wimpffen, qui pouvait entrer rapidement en Toscane avec son corps d'armée, ne prit pas de résolution décisive et permit ainsi aux troupes françaises, si impatiemment attendues, de se masser en forces suffisantes sur les points les plus menacés.

Le 24 et le 25 mai, les troupes d'infanterie du 5e corps

(1) *Modène.* — Capitale du duché de Modène, à 101 kilom. NN. O. de Florence. 31 000 habitants. Place forte, résidence ordinaire du duc ᴄe Modène. Elle appartint successivement aux papes, aux Vénitiens, aux ducs de Milan, de Mantoue et de Ferrare, et enfin aux princes de la maison d'Este, qui en firent la capitale du duché, en 1453.

débarquaient presque au grand complet à Livourne. C'était la division Uhrich (1) qui devait seule, on le sait, former avec la brigade de cavalerie du général de Lapeyrouse les moyens d'action du 5ᵉ corps en Toscane.

Le prince Napoléon ne disposant pas de forces assez considérables pour pouvoir parer à la fois à toutes les éventualités, choisit la ligne la plus importante, celle de

---

(1)   LE GÉNÉRAL DE DIVISION UHRICH

(Jean-Jacques-Alexis), est né à Phalsbourg (Meurthe), le 15 février 1802.

Entré à Saint-Cyr le 25 septembre 1818, il en sortait le 15 octobre 1820, comme sous-lieutenant à la Légion départementale des Hautes-Alpes, devenue, le 6 février 1821, 3ᵉ léger.

Envoyé en Espagne, il assista au siége et au blocus de Pampelume, et prit part aux opérations de guerre qui signalèrent les années 1823 à 1826. Il était nommé lieutenant le 26 octobre 1825.

Capitaine le 7 septembre 1831 et capitaine adjudant-major le 3 juillet 1834, il partait pour l'Afrique et était nommé, le 19 mars 1841, chef de bataillon du 23ᵉ de ligne.

Lieutenant-colonel au 69ᵉ le 24 avril 1845, colonel du 3ᵉ léger le 11 avril 1848, il était général de brigade le 3 janvier 1852, commandait le département du Bas-Rhin, à Strasbourg, en 1852, et recevait le commandement de la 2ᵉ brigade d'infanterie de la garde impériale, le 1ᵉʳ mai 1854.

Lorsque la garde partit pour la Crimée, le général Uhrich sut déployer devant Sébastopol les qualités militaires qui en font un de nos brillants officiers.

Général de division le 11 août 1855, il était chargé du commandement de la 1ʳᵉ division d'infanterie du 1ᵉʳ corps à l'armée du Nord.

Le 5 août 1856, le général Uhrich commandait la 4ᵉ division d'infanterie de l'armée de Paris; cette division devint, au mois de mai 1859, la 2ᵉ du 5ᵉ corps de l'armée d'Italie.

Chevalier de la Légion-d'honneur le 25 avril 1840, officier le 1ᵉʳ mai 1851, commandeur le 31 décembre 1857, le général Uhrich compte 41 années de bons services passés sur les champs de bataille de l'Espagne, de l'Afrique, de la Crimée et de l'Italie.

Modène, et prit des dispositions immédiates pour y transporter les premières troupes arrivées (1).

XI. — « D'après les positions des Autrichiens (écrivait-il à l'Empereur, à la date du 24 mai), j'ai résolu de confier aux Toscans la garde des débouchés, qui d'une part descendent des Apennins sur la Romagne, à Forli et à Bologne, et de l'autre convergent sur Florence.

« Quant au corps français, je compte l'établir à portée des passages qui conduisent à Modène et qui aboutissent du côté de la Toscane à la ville de Pistoia. — La route du littoral par Massa et Carrare ne m'inspirant aucune inquiétude, et ne pouvant me servir pour un mouvement en avant, je me contenterai de couvrir l'extrême gauche de nos positions par un corps de 2000 Toscans établis à Lucques.

(1) *Composition de la 2e division d'infanterie du 5e corps :*

Commandant, général de division Uhrich.
Chef d'état-major, colonel Regnard.
Commandant du génie, chef de bataillon de Courville.

1re Brigade.

Commandant, général Grandchamp.
14e Bataillon de chass., commandant Severin.   946 hommes
18e de ligne, colonel d'Anterroches.   1973   —
26e de ligne, colonel de Sorbiers.   1828   —

2e Brigade.

Commandant, général Cauvin du Bourguet.
80e de ligne, colonel Chardon de Chaumont.   2079 hommes.
82e de ligne, colonel Becquet de Sonnay.   2115   —

Brigade de cavalerie.

Commandant, général de Lapeyrouse.
6e Hussards, colonel de Valabrègue.
8e Hussards, colonel de Fontenoy.

« Je sais que les Autrichiens hésitent entre les deux opinions, suivantes : l'une, que nous allons nous porter sur Bologne, l'autre, que nous allons nous embarquer sur le littoral de l'Adriatique pour nous diriger sur Venise. La présence des troupes à Florence, les démonstrations que je donne ordre au général Ulloa de faire avec un certain bruit par les Apennins, sur les frontières pontificales, sont de nature à entretenir les Autrichiens dans ces illusions, et concourent ainsi aux plans généraux de Votre Majesté. »

XII. — Aussitôt que la brigade commandée par le général Cauvin du Bourguet fut débarquée à Livourne, elle fut immédiatement dirigée sur Pistoia et reçut l'ordre d'envoyer des détachements aux bains de Lucques et à San Marcello.

Lorsque ces troupes eurent atteint leur destination, le prince Napoléon voulut aller reconnaître la position par lui-même, et, le 28 mai, il partit pour Pistoia (1), emmenant son chef d'état-major, le général de Beaufort, le général Coffinières, commandant le génie du 5ᵉ corps ; le colonel du génie, Dubos, le colonel de Franconière, son premier aide de camp, et deux autres aides de camp, les commandants Ferri-Pisani et Ragon.

Le 29, le prince était à Pistoia. — Là, il prit avec lui le général Cauvin du Bourguet, qui marchait avec quatre

---

(1) *Pistoia*, ville du grand-duché de Toscane, à 28 kilom. N. O. de Florence. 12 000 habitants. On prétend que c'est dans cette ville que furent fabriqués les premiers pistolets. C'est la patrie de Corinne et du pape Clément IX.

compagnies du 19e bataillon de chasseurs, le 80e de ligne, une compagnie du génie et une batterie d'artillerie, et lui donna ordre d'établir son quartier général à San Marcello, petit village à mi-chemin de Pistoia, au col de l'Abetone; puis, le prince poussa de sa personne jusqu'au col du défilé.

Le poste qui en occupait l'extrémité ne signala sur ce point aucun mouvement inquiétant de l'ennemi; il donna même la nouvelle que les Autrichiens, dont on avait annoncé la présence à Pieve Pelago (1), s'étaient retirés.

Les douaniers modénais furent désarmés et le général Coffinières organisa sur l'heure des moyens de défense, en faisant créneler les maisons qui avaient vue sur la route, et élever un épaulement pour y placer une batterie de deux pièces de canon.

Quelques compagnies du 14e bataillon de chasseurs furent chargées d'occuper ce poste qui domine très-loin dans ses différents contours la route de Modène.

Dans la nuit du 30, le prince était de retour à Livourne.

XIII. — La position défensive de la Toscane était excellente. Il n'y avait à redouter aucune attaque, quelque fussent les forces qui voulussent la tenter.

Mais il était une autre tâche à laquelle il fallait apporter tous ses soins; c'était celle de tranquilliser à l'intérieur l'état des esprits surexcités à la fois par les événements qui se passaient, et par ceux que l'avenir gardait peut-être en réserve.

(1) *Pieve Pelago*, ville du duché de Modène, à 34 kilom. N. E. de Pistoia; 900 habitants.

Le prince Napoléon en comprit toute l'importance, et pendant son court séjour à Livourne, il eut de fréquentes conférences avec le sénateur Buoncompagni et les principaux membres du gouvernement, s'attachant chaque jour à rendre le calme et la tranquillité aux habitants de cette contrée.

XIV.— La division Uhrich étant au complet, sa répartition fut aussitôt arrêtée (1).

Par suite de cette répartition, les forces principales

(1) *Journal historique des marches et opérations militaires du 5ᵉ corps d'armée.*

A Florence,

Le quartier général du prince Napoléon, commandant en chef le 5ᵉ corps, ainsi que le quartier général du général Uhrich :

Le 8ᵉ hussards. — Le 6ᵉ hussards. — 4 compagnies du 14ᵉ bataillon de chasseurs. — Le 18ᵉ, le 26ᵉ, le 82ᵉ, avec le général Grandchamp, commandant la 1ʳᵉ brigade de la division Uhrich. — Les états-majors de l'artillerie et du génie. — L'artillerie divisionnaire et de réserve.

A San Marcello et Bagni di Luca,

Le général Cauvin du Bourguet, commandant la 2ᵉ brigade de le division, gardant le défilé de l'Abetone, en avant de Pistoia, avec 4 compagnies du 14ᵉ bataillon de chasseurs. — Le 80ᵉ. — 1 compagnie du génie. — 1 batterie d'artillerie.

A Pistoia,

Le train. — Le parc d'artillerie.

L'armée toscane, sous le commandement du général Ulloa, occupait les positions suivantes :

Sur la route de la Poreta. — 1200 fantassins.

Sur la route des Filigares. — 300 fantassins. — 1 batterie.

A Rocca San Cassiano, du côté de la Faenza. — 1 bataillon de volontaires romagnols.

A Borgho San Laurent. — 1 bataillon de volontaires italiens. Ces deux derniers détachements appartiennent au général de Mezzacapo, commandant les volontaires italiens et romagnols.

Toutes les autres troupes toscanes sont encore en formation.

furent concentrées à Florence, et les avant-postes furent occupés à l'est par les Toscans, à l'ouest par le général Cauvin du Bourguet, qui s'étendait de Pistoia jusqu'à San Marcello et les bains de Lucques. — Livourne, regardée comme base d'opérations, ne conserva que les magasins de dépôts.

Le colonel de Franconière, fut chargé de porter à l'Empereur un rapport détaillé sur la situation.

Le 31 mai, le prince transporta son quartier général à Florence (1) ce fut là que le colonel de Franconière, qui avait atteint l'Empereur, le 1er juin, à Verceil, vint lui rendre compte de sa mission et rapporter à S. A. I. la réponse de Sa Majesté.

L'empereur approuvait complétement les dispositions prises; elles le rassuraient sur l'Italie centrale, dont l'occupation par les troupes françaises importait puissamment au plan de compagne qu'il avait combiné.

Sa Majesté faisait en outre savoir au prince Napoléon de rester en Toscane, jusqu'à la réception de nouveaux ordres, afin de continuer à maintenir, par sa présence, l'influence française sur le centre de l'Italie. — Aucun mouvement au sud du Pô, soit sur Modène ou Ferrare,

---

1. *Florence.* — Capitale du grand-duché de Toscane. 12 000 habitants. Située dans une plaine fertile sur l'Arno, cette ville est entourée de murs et défendue par deux forts. Florence est très-remarquable par ses monuments; elle fut le berceau des lettres et des arts à la Renaissance, et la patrie des plus grands génies dont s'honorent les sciences, la littérature et les arts. Galilée, Machiavel, Guacciardini, Dante, Michel-Ange, Benvenuto-Cellini, Giotto, Amérique Vespuce, Côme, Laurent, Léon X, Clément VII, etc.

ne pouvait du reste avoir de résultat sérieux, avant que l'armée principale eût elle-même traversé le Tessin et remporté en Lombardie un succès décisif qui la portât vers l'Adda ou le Mincio.

XV. — Les ordres de Sa Majesté prolongeaient donc à Florence le séjour de la 2ᵉ division du 5ᵉ corps; le prince en profita pour s'occuper dans tous leurs détails de l'installation des troupes, de leurs subsistances et de l'établissement des hôpitaux. — En même temps, il poussait activement l'organisation régulière du corps toscan, dont les rangs se grossissaient peu à peu. — Déjà de beaux bataillons de grenadiers étaient formés, habillés, équipés et prêts à marcher à l'ennemi.

Un escadron de 150 chevaux, sous les ordres du colonel comte Poninski, portant le nom de *guides toscans*, s'était joint à la brigade de cavalerie du général de Lapeyrouse. — La division du général Ulloa n'allait pas tarder à présenter un effectif de 10 000 à 12 000 combattants. Le général Mezzacapo complétait aussi une division de volontaires romagnols et italiens, véritable légion de partisans qui pouvait, en se répandant au milieu de ces montagnes, se rendre au besoin sérieusement utile.

Un service de correspondance confidentielle régulièrement organisé tenait chaque jour le prince au courant de tous les mouvements des Autrichiens à Ferrare, Bologne et Ancône.

XVI. — Pendant ce temps les évènements militaires

qui devaient porter si haut la gloire de nos armes se
dessinaient dans le nord de l'Italie, ainsi que nous
l'avons raconté dans la première partie de ce travail ;
l'Empereur franchissait le Tessin, et Florence apprenait presque en même temps la victoire de Magenta et
l'occupation subite de Milan.

Il est facile de comprendre avec quel enthousiasme
cette grande nouvelle fut accueillie dans toute l'étendue
de la Toscane. — D'échos en échos, les acclamations
joyeuses des villes et des campagnes traversèrent la
contrée.

Certes, il était cruel pour cette belle division du
5e corps d'entendre ainsi venir à elle, comme un bruit
lointain, le tumulte de la guerre, lorsqu'elle restait
forcément inactive au poste qui lui avait été assigné ;
elle célébrait avec un noble orgueil les glorieux combats de ses frères d'armes et souffrait de ne pouvoir y
prendre part. — Mais, ainsi que l'écrivait l'Empereur au
prince Napoléon, impatient de quitter cette position
inactive : « Il fallait se ployer aux exigences géné-
rales. »

Dans les combinaisons du plan général de campagne,
chaque corps d'armée avait sa mission. — Pour tous,
elle ne pouvait être la même ; pour tous, l'heure du
combat ne pouvait sonner à la fois : et si le 5e corps ne
participait pas personnellement aux faits de guerre
qui se produisaient devant la marche de notre armée,
il en affermissait du moins les conséquences, en inquiétant l'ennemi sur la rive droite du Pô, et en le

forçant plus tard à abandonner successivement toutes ses positions sur cette grande voie de communication du fleuve.

XVII. — L'occupation pure et simple de la Toscane devenait cependant chaque jour moins nécessaire.— Les renseignements venus de divers côtés s'accordaient à dire que les corps autrichiens, sous les ordres du feld-maréchal de Wimpffen, avaient fait un mouvement pour repasser sur la rive gauche du Pô, en dégarnissant les légations.

Une portion des troupes concentrées sur Modène et sur Reggio s'attendaient à tout instant à recevoir l'ordre de se transporter à Mantoue. Une lettre confidentielle, émanée de source sûre et datée de Modène, 9 juin, portait les forces réparties dans les États du duché; — en troupes autrichiennes, à 3 bataillons d'infanterie (2 hongrois et 1 croate), une batterie d'artillerie (8 canons).— En troupes modénaises à 3 bataillons de ligne; une de réserve, une batterie, un demi-escadron, 2 compagnies de pontonniers, et 2 compagnies de gendarmerie.

Cette lettre ajoutait :

« Les obstacles de la montagne sont peu importants; les Autrichiens ont brisé quelques petits ponts et coupé des terre-pleins; hier, ils ont miné le pont de la voie ferrée de Modène à Reggio, mais la mine n'a pas réussi; l'unique place forte du duché est Brescello sur le Pô, mais elle est de peu d'importance, et sera sans nul doute abandonnée sans défense.

« Le général de brigade qui commande les troupes autrichiennes dans le duché appartient au corps d'armée de Wimpffen; il a semblé un instant devoir occuper les duchés (1); mais il a certainement reçu l'ordre de se rendre vers une autre destination. — Aucune résistance sérieuse ne peut être opposée dans ce pays à une armée de passage.

« Quant au duché de Parme, il n'y a d'Autrichiens qu'à Plaisance; les quelques soldats qui restent à Parme, sont sans frein, sans discipline, toujours prêts à entrer en querelle avec les bourgeois. — On ne trouverait également là aucune résistance sérieuse. »

XVIII. — Ainsi, l'ennemi en se retirant sur tous les points et en abandonnant les positions qu'il avait gardées

---

(1) En effet, une lettre adressée par le général Ulloa au prince Napoléon, en date du 5 juin, lui disait :

« Je viens d'apprendre, par des lettres qui arrivent de Modène, que le général de Wimpffen va établir son camp à Formigine, au pied des Apennins, à trois kilomètres du débouché de la route de l'Abetone et à trois lieues de Modène. »

Et une autre lettre confidentielle, en date du 4 juin, de Modène, disait également :

« Il n'y a pas à se faire illusion; Wimpffen est sans doute destiné à tenter une diversion en Toscane, pour placer ce pays hors d'état d'agir et de menacer du côté de la Spezzia et Sazzana dégarnie de troupes sur notre droite. La preuve que le fait est vrai, c'est la présence du prince de Toscane, qui est apparu et reparti hier pour Mantoue, et la promptitude que les troupes mettent dans leurs marches: les bataillons qui arrivent aujourd'hui étaient, le 2, à Padoue. Ils arrivent après une double étape, sans sacs et apportés par des chariots. »

jusqu'alors, semblait indiquer lui-même que le moment était enfin venu de réunir les deux divisions du 5ᵉ corps, et de leur assigner un rôle actif.

Le prince Napoléon adressa à l'Empereur un rapport détaillé sur cet état de choses, et chargea de nouveau le colonel de Franconière de se rendre auprès de Sa Majesté.

Le colonel partit de Florence le 10 juin, et rejoignit l'Empereur à Milan le 12 au matin, quelques heures avant que Sa Majesté ne quittât la capitale de la Lombardie pour se diriger sur Trevigliano. — Dans ce rapport le prince Napoléon suppliait respectueusement l'Empereur de lui donner les moyens de sortir de cette position inactive, pour seconder le mouvement en avant de la grande armée, en balayant toute la rive droite du Pô jusqu'à la frontière des États de l'Église.

Il ne cachait pas à Sa Majesté combien son rôle entièrement passif devenait chaque jour plus difficile et plus cruel.

XIX.— La situation générale, comme on le verra par la suite de notre récit, s'était élargie.—Parme, Plaisance, Pavie, Bologne, Ancône étaient évacués.

L'Empereur, après avoir pris connaissance du rapport que lui adressait le prince Napoléon, envoya enfin au prince l'ordre tant désiré de franchir l'Apennin.

La dépêche télégraphique, datée de Milan, le 11 juin, disait :

« Que le prince Napoléon devait concentrer tout son corps d'armée à Plaisance, où la division d'Autemarre serait elle-même rendue le 14 ou le 15 pour se réunir à lui. — Le prince opérera cette concentration par tels moyens et telles routes qu'il jugera convenables. »

Dès le lendemain, le lieutenant Villot, officier d'ordonnance de Son Altesse Impériale, se rendait à Plaisance porteur d'une lettre pour le général d'Autemarre; — il avait ordre de passer par Lucques, Pontremoli, Fornovo et Parme. Dans le cas où Plaisance serait encore occupée, le lieutenant Villot devait faire un détour par la montagne. Le prince faisait connaître au général d'Autemarre les dispositions qu'il avait prises pour opérer la concentration de son corps d'armée.

XX. — Ces dispositions les voici. — Les troupes françaises actuellement en Toscane se réuniront à Massa; le mouvement sera effectué le 19.

La division toscane du général Ulloa, laissant seulement quelques détachements au défilé des Filigares, partira de Pistoia, traversera l'Apennin par le col de l'Abetone, se dirigera sur Modène, et continuera sa route sur Parme, où elle devra être rendue le 26. — Le corps toscan, mobilisé pour opérer sous les ordres du prince, se compose de 18 bataillons d'infanterie; 2 escadrons de cavalerie et 2 batteries d'artillerie. — Les ordres de départ sont lancés pour le 12 (1).

---

(1) Le général Uhrich quitte Florence le 12, et sera, le 17, à Massa avec la brigade Grandchamp.

Le général Cauvin y sera le 19. — L'artillerie quitte Florence

« J'aurai avec moi (écrit le prince Napoléon à l'Empereur) 8000 bayonnettes de la division Uhrich; 1000 sabres (6e et 8e hussards), 54 pièces de canon et un grand parc d'artillerie, ce qui me constituera, avec les transports de l'administration, un effectif de huit cents voitures. »

Les événements marchaient; les Autrichiens avaient évacué non-seulement toute la rive droite du Pô, mais aussi Crémone et Pizzighettone; il était important que le 5e corps ralliât au plus vite le grand quartier impérial. Aussi les troupes toscanes et françaises se rendent à marches forcées vers leur destination, en traversant les montagnes par des routes fatigantes, étroites, rapides, et au milieu d'un pays sans ressources.

XXI. — Lorsque le moment sera venu, nous suivrons les mouvements de ce corps d'armée, dont une des divisions devait, par sa présence, dans la grande journée du 24 juin, paralyser les projets du corps Lichtenstein sorti de Mantoue. Mais avant d'aller retrouver le quartier impérial au bivouac de Magenta, nous devons dire ce qu'était devenu, de son côté, le corps d'armée des *chasseurs des Alpes*, confié au général Garibaldi.

XXII.—Certes, ce général résumait bien en lui le vrai type d'un chef de partisans; son nom populaire en Italie

le 13; la cavalerie le 14; le 18, tout le corps d'armée sera réuni à Massa.

Un escadron de guides toscans, commandé par le colonel Poninski, marche avec la cavalerie française, sous les ordres du général Lapeyrouse.

entraînait à sa suite un grand nombre de volontaires. Soldat intrépide, résolu, obéissant aux inspirations subites de sa pensée avec un irrésistible entraînement, parlant à tous ce langage si cher aux cœurs italiens ; c'était bien l'homme qu'il fallait pour parcourir les contrées, les soulever sur son passage, et miner le sol déjà tremblant sous les pas des Autrichiens.

Son corps d'armée compte à peine 3500 hommes, 3 régiments d'infanterie et 500 chevaux environ. Il n'a pas une seule pièce de canon.

Le 10 mai, il se trouve sur les bords de la Doire. — Se glissant le long des montagnes, il arrive bientôt à Gattinara (1), où il est reçu aux cris de : *Vive l'Italie indépendante!* De là, continuant résolûment sa marche, il se porte d'abord à Romagnano (2), puis à Borgo Manero (3) ; et, le **23**, on le voit à Castelletto (4), sur le lac Majeur.

XXIII. — Garibaldi veut tromper l'ennemi sur la réalité de ses mouvements et lui donner le change sur ses intentions, aussi écrit-il aux autorités d'Arona pour leur annoncer son arrivée dans cette ville, tandis qu'au con-

---

(1) *Gattinara*, bourg à 31 kilom. **N. N. O.** de Verceil, sur la rivière de la Sesia. 5000 habitants.

(2) *Romagnano*, bourg à 2 kilom. N. E. de Gattinara, sur la rive gauche d'un bras de la Sésia. 2300 habitants.

(3) *Borgo Manero*, bourg à 28 kilom. N. N. O. de Novare, et à 9 kil. N. O. de Romagnano, sur la Gogna. 6780 habitants.

(4) *Castelletto*, village de la province de Novare, à 9 kilom. E. de Borgo Manero et 28 kil. N. de Novare, près de la rive droite du Tessin. 3200 habitants.

traire, il prend une toute autre direction et passe le Tessin à Castelletto, sur un bac qui dépose son petit corps d'armée au-dessous de Sesto Calende (1).

Aussitôt qu'il a touché du pied le sol lombard, des émissaires à lui parcourent le pays, porteurs d'une proclamation qui donne le signal d'une insurrection générale (2). Puis sans perdre de temps, il prend la route de Côme et arrive à Varèse dans la soirée du 23 (3); les mêmes acclamations unanimes accueillent son arrivée.— Ses proclamations énergiques, son langage, son ardent amour pour la liberté en font bien le héros des cœurs italiens.

(1) *Sesto Calende*, bourg du royaume lombard vénitien, à 5 kilom. N. E. de Castelletto, sur la rive gauche du Tessin. 1530 habitants. Petit port sur le lac Majeur.

(2) *Voici le texte de cette proclamation :*

« Lombards !

« Vous êtes appelés à une nouvelle vie, et vous devez répondre à l'appel, comme le firent vos pères à Ponsida et Legnano. L'ennemi est encore le même, atroce, assassin, impitoyable et pillard. Vos frères de toutes les provinces ont juré de vaincre ou de mourir avec vous !

« C'est à nous à venger les insultes, les outrages, la servitude de vingt générations passées ; c'est à nous à laisser à nos fils un patrimoine pur de la souillure de la domination du soldat étranger. Victor-Emmanuel, que la volonté nationale a choisi pour notre chef suprême, m'envoie au milieu de vous pour vous organiser dans les batailles patriotiques. Je suis touché de la sainte mission qui m'est confiée et fier de vous commander.

« Aux armes donc ! le servage doit cesser ! Qui peut saisir une arme et ne la saisit pas est un traître. L'Italie, avec ses enfants unis et affranchis de la domination étrangère, saura reconquérir le rang que la Providence lui a assigné parmi les nations. »

(3) *Varese*. Ville du royaume lombard-vénitien, à 18 kil. N. E. de Sesto Calende et à 18 kilom. O. de Côme, un peu à l'E. du lac de ce nom. 4800 habitants.

— C'est l'homme du combat, l'homme d'action insensée ou raisonnable, qu'importe, ne marchandant ni avec la possibilité, ni avec les dangers. — Toute sa vie s'est passée à côté de la mort qu'il a sans cesse affrontée avec autant de courage que de bonheur. — Proscrit, poursuivi, traqué comme une bête fauve, il a connu avec quelques rares partisans qu'il entraînait à sa suite les jours sans espoir, les rêves sans lendemain. Partout où la révolution italienne a levé un drapeau, il s'est trouvé le sabre au poing, disant à ceux qui marchaient avec lui :

« Voici ce qui vous attend : la chaleur et la soif pendant le jour, le froid et la faim pendant la nuit. — Point de solde, point de repos, point d'abri, mais en revanche une misère extrême, des alertes et des marches continuelles, des combats à chaque pas. — Que ceux qui aiment l'Italie, me suivent ! »

Garibaldi est tout entier dans cette proclamation que, le 2 mai 1849, en quittant Rome, il adressait à ses soldats.

Jamais il n'a désespéré du triomphe de sa cause ; et un an après, presque jour pour jour, il se trouvait investi d'un commandement régulier, et à la tête d'un corps d'armée qu'il formait lui-même pour la guerre de l'indépendance italienne.

XXIV. — Il n'entre point dans le cadre de ce travail d'apprécier la vie politique ou révolutionnaire de celui qui associait son nom à la campagne d'Italie de 1859. Garibaldi n'est point pour nous un héros, c'est un vaillant soldat, un chef de partisans intrépide , dont le rôle était tout tracé dans les opérations militaires qui allaient s'ouvrir.

Dès le lendemain de son arrivée à Varèse, les habitants de la ville et de la province se constituent à la hâte en bataillons de volontaires, formant ainsi une sorte de garde mobile aux ordres du général; car de tous côtés la nouvelle arrive que les Autrichiens se massent à Gallarate (1), coupent la ligne du Tessin à Varèse, et s'avancent sur cette ville en forces considérables.

En effet, le 25, à quatre heures du matin, les troupes autrichiennes se présentent; mais Garibaldi a déjà organisé la défense avec ce sang-froid et cette activité sans égales que donnent à celui qui les a éprouvées, les grandes épreuves de la vie.— Les rues sont barricadées, les maisons crénelées, et les chasseurs des Alpes secondés par la population armée, sont prêts au combat. Aussi le premier choc de l'ennemi vint se heurter vainement contre la résistance des défenseurs; la lutte fut courte. Les Autrichiens se replièrent sur leurs réserves, mais revinrent le même jour, vers deux heures, en forces plus imposantes et ayant, cette fois, de l'artillerie avec eux.

XXV. — Ils mettent deux pièces en batterie, et commencent sur l'entrée principale de la ville un feu vio-

(1) *Gallarate*, ville du royaume lombard-vénitien, à 18 kilom. S. O. de Varèse et 31 kilom. N. N. O. de Milan. 5700 habitants.

lent qui bientôt, malgré le courage résolu des assiégés
va leur ouvrir un passage à travers les barricades impuissantes. — Le péril est extrême; Garibaldi prend avec
lui le gros de ses troupes, sort de la ville, et, dérobant
sa marche derrière un rideau de collines, tombe tout
à coup à l'improviste sur les assaillants. Cette attaque sur
leur flanc jette le désordre au milieu d'eux.

Les Autrichiens, pris ainsi à revers, sont obligés de
battre une seconde fois en retraite, abandonnant trois
canons sur le champ de bataille (1).

Les chasseurs des Alpes les poursuivent jusqu'à
Binago (2) au delà de Malmate (3).

Le général Urban, qui commandait cette attaque, a
reformé ses colonnes à Camerlata (4), position très-
favorable pour défendre la ville de Côme.

Pendant ce temps, Garibaldi rentrait à Varèse, au
milieu des cris de joie et de triomphe des habitants

(1) *Précis historique des opérations militaires de l'armée sarde*,
fait au quartier général de l'armée du roi :

« Le 25 au matin, Garibaldi fut assailli dans Varèse par un corps
ennemi de 4000 hommes, venant de Como et muni de quatre pièces
d'artillerie, et commandé par le général Urban. Les chasseurs des
Alpes soutinrent vaillamment l'attaque, et, après trois heures de
combat, repoussèrent les Autrichiens jusqu'au delà de Malmate.

(2) *Binago*, village du royaume lombard vénitien, à 7 kilom. S. E.
de Varèse.

(3) *Malnate*, village du royaume lombard vénitien, à 4 kil. S. E. de
Varèse et 3 kilom. N. E. de Binago.

(4) *Camerlata*, village du royaume lombard vénitien, à 2 kilom. S.
de Côme et à 14 kilom. O. de Binago. Station du chemin de fer de
Côme à Milan.

qui avaient pris part avec énergie à la défense de la ville (1).

Il prend la résolution d'attaquer à son tour les Autrichiens pour s'emparer de la ville de Côme, avant qu'ils aient pu réunir sur ce point des forces plus considérables.

XXVI. — Son corps d'armée, divisé en deux colonnes, marche, la première sur Camerlata, la seconde de Bielle à Chiasso (2), en suivant un chemin très-étroit qui se déroule entre la montagne et le lac de Côme. — L'ennemi occupe l'extrémité de ce défilé, dont il veut défendre le passage. — Mais pendant qu'il se préoccupe de l'apparition des chasseurs des Alpes sur Camerlata, Garibaldi fond à San Fermo, sur les premiers postes autrichiens.

Le combat s'engage, l'ennemi accueille Garibaldi par des feux de peloton bien nourris qui couchent à terre

---

(1) *Proclamation du commissaire sarde à Varèse* (Ernitio Visconti Venosta).

« L'ennemi est en retraite.

« Les chasseurs des Alpes se sont battus avec un courage digne du brave qui les commande et de la cause qu'ils défendent; et vous, citoyens, vous avez tenu une conduite admirable.

« Toute la jeunesse est venue chercher un fusil, demander à se battre et à défendre les barricades. Toutes les familles ont, à l'envi, donné des secours aux combattants et fourni des moyens à la défense.

« La Lombardie suivra votre exemple.

« Le commissaire de Sa Majesté Sarde vous en remercie au nom du roi, chef de la guerre de l'indépendance. »

(2) *Chiasso*, bourg de Suisse, canton du Tessin, à 5 kilom. N. O. de Côme, canton du Tessin, sur l'extrême frontière du royaume lombard-vénitien. 1280 habitants.

les premiers rangs de ses soldats. — Les chasseurs alors
se lancent à la baïonnette; l'attaque est terrible, la résistance opiniâtre. Enfin la position est forcée, et les Autrichiens se massent dans le Prato Pasque et dans le
faubourg de Côme (1) (Borgo Vico).

A Camerlata, les chasseurs des Alpes se battaient
aussi contre de fortes colonnes ennemies.

Garibaldi continue résolûment sa marche sur Côme (2).
Les soldats du général Urban s'y défendent avec acharnement; il faut les débusquer de poste en poste et enlever pied à pied les maisons des faubourgs.

Ce combat dura jusqu'à la nuit; alors seulement,
l'ennemi battit en retraite. — A dix heures du soir,
les vainqueurs entraient dans la ville au milieu des illuminations et des hourras de la population accourue sur
leur passage.

Ces deux succès importants remportés à deux jours
de date l'un de l'autre, furent portés par le roi de
Sardaigne à l'ordre de l'armée; ils étaient d'un heureux augure et donnaient aux soldats de cet homme

---

(1) *Côme*, ville du royaume lombard-vénitien, à 38 kilom. NN. O.
de Milan. 20 000 habitants. Ville commerçante et industrielle avec un
port sur le lac. Patrie des deux Pline, d'Innocent IX, de Clément XIII
et de Volta.

(2) « *Le général Garibaldi, commandant le corps des chasseurs
des Alpes, à S. M. le roi Victor-Emmanuel.*

« 28 mai. — Côme, 10 h. du matin.

« Les ennemis, attaqués hier au soir, ont été mis en déroute. Nous
sommes entrés à Côme à 10 heures du soir.

« L'ennemi bat précipitamment en retraite sur Monza. »

étrange une entière confiance. — Il leur sembla dès lors que rien ne leur serait impossible (1).

XXVII. — Maître de Côme, Garibaldi peut donc menacer à la fois toute la Brianza, le centre de la Lombardie, la Valteline, Bergame et Brescia. — Aussi l'on

(1)   *Commandement général de l'armée sarde.*

ORDRE DU JOUR N° 16.

Pendant que l'armée alliée se tenait encore sur la défensive, le général Garibaldi, à la tête des chasseurs des Alpes, des rives de la Dora s'élançait hardiment sur le flanc droit des Autrichiens avec une rapidité de mouvement extraordinaire; en peu de jours, il arrivait à Sesto Calende, d'où, après avoir chassé l'ennemi, il pénétrait sur le territoire lombard et venait s'établir à Varèse. Là, attaqué par le feld-maréchal Urban avec 3000 hommes d'infanterie, 200 chevaux et 4 canons, il soutenait, quoique dépourvu d'artillerie, une lutte acharnée dont il sortait vainqueur. Par d'autres combats successifs, il s'ouvrait le chemin de Côme; là, il repoussait encore les Autrichiens et il s'emparait de leurs magasins et de leurs bagages. Ces beaux faits d'armes sont le plus bel éloge de ces jeunes volontaires qui ont combattu comme de vieux soldats. Ils ont bien mérité de la patrie. Sa Majesté, se plaisant à leur témoigner sa plus haute satisfaction, a ordonné de faire connaître à toute l'armée les noms des braves chasseurs qui se sont le plus distingués, ainsi que les récompenses qu'il leur accorde par le présent ordre du jour :

Médaille d'or à la bravoure militaire, Garibaldi (Giuseppe), général des chasseurs des Alpes; croix d'officier de l'ordre militaire de Savoie, Medici, lieutenant-colonel; croix de chevalier du même ordre, Succhi, major; médaille d'argent à la bravoure militaire, Cenni, Puggi, de Cristoforis, capitaines; Prebustini, lieutenant, Pedotti, Guerzoni, sous-lieutenants; Vigevano, chasseur; mention honorable, Corenz, lieutenant-colonel des chasseurs des Alpes, et à vingt-deux capitaines, lieutenants, sous-lieutenants, sergents et soldats.

Au quartier général principal, Milan, le 8 juin 1859,

D'ordre de Sa Majesté,

Le lieutenant général chef, d'état-major de l'armée,

DELLA ROCCA.

doit comprendre facilement les inquiétudes que ces deux corps d'armée, l'un s'avançant sur Parme, l'autre sur Bergame, devaient créer aux Autrichiens attaqués de front par l'armée principale qui entrait à pas de géant au cœur même de leurs possessions. De toutes parts un réseau de baïonnettes se dressait autour d'eux, soit qu'ils jetassent les regards sur le centre, ou sur le nord de l'Italie.

Maintenant retournons vers le gros de l'armée alliée, qui vient de remporter la grande victoire de Magenta.

CHAPITRE II.

XXVIII. — Comme nous l'avons dit en terminant la première partie de ce travail, les quatre corps de l'armée française étaient massés sur les rives du Tessin et aux abords de Magenta, bivouaquant sur ce champ de bataille arrosé de leur sang.

Le 6 au matin, l'Empereur avait porté son quartier général à Magenta même.

Le même jour, le maréchal Canrobert recevait l'ordre de s'avancer sur Abbiate Grasso avec son corps d'armée, et si les Autrichiens occupaient encore cette ville, de s'en emparer. — Le corps du général Niel, placé en cas d'attaque sous les ordres du maréchal, devait opérer de son côté le même mouvement. — Une fois à Abbiate Grasso, de fortes reconnaissances devaient éclairer la route de Vegevano et signaler les positions de l'ennemi.

Mais déjà, depuis le point du jour, celui-ci avait évacué Abbiate Grasso et même Castelletto (1), après avoir détruit tous les ponts du canal. Pressé dans sa retraite par nos têtes de colonnes, le temps lui avait manqué pour faire sauter le pont de Castelletto sur le Naviglio, pont cependant très-important, puisqu'il permettait à un corps d'armée de rejoindre directement la route de Milan.

Suivant les ordres de l'Empereur, le maréchal fit tête de colonne à gauche, et le 7, il était à Gagiano (2), à moitié chemin de la capitale, envoyant des éclaireurs sur les routes de Milan, de Pavie et de Vigevano. — Leurs rapports, ceux des espions et les indications des gens du pays, annoncent que l'ennemi est en pleine retraite vers Pavie et surtout vers l'Adda.

« Ces troupes (écrivait le maréchal) paraissent être en proie à une grande démoralisation. »

Le maréchal Canrobert avait raison ; la défaite de Magenta les avait frappées d'un coup terrible.

XXIX. — Pendant que le général Giulay ralliait ses corps d'armée, la nouvelle de la victoire des alliés était

____

(1) *Castelletto*, village du royaume lombard-vénitien, à 1 kilom. 1/2 E. d'Abbiate Grasso, sur le Naviglio Grande.

(2) *Gagiano*, village du royaume lombard-vénitien, à 9 kilom. N. E. de Castelletto, sur le Naviglio Grande.

arrivée à Milan et avait soulevé une grande agitation. Dès le soir de la bataille, des corps autrichiens revenaient de Magenta épuisés de fatigue, s'arrêtaient un instant sur les places, puis s'éloignaient, continuant leur route sur Lodi.

C'était un triste spectacle de voir ces soldats écrasés par toute une journée de lutte sanglante et acharnée, traverser ainsi la ville qu'ils occupaient la veille en vainqueurs orgueilleux. — Sur des charrettes remplies de bagages et d'armes, gisaient pêle-mêle de pâles blessés.

Pendant toute la nuit, ce funèbre convoi, auquel l'obscurité donnait un aspect plus sinistre encore, continua sans relâche. — Aux charrettes qui défilaient en grand nombre, succédaient des chevaux sans maîtres, des soldats isolés appartenant à différentes armes, récits vivants des combats du jour : puis les pavés et les dalles résonnaient sous le pas régulier des bataillons marchant en bon ordre, ou répétaient aux échos le lourd fracas de l'artillerie.

Cette nuit-là, la ville entière fut sans sommeil, impatiente, tumultueuse, pleine de fièvre ; — elle veilla, attendant le grand jour du lendemain.

XXX. — Les troupes autrichiennes, entrées à Milan par la porte Vercellina, bivouaquèrent sur la place Castello, et sortirent, soit par la porta Rosa, gagnant le chemin de fer de Naviglio, soit par la porta Romana sur la route postale de Melegnano (Marignan).

Le général de Kellemer qui commandait à Milan,

comprit que toute résistance serait inutile. — A quelques pas de la capitale, l'armée franco-sarde s'avançait victorieuse, et tout autour de lui, une population hostile à la cause autrichienne se soulevait déjà contre ses dominateurs.

Le général donna l'ordre alors aux troupes qu'il commandait de quitter la ville ; mais, avant leur départ, il fit enclouer les canons de la citadelle et ceux du fort de la porta Rosa.

Déjà les drapeaux aux couleurs nationales avaient été arborés à toutes les fenêtres, et lorsqu'apparurent les premiers rayons du jour, les régiments autrichiens qui s'éloignaient de Milan virent se balancer au-dessus de leurs têtes les couleurs réunies de l'Italie et de la France.

Depuis combien d'années la grande cité lombarde, courbée sous une domination étrangère, avait-elle rêvé ce beau jour, dans ses heures de deuil et d'abattement !

Toute la population se leva en masse pour acclamer ses libérateurs.

Dès le matin, alors que les échos de Magenta étaient à peine redevenus silencieux, les conseillers municipaux rédigeaient l'adresse suivante au roi de Sardaigne.

« Sire,

« La municipalité de Milan est fière d'user aujourd'hui d'un de ses plus précieux priviléges en se rendant l'interprète des vœux de ses concitoyens, dans les graves circonstances où nous sommes. Elle vient renouveler

vis-à-vis de vous le pacte de 1848 et proclamer de nouveau à la face de la nation, ce grand fait que onze années ont mûri dans les intelligences et dans les cœurs.

« L'annexion de la Lombardie au Piémont, qui a été
proclamée ce matin, au moment où l'artillerie ennemie
pouvait encore foudroyer la ville, et tandis que ses bataillons défilaient sur nos places, l'annexion est le premier pas fait dans la voie d'un nouveau droit public qui
laisse les peuples arbitres de leurs destinées.

« L'héroïque armée sarde et celle de son auguste allié
qui veut l'Italie libre jusqu'à l'Adriatique, achèveront
bientôt leur magnanime entreprise.

« Daignez, Sire, agréer l'hommage que Milan vous
adresse par notre organe. Croyez que tous nos cœurs
sont à vous; notre cri est : Vive le Roi! Vive le *Statut* de
l'Italie! »

XXXI. Des délégués se rendirent au grand quartier impérial et, admis devant l'Empereur, ils lui remirent, au
nom de la ville de Milan, une adresse qui exprimait les
sentiments unanimes de reconnaissance dont tous les
cœurs étaient animés.

Cette adresse est un document qui appartient à l'histoire.

« A S. M. L'EMPEREUR NAPOLÉON III,
LA VILLE DE MILAN.

» Sire,

« Le conseil communal de la ville de Milan a tenu, aujourd'hui même, une séance extraordinaire dans laquelle

il a décidé par acclamation, que la congrégation municipale présenterait à S. M. l'Empereur Napoléon III une adresse exprimant la vive reconnaissance du pays pour son généreux concours à la grande œuvre de la délivrance de l'Italie.

« Sire, la congrégation municipale se regarde comme très-honorée d'un mandat aussi élevé, mais elle sait combien les paroles sont impuissantes pour le remplir.

« Dans un discours dont tous admirèrent les magnanimes sentiments, mais que les Italiens écoutèrent avec une religieuse joie et surent interpréter comme un splendide augure, Votre Majesté disait qu'elle se reposait sur le jugement de la postérité.

« Sire, le jugement sur la sainteté de la guerre que Votre Majesté a entreprise de concert avec le roi Victor-Emmanuel II est désormais prononcé par l'opinion unanime de l'Europe civilisée, et les noms de Montebello, de Palestro et de Magenta appartiennent déjà à l'histoire.

« Mais si, au jour de la bataille, la grandeur des plans de Votre Majesté, égalée à peine par l'héroïsme de vos soldats, nous rend sûrs de la victoire, nous ne pouvons le lendemain que déplorer amèrement la perte de tant de braves qui vous suivirent au champ d'honneur.

« Les noms des généraux Beuret, Cler, Espinasse et de tant d'autres héros, tombés prématurément, figurent déjà dans le sanctuaire de nos martyrs et demeureront gravés dans le cœur des Italiens, comme dans un monument impérissable.

« Sire, notre reconnaissance pour Votre Majesté et pour la grande nation que vous avez été appelé à rendre plus grande encore, sera manifestée avec plus d'énergie par toute l'Italie rendue libre; mais nous sommes fiers, en attendant, d'être les premiers à l'exprimer, comme nous avons été les premiers à être délivrés de l'odieux aspect de la tyrannie autrichienne.

« Permettez-nous, Sire, de saluer Votre Majesté par ce cri de notre peuple :

« *Vive Napoléon III! Vive la France!*

« Milan, le 6 juin 1859.

> « ALBERTO DE HERRA, MASSIMILIANO DE LERA, MARGARITA FRANCESCO, UBOLDI DE CAPEI, FABIO BORRETTI, ACHILE ROUGIER, CESARE CIULINI, ALESSANDRO PORRO, GIOVANNI D'ADDA. »

XXXII. — Le 6 juin, le maréchal de Mac-Mahon a quitté Magenta et s'est porté, avec le 2e corps, à San Pietro l'Olmo (1) pour y prendre ses campements.

Là, il reçoit un ordre de mouvement pour le lendemain. — Cet ordre est ainsi conçu :

« Le 2e corps aura l'honneur d'entrer à Milan demain à la tête de l'armée française.

« L'Empereur se mettra en personne à la tête de ce corps d'armée. »

----

(1) *San Pietro l'Olmo*, village à 10 1/2 kilom. **N. E.** de Magenta et à 12 kilom. N. E. de Milan.

Vers six heures du soir, le maréchal apprend que le général Urban se trouve avec une colonne autrichienne à Carbanate (1); aussitôt il fait partir sur ce point deux escadrons du 7ᵉ chasseurs commandés par le colonel Savaresse, le régiment de tirailleurs et la 2ᵉ division, ainsi que deux batteries d'artillerie. Les troupes se portent rapidement en avant et marchent jusqu'à la nuit, sans rencontrer l'ennemi. Le général Desvaux a pris aussi cette direction avec sa division. La cavalerie pousse jusqu'à Carbanate, et apprend que l'ennemi y a passé vers cinq heures du soir.

En effet, le général Urban, qui depuis huit ou dix jours, était à Varèse pour contenir les chasseurs des Alpes de Garibaldi, avait reçu du général Giulay, comme les autres commandants de corps, un ordre de centralisation sur Magenta et s'était, sans délai, mis en mouvement; mais, arrivé trop tard, le général tombait au milieu des avant-postes français. Changeant aussitôt de direction, il s'était replié avec son corps d'armée sur la route de Monza.

Le chef d'état-major de la division Fanti, occupait déjà Carbanate au moment où la cavalerie française y entrait, et le général, à la tête d'une colonne de cavalerie piémontaise, s'était mis à la poursuite des Autrichiens.

XXXIII. — Le 7, l'Empereur quittait aussi Magenta,

(1) *Carbanate*, village à 24 kilom. N. N. O. de San Pieto-l'Olmo et à 19 kilom. S. S. O. de Varèse.

mais non pour entrer à Milan à la tête du 2ᵉ corps,
ainsi qu'il en avait eu primitivement la pensée, et
que le maréchal de Mac-Mahon en avait reçu l'avis, la
veille.

L'Empereur veut éviter la pompe d'une entrée solennelle et paraître dans la capitale de la Lombardie,
ayant à ses côtés le roi Victor-Emmanuel qui s'est lancé
à la poursuite du général Urban, séparé comme on
le sait du général Giulay, et forcément jeté en dehors de
sa ligne de retraite. Sa Majesté Impériale porte son
grand quartier général à Quarto Cagnino, tout petit
village situé sur la droite de la route, à une lieue de Milan.
— Quarto Cagnino est un groupe de quelques habitations
entourées d'arbres. Les tentes se dressent dans les vergers, et un détachement de zouaves s'établit devant la
maison où doit coucher l'Empereur.

Ce petit coin de terre ainsi silencieux et calme, entre
Milan et Magenta, offre un étrange tableau, bien fait
pour frapper la pensée. — Magenta qui est la guerre
avec ses mugissements formidables, ses terribles et san-
glants épisodes ; — Milan qui est le bruit joyeux, le
tumulte de l'enthousiasme, les longs applaudissements,
les cris de fête et de délivrance, les pluies de fleurs qui
obscurcissent le ciel.

Au milieu de ces pauvres masures perdues dans les
mûriers, enveloppées de vertes cultures, d'ombrages
riants, où tout retrace la vie calme et laborieuse des
champs, on pourrait oublier que tout autour de soi,
derrière ces arbres couverts de verdure, derrière ces

champs couverts de moissons, reluisent les cent cinquante mille baïonnettes des armées alliées.

XXXIV. — Pendant que l'Empereur allait, ainsi que nous l'avons dit, de Magenta à Quarto Cagnino, le maréchal de Mac-Mahon, duc de Magenta, se portait vers Milan avec le 2e corps.

A 9 heures, les deux divisions se trouvaient réunies devant la porta Vercellina, près de l'arc de triomphe, et attendaient l'arrivée de Sa Majesté ; mais un officier d'état-major vint prévenir le maréchal, de la part de l'Empereur, qu'il pouvait continuer sa route. L'ordre de départ fut aussitôt donné, et le maréchal de Mac-Mahon entra le premier dans la ville de Milan, à la tête de son corps d'armée.

Il est facile de comprendre quelles acclamations enthousiastes accueillirent celui auquel l'Empereur, par le bâton de maréchal et le titre de duc, avait donné une si grande part dans la victoire de Magenta. Toute la population se porta à sa rencontre, et les cris unanimes de reconnaissance et de bonheur saluèrent les drapeaux de la France.

Le maréchal établit ses bivouacs sur les remparts extérieurs, près de la porte de Pavie. — Le quartier général était à Milan même.

XXXV. — Le même jour, le maréchal Baraguey d'Hilliers (1er corps) quittait ses campements en avant de Buffalora, et portait son quartier général à San Pietro l'Olmo que venait de quitter le 2ᵉ corps : il y recevait l'ordre suivant de l'Empereur.

« Maréchal, vous partirez demain à 4 heures du matin de San Pietro l'Olmo ; vos deux premières divisions passeront par Settimo et Baggio ; votre troisième, l'artillerie et les bagages suivront la grande route ; vous traverserez Milan, et vous camperez sur la route de Melegnano à San Donato ou à San Giuliano, prêt à soutenir le maréchal de Mac-Mahon. Le but de cette marche est d'intercepter les Autrichiens qui se retirent de Binasco et de Landriano sur Lodi. »

D'après ces instructions, le 8 juin, à 4 heures du matin, la 1ʳᵉ division de ce corps d'armée se mettait en marche, et successivement après les deux autres.

Le 2ᵉ corps, de son côté, partait à la même heure, et la tête de colonne de la 1ʳᵉ division arrivée, à 7 heures, à San Donato (1), s'arrêtait pour laisser le temps à la 2ᵉ division de la rejoindre.

XXXVI. — Le même jour, l'Empereur, suivi de toute sa maison militaire, ainsi que de l'état-major général de l'armée, se dirigeait sur Milan.

La garde impériale campée à Cava Piobetta, à 4 kilomètres environ de la capitale, avait reçu l'ordre de s'y rendre également, et d'attendre l'arrivée de l'Empereur devant la porte extérieure appelée : porta Vercellina.

Le roi Victor-Emmanuel rejoignit Sa Majesté un peu

____

(1) *San Donato*, village à 6 kilom. S. E. de Milan. 2700 habitants.

avant le grand arc de triomphe qui s'élève devant cette porte, et les deux souverains, dont les états-majors s'étaient mêlés, arrivèrent ensemble à 7 heures et demie du matin.

Le maréchal Regnaud de Saint-Jean d'Angely y était depuis une heure, et avait fait former en bataille la garde impériale sur la magnifique place d'armes qui est à l'entrée de la ville.

Devant la porte extérieure se tenaient les autorités municipales. — Averties à temps, elles purent, au nom de la population entière, recevoir Leurs Majestés, attendues seulement à onze heures.

L'Empereur et le Roi passèrent ensuite devant le front des divisions de la garde impériale, qui firent retentir les airs de leurs acclamations (1).

XXXVII. — C'était avec une grande pompe que la ville de Milan s'apprêtait à célébrer dignement l'entrée des

---

(1) *Milan*. Capitale du royaume lombard-vénitien. 175 000 habitants. C'est une des plus grandes et des plus riches villes de l'Italie; elle fut fondée l'an 590 avant J. C. Soumise à la domination romaine en 191, elle fut honorée, sous Pompée, du titre de seconde Rome. Elle fut successivement saccagée par Attila, Odacre et les Lombards, qui en firent la capitale de leur royaume, jusqu'au moment où Charlemagne s'en empara, en 775. Érigé en république en 1100, Milan fut pris par Frédéric Barberousse en 1162 et détruit presque entièrement. Gouvernée par la famille Visconti, cette ville importante fut érigée en duché en 1395, passa plus tard sous la domination des Sforza, puis sous celle de l'Espagne jusqu'au commencement du xviiie siècle, lorsque l'Autriche s'en empara. Capitale de la république cisalpine en 1797, puis du royaume d'Italie en 1805, Milan fut cédé à l'Autriche, en 1814, par le congrès de Vienne.

souverains libérateurs de la Lombardie ; des couronnes
de lauriers avaient été tressées par milliers ; les arbres
avaient été dépouillés de leurs feuilles, les plantes de leurs
fleurs. — Mais Milan qui s'était endormie la joie dans le
cœur, fut surprise, pour ainsi dire, au milieu de son
sommeil. Les fenêtres des maisons où flottaient les drapeaux unis de la France et de la Sardaigne étaient encore
fermées, et les rues où devait bientôt se presser toute
une population dans le délire de l'enthousiasme étaient
presque désertes, lorsque Napoléon III, ayant à sa gauche le roi Victor Emmanuel, entra avec son état major,
précédé d'une escorte de Cent-Gardes, et suivi d'un
escadron des guides.

L'Empereur traversa ainsi Milan, pour se rendre à la
villa Bonaparte (1) qu'il avait choisie pour sa résidence,
refusant d'habiter le palais ducal, demeure habituelle
du grand duc Maximilien et que la municipalité avait
fait préparer en son honneur.

Mais peu à peu, sur le passage de ce cortége inattendu,
la foule accourait à perdre haleine, les fenêtres s'ouvraient, les balcons se garnissaient, les rues se jonchaient
de fleurs.

Devant la villa Bonaparte, Victor Emmanuel prit congé
de Napoléon III, et se rendit sur le Corso, au palais où
devait être établi son quartier général.

XXXVIII. — L'Empereur, à peine arrivé depuis

____

(1) Ce palais construit par Napoléon Ier, a longtemps servi d'habi-
tation au feld-maréchal Radetzky.

quelques instants à sa résidence, remontait à cheval, après un second entretien avec le maréchal Baraguey-d'Hilliers, qu'il avait déjà rencontré en quittant son bivouac de Quarto-Cagnino, et partait avec quelques officiers de son état-major, pour aller s'assurer que le corps du maréchal duc de Magenta s'était mis en marche.

De nouveaux renseignements venaient, en effet, d'apprendre à l'Empereur que les Autrichiens se fortifiaient à Melegnano, et il avait donné verbalement l'ordre au maréchal Baraguey-d'Hilliers d'enlever le jour même ce village, et d'en chasser l'ennemi, avant que celui-ci eût eu le temps de s'entourer d'ouvrages défensifs importants.

Sa Majesté atteignit, sans être reconnue, les remparts extérieurs, car nul ne pouvait supposer que cet homme sans escorte, parcourant au galop une partie de la ville, était l'Empereur lui-même. Mais à son retour, la nouvelle s'en était répandue, et une foule immense, ivre d'enthousiasme et de joie folle, se jeta sur son passage avec des cris et des acclamations.

Il faut connaître les natures italiennes, ardentes, fiévreuses, excessives, pour se faire une juste idée de ces démonstrations frénétiques. Les uns baisaient la crinière du cheval de l'Empereur, les autres saisissaient les étriers, ou portaient ses vêtements à leurs lèvres; et les femmes, sortant précipitamment de leurs maisons, lui tendaient leurs petits enfants avec des mots de bénédiction, pour qu'un de ses regards arrivât jusqu'à eux.

En écrivant ces lignes, nous n'exagérons rien.

« Quel que soit le récit que l'on puisse faire (disait un des témoins de cette scène), il sera toujours au-dessous de la vérité. »

C'est ainsi que l'empereur Napoléon revint vers le palais qu'il habitait.

Mais cette ovation spontanée, si elle avait ému son cœur, n'avait pu enlever sa pensée aux graves préoccupations qui la dominaient. — Les Autrichiens étaient encore bien près de Milan. — Leurs préparatifs de défense à Melegnano avaient-ils pour but de couvrir la retraite d'une armée démoralisée, comme chacun l'assurait, ou bien devaient-ils servir d'appui à un grand retour offensif contre la capitale de la Lombardie ?

XXXIX. — Nous avons dit que le maréchal Baraguey-d'Hilliers, commandant en chef le 1ᵉʳ corps, avait reçu l'ordre d'enlever Melegnano avant la fin du jour. — Le duc de Magenta était mis sous ses ordres avec le 2ᵉ corps.

Le maréchal s'est porté en toute hâte à San Martino où il doit retrouver le maréchal de Mac-Mahon, dont le corps d'armée a pris les devants. — Les trois divisions du 1ᵉʳ corps, Forey, Ladmirault, Bazaine, avancent avec peine sur la route encombrée déjà par les équipages et par l'artillerie du 2ᵉ corps.

Pendant que ces troupes, dont les chefs pressent la marche, font diligence pour se rallier au rendez-vous assigné, le maréchal a concerté son plan d'attaque et donné ses instructions. — Le duc de Magenta s'avancera avec son corps d'armée sur San Giuliano (1); à cet endroit, il se jettera sur la gauche pour tourner la droite de Melegnano, rejoindre la route de Cassano à Lodi et s'y établir à cheval, coupant ainsi la ligne de retraite des Autrichiens.

Le général Forey avec la 1re division du 1er corps, prendra, sur la droite, le chemin qui conduit de Nosedo à Pedriano, afin de tourner aussi Melegnano de ce côté, et d'appuyer vigoureusement avec toute son artillerie l'attaque principale.

La 2e division, commandée par le général de Ladmirault, exécutera le même mouvement sur la gauche, en se jetant dans la direction de la ferme de San Brera (2); son artillerie battra le cimetière et enfilera la route de Lodi.

Pendant ce temps la division du général Bazaine, avançant par la grande route, attaquera de front le village.

XL. — Les renseignements parvenus au maréchal s'accordent à dire que l'ennemi a fait sauter divers ponts, et qu'il a préparé des fourneaux de mines pour en faire sauter d'autres, au moment du combat. — Le général

(1) *San Giuliano*, bourg, à 3 kilom. S.-D. de San Donato.
(2) San Brera, village à 3 kilom. de San Giuliano.

Bouteilloux, commandant le génie du 1er corps, reçoit l'ordre de former une section de sapeurs qui devra marcher en tête de chaque brigade. C'est à chacune de ces sections qu'est confié le périlleux honneur de se jeter en avant des tirailleurs à l'approche de chaque pont, et d'enlever les engins destructeurs préparés par l'ennemi pour amener des explosions successives (1).

Ce plan, dans son ensemble, était habilement conçu. Malheureusement, le temps manquait au développement de toutes ces combinaisons, qu'il fallait exécuter au milieu de terrains inconnus, sans guide pour se diriger sûrement, et en rencontrant presque à chaque pas des impossibilités matérielles de marche.

XLI. — Il est important de connaître en détail les terrains que vont parcourir les deux premiers corps d'armée chargés d'enlever Melegnano.

On sort de Milan par la Porta Romana.— Les premières maisons que l'on aperçoit sont celles de San Martino.

La route, large et belle, est bordée à droite et à

(1) *Rapport du général Bouteilloux, commandant le génie du 1er corps.*

« Les compagnies du génie des trois divisions ont fourni une section de 70 à 75 sapeurs, marchant à la tête de chaque brigade. — Les renseignements donnés à M. le maréchal, concernant le 1er corps, faisant connaître que l'ennemi avait fait sauter divers ponts et qu'il avait préparé des fourneaux de mines pour en faire sauter d'autres au moment de l'action, on avait désigné dans chaque section, 10 sapeurs et un sergent spécialement chargé de s'élancer en avant des tirailleurs à l'approche d'un pont, et d'enlever les moines, saucissons, mèches et autres engins préparés pour l'explosion. »

gauche par deux canaux. Celui de droite, plus large et plus profond, a des berges escarpées; de distance en distance, de petits ponts de pierre servent de communication avec les chemins qui traversent les prairies, coupées elles-mêmes par des fossés, et hérissées de haies, de taillis et d'arbres touffus. — Près de la route, s'étend un épais rideau d'arbres qui intercepte la vue. Déjà les moissons sont hautes, et, comme à Magenta, couvrent la terre en carrés inégaux; parfois aussi le sol, inondé par les rizières, est boueux et rempli de flaques d'eau.

Il est facile de comprendre, combien ces terrains ainsi découpés et ces prairies humides devaient être d'un difficile accès pour les troupes. Les divisions en marche sont forcées de s'allonger indéfiniment dans des sentiers étroits, où les obstacles se renouvellent à chaque pas.

XLII. — A quelque distance de San Martino, San Donato n'est qu'un groupe de maisons de triste et chétive apparence : — à droite, les grands bâtiments d'une ferme ; à gauche, une église.

Puis vient San Giuliano, formé également de quelques maisons jetées à droite et à gauche de la route, mais en plus grand nombre. Là aussi, on trouve une ferme, dont les bâtiments spacieux contrastent singulièrement avec les habitations qui l'entourent. En cet endroit, le canal se creuse plus profond et plus large.

Sur la gauche, où s'élève une sorte d'auberge, le canal d'irrigation se répand et se multiplie dans la plaine en larges cours d'eau. Ce sont à tout instant de profondes coupures, des fossés aux bords fangeux, des plaines humides qui trompent le regard par leur richesse et leur fertilité.

De ce côté est San Brera.

Si, au contraire, vous continuez d'avancer sur la route, dont la chaussée est large et unie, à 200 mètres de Melegnano, vous rencontrez le cimetière que ferme une grille en fer et que précède un portique formant arcades. Les murs sont couverts de plaques noires portant des inscriptions. Le bruit des armes, le tumulte de la guerre, ont remplacé le silence de ce champ du repos devenu une enceinte fortifiée. Les murs ont été crénelés comme ceux d'une forteresse, et des bataillons autrichiens s'y sont retranchés, pour prendre par le flanc les troupes qui voudraient attaquer de front le village, en suivant la grande route.

Près de ce cimetière, l'ennemi a élevé une première barricade avec des troncs d'arbres et des bois de construction entassés pêle-mêle. — A 200 mètres plus loin, un fossé large et profond coupe la route transversalement.

A l'entrée même de Melegnano, quatre pièces d'artillerie sont mises en batterie derrière un fort épaulement.

A gauche, une grande ferme trouée par des meurtrières, et un long mur que l'ennemi a crénelé, défendent l'entrée de ce village, dont le nom devait être , à plus de trois siècles de distance, deux fois célèbre par la guerre.

C'est sur cette route et par les chemins latéraux qui donnent dans les prairies , que le 1er et le 2e corps d'armée vont être lancés au combat, associant le nom d'une nouvelle victoire à la grande journée de Magenta.

XLIII. — A trois heures seulement, les troupes qui doivent agir sont réunies à San Donato.

Le maréchal de Mac-Máhon a déjà porté en avant la division du général Decaen (2e), qui a la plus longue distance à parcourir.

« Il est deux heures (dit le journal historique du 2e corps), lorsqu'elle se met en marche, se dirigeant par Trivulzo, Morsenchio , Linate , Biassano, Robbiano et Triginto, sur Mediglia, où elle doit attendre que la division de la Motterouge (1re), soit entrée en ligne, pour se porter en avant. »

C'est à quatre heures que cette division, avec laquelle est le maréchal, reçoit l'ordre de départ (1) : car il a décidé que la 1re division du 2e corps attendra, pour prononcer son mouvement, l'arrivée de la tête de colonne de la division de Ladmirault (1er corps).

Le duc de Magenta se porte alors rapidement sur San Giuliano, que l'on suppose encore occupé par l'ennemi;

____

(1) *Journal des marches et opérations du 2e corps.*

mais, ce petit village est déjà évacué. — La colonne quitte à cet endroit la grande route et se dirige vers Carpianello (1) et la cascina Barona, pour opérer à Mediglia (2) sa jonction avec la 2e division.

Les chemins étroits, les terrains couverts de moissons et coupés sans cesse par des canaux et des fossés, puis le passage du Lembro à gué, ne lui permettent d'atteindre Mediglia que vers six heures du soir, environ. Aussitôt, les deux divisions continuent leur marche, pour venir, sur deux lignes, s'établir à cheval sur la route de Lodi, — la droite à Romulo, la gauche à Melegnano (3). Mais à peine sont-elles en mouvement, que le canon du premier corps se fait entendre. Il leur est donc impossible de pouvoir arriver à temps, pour opérer utilement sur la route de Lodi, et barrer le passage aux Autrichiens déjà en retraite.

XLIV. — En effet la 3e division, à la tête de laquelle marche le général Bazaine, un de nos plus brillants officiers généraux, s'avance sur San Giuliano.

(1) *Carpianello*, village à 2 1/2 kilom. N.-E. de San Giuliano.

(2) *Mediglia*, village à 4 kilom. E. de San Giuliano et à 3 kilom. E. de Carpianello.

(3) « A six heures (écrit le maréchal) j'ordonnai à la 2e division de porter huit bataillons sur la route de Lodi, par Calbiano, Bellerono, Dresano, Cologno, Casal Majocco et Sordia qui devait être le point objectif à atteindre. Les *impedimenta* étaient restés à Mediglia sous la garde de quatre bataillons.

« La 1re division devait suivre et appuyer le mouvement. En fin de compte les deux divisions devaient s'établir sur deux lignes à cheval, sur la route de Lodi, la droite à Romulo, la gauche à Melegnano. »

Il est près de 5 heures, quand la tête de colonne, dépassant ce village, pousse rapidement sur Melegnano. — La chaussée de la route large et droite, ainsi que nous l'avons expliqué plus haut, est bordée de fossés pleins d'eau, et communique avec la campagne par de petits ponts en pierre. — Sur la gauche, on aperçoit au milieu des arbres quelques toits de maisons et la flèche aiguë d'un clocher. — C'est San Brera vers lequel se dirige la 2ᵉ division du premier corps.

Bientôt la division Bazaine est en vue de Melegnano (1); une distance de 1200 à 1500 mètres tout au plus la sépare de la ville. Il est alors six heures moins un quart; — de nombreux éclaireurs couvrent son front.

Le général a arrêté la tête de colonne. La compagnie de zouaves d'avant-garde se déploie en tirailleurs sur la droite et sur la gauche de la route, pendant que les pièces de canon de la 12ᵉ batterie du 12ᵉ régiment se placent sur le milieu de la chaussée et commencent le feu. L'ennemi démasque aussitôt son artillerie et ne tarde pas à répondre. — Ses boulets enfilent la route occupée par nos troupes. Après avoir lancé quelques salves, nos artilleurs avancent résolûment, recommencent le feu de plus près, avancent encore, et, bravant les projec-

---

(1) *Melegnano* (Marignan) bourg à 5 kil. de San Giuno, à 15 kil. S. E. de Milan et à 15 kil. O. N. O. de Lodi. 3000 habitants. 1375 habitants. Au moyen âge Marignan était défendu par une forteresse qui fut détruite en 1239 par Frédéric II et rebâtie en 1243. Les Guelfes et les Gibelins y conclurent la paix en 1279. Enfin, en 1515, François Iᵉʳ y remporta sur les Suisses une bataille mémorable, connue sous le nom de *Bataille des géants*.

tiles qui bondissent autour d'eux, continuent leur tir avec une calme intrépidité et une résolution que rien n'arrête.

XLV. — Il se fait tard ; cependant les corps qui doivent opérer sur les flancs et envelopper la position n'annoncent point leur présence.

Mais heureusement le général Forey a traversé Civesio, Viboldane et est arrivé à Mezzano (1) que les avant-postes autrichiens venaient d'évacuer. — Il sait que l'heure le presse ; aussi poursuit-il rapidement sa route à travers des terrains couverts, jusqu'à Pedriano, cherchant avec le général Forgeot un emplacement qui permette à son artillerie de battre la ville. — Bientôt les douze pièces de la division sont mises en batterie ; elles sont soutenues par le 17ᵉ bataillon de chasseurs à pied que son chef dispose en tirailleurs ; le 74ᵉ et le 84ᵉ de ligne se massent dans l'intérieur du village. Les douze pièces de canon tonnent à la fois sur Melegnano qu'elles prennent d'écharpe.

Malgré cette heureuse diversion, l'artillerie ennemie cause des pertes sensibles à la colonne du centre.

L'ordre est donné de se lancer en avant sans plus tarder, car la nuit ne tardera pas à venir, et les instructions données au maréchal par l'Empereur sont d'occuper de

____

(1) *Mezzano*, village à 3 kil. S. E. de San Giuliano, et à 2 kil. N. O. de Marignan.

vive force Melegnano, le jour même. — Le général Goze qui commande la brigade, tête de colonne, fait déposer les sacs à terre, et pendant que de nouvelles compagnies de zouaves se répandent sur la droite et sur la gauche au milieu des arbres, le colonel Paulze d'Ivoy se porte rapidement sur le village avec le reste de son régiment, qu'appuie le colonel Bordas à la tête du 33e de ligne.

Entraînés par leur colonel, les zouaves se précipitent sur la barricade avec une audace que rien n'égale. Les boulets et la mitraille trouent les rangs qui se resserrent aussitôt; chefs et soldats rivalisent d'ardeur et d'élan : bientôt ils sont entourés d'un nuage de poussière et de fumée.

Lorsqu'ils sont près d'atteindre la barricade, le feu de l'artillerie cesse tout à coup, et les Autrichiens s'élancent eux-mêmes sur la route. Le premier rang est composé tout entier d'officiers; pour initier leurs soldats à ces combats à la baïonnette qui les étonnent et sèment le désordre dans leurs rangs, tous ont pris des fusils et ont voulu se jeter les premiers au-devant des zouaves, entraînant leurs compagnies électrisées par ce noble exemple de courage.

Le choc est terrible et sanglant; on se prend corps à corps, les fusils s'entre-choquent et se brisent, les baïonnettes se tordent dans l'acharnement du combat : — courage impuissant, effort stérile; la barricade est franchie, et les sapeurs du génie, sous l'énergique direction du commandant de Rivière, la démolissent pour frayer un passage à l'artillerie.

XLVI. — Sur la gauche, dans le cimetière, les Autrichiens ont organisé une résistance sérieuse, que protégent des troupes massées derrière les murs et abritées par les arbres et les vergers. Pris ainsi de flanc par ces décharges meurtrières, de face par le feu des premières maisons du village, les zouaves font des pertes cruelles. — Le combat commence à peine ; et déjà un grand nombre des leurs sont étendus à terre.

Il faut enlever et balayer l'ennemi d'un seul coup. — Le cri : à la baïonnette retentit de toutes parts, et tout le régiment comme s'il eût eu une seule âme et un seul cœur, s'élance, à travers une grêle de balles, d'un côté sur le cimetière, de l'autre sur Melegnano, sans se préoccuper des obstacles.

En tête de tous, superbes d'énergie et de résolution, on voit le général Goze et le colonel Paulze d'Ivoy ; ils précèdent et lancent les colonnes d'assaut, aux cris de vive l'Empereur ! Tous les officiers, l'épée haute, sont les premiers au feu dans ce moment d'audace extrême.

XLVII. — Mais avant de pénétrer dans le village avec nos soldats intrépides, il est important de dire ce qu'était devenue la 2ᵉ division, qui, elle aussi, va venir prendre avec la brigade du brave général Niol sa large part du combat.

Cette division s'est partagée en deux.

La 2ᵉ brigade, que commande le général de Négrier, doit marcher parallèlement à la route dans la direction de Carpianello et de San Brera ; elle formera la réserve de la première brigade qui doit tourner Melegnano sur sa gauche, et se tiendra prête à la soutenir. — Vu la longueur du chemin qu'elle doit parcourir, elle part une demi-heure avant la brigade Niol.

Celle-ci, que dirige en personne le général de Ladmirault, suit jusqu'à San Giuliano les traces de la première division du 2e corps, et se dirige ensuite à gauche sur San Brera : elle ne trouve que des chemins de ferme, qui s'arrêtent même à partir de Zivito, et se perdent tout à coup dans les prairies que coupent des cours d'eau profonds. — La terre, en beaucoup d'endroits, est tellement détrempée, qu'elle s'affaisse sous les pas pressés des bataillons ; l'infanterie marche péniblement à travers des fossés fangeux ; pour l'artillerie, le passage est devenu impraticable. — Le lieutenant colonel de Mitrécé qui la commande, et le commandant Vautré de la même arme se multiplient dans ces moments difficiles avec autant d'habileté que d'énergie ; le chef de bataillon Duval, du génie, et le capitaine en premier Lallement viennent joindre leurs efforts. On improvise des ressources ; la hache des sapeurs abat des arbres tout entiers, pendant que dans les fermes et dans les habitations les plus voisines on prend tout ce qui peut être utile ; des charrettes sont renversées dans le fossé.

Enfin l'artillerie atteint la route qui conduit à la ferme de San Brera, malgré de nouveaux obstacles qu'elle rencontre encore ; les chemins sont perpétuellement traversés par de larges cours d'eau, et l'ennemi a détruit toutes les communications. — Plusieurs

fois le génie et l'artillerie créent des passages factices ;
mais chacun de ces passages , quelque rapidement qu'il
puisse être organisé, fait perdre un temps précieux.

XLVIII. — Le général de Ladmirault a précipité sa
marche avec la 1re brigade, laissant une garde du 21e
pour couvrir l'artillerie.

Le capitaine Bonneau de Beaufort prend quelques
compagnies du 10e bataillon de chasseurs et les déploie
en tirailleurs au milieu des plantations et des haies
touffues qui barrent à tout instant le chemin et interceptent la vue. A peine ce brave officier a-t-il fait quelque
pas qu'il tombe mortellement frappé de deux balles :
— il tombe, ayant encore à son képi et à la boutonnière
de son uniforme les fleurs que, le matin même, on lui
avait jetées quant il traversait Milan.

A la hauteur de San Brera qui, à 600 mètres environ
à l'est de Melegnano, domine le Lembro, le général de
Ladmirault entend des coups de canon qui partent de la
colonne du centre avec laquelle se trouve le maréchal
Baraguey-d'Hilliers. — Son artillerie , retardée , nous
l'avons vu, par des impossibilités matérielles ne peut
appuyer par son feu l'attaque principale. — Au bruit
du canon qui fait retentir au loin les échos, se mêle déjà
une fusillade serrée.

La division Bazaine est évidemment sérieusement engagée. Le général n'hésite pas , et avec cette énergique résolution qui est l'instinct de sa nature , il
donne ordre au commandant Courrech de se jeter,

en toute hâte, dans la direction du feu avec son bataillon de chasseurs à pied (10e bataillon). Le commandant crie d'une voix retentissante à ses soldats de le suivre, et s'élance sur la droite vers un plateau qui domine la route. — Les chasseurs rencontrent un fossé profond ; ils s'y précipitent bravement et le traversent ayant de l'eau jusqu'à la ceinture. — Ils ne marchent pas, ils courent ; car de moments en moments, le feu augmente d'intensité ; le capitaine de Bletterie part avec la 2me compagnie pour renforcer la ligne des tirailleurs.

Les Autrichiens occupent une ferme située en arrière de la crête du plateau, le feu s'engage. — Mais chaque minute est précieuse ; — les clairons sonnent la charge ; la ferme est enlevée à la baïonnette. L'ennemi se retire vers les premières maisons, cherchant encore à se maintenir à la faveur d'un terrain favorable ; bientôt les chasseurs qui les poursuivent sont confondus avec les zouaves de la 2me division, et ces intrépides soldats rivalisent entre eux d'audace et d'ardeur.

XLIX. — Pendant ce temps, le 15me de ligne (colonel Guérin) continue à pousser droit devant lui, en tenant les maisons de Melegnano sur sa droite. Avec ce régiment marchent le général de Ladmirault et le général Niol. — Les Autrichiens sont en retraite sur la ville, et la tête de colonne de la 3me division à laquelle se sont mêlés les chasseurs du 10me bataillon, les repousse déjà vigoureusement vers les maisons, la baïonnette dans les reins ; le général de Ladmirault lance le 15ᵉ de ligne au pas de course pour couper l'ennemi, il franchit avec le général Niel tous les obstacles, et se répand à travers les jardins, les·vergers et les champs de maïs.

« Débordant ainsi l'attaque du centre (écrit le général de Ladmirault, dans son rapport), le 10ᵉ bataillon de chasseurs et le 15ᵉ de ligne se sont jetés dans les. premiers gradins du flanc gauche de la ville ; ils ont pris par un brusque retour à droite l'ennemi en flanc, et se sont engagés dans les maisons, toutes converties en petits forts, d'où il a fallu déloger les troupes autrichiennes. »

Poursuivant sa marche, il se trouve tout à coup sur la rive droite du Lembro ; les berges sont escarpées, les eaux profondes.

Irrités de cet obstacle imprévu, officiers et soldats parcourent la rive en tous sens, cherchant un pont ou un moyen de passage ; mais aucune possibilité de communication n'existe. Le général donne l'ordre au colonel Guérin de faire sonder la rivière, pour la passer à gué. Aussitôt le tambour-major du 15ᵉ, Degrootz, homme à la stature colossale, s'élance résolûment. A peine a-t-il fait quelques pas, que l'eau lui monte jusqu'aux épaules ; — le gué n'est pas franchissable.

Mais, dans le centre de la ville, l'attaque s'était continuée avec grande vigueur, et les Autrichiens, refoulés de tous côtés par le 1ᵉʳ zouaves, et le 33ᵉ de ligne, se précipitaient en désordre vers le seul pont qui existe à Melegnano et partage la ville en deux.

L. — Retournons donc vers la division Bazaine que nous avons laissée s'avançant d'un pas rapide sur la ville.

Devant l'élan impétueux de nos bataillons, les Autrichiens ont retiré à la hâte leurs pièces de canon; les troupes qui cherchaient encore à défendre l'entrée du village sont culbutées. — Ce devint alors une de ces luttes terribles, où la mort, cachée dans l'intérieur des maisons, abritée sous les toits, embusquée aux fenêtres ou derrière des murs crénelés, frappait de tous côtés nos braves soldats d'une main sûre et invisible. — Mais, parmi ces combattants résolus, il n'en est pas un qui hésite ou s'arrête devant elle. — Plus le danger est grand, plus l'inébranlable volonté de la victoire leur monte au cœur ; ils vont sans s'arrêter, courant par les rues, brisant les portes, pénétrant dans les maisons, se ralliant sur les places pour s'élancer de nouveau dans d'autres directions. — Bientôt ils sont au cœur de Melegnano.

LI. — Mais c'est au vieux château que les Autrichiens ont réuni leurs plus grands efforts, car les troupes ennemies pourraient intercepter par là leur mouvement de retraite sur Lodi et Pavie.

La place, sur laquelle s'élève ce château est bordée de vergers ; sur la droite, les terrains subitement affaissés conduisent à une route latérale. — Les murs extérieurs, avec leurs longues fenêtres serrées les unes contre les autres, présentent l'aspect d'une véritable forteresse;

l'entrée se compose de voûtes successives et aboutit d'abord dans des terrains que bordent des plantations, puis dans la campagne.

Sur les côtés, le long des murs, l'ennemi a pratiqué des meurtrières, et fait pleuvoir une grêle de feux plongeants sur le chemin qui va rejoindre la route de Lodi. Dans l'enceinte que traverse ce chemin, une végétation pleine de séve sert merveilleusement les défenseurs ; des vignes sont étroitement enlacées aux arbres qui étendent autour d'eux leurs branches chargées de feuilles. Derrière ces abris de toute sorte, un centre de puissantes défenses est organisé.

C'est sur la place même que débouchent tout à coup les zouaves entraînés par leur intrépide colonel Paulze d'Ivoy et par le lieutenant colonel Brincourt. — D'un bond, ils pénètrent sous la voûte, dont les portes n'ont pu être fermées.

Les Autrichiens, embusqués derrière un épaulement, croisent leurs feux ; il semblerait que chaque pierre recèle la balle d'une carabine.

Bientôt les cadavres jonchent le sol, et les rangs s'éclaircissent. Mais au soldat tombé succède un soldat debout, et la mort, qui frappe sans relâche, n'effraye pas nos hardis bataillons, qui viennent par toutes les rues grossir les compagnies audacieusement engagées dans ce dernier refuge.

LII. — De son côté, le 33ᵉ de ligne a refoulé l'ennemi. — A chaque pas, c'est une lutte nouvelle, car les

Autrichiens font partout énergique résistance. — Le drapeau du régiment est criblé de balles ; sa hampe est brisée : un instant, dans cette mêlée furieuse, il disparaît aux regards. — Mais c'est le trésor d'honneur du régiment ; tous veillent sur lui et combattent à ses côtés ; la poitrine de chaque soldat lui sert de rempart (1).

Le colonel Bordas et le lieutenant colonel Rey sont arrivés sur la place de l'église ; c'est au milieu des maisons transformées en redoute, près de la demeure de Dieu, qui vomit elle-même le feu par ses fenêtres ogivales, qu'ils rallient et réorganisent les compagnies disséminées.

Deux bataillons du 34ᵉ sont aussi accourus avec le colonel Micheler pour prendre part au combat ; ils sont suivis du 37ᵉ (colonel Susbielle) ; tous s'établissent sur les places, dans les rues, débusquant l'ennemi des positions où il tenait encore, et rejoignent par les issues latérales la colonne d'attaque.

LIII. — Depuis près de deux heures, on se bat de part et d'autre avec un égal acharnement. Le ciel s'est obscurci, et pendant que les bataillons animés d'une sanglante ardeur se heurtent et se brisent, l'orage gronde sourdement, les nuages s'entre-choquent et font jaillir des éclairs qui traversent l'horizon, comme de longues traînées de feu. — Au bruit de la bataille se joint le bruit du

____

(1) *Journal des marches et opérations de la 3ᵉ division du 1ᵉʳ corps :*

« L'aigle du régiment, un instant compromise, mais vaillamment défendue, a sa hampe brisée. »

tonnerre. La pluie tombe en gouttes larges et sonores, et le vent siffle par violentes rafales. C'est un spectacle cruel et superbe à la fois. Il semble que cet orage qui tombe du ciel avec un sinistre fracas ait redoublé la fureur des combattants.

Le colonel Paulze d'Ivoy (1), brillant et énergique officier, est à la tête de ses zouaves que depuis le commence-

(1)   LE COLONEL PAULZE D'IVOY

(Eugène-Jacques-Charles), né à Ivoy-le-Pré (Cher), le 12 août 1816, était fils d'un maître des requêtes au conseil d'État, ancien préfet du Rhône.

Élève à l'école spéciale militaire le 20 novembre 1832, il fut nommé sous-lieutenant au 4e de ligne le 20 avril 1835. Lieutenant le 29 octobre 1840, il passait au 6e bataillon de chasseurs à pied, le 8 novembre. En 1841 il part pour l'Afrique; car c'était là que les jeunes officiers qui sentaient en eux le feu sacré allaient étudier le métier de la guerre.—En 1849, il en revenait capitaine (1845) et décoré de la Légion d'honneur.

Chef de bataillon au 53e de ligne, il fit le siége de Rome et retourna en Afrique avec le 2e bataillon de chasseurs à pied (30 août 1852).

C'est comme lieutenant-colonel du 95e de ligne que Paulze d'Ivoy part pour la Crimée. — Pendant cette rude campagne, il sut montrer plus encore les brillantes qualités d'intelligence et de bravoure qui le distinguaient au plus haut degré. — A l'assaut du 18 juin, il entraîne son régiment sous le feu de l'ennemi et tombe frappé d'une balle qui lui traverse le visage; blessure terrible qui bien longtemps fit craindre pour ses jours.

Nommé officier de la Légion d'honneur le 25 juin 1855, il est colonel du 97e le 11 juillet de la même année.

Colonel du 93e le 12 juillet 1856, il retournait encore une troisième fois en Afrique et recevait le commandement du 1er zouaves, le 12 août 1857.

C'est avec ce brave régiment qu'il fut appelé en Italie, et c'est à Marignan, à la tête de ses zouaves, qu'il devait trouver la mort que son courage avait si souvent bravée. « Camarades, avait-il dit au commencement du combat, si je meurs, veillez sur le drapeau. »—Paulze d'Ivoy avait en lui l'âme et la religion du vrai soldat.

ment de la lutte il a toujours précédés au feu, les animant du geste, de la voix, de l'exemple, et les enflammant par l'irrésistible contact de son ardent courage; il est mortellement atteint d'une balle à la tête, au moment où son cheval vient d'être tué sous lui. — C'est à la tête aussi que, le 18 juin, il avait été frappé à l'assaut de Malakoff.

Les zouaves qui l'entourent voient avec une profonde douleur tomber, pour ne plus se relever, le chef qui les guidait si vaillamment au feu ; mais n'est-ce point venger noblement sa mort, que de courir au combat?

LIV. — C'est là, devant le vieux château, où le colonel vient de trouver la mort, que la résistance est la plus opiniâtre. — Le commandant Rousseau est aussi frappé mortellement (1). Les zouaves occupent une grande partie des maisons, mais sont trop peu nombreux pour chasser l'ennemi des dernières positions qu'il défend : le maréchal est accouru sur la place avec son état-major. — Les balles qui sifflent

(1)   COMMANDANT ROUSSEAU

(Marie-Alexandre-Jules), né le 6 avril 1825, à Romorantin (Loir-et-Cher). Chef de bataillon au 1ᵉʳ régiment de zouaves. — Mort dans le courant du mois de juin 1859, suite de blessures reçues à Marignan.

Campagnes : de 1845 à 1854 en Afrique; de 1854 à 1855 en Orient; de 1856 à 1858 en Afrique. — Chevalier de la Légion d'honneur, le 3 mars 1854.

Élève à l'école spéciale militaire, le 11 novembre 1843; sous-lieutenant au 2ᵉ régiment de la légion étrangère, le 1ᵉʳ octobre 1845; lieutenant, le 18 décembre 1849; capitaine, le 20 janvier 1852; passé au 2ᵉ régiment de la 1ʳᵉ légion étrangère, le 17 janvier 1855; chef de bataillon au 21ᵉ de ligne, le 14 septembre 1855; passé au 97ᵉ de même arme, le 17 septembre 1855; passé au 1ᵉʳ régiment de zouaves, le 4 décembre 1856.

semblent respecter ce vieux soldat, dont quarante ans de guerre ont blanchi les cheveux. — Une lutte si longue l'irrite ; il voit ses plus braves soldats couchés à terre et donne ordre au général Bazaine (1), qui, lui aussi, ne s'est pas ménagé dans cette sanglante journée, de lancer le 37ᵉ en dehors de la ville.

(1)   LE GÉNÉRAL DE DIVISION BAZAINE

(François-Achille), né à Versailles en 1811, entrait au service comme soldat volontaire en 1831. En 1833, il était nommé sous-lieutenant dans la légion étrangère et prenait part aux combats de nos possessions d'Afrique pendant les années 1833, 1834, 1835. Dans cette même année, il partait pour l'Espagne, où il devait remplir les fonctions de chef d'état-major de la division étrangère.

Capitaine en 1839, il s'embarquait de nouveau en Afrique en 1840, et pendant treize années ne cessait de prendre part à ces luttes incessantes contre les tribus révoltées.

C'est en combattant que le jeune officier conquit tous ses grades. Cité quatre fois à l'ordre du jour, il comptait déjà parmi ceux auxquels étaient réservées les plus brillantes destinées. En 1835, c'était au combat de la Macta. — En 1840, lors de la première occupation de Milianah. — En 1846, pour sa valeureuse conduite au combat d'Afir, où il arriva un des premiers sur l'ennemi à la tête de quelques cavaliers arabes. — En 1847, lors de la soumission d'Abd-el-Kader. Sa rare aptitude et son courage audacieux le mirent promptement au premier rang.

En 1854, le colonel Bazaine partait pour l'Orient ; il attirait sur lui l'attention des chefs de l'armée et gagnait sur les champs de bataille de Crimée, en deux années consécutives, les grades de général de brigade et de général de division, juste récompense de ses services signalés pendant cette mémorable expédition.

Le 27 mai, il était cité à l'ordre du jour. Immédiatement après la prise de Sébastopol, il était appelé au commandement militaire de Sébastopol, puis à celui de la 2ᵉ division du 1ᵉʳ corps.

L'expédition de Kinburn porta de nouveau à l'ordre de l'armée le nom de ce brillant chef qui, en vingt-quatre ans, était arrivé de simple soldat au grade de général de division. La guerre d'Italie devait ajouter de nouvelles pages glorieuses à cette vie militaire si brillamment remplie.

Le colonel Susbielle tire son épée et se jette en avant avec le lieutenant-colonel Rivet. La fusillade redouble ; car chaque broussaille, chaque haie, chaque touffe de végétation cache un ennemi. Le général Bazaine s'est porté au milieu des tirailleurs. — Le maréchal y accourt aussi, dominant de sa haute stature tout ce tumulte de guerre. — Il crie : « A la baïonnette! » et tous, officiers et soldats se précipitent, étouffant, pour ainsi dire, dans ce choc impétueux le feu qui les mitraille.

L'épaulement derrière lequel s'abritaient les Autrichiens est enlevé au pas de course ; ils battent confusément en retraite.

LV. — Mais pendant ce temps, aux abords du pont qui traverse la ville et conduit sur la route de Lodi, voici ce qui se passait.

Nous avons dit que le général de Ladmirault s'était trouvé tout à coup arrêté par le Lembro, qu'il lui était impossible de franchir autrement que sur le pont en pierre. — L'ennemi, refoulé de rues en rues par la colonne d'attaque, se pressait sur ce pont en grand désordre.

Une portion du 33e, ayant à sa tête son colonel Bordas, le lieutenant-colonel Rey et le chef de bataillon Descubes, s'est déjà lancée sur les pas des fuyards par la grande rue de Melegnano.

Le général dirige sur le même point tout le 15e avec le général Niol. — Dans le même moment, par une autre issue, des Autrichiens, chassés des maisons qu'ils avaient défendues jusqu'à la dernière extrémité, se précipitent aussi vers le pont; nos bataillons le traversent pêlemêle avec eux et les font prisonniers, puis continuent au pas de course vers la route qui sert de retraite à l'ennemi.

Déjà le 33e avait atteint la maison de la poste, qui est la dernière de Melegnano, et s'était trouvé en face d'un camp que les Autrichiens venaient d'évacuer en telle hâte, qu'ils avaient laissé sur le feu leurs marmites toutes remplies de viande.

La colonne ennemie, pressée de près, s'arrête subitement, fait volte face, et démasque deux pièces d'artillerie. Plusieurs volées de mitraille lancées coup sur coup sèment la mort dans nos troupes lancées audacieusement à la poursuite de l'ennemi. — Dès les premières décharges, le colonel Bordas est blessé, le lieutenantcolonel Rey (1), rude soldat, officier plein d'initiative,

----

(1)   LE LIEUTENANT-COLONEL REY

(Victor-Alfred) était né à Marseille (Bouches-du-Rhône) le 9 avril 1815.

Élève de Saint-Cyr le 4 décembre 1833, il était sous-lieutenant au 12e de ligne le 1er octobre 1835. Envoyé en Afrique en 1837, il fut nommé lieutenant le 24 octobre 1838. Rentré en France, il était capitaine le 6 mars 1843 et retournait en Afrique. Il y resta jusqu'en 1852.

Chef de bataillon au 2e de ligne le 29 juin 1854, il fit la campagne de Crimée avec le 6e de ligne et avec le 3e régiment des voltigeurs de la garde impériale.

Le 17 mars 1858, il était nommé lieutenant-colonel du 33e de ligne. C'est au milieu de ce régiment qu'il devait finir trop tôt une carrière vouée tout entière au service de son pays.

Ce ne fut qu'un mois après avoir été vaillamment blessé devant l'ennemi, que succomba ce brave officier.

Il était officier de la Légion d'honneur depuis le 20 mars 1851.

de cœur et d'élan, est frappé mortellement, le chef de bataillon Descubes est tué sur place (1).

LVI. — Le général de Ladmirault accourt presque aussitôt avec le 15e de ligne ; il se place énergiquement en travers de la route, bravant avec un superbe sang-froid les balles et les boulets qui abattent à ses côtés le capitaine d'état-major de Champlouis, son aide de camp, et le lieutenant de La Tour-du-Pin, son officier d'ordonnance : — le premier a le visage brisé, l'autre la cuisse traversée par une balle qui tue son cheval.

Les compagnies, un instant désorganisées par cette attaque subite, se sont ralliées ; le général a pris toutes ses dispositions de combat.

De son côté, le général Niol se multiplie avec une ardeur et une activité sans égales. Il a fait occuper toutes les maisons qui donnent sur la route : — Des compagnies déployées en tirailleurs se jettent dans les fossés et s'abritent derrière des plis de terrain, profitant des arbres disséminés çà et là.

Le colonel Guérin organise la défense avec le peu d'hommes qu'il a sous la main.

(1)   COMMANDANT DESCUBES

(Joseph-Victor), né le 10 mai 1812, à Saint-Laurent-sur-Gorse (Haute-Vienne). Chef de bataillon au 33e de ligne. — Tué à l'ennemi le 8 juin 1859.

Campagnes : 1855 et 1856 en Orient. — Chevalier de la Légion d'honneur, le 27 octobre 1851.

Élève à l'école spéciale militaire, le 3 décembre 1830 ; sous-lieutenant au 42e de ligne, le 1er octobre 1832 ; lieutenant, le 20 novembre 1838 ; capitaine, le 20 avril 1842 ; chef de bataillon au 33e de ligne, le 30 avril 1853.

LVII. — C'est en ce moment là que l'orage se déclarait avec une grande intensité, et qu'au milieu des éclats du tonnerre la pluie tombait à torrents. — Le général de Ladmirault attend impatiemment le **21e** de ligne, dont la présence lui eût été d'un grand secours : il n'arrive pas ; le général part alors lui-même à sa rencontre, et trouvant le maréchal Baraguey d'Hilliers sur la place de l'église, lui rapporte les faits qui viennent de se passer à l'extrémité du village. Quelques instants après, il revenait vers la maison de poste, amenant avec lui deux compagnies du 34e qu'il porte en toute hâte sur la route de Cassano (1) pour les jeter à droite, et prendre ainsi de flanc les troupes autrichiennes. Ces compagnies, placées à bonne portée, commencent un feu nourri : leur fusillade se mêle à celle qui part sans relâche des maisons et des fossés, derrière lesquels nos soldats se sont embusqués.

Bientôt les Autrichiens, dont le seul but avait été de couvrir par ce retour offensif leur mouvement général de retraite, abandonnèrent la position : on les poursuivit jusqu'à la ferme de San Bernardone à mille mètres en avant ; mais l'orage continuait avec une si grande violence qu'il fallut s'arrêter.

Deux bataillons du 21e furent placés de garde près de cette ferme.

----

(1) *Cassano*, bourg à 25 kil. E. N. E. de Milan, à 24 kil. N. N. O. de Marignan, à 22 kil. N. de Lodi, sur la rive droite de l'Adda, 2 000 habitants. Le 16 août 1705, victoire des Français sur le prince Eugène. Le 25 avril 1799, bataille entre Moreau et Souvaroff.

A 9 heures, toutes les positions de Melegnano étaient à nous.

LVIII. — Mais qu'était devenue la division Forey, dont le canon s'était fait entendre, au moment où le général Bazaine avançait sur les premiers obstacles de la route en face de Melegnano?

« A ce moment, prévu par mes instructions (écrit le général Forey dans son rapport au maréchal), je pris mes dispositions pour exécuter le mouvement tournant destiné à me porter sur les derrières de l'ennemi vers le village de Cerro (1). »

Il était important de ne pas appuyer trop à gauche, dans la crainte de se rencontrer avec les colonnes de la 3e division, ou trop à droite, et par conséquent tout à fait en dehors des opérations. — Le général prit donc le village de Riozzo (2) pour point de direction.

D'après les renseignements donnés par les habitants du pays, les troupes pouvaient, en se jetant à travers champs, atteindre Riozzo, puis Cerro. — Il était alors environ six heures et demie (3).

A tout instant les fossés remplis d'eau et les coupures du sol entravent la marche des bataillons qui arrivent en face d'un canal profond et large. Déjà le ciel se couvrait de nuages sombres, et la pluie com-

(1) *Cerro*, village à 3 kil. 1/2 S. E. de Marignan.

(2) *Riozzo*, village à 2 kil. N. O. de Cerro et à 1 kil. 12 S. E. de Melegnano.

(3) Rapport du général Forey au maréchal Baraguey d'Hilliers.

meuçait à tomber. — Le général Forey, entre résolûment dans l'eau avec le général Dieu et une centaine
d'hommes qui imitent l'exemple de leurs chefs. — La
section du génie abat des arbres et improvise un passage, sur lequel la brigade doit passer homme par
homme. — Le ciel s'est tellement obscurci, que l'on dirait la nuit entièrement venue, et c'est à 9 heures et demie seulement, que la colonne peut rejoindre la route
de Melegnano à Landriano (1).

De tous côtés déjà le feu avait cessé. — Le petit nombre
d'ennemis que l'on avait aperçus indiquait clairement
que leur ligne de retraite était sur la route de Lodi (2),
dont la 1re division était encore séparée par un vaste
cours d'eau. — Le général Forey fit faire halte à ses
troupes, en marche depuis 4 heures du matin. — Peu
après, un officier de l'état-major du maréchal lui apportait l'ordre d'entrer dans Melegnano, que la division atteignit vers 10 heures et demie du soir.

LIX. — Sur la gauche nous avons aussi laissé la
colonne du maréchal de Mac-Mahon quittant Mediglia.

(1) *Landriano*, village à 7 kil. 1/2 S. E. de Marignan.

(2) *Lodi*, ville à 28 kil. S. E. de Milan, à 14 kil. S. E. de Marignan. 18 000 habitants, située près de la rive droite de l'Adda, cette
ville est ceinte de murailles percée de 4 portes. Le château construit
dans le quinzième siècle par Barnabo Visconti a été converti par Joseph II en de belles casernes, qui peuvent contenir 1000 cavaliers et
1600 fantassins; Lodi est devenue célèbre par la bataille de ce nom que
Napoléon livra aux Autrichiens en 1796.

La tête de la 2ᵉ division arrivait à Borgo Nuovo, lorsque le canon de l'attaque sur Melegnano se fit entendre. — Le maréchal hâte sa marche, autant que le permettent les terrains difficiles dans lesquels il s'est engagé.

« Mais (écrit-il dans son rapport), après avoir dépassé Dresano (1), et être arrivé au point où la direction suivie par ma colonne coupe à angle droit le chemin de Melegnano à Mulazzano (2), je m'aperçus que l'ennemi, refoulé de Melegnano, par le maréchal Baraguey d'Hilliers, défilait devant moi par détachement, gagnant Mulazzano. »

La fusillade à ce moment perdait beaucoup de son intensité; déjà l'ennemi était en pleine retraite. Il était donc impossible de songer à gagner la route de Lodi en temps utile. Le duc de Magenta fait avancer une batterie de la 2ᵉ division, la place au point d'intersection des deux routes, et canonne pendant une demi-heure les fuyards qui se hasardent de ce côté.

Là dut se borner le rôle du 2ᵉ corps dans la journée du 8 juin.

Les troupes campèrent où elles s'étaient arrêtées, à Balbiano et à Dresano faisant face à Lodi.

LX. — La lutte avait été rude; 57 officiers étaient hors

----

(1) *Dresano*, village à 3 kil. S. O. de Mediglia et à 3 kil. N. O. de Marignan.

(2) *Mulazzano*, village à 3 hil. O. de Dresano et à 5 1/2 kil. N. O. de Marignan.

de combat (1). — Mais si nous avions à regretter des pertes sensibles, celles de l'ennemi étaient beaucoup plus considérables ; les rues et les terrains avoisinant la ville étaient jonchés de leurs morts. Douze

(1) *Liste nominative avec états de service des officiers de tous grades tués au combat de Melegnano.*

CAPITAINE BRICE DE VILLE

(Edmond-Charles-Jules), né le 19 décembre 1819, à Rennes (Ille-et-Vilaine). Capitaine au 1er régiment de zouaves. — Tué à l'ennemi le 8 juin 1859.

Campagnes : de 1852 à 1854 en Afrique ; de 1854 à 1856 en Orient ; de 1856 à 1858 en Afrique. Coup de feu à l'épaule gauche, le 8 septembre 1855 (siége de Sébastopol). — Chevalier de la Légion d'honneur, le 13 août 1857.

Engagé volontaire au 15e de ligne, le 16 février 1842 ; élève à l'école spéciale militaire , le 29 novembre 1844 ; sous-lieutenant au 15e de ligne, le 1er octobre 1846 ; lieutenant, le 18 décembre 1849 ; passé au 1er de zouaves, le 25 février 1852 ; capitaine, le 23 février 1854.

CAPITAINE COMBES

(Jean-Paul-Félix), né le 31 mai 1816, à Castelnaudary (Aude). Capitaine au 33e de ligne. — Tué à l'ennemi le 8 juin 1859.

Campagnes : de 1842 à 1850 en Afrique ; 1855 et 1856 en Orient. — Chevalier de la Légion d'honneur, le 25 septembre 1854.

Engagé volontaire, le 28 octobre 1834, au 33e de ligne ; caporal, le 1er juin 1835 ; caporal-fourrier, le 25 février 1836 ; sergent-fourrier, le 1er juin 1836 ; sergent-major, le 29 août 1838 ; adjudant, le 15 janvier 1841 ; sous-lieutenant, le 11 février 1842 ; lieutenant, le 11 février 1844 ; capitaine, le 29 novembre 1849.

CAPITAINE KIFFER

(Adrien-Claude), né le 26 avril 1824, à Thionville (Moselle). Capitaine au 33e de ligne. — Mort le 13 juin 1859, suite de blessure reçue à Marignan.

Campagnes : 1855 et 1856 en Orient.

Engagé volontaire au 14e léger, le 23 novembre 1843 ; élève à l'école spéciale militaire, le 26 novembre 1844 ; sous-lieutenant au 33e de

cents blessés furent portés à nos ambulances; nous avions fait de huit à neuf cents prisonniers et pris une pièce de canon.

Le colonel Anselme, chef d'état-major du maréchal

ligne, le 1er octobre 1846; lieutenant, le 27 février 1850; capitaine, le 27 décembre 1854.

CAPITAINE DE LA CHEVARDIÈRE DE LA GRANVILLE

(Norbert-Ferdinand), né le 30 octobre 1828, à Château-Gontier (Mayenne). Capitaine au 1er régiment de zouaves. — Tué le 8 juin 1859, à Melegnano.

Campagnes : 1852 et 1853, Afrique; 1854, 1855 et 1856, Orient; 1857 et 1858, Afrique. — Chevalier de la Légion d'honneur, le 14 septembre 1855.

Élève à l'école spéciale militaire, le 2 décembre 1847; sous-lieutenant au 49e de ligne, le 1er octobre 1849; passé au 1er régiment de zouaves, le 25 février 1852; lieutenant, le 21 octobre 1854; capitaine, le 23 septembre 1855.

CAPITAINE MASSENAT

(Jules-Alfred), né le 12 septembre 1829, à Paris (Seine). Capitaine au 1er régiment de zouaves. — Tué à l'ennemi le 8 juin 1859.

Campagnes : de 1852 à 1858, en Afrique.

Élève à l'école spéciale militaire, le 6 novembre 1849; sous-lieutenant au régiment de zouaves, le 1er octobre 1851; passé au 1er régiment de même arme, le 13 février 1852; lieutenant, le 30 décembre 1854; capitaine, le 23 septembre 1855.

LIEUTENANT BANNEROT

(Louis-Joseph), né le 19 décembre 1819, à Dompierre (Vosges). Lieutenant au 34e de ligne. — Tué à l'ennemi, le 8 juin 1859.

Soldat au 34e de ligne, le 19 septembre 1840; caporal, le 11 juin 1841; caporal-fourrier, le 21 novembre 1843; sergent-fourrier, le 5 décembre 1844; sergent-major, le 6 juillet 1848; adjudant, le 17 juin 1850; sous-lieutenant, le 5 mars 1852; lieutenant, le 22 mars 1856.

LIEUTENANT BOUSSET

(Félix-Marieu), né le 23 janvier 1834, à Louroux-de-Bouble (Allier).

Baraguey-d'Hilliers, officier distingué par son énergie et son sang-froid devant l'ennemi, devait gagner à la suite du combat de Melegnano ses épaulettes de général, et le jeune chef d'escadron Foy, le grade de lieutenant-colonel.

Lieutenant au 1er régiment de zouaves. — Mort dans le courant du mois de juin 1859, suite de blessures reçues à Melegnano.

Campagnes : de 1855 à 1858, en Afrique. — Chevalier de la Légion d'honneur, le 25 octobre 1857.

Élève à l'école impériale spéciale militaire, le 18 novembre 1853; sous-lieutenant au 1er régiment de zouaves, le 31 janvier 1855; lieutenant, le 22 mars 1856.

LIEUTENANT CARBUCCIA

(Barthélemy), né le 19 décembre 1816, à Penta (Corse). Lieutenant au 33e de ligne. — Tué à l'ennemi, le 8 juin 1859.

Campagnes : de 1844 à 1848, en Afrique; 1855 et 1856, en Orient.

Engagé volontaire au 20e de ligne, le 21 juillet 1836; libéré avec le grade de sergent, le 10 septembre 1842; engagé volontaire au 33e de ligne, le 20 septembre 1843; caporal, le 25 avril 1844: sergent-fourrier, le 2 novembre 1844; sergent-major, le 18 mai 1847; adjudant, le 1er février 1850; sous-lieutenant, le 30 novembre 1851; sous-lieutenant porte-drapeau, le 30 septembre 1853, lieutenant, le 28 avril 1855.

LIEUTENANT SERIOT

(Claude-François-Maurice), né le 5 mars 1827, à Montferrand (Doubs). Lieutenant au 1er régiment de zouaves. — Tué à l'ennemi, le 8 juin 1859.

Campagnes : de 1846 à 1858, en Afrique.

Engagé volontaire au 3e escadron du train des équipages militaires, le 13 mars 1846; passé au 5e régiment de ligne, le 12 février 1847; caporal, le 26 novembre 1847; sergent, le 1er septembre 1848; sergent-major, le 23 juin 1850; passé au 2e régiment de zouaves, le 5 mars 1852; sous-lieutenant au 1er régiment de même arme, le 30 décembre 1852: lieutenant, le 28 avril 1855.

SOUS-LIEUTENANT ANDRÉ

(Alphonse-Joseph), né le 30 septembre 1834, à Grillon (Vaucluse). Sous-lieutenant au 33e de ligne. — Tué à l'ennemi le 8 juin 1859. — Élève

La nuit vint remplacer par son silence la grande agitation du combat. — L'orage avait cessé.

Pendant toute la nuit, des compagnies furent chargées de transporter les blessés dans les églises et de déblayer les rues et les places encombrées par les morts des deux nations. — En certains endroits, ils étaient tellement serrés les uns contre les autres, qu'on eût dit des bataillons couchés à terre pour prendre un peu

à l'école impériale militaire, le 22 novembre 1854; sous-lieutenant au 33ᵉ de ligne, le 1ᵉʳ octobre 1856.

SOUS-LIEUTENANT BASSET

(Victor-Narcisse), né le 14 février 1834, à Rouvenac (Aude). Sous-lieutenant au 1ᵉʳ régiment de zouaves. — Mort le 9 juin 1859, suite de blessures reçues à Marignan.

Campagnes : de 1857 et 1858, en Afrique.

Élève à l'école impériale spéciale militaire, le 27 janvier 1855; sous-lieutenant au 1ᵉʳ régiment de zouaves, le 1ᵉʳ octobre 1856.

SOUS-LIEUTENANT BERTHIER.

(Charles-Amédée), né le 19 février 1829, à Issoudun (Indre). Sous-lieutenant au 1ᵉʳ régiment de zouaves. — Tué à l'ennemi le 8 juin 1859.

Campagnes : de 1847 à 1854, en Afrique; de 1854 à 1856, en Orient; 1857 et 1858, en Afrique. — Contusionné à l'épaule gauche, le 10 avril 1855; contusionné à l'épaule droite par une bombe, le 18 août 1855; contusionné par une balle à la tête, le 8 septembre 1855 (siége et prise de Sébastopol).

Soldat au régiment de zouaves, (engagé volontaire) le 7 avril 1847; caporal, le 3 novembre 1849; passé au 1ᵉʳ régiment de zouaves, le 6 mars 1852; sergent, le 11 décembre 1852; sous-lieutenant, le 28 juin 1856.

SOUS-LIEUTENANT BONNEL

(Jean-Pierre-François-Léandre), né le 27 février 1829, à Saint-Girons (Ariége). Sous-lieutenant au 33ᵉ de ligne. — Tué à l'ennemi le 8 juin 1859.

de repos. — Les armes, les shakos, les sacs étaient réunis en tas et appuyés le long des murailles déchirées par les balles. — Puis, tout près de ces corps inanimés et de ces faisceaux d'armes brisées, campaient des compagnies qui se reposaient de leurs fatigues du jour, le fusil dans les bras, et prêtes à combattre encore au premier signal.

Aux abords de toutes les rues, des sentinelles veillent, des patrouilles font la ronde.—En dehors de Melegnano,

Campagnes : 1854, 1855 et 1856, en Orient. Broiement de la cuisse droite par un éclat de bombe, le 26 août 1855 (siége de Sébastopol).

Engagé volontaire au 11ᵉ régiment d'artillerie, le 22 juillet 1848; passé au 27ᵉ de ligne, le 21 octobre 1849; caporal, le 11 mai 1850; sergent, le 19 avril 1852; sergent-major, le 27 janvier 1855; sous-lieutenant au 33ᵉ de ligne, le 20 novembre 1855.

SOUS-LIEUTENANT LAFFITTE

(Édouard-Aimé), né le 23 août 1828, à Chennebrun (Eure). Sous-lieutenant au 1ᵉʳ régiment de zouaves. — Mort le 9 juin 1859, suite de blessures reçues à Marignan.

Campagnes : de 1852 à 1854, en Afrique; de 1854 à 1855, en Orient; de 1856 à 1858, en Afrique.

SOUS-LIEUTENANT LEQUEUX

(Louis-Élisé), né le 26 septembre 1825, à Noyon (Oise). Sous-lieutenant au 37ᵉ de ligne. — Mort le 12 juillet 1859, suite de blessures reçues à Marignan.

Engagé volontaire au 37ᵉ de ligne, le 18 novembre 1845; caporal, le 11 novembre 1846; sergent, le 1ᵉʳ juillet 1848; sergent-fourrier, le 12 août 1851; sergent-major, le 9 février 1854; sous-lieutenant, le 5 juillet 1859.

les bivouacs sont installés sur le lieu même où l'on a combattu (1).

N'est-ce pas un spectacle digne d'un noble orgueil, de voir cette armée sans cesse victorieuse ? Brisant tous les efforts de l'ennemi, elle le ramène des bords de la Doire aux rives du Tessin, entre dans ses possessions de Lombardie, puis le force à évacuer Milan, et à battre en retraite vers le Mincio.

LXI. — Le lendemain matin, à neuf heures, l'Empereur partait pour Melegnano et allait voir le maréchal Baraguey d'Hilliers. Il veut s'assurer sur les lieux mêmes des points de retraite de l'ennemi, et apprécier l'importance du nouveau succès que ses armes viennent d'obtenir. Car Milan avec ses ovations et ses cris de triomphe, n'endort pas l'activité incessante du chef qui tient dans ses mains les destinées de la campagne.

Deux heures après, l'Empereur était de retour à son palais.

(1) Le rapport du maréchal Baraguey d'Hilliers dit :

« Nous avons fait de 8 à 900 prisonniers et pris une pièce de canon. Nos pertes s'élèvent à 943 hommes tués ou blessés. Mais, comme dans tous les engagements précédents, les officiers ont été frappés dans une large proportion : le général Bazaine et le général Goze ont été contusionnés ; le colonel du 1er zouaves a été tué ; le colonel et le lieutenant-colonel du 33e ont été blessés ; il y a en tout 13 officiers tués et 56 officiers blessés. »

Depuis ce rapport, le lieutenant-colonel Rey, du 33e, a succombé à sa blessure.

La seule division Bazaine avait eu 135 tués, — 595 blessés, — 50 disparus ; total 780.

LXII. — Dès son entrée à Milan, il voulut dire une fois de plus aux Italiens, quelle noble mission il s'était donnée, quel était le but de cette guerre entreprise avec son allié le roi de Sardaigne, et remercier sa vaillante armée de son énergie dans les fatigues, de son courage dans les combats.

Aux Italiens, Napoléon III disait :

« Vos ennemis, qui sont les miens, ont tenté de diminuer les sympathies universelles qu'il y avait en Europe pour votre cause, en faisant croire que je ne faisais la guerre que par ambition personnelle, ou pour agrandir le territoire de la France.

« S'il y a des hommes qui ne comprennent pas leur époque, je ne suis pas du nombre.

« Dans l'état éclairé de l'opinion publique, on est plus grand aujourd'hui par l'influence morale qu'on exerce, que par des conquêtes stériles ; et cette influence morale, je la recherche avec orgueil en contribuant à rendre libre une des plus belles parties de l'Europe (1). »

(1)   PROCLAMATION DE L'EMPEREUR NAPOLÉON AUX ITALIENS.

          « Italiens !

« La fortune de la guerre nous conduisant aujourd'hui dans la capitale de la Lombardie, je viens vous dire pourquoi j'y suis.

« Lorsque l'Autriche attaqua injustement le Piémont, je résolus de soutenir mon allié le roi de Sardaigne; l'honneur et les intérêts de la France m'en faisaient un devoir.

« Vos ennemis, qui sont les miens, ont tenté de diminuer les sympathies universelles qu'il y avait en Europe pour votre cause, en faisant croire que je ne faisais la guerre que par ambition personnelle, ou pour agrandir le territoire de la France.

A son armée, Napoléon III disait :

« Tout n'est pas terminé : nous aurons encore des luttes à soutenir, des obstacles à vaincre.

« Je compte sur vous : courage donc, braves soldats de l'armée d'Italie ! Du haut du ciel, vos pères vous contemplent avec orgueil (1) ! »

« S'il y a des hommes qui ne comprennent pas leur époque, je ne suis pas du nombre.

« Dans l'état éclairé de l'opinion publique, on est plus grand aujourd'hui par l'influence morale qu'on exerce, que par des conquêtes stériles ; et cette influence morale, je la recherche avec orgueil en contribuant à rendre libre une des plus belles parties de l'Europe.

« Votre accueil m'a déjà prouvé que vous m'avez compris.

« Je ne viens pas ici avec un système préconçu pour déposséder les souverains, ni pour vous imposer ma volonté ; mon armée ne s'occupera que de deux choses : combattre vos ennemis et maintenir l'ordre intérieur. Elle ne mettra aucun obstacle à la libre manifestation de vos vœux légitimes.

« La Providence favorise quelquefois les peuples comme les individus, en leur donnant l'occasion de grandir tout à coup ; mais c'est à la condition qu'ils sachent en profiter.

« Profitez donc de la fortune qui s'offre à vous !

« Votre désir d'indépendance, si longtemps exprimé, si souvent déçu, se réalisera, si vous vous en montrez dignes.

« Unissez-vous donc dans un seul but : l'affranchissement de votre pays.

« Organisez-vous militairement.

« Volez sous les drapeaux du roi Victor-Emmanuel, qui vous a déjà si noblement montré la voie de l'honneur !

« Souvenez-vous que sans discipline, il n'y a pas d'armée ; et animés du feu sacré de la patrie, ne soyez aujourd'hui que soldats ; demain, vous serez citoyens libres d'un grand pays.

« Fait au quartier impérial de Milan, le 8 juin 1859.

« NAPOLÉON. »

(1) PROCLAMATION DE L'EMPEREUR NAPOLÉON A L'ARMÉE D'ITALIE.

« Soldats !

« Il y a un mois, confiant dans les efforts de la diplomatie, j'espérais

LXIII. — Non ! tout n'était pas terminé, et le jour même, où ces proclamations de l'Empereur, affichées sur les murs de la capitale de La Lombardie, étaient lues avec enthousiasme par toute la population, le canon de la France tonnait encore, et nos bataillons, que l'on avait vus le matin traverser Milan au pas de course, combattaient à l'heure où la ville, ivre de joie et de fête, inondait ses rues de feux étincelants et d'illuminations joyeuses.

Ici on chante un *Te Deum* d'actions de grâces, on bat des mains, on jette des profusions de fleurs, on glorifie la victoire ; là-bas, on ensevelit des morts.

encore la paix, lorsque tout à coup l'invasion du Piémont par les troupes autrichiennes, nous appela aux armes. Nous n'étions pas prêts.

« Les hommes, les chevaux, le matériel, les approvisionnements manquaient, et nous devions, pour secourir nos alliés, déboucher à la hâte, par petites fractions, au delà des Alpes, devant un ennemi redoutable et préparé de longue date.

« Le danger était grand, l'énergie de la nation et votre courage ont suppléé à tout. La France a retrouvé ses anciennes vertus, et, unie dans un même but comme en un seul sentiment, elle a montré la puissance de ses ressources et la force de son patriotisme. Voici deux jours que les opérations ont commencé, et déjà le territoire piémontais est débarrassé de ses envahisseurs.

« L'armée alliée a livré quatre combats heureux et remporté une victoire décisive, qui lui ont ouvert les portes de la capitale de la Lombardie ; vous avez mis hors de combat plus de 35 000 Autrichiens, pris 17 canons, 2 drapeaux, 8000 prisonniers. Mais tout n'est pas terminé : nous aurons encore des luttes à soutenir, des obstacles à vaincre.

« Je compte sur vous : courage donc, braves soldats de l'armée d'Italie ! Du haut du ciel, vos pères vous contemplent avec orgueil !

« Fait au quartier général de Milan, le 8 juin 1859.

« NAPOLÉON. »

Mais les morts qui tombent sur les champs de bataille sont des morts glorieux, et, qu'ils soient soldats ou officiers, ils ont leurs noms à jamais gravés dans le cœur du pays.

LXIV. — La journée du 9 juin sera une journée de grand souvenir pour la ville de Milan. Elle a voulu prendre sa revanche d'avoir été, la veille, surprise dans son sommeil. Les balcons sont remplis de bouquets, de branches vertes, de couronnes tressées, de fleurs effeuillées dans des corbeilles que les jeunes filles et les jeunes femmes tiennent déjà dans leurs mains.

A onze heures, toutes les cloches sonnaient, et l'on entendait de tous côtés les tambours battant aux champs.

Depuis la villa Bonaparte jusqu'à la cathédrale, la garde impériale formait la haie, en suivant le Corso. De vieilles tapisseries aux couleurs effacées, des tentures de soie et de velours avec des crépines d'or, couvrent les murs ou pendent aux balcons des fenêtres, mêlées aux longs plis des drapeaux, que n'agite pas le plus petit souffle de vent.

LXV. — En un instant, sous les pas des soldats, les rues sont jonchées de fleurs, tapis parfumés qui couvrent de leurs couleurs étincelantes les dalles de la vieille cité lombarde. — Cependant, quand l'Empereur, précédé et suivi du brillant escadron de ses cent-gardes apparut, ayant à ses côtés le roi Victor-Emmanuel, une nouvelle avalanche de fleurs tomba de toutes parts aux pieds des deux souverains. Leurs chevaux de pure race s'arrêtaient effrayés; car aux couronnes, aux bouquets, aux fleurs effeuillées se joignaient des acclamations, des cris, des battements de mains, des mouchoirs agités avec frénésie. — Hommes jeunes et vieux, femmes, jeunes filles, enfants, tous et toutes, sont confondus dans les élans d'un enthousiasme indescriptible.

C'est ainsi que le cortége impérial et royal, ne pouvant avancer que lentement au milieu de ce parterre improvisé sous ses pas, arrive enfin à la cathédrale, cette merveille de la chrétienté.

Sous le saint portique, l'évêque coadjuteur, monseigneur Caccia, à la tête des chanoines, portant la mitre blanche, attend les deux souverains et les reçoit à l'entrée de cette vieille église, où cinq nefs se succèdent majestueusement, reposant leurs voûtes ogivales sur des colonnes de marbre.

L'Empereur et le Roi se sont agenouillés devant l'autel; les chants commencent et montent vers le ciel en actions de grâces.

Oui! Dieu est avec nous; c'est Dieu qui nous guide de sa main puissante; c'est lui qui donne à tous, chefs et soldats, le courage, la force et la foi. — Grâces éternelles lui soient rendues !

LXVI. — Pendant que les chants pieux faisaient retentir les immenses voûtes du Duomo, la route de Melegnano offrait aussi un spectacle noble et plein d'émotions. — Les plus riches familles de Milan avaient envoyé leurs voitures pour chercher les blessés, et les transporter à leur hôtel. — Elles revenaient une à une ; et sur leurs coussins soyeux étaient étendus des soldats et des officiers, dont les vêtements tachés de sang portaient encore des bouquets de fleurs. — C'était aussi un cortége, mais devant lequel se taisaient les cris de joie et d'allégresse. A l'aspect de ces pâles visages, de ces glorieux mutilés, triste et fatal côté de la guerre, la foule qui encombrait les rues de Milan, s'écartait avec un religieux respect et les hommes se découvraient silencieusement. — Au milieu des événements multiples que la guerre jette à profusion autour de soi, c'est ainsi que les plus étranges contrastes semblent se donner la main.

Parmi les souvenirs qui marqueront le passage de notre armée dans la capitale de la Lombardie, comment oublier la grande représentation donnée au théâtre de la Scala. — Ces femmes aux regards étincelants, avec leurs pierreries et leurs toilettes éblouissantes, mêlées pour un jour à cette armée de combattants, dont le sang avait coulé la veille, dont le sang devait couler encore le lendemain, semblaient les anges de la victoire qui jetaient déjà des couronnes aux gloires futures.

CHAPITRE III.

LXVII. — Mais Milan ne devait être qu'une étape pour l'armée alliée. — Elle allait continuer son œuvre ; et nous, qui avons la tâche glorieuse d'en faire le récit, nous laissons tomber à regret la plume qui décrit les fêtes de ces journées joyeuses, mais nous reprenons avec orgueil celle qui doit retracer nos victoires.

LXVIII. — Dans la pensée de l'Empereur, l'attaque et la prise de Melegnano avaient eu deux buts : — empêcher l'ennemi de conserver une position si près de Milan, précipiter encore son mouvement de retraite ; et en second lieu, le tromper sur la véritable direction que devait prendre notre armée.

En effet, les Autrichiens supposèrent qu'en menaçant Lodi, nous allions nous porter en force sur Pavie (1) et envelopper toute cette partie de la Lombardie comprise sur le Pô supérieur, entre Plaisance, Pizzighettone et Cré-

______

(1)   *Rapport autrichien sur le combat de Melegnano.*

« Une violente pluie d'orage et sans doute aussi l'intention de marcher sur Pavie, engagent l'ennemi à cesser le combat. »

mone. — L'Empereur, au contraire, se jetant brusquement sur la gauche, rappelait les 1er et 2e corps engagés sur la route de Lodi, et prenait Brescia pour objectif

Le lendemain du combat de Melegnano, c'est-à-dire le 9 juin, au matin, l'armée française était ainsi établie :

Le 1er corps à Melegnano ;

Le 2e corps, une partie à Mediglia, l'autre à Sordio (1), sur la route de Lodi.

Le 4e corps à droite de Melegnano, à Carpiano (2) et Ghignano (3), sur la route de Pavie.

A Milan, le 3e corps, la garde impériale et le grand quartier général de l'Empereur.

Ainsi, deux corps d'armée sont concentrés dans la capitale de la Lombardie, les trois autres, à cinq lieues au delà, font face à l'armée autrichienne qui se retire vers la ligne du Mincio.

Milan va être le point de départ d'une marche dérobée aux regards de l'ennemi, marche longue, pénible, à travers un pays sillonné en tous sens par des canaux d'irrigation. — Pour arriver à Brescia, l'armée devra fran-

(1) *Sordio*, village à 7 kil. N. O. de Lodi et à 5 kil. S. E. de Melegnano.

(2) *Carpiano*, village à 3 kil. S. E. de Melegnano.

(3) *Ghignano*, village à 3 kil. S. E. de Carpiano.

chir quatre cours d'eau importants, l'Adda, le Serio,
l'Oglio et la Mella.

LXIX. — Quel lieu deviendra le véritable champ de
bataille des destinées de la Lombardie?

L'ennemi rompu, il est vrai, à Magenta, mais bien
supérieur en nombre, au fur et à mesure qu'il va se
replier sur lui-même, ne se renfermera évidemment
pas derrière les remparts de ses forteresses, sans tenter
un suprême effort, avec l'appui des puissantes réserves
qui peuvent, de Mantoue, de Vérone et de Peschiera, venir
à tout instant grossir le nombre de ses combattants?

Les Autrichiens viendront-ils nous attaquer dans notre
marche de flanc sur Brescia, sachant d'avance tous
les obstacles que nous aurons à surmonter, pendant
un parcours dangereux et difficile? — Tomberont-
ils inopinément sur nos colonnes allongées, que
ne protégeront plus cette fois un grand cours d'eau,
tel que le Pô ou la Sesia, ou bien concentreront-ils, au
contraire, toutes leurs forces disponibles sur les bords
de la Chiese ou sur les rives du Mincio?

L'Empereur a pesé toutes ces éventualités, et les corps
d'armée, à courte distance les uns des autres, pourront
au premier signal être réunis sous sa main.

LXX. — Chaque jour des points défensifs très-impor-
tants étaient évacués, sans coup férir, par l'armée ennemie.

Le 9 juin, la duchesse de Parme, cédant (comme

elle le disait elle-même), à la force des événements, s'éloignait de son duché (1).

Le 10, Plaisance (2) était abandonnée pour obéir aux

(1)   *Proclamation de S. A. R. la duchesse de Parme.*

« Habitants de Parme,

« Le témoignage de chacun de vous et l'histoire diront quel a été l'état de ce pays pendant ma régence.

« Mais des idées ardentes, flatteuses pour des esprits italiens, sont venues entraver le progrès pacifique et sagement libéral auquel j'avais consacré tous mes soins.

« Les événements qui se succèdent d'heure en heure m'ont placée entre deux exigences contraires : prendre part à une guerre ouverte de nationalité, et ne rien faire contre les conventions auxquelles l'État intérieur, et Plaisance en particulier, étaient déjà soumis longtemps avant que j'aie pris les rênes du gouvernement.

« Je ne dois pas m'opposer au vœu public de l'Italie, ni manquer à la loyauté; par conséquent, ne jugeant plus possible de garder une situation neutre, que semblaient pourtant conseiller les conditions exceptionnelles faites, par les traités, au duché de Parme, je cède aux événements qui ont le dessus (*cedo agli ecenti che premono*), recommandant à la municipalité de Parme la nomination d'une commission de gouvernement, pour préserver l'ordre, les personnes et les propriétés, pourvoir à l'administration publique, assigner aux troupes royales une destination convenable, et, enfin, pour tous les autres objets que réclameront les circonstances.

« Je me retire en pays neutre, auprès de mes fils bien aimés, dont je réserve expressément tous les droits, que je confie, d'ailleurs, à la justice des grandes puissances et à la protection de Dieu.

« Bonnes populations de toutes les communes du duché, aujourd'hui et toujours, je garde de vous en mon cœur un souvenir reconnaissant.

« Parme le 9 juin 1859.

« LOUISE, régente.»

(2) *Plaisance*, chef-lieu du duché de ce nom, à 52 kil. O. N. O. de Parme et à 50 kil. S. E. de Milan. — Au S. O. est une citadelle flanquée de 5 bassins. C'est à peu de distance de Plaisance, que l'an 535 de Rome, Annibal remporta sur les Romains la célèbre victoire de la Trebbia. Les Austro-Russes s'emparèrent de cette ville en 1799, elle fut reprise la même année par les Français.

mouvements de retraite, et les Autrichiens, en faisant sauter les forts et les blockhaus, bouleversaient eux-mêmes les ouvrages qu'ils avaient accumulés devant cette place entourée d'une ceinture de remparts. Ils détruisaient aussi deux arches du magnifique pont sur la Trebbia, et enclouaient, ou faisaient éclater les canons qu'ils ne pouvaient charger sur des chalands et remorquer par des vapeurs.

Le 11, le pont de l'Adda était brûlé, et l'ennemi évacuait l'importante position de Pizzighettone (1), où tout faisait supposer qu'il devait, au contraire, organiser une sérieuse défense.— Peu à près, il abandonnait aussi Pavie.

LXXI. — Ainsi, dans cette étrange et rapide campagne, qui restera, comme un des plus étonnants faits militaires, qu'aient jamais enregistré les annales de la guerre, tout semblait se réunir pour servir à souhait les projets du vainqueur. — Mais, plus les Autrichiens accomplissaient dans leur mouvement de retraite de cruels sacrifices, plus il était évident qu'ils obéissaient à une manœuvre stratégique combinée à l'avance, et plus il fallait se tenir sur ses gardes.

Aussi l'Empereur, voyant la vallée supérieure du Pô délivrée dans presque toute son étendue, avait-il donné ordre au prince Napoléon, commandant en chef

---

(1) *Pizzighettone* est une place forte située sur les bords de l'Adda, à 24 kil. de Crémone, célèbre par ses fortifications et par les siéges qu'elle a soutenus. Les Crémonais construisirent cette forteresse en 1123 pour résister aux invasions des Milanais.

le 5ᵉ corps, de faire sa jonction avec le général d'Autemarre, et de rallier le gros de l'armée, pour lui apporter le renfort de ses 25 000 baïonnettes.

LXXII. — Les ordres de mouvement sont lancés. Ils prescrivent constamment deux directions, l'une pour les troupes, l'autre pour les convois qui marcheront le plus possible sur le flanc extérieur de l'armée.

Trois routes, sans compter la chaussée du chemin de fer, se dirigent de Milan sur l'Adda (1), premier cours d'eau important, dont l'ennemi pouvait vouloir disputer le passage, comme le faisaient supposer les souvenirs militaires de Cassano.

Donc, le 11 au matin, les trois corps d'armée, déployés à hauteur de Melegnano, rebroussent chemin pour gagner la route de Milan à Melzo.

Le 4ᵉ corps traverse Milan et bivouaque sur les boulevards extérieurs de cette capitale.

Le 1ᵉʳ corps, quittant la route impériale à San Martino, porte son quartier général à Tregarezzo (2).

Le 2ᵉ corps, qui couvre dans cette marche le flanc droit de l'armée, se porte sur Paullo (3), entre le Lambro et l'Adda.

---

(1) La route impériale passe par Gorgonzola ; deux autres routes de grande vicinalité passent, l'une par Pioltello, l'autre par Melzo. — En outre, une grande voie plus au nord conduisant de Gorgonzola à Bergame servira à l'armée piémontaise.

(2) *Tregarezzo*, village à 7 1/2 kil. O. de Milan.

(3) *Paullo*, village à 16 kil. S. O. de Milan, à 10 kil. S. O. de Tregarezzo.

Pendant ce temps, le 3ᵉ corps se met en marche pour aller occuper Gorgonzola (1), Pioltello (2) et Melzo (3).

Le même jour, le roi Victor-Emmanuel, suivant une autre route plus au nord, entre à Vaprio (4), après avoir franchi l'Adda par la route de Gorgonzola à Bergame.

Garibaldi, de son côté, avec les chasseurs des Alpes, poursuivait sa marche de Como sur Bergame, que les Autrichiens venaient d'évacuer (5).

LXXIII. — Le 12, le 3ᵉ corps atteint l'Adda. Les pontonniers, sous la direction du général Lebœuf, jettent deux ponts de bateaux, l'un sur le petit bras, en aval du pont en pierre détruit par l'ennemi, l'autre en amont, et sur toute la largeur de cette impétueuse rivière aux

---

(1) *Gorgonzola*, bourg, sur le canal Martesana, à 19 kil. O. N. E. de Milan.

(2) *Pioltello*, village, à 10 kil. N. O. de Milan, à 6 kil. S. O. de Gorgonzola.

(3) *Melzo*, bourg à 16 kil. E. N. O. de Milan, à 3 kil. S. E. de Gorgonzola et à 6 kil. E. de Pioltello, 1820 habitants.

(4) *Vaprio*, bourg, sur le canal Martesana et sur la rive droite de l'Adda, à 27 kil. N. N. E. de Milan, à 10 kil. N. E. de Gorgonzola et à 18 kil. S. O. de Bergame.

(5) *Bergame*, chef-lieu de la province de ce nom à 40 kil. N. E. de Milan, 32 500 habitants. ville fortifiée, défendue par les châteaux forts de San Vigilio et de la Capella ainsi que par une vaste enceinte de vieilles murailles. Patrie de Bernardo-Tasso, père du Tasse. Dans l'église de Sainte-Marie Maggiore se trouve le tombeau du général Colleoni qui, le premier, fit usage de l'artillerie de campagne et inventa les affûts de canon.

eaux bleues, comme toutes celles qui descendent des glaciers.

Un orage violent entrave, pendant une partie de la journée, le passage du 3ᵉ corps ; cependant, à 8 heures du soir, l'opération est terminée, et les troupes s'établissent au bivouac de Triviglio (1), à une lieue au delà de l'Adda.

Le 2ᵉ corps, remontant vers le nord-est, à travers un pays couvert de rizières et d'épais rideaux de verdure, atteint Albignano (2).

Le 1ᵉʳ corps se rend à Melzo.

Le 4ᵉ corps, à Pioltello.

LXXIV. — La garde impériale a repris son rôle de réserve, et n'a quitté Milan que le 12 juin, pour gagner Gorgonzola, où elle remplace le 3ᵉ corps.

Le même jour, l'Empereur quitte aussi Milan et va porter son grand quartier général à Gorgonzola.

Il était impérieusement utile de laisser derrière l'armée des commandants militaires chargés d'organiser les places et d'assurer la bonne exécution du service.

Par ordre de l'Empereur, le général Roguet, un de ses aides de camp, était resté à Alexandrie investi de cet important commandement.

Le général de Béville, également aide de camp de Sa-

---

(1) *Triviglio*, bourg à 15 kil. S. E. de Gorgonzola et à 13 kil. N. E. de Melzo.

(2) *Albignano*, village entre Melzo et Triviglio sur la Muzza, à 5 kil. E. de Melzo.

Majesté, avait été laissé à Verceil; mais cette place ayant perdu toute son importance, par suite du mouvement des troupes, le général de Béville fut appelé à Milan pour y exercer les mêmes fonctions, qu'il conserva jusqu'à la fin de la campagne.

C'est aussi à Milan qu'eurent lieu les premiers essais d'ascensions aérostatiques appliquées à l'armée. L'Empereur, se rappelant les services que des ascensions semblables avaient rendus aux armées de Sambre-et-Meuse sous la République (1), et notamment à la bataille de Fleurus, où un ballon était resté constamment en observation, avait fait venir M. E. Godard. — Cet aéronaute distingué arrivait à Milan le 7 juin, mais son matériel était malheureusement incomplet, du moment qu'il s'agissait de suivre une armée en mouvement (2). Il eût

(1) Le colonel Coutelle a fait un récit très-curieux de ces ascensions au point de vue militaire.

« Le comité de salut public (dit le colonel Coutelle), avait réuni auprès de lui une commission de savants. Cette commission proposa de faire servir les aérostats aux armées, comme moyen d'observation. — Cette proposition fut acceptée par le gouvernement, sous la condition de ne pas employer l'acide sulfurique, le soufre étant nécessaire à la fabrication de la poudre. — La commission arrêta alors d'employer la décomposition de l'eau.

« L'expérience faite par le célèbre Lavoisier réussit, et les membres de la commission qui avaient été témoins de l'opération, furent si satisfaits que, dès le lendemain, je reçus l'ordre d'aller en poste à Maubeuge proposer au général Jourdan l'emploi d'un aérostat à son armée.... »

(2) Le matériel de M. E. Godard se composait de quatre aérostats à gaz, de quatre mongolfières et de deux parachutes.

Un instant on pensa aussi pouvoir, par la photographie, compléter les utiles renseignements que fourniraient en pays ennemi les ascensions aérostatiques, et M. Nadar devait dans ce but se rendre à l'armée d'Italie; mais, avant son départ, il voulut par quelques essais

fallu, pour obvier aux difficultés que présentaient des marches continuelles, avoir pu de longue main, préparer les moyens d'exécution.

Le 13, le 3ᵉ corps a pris ses campements en deçà du Serio à Mozzanica (1).

Le 2ᵉ corps franchit à son tour l'Adda, en face d'Albignano, et s'établit à mi-chemin de Caravaggio (2).

s'assurer des résultats qu'il lui serait possible d'espérer. Ces essais faits, par ascensions captives, à la fin du mois de mai, ne furent pas selon M. Nadar assez satisfaisants, et ce conciencieux artiste ne consentit point à partir, sans être certain d'avance des services réels qu'il pouvait rendre.

L'insuffisance du matériel, l'impossibilité de se procurer du gaz hors des grandes villes, rendaient à peu près impossibles les aérostats à gaz à la suite d'une armée en marche, le gaz ne pouvant se conserver dans l'intérieur du ballon que trois jours, au maximum.

Un ballon tout gonflé fut en effet conduit de Milan à Gorgonzola.

Mais le lendemain matin, il avait perdu la plus grande partie de sa force ascensionnelle.

La question de conduire un aérostat tout gonflé était résolue, celle d'imperméabilité restait seule.

La construction d'un ballon à double enveloppe, susceptible de conserver son gaz pendant trois semaines et peut-être un mois, fut immédiatement arrêtée, et le ballon commandé à Paris. En attendant son arrivée, M. E. Godard mit en état ses mongolfières, afin d'en tirer le meilleur parti possible.

Les mongolfières, on le sait, sont des ballons en coton que l'on gonfle en raréfiant l'air au moyen de paille enflammée. Ces ballons atteignent, par un certain degré de chaleur intérieure, une force ascensionnelle qui naturellement se trouve épuisée quelques instants après par le refroidissement de cette chaleur.

(1) *Mozzanica*, village, à 26 kil. S. E. d'Albignano, à 9 kil. S. E. de Triviglio et à 23 kil. S. S. O. de Bergame.

(2) *Caravaggio*, ville à 5 kil. S. E. de Triviglio et à 20 kil. S. de Bergame, sur la route de Milan à Brescia, 6000 habitants. Célèbre par la victoire que remporta Sforza sur les Vénitiens en 1446. — Patrie du célèbre Michel-Ange.

Le 1er corps passe également l'Adda, mais à Cassano, et s'arrête à Triviglio.

Le 4e corps atteint, le même jour, Albignano.

L'Empereur reste à Gorgonzola avec la garde impériale.

LXXV. — En jetant un coup d'œil sur la carte, il est facile de remarquer que les corps d'armée ne marchent pas à une distance de plus d'une lieue et demie à deux lieues, les uns des autres.—Or, deux batteries d'artillerie, à elles seules, tenant sur une route une longueur de plus d'un kilomètre, on jugera des difficultés que rencontrait souvent un corps d'armée, pour occuper un point qui devait être évacué à son arrivée par le corps qui le précédait, lorsque lui-même, il devait céder le terrain à celui qui venait le remplacer.

Il devait donc résulter évidemment de ce fait des impossibilités matérielles, des temps d'arrêt et des fatigues qu'il n'était au pouvoir de personne d'épargner aux troupes.

Il en coûtait, en effet, souvent plus, pour parcourir ces courtes étapes, que s'il eût fallu franchir une distance de dix ou quinze lieues sur une route libre. — Dans des conditions ordinaires, on peut laisser entre les corps d'armée un espacement de sept ou huit lieues, indispensable pour leur marche facile; mais, manœuvrant si près de l'ennemi, et dans l'ignorance de ses intentions, c'était presque au cadre d'un champ de bataille qu'il fallait se restreindre.

LXXVI. — Le 14, le 3ᵉ corps franchit le Serio ; il se porte à Fontanella (1), en deçà de l'Oglio ; il succède ainsi au 2ᵉ corps dans le flanquement de l'armée et dans le pénible service des reconnaissances journalières.

Le 2ᵉ corps traverse le Serio à la suite du 3ᵉ ; il occupe Calcio (2) et Urago (3), sur la rive gauche de cette rivière. — Le 1ᵉʳ corps est à Mozanica ; le 4ᵉ à Caravaggio, et la garde impériale passant l'Adda, à la suite de ce dernier corps, vient occuper Triviglio et Cassano.

L'Empereur a son quartier général à Triviglio.

Les Piémontais, qui ont franchi le Serio dans la journée du 13, et ont porté leur quartier général à Palazzuolo (4), sur l'Oglio, campent, le 14, sur la Mella, en arrière de Brescia (5).

Cette place forte, grand centre de population, avait été abandonnée par les Autrichiens, dans la nuit du

(1) *Fontanella*, village à 25 kil. S. S. E. de Bergame, à 45 kil. E. de Milan, à 7 kil. E. de Mozanica et à 12 kil. S. E. de Caravaggio, 1631 habitants.

(2) *Calcio*, bourg à 25 kil. S. E. de Bergame, à 5 kil. N. E. de Fontanella, 500 habitants ; situé sur la rive droite de l'Oglio et sur la route de Milan à Brescia.

(3) *Urago*, village à 2 kil. N. E. de Calcio, province de Brescia, 1400 habitants.

(4) *Palazzuolo*, bourg à 11 kil N. E. de Calcio et à 15 kil. S. E. de Bergame, 3000 habitants.

(5) *Brescia*, ville, chef-lieu de la province de ce nom à 75 kil. E. N. E. de Milan à 24 kil. S. E. de Palazzuolo, sur la Garza et près de la Mella, 40 000 habitants. Brescia a la forme d'un quadrilatère de 4 milles de tour environ ; la ville est entourée de murs et dominée au N. par une forteresse.

10 au 11, et Garibaldi, accouru en toute hâte à l'appel
de ses habitants, y arrivait, le 12, avec son corps d'armée, pour mettre la ville à l'abri d'un retour de l'ennemi.

Du camp de la Mella, le roi Victor-Emmanuel avait
ordonné au général Cialdini de détacher de sa division
le 9e régiment et 4 pièces de canon, pour surveiller la
vallée de l'Oglio supérieur, et couvrir les derrières de
l'armée alliée.

LXXVII. — Ainsi, tous les mouvements en avant se
feront à l'abri de cette ligne, formée de front par les
Piémontais et le 2e corps, de flanc, par le 3e.

Le 15 juin, à l'exception de la garde impériale qui
vient camper à Romano (1), les autres corps d'armée
conservent leurs bivouacs.

Ce temps d'arrêt, si nécessaire aux troupes, après
quatre jours d'une marche fatigante, rendue plus pénible encore par l'encombrement inévitable des routes,
la poussière, les lourdes chaleurs, et par les nombreux
cours d'eau à franchir, permettait à l'Empereur de
régler sa marche sur le mouvement de retraite des
Autrichiens, et de faire reconnaître les positions qu'ils
tenaient encore.

L'Adda et l'Oglio que nous venions de franchir,

____

(1) *Romano*, bourg à 22 kil. S. S. E. de Bergame, à 8 kil. N. O. de
Calcio, 2150 habitants. Il est entouré d'une muraille ancienne, couvert
par un fossé et défendu par un vieux château fort.

ainsi que leurs affluents, dans leur partie supérieure qui se dirige vers le Pô, du nord au sud, étaient occupés dans leur partie inférieure par l'ennemi.

Appuyé sur des places importantes, celui-ci pouvait, à son choix, remonter l'une ou l'autre rive de ces cours d'eau et compromettre la marche de notre armée.

LXXVIII. — Mais Garibaldi a rencontré une colonne autrichienne à Castenedolo, en avant de la Chiese; l'engagement a été sérieux, et l'importance stratégique de cette rivière, sur laquelle nos ennemis semblent porter le plus gros de leurs forces, indique qu'ils n'ont pas conçu l'audacieux projet de se laisser déborder et de nous livrer bataille sur nos derrières, mais qu'ils tenteront plutôt d'arrêter notre marche sur la Chiese ou sur le Mincio.

En effet, dans la nuit du 14 au 15, les Autrichiens avaient occupé Castenedolo (1), gros bourg situé sur une éminence qui domine la vaste plaine entre Brescia et Montechiaro.

Garibaldi s'était avancé sur la route de Brescia à Lonato (2); il avait occupé Rezato (3) et Tri Ponti (4) et

(1) *Castenedolo*, bourg à 10 kil. S. E. de Brescia, à 9 kil. N. O. de Monte Chiaro 3000 habitants.

(2) *Lonato*, petite ville à 22 kil. E. S. E. de Brescia, à 14 kil. S. E. de Castenedolo, 6545 habitants, à 4 kil. S. O. du lac de Garde. C'est dans cette ville, en 1796, avant la bataille de Castiglione, que Bonaparte avec quelques centaines d'hommes, fit mettre bas les armes à une colonne de 4000 autrichiens.

(3) *Rezato*, village à 6 kil. S. E. de Brescia.

(4) *Tri Ponti*, village à 2 kil. S. E. de Rezato.

poussé une avant-garde jusqu'à la Chiese, pour s'assurer du pont de San Marco. — Un détachement des chasseurs des Alpes se portait en toute confiance sur Castenedolo, lorsqu'il se heurta tout à coup contre un ennemi très-supérieur; il résista vaillamment, mais, écrasé par le nombre, il dut se replier sur Brescia, en perdant une centaine d'hommes.

LXXIX. — Au bruit de cette échauffourée, le Roi fit aussitôt avancer sur San Eufemia (1) la division du général Cialdini, pour appuyer les chasseurs des Alpes, et le lendemain (16 juin) il se portait lui-même en avant de Brescia, avec toutes ses divisions, qu'il établissait sur deux lignes ; la première à la hauteur de Tri Ponti et de Castenedolo, la seconde à Rezato, la cavalerie à Montirone (2).

Ce même jour aussi, le 3ᵉ corps français atteignait Soncino (3), franchissait l'Oglio, et se plaçait à cheval sur ce cours d'eau, en occupant Orci Novi (4).

Le 2ᵉ corps se portait à Castrezzato (5) vers Brescia,

(1) *San Eufemia*, village à 5 kil. E. de Brescia.

(2) *Montirone*, village à 10 kil. S. E. de Brescia et à 5 1/2 kil. S. O. de Castenedolo

(3) *Soncino*, bourg à 8 kil. S. E. de Fontanella, à 28 kil. E. N. E. de Lodi, à 29 kil. S. S. O. de Brescia, sur la rive droite de l'Oglio, 4250 habitants. Il fut pris en 1705 par le prince Eugène, et repris bientôt après par le duc de Vendôme.

(4) *Orci Novi*, bourg à 3 kil. S. E. de Soncino.

(5) *Castrezzato*, bourg à 18 kil. O. S. O. de Brescia.

tandis que le 1er corps venait le remplacer à Urago d'Oglio.

En arrière, sur la rive droite, le 4e corps occupait Antegnate (1) et Fontanella.

La garde impériale, de son côté, quittait Romano. La division des grenadiers s'arrêtait à Calcio, où l'Empereur établissait son quartier général, et la division des voltigeurs continuait jusqu'à Chiari (2), se trouvant ainsi à mi-chemin entre le 1er et le 2e corps.

LXXX. — Le 17, le 3e corps, qui continue à couvrir l'extrême droite de l'armée, est à Mairano (3), soutenu en arrière, à Orci Vecchi (4), par le 4e corps qui est venu franchir l'Oglio sur ses traces.

Le 2e corps campe à Castelnovo (5), en arrière de la Mella.

Le 1er vient se placer à Trenzano (6) et à Maclodio (7), dans l'intervalle laissé entre le 2e et le 3e corps.

(1) *Antegnate*, village à 16 kil. S. O. de Castrezzato.

(2) *Chiari*, ville à 22 kil. O. de Brescia, à 8 kil. N. E. de Calcio, près de l'Oglio, 8000 habitants.

(3) *Mairano*, village à 14 kil. N. E. de Orci Novi.

(4) *Orci Vecchi*, village à 4 kil. N. E. de Orci Novi et à 12 kil. S. O. de Mairano.

(5) *Castelnovo*, village à 12 kil. E. de Castrezzato et à 5 kil. S. O. de Brescia.

(6) *Trenzano*, village à 4 kil. S. É. de Castrezzato et à 8 kil. O. de Castelnovo.

(7) *Maclodio*, village à 5 kil. S. E. de Castrezzato et à 3 kil. S. de Trenzano.

La garde impériale se porte vers Castrezzato et Travagliato (1). C'est à ce dernier endroit que se tient le quartier général de l'Empereur.

Le 18, le 3ᵉ corps a franchi la Mella ; il occupe Poncarale (2) et Borgo-di-Poncarale, détachant sa cavalerie dans la plaine de Montirone.

Le 4ᵉ corps vient se placer, à sa droite, à Bagnolo (3), sur la route de Crémone à Brescia : — le 2ᵉ à sa gauche, à San Zeno (4).

Le 1ᵉʳ corps, qui devait s'arrêter à Brescia, contourne la ville, et se dirige sur les routes de Lonato et de Montechiaro, à hauteur de San Eufemia et de San Paolo, appuyant l'armée piémontaise et la reliant avec le 2ᵉ corps.

La garde impériale entre dans Brescia et campe sur les remparts.

L'Empereur vient établir son quartier général dans la ville même ; il y doit séjourner le 19 et le 20 juin. La vieille cité italienne, dont l'origine inconnue remonte aux temps les plus anciens, Brescia, qui avait opposé dans la dernière guerre une si héroïque résistance à l'Autriche, réservait une entrée enthousiaste au souve-

---

(1) *Travagliato*, village à 8 kil. N. E. de Castrezzato et à 7 1/2 kil. de Brescia, 2680 habitants.

(2) *Poncaralle*, village à 14 kil. S. E. de Castrezzato.

(3) *Bagnolo*, bourg à 12 kil. S. de Brescia et à 30 kil. N. N. E. de Crémone, 3100 habitants.

(4) *San Zeno*, village à 4 kil. S. E. de Brescia et à 6 kil. N. E. de Bagnolo.

rain libérateur. Toute la population accourut au-devant de lui avec des acclamations, des battements de mains, des pluies de fleurs. — Sur son passage, toutes les rues étaient pavoisées.

LXXXI.— Deux jours de repos sont donnés à l'armée.

Pendant ces deux jours, les corps qui ont combattu à Magenta et à Melegnano recevront les récompenses qu'ils ont si vaillamment méritées.

Le 2e zouaves voit décorer son drapeau, pour avoir enlevé un étendard à l'ennemi dans la glorieuse journée du 4 juin.

Ce fut pour tous, officiers et soldats, un spectacle rempli de nobles et mâles émotions.

Le 19, à midi, le régiment était en entier sous les armes.

Le maréchal de Mac-Mahon, arriva, suivi de son état-major, et fit former le carré, face en dedans.

Le drapeau s'avança.

« Soldats du 2e zouaves, dit le maréchal d'une voix forte, l'Empereur, voulant conserver les habitudes du premier Empire, a décrété que les aigles des régiments qui enlèveraient un drapeau à l'ennemi, seraient décorées de la Légion d'honneur.

« Zouaves ! vous méritez tous une récompense ; car tous, vous vous êtes montrés vaillants. Vos pères qui vous contemplent sont fiers de vous. Le drapeau de votre régiment est le premier de l'armée d'Italie qui sera décoré. Je suis heureux que ce soit, dans le 2ᵉ corps d'armée que je commande, qu'un tel honneur soit rendu, et je suis fier que ce soit vous, soldats du 2ᵉ de zouaves, dont la réputation ne s'est démentie ni en Crimée, ni en Afrique, ni à Magenta, qui l'ayez mérité. Mais ce n'est point encore assez, il faut que votre drapeau porte la croix de la Légion d'honneur. »

Puis, s'avançant vers le drapeau, devant lequel il se découvrit, le maréchal ajouta :

« Aigle du 2ᵉ régiment de zouaves, sois fière de tes soldats ; au nom de l'Empereur, et d'après les pouvoirs qui me sont dévolus, je te donne la croix de la Légion d'honneur. »

Les cris de : Vive l'Empereur ! vive le maréchal ! couvrirent ces dernières paroles, que le duc de Magenta prononça avec une émotion visible.

Alors le drapeau s'inclina devant lui, et le maréchal attacha à son aigle le ruban rouge, auquel pendait la croix d'honneur ; puis il distribua de sa main aux soldats les récompenses qui leur avaient été accordées.

C'était une belle et grande pensée de Napoléon Iᵉʳ, d'animer, pour ainsi dire, de la vie du combat le drapeau d'un régiment, et de faire rejaillir sur lui la gloire et l'honneur de tous. — C'est par de semblables inspirations que l'on rend les soldats invincibles.

LXXXII. — Le même jour, le général Cialdini, chargé,

de concert avec le corps de Garibaldi, de sonder les débouchés du Tyrol, depuis la Valteline jusqu'au lac de Garde, conduit sa division (4e) par Vestone (1) sur Breno (2) où il établit son quartier général ; il distribue ses forces au nœud des vallées et fait envahir le fort de la Rocca d'Anfo (3), après s'être vigoureusement emparé de la position de Vecchia Rocca.

La 3e division sarde a quitté San Eufemia pour occuper Tri Ponti, puis Ponte di San Marco (4); le 20 juin, l'armée piémontaise campe le long de la Chiese, s'étendant jusqu'à Calcinato (5). — Elle s'occupe à réparer les ponts que l'ennemi a détruits, et franchira, le 21, cette importante rivière.

LXXXIII. — Nous avons conduit l'armée alliée de Milan à Brescia, en la suivant avec une scrupuleuse exactitude jour par jour, étape par étape ; car nous avons pensé,

(1) *Vestone*, village à 23 kil. N. E. de Brescia, sur la rive droite de la Chiese, 1058 habitants.

(2) *Breno*, bourg à 55 kil. N. E. de Bergame et à 50 kil. de Brèscia sur l'Oglio, 3500 habitants.

(3) *Rocca d'Anfo*, village à 33 kil. N. E. de Brescia, sur le bord occidental du lac d'Idro, 750 habitants, y compris la garnison.

(4) *Ponte di San Marco*, village à 9 kil. E. de Castenedolo et à 12 kil. S. E. d'Eufemia.

(5) *Calcinato*, ville à 16 kil. S. E. de Brescia, à 4 kil. N. N. E. de Monte Chiaro et à 8 kil. S. O. du lac de Garde, sur la rive gauche de la Chiese, 4000 habitants. Célèbre par la victoire que les Français commandés par le duc de Vendôme y remportèrent, le 19 avril 1706, sur les Impériaux.

quelque aride que pût paraître au premier abord cette
narration, qu'il n'était pas sans importance d'indiquer
les différentes localités où les corps d'armée, avançant
chaque jour davantage au cœur de la Lombardie, avaient
pris leurs bivouacs successifs. — C'était, il ne faut pas
se le dissimuler, une rude entreprise, hérissée d'écueils
et de difficultés sans nombre, que de faire marcher
ainsi, en face de l'ennemi, six corps d'armée (1) concentrés dans un espace restreint et prêts à se réunir en
un bloc formidable au premier signal.

Dans le récit des faits de guerre qui s'accomplissent,
serait-il juste d'accorder une large place aux journées
de combat, et de laisser inaperçus ces jours pénibles, ces
épreuves laborieuses de marches et de contre-marches
qui transportent d'un point à un autre 150 mille
hommes?

Le plus souvent on se rend un compte très-inexact des
impedimenta de toute sorte qu'une armée traîne forcément après soi : bagages, approvisionnements, matériel
d'artillerie. — Ce sont, à tout instant, des obstacles
imprévus, des retards avec lesquels il faut compter
sans cesse, et qui dérangent les plans stratégiques les
plus savamment combinés.

LXXXIV. — Cette marche si compliquée de Milan à
Brescia, à travers des cours d'eau nombreux et dans un

---

(1) Les 1er, 2e, 3e, 4e corps, la garde impériale, et les 4 divisions de
armée sarde.

pays couvert de cultures, avait été couronnée d'un plein succès ; elle continuait les résultats importants auxquels avait tendu, dès le commencement de la campagne, la marche tournante autour du Pô et de la Sesia.

Ainsi, l'armée alliée avait délivré le Piémont, et elle allait, touchant bientôt les rives du Mincio, affranchir la Lombardie, sans s'être heurtée une seule fois contre cet échiquier de places fortes si habilement étudié, au centre duquel l'empereur d'Autriche pouvait se croire inexpugnable.

LXXXV. — Avant de continuer notre récit nous devons consacrer quelques lignes au service télégraphique dont la direction générale avait été confiée à M. Clément Lair. Tous les employés de ce service difficile rivalisaient de zèle, de courage, d'activité, d'intelligence.

Aucun obstacle ne les arrêtait, et comme de vrais soldats, ils bravaient les dangers, avançant leurs lignes au delà même des avant-postes ; ils allaient en reconnaissance dans les différentes directions, et établissaient leurs fils sur les pas même de l'armée autrichienne.

C'est ainsi que M. Gauthier, inspecteur de 1re classe, entrait le premier à Novare, et que les inspecteurs Saigey, Grosjean, Retz, Amiot rendaient chaque jour des services signalés et pouvaient souvent, avec l'activité énergique qu'ils déployaient, envoyer par dépêches télégraphiques les renseignements les plus précis sur les

mouvements des Autrichiens, dont les éclaireurs parcouraient leur voisinage (1).

Le directeur suivait sans cesse le quartier impérial et,
malgré l'insuffisance de son matériel et de ses moyens
d'exécution, établissait en un jour des communications
souvent de la plus grande urgence.

Partout où l'armée marche, la télégraphie plante ses
poteaux et se met courageusement à l'œuvre ; avec une
infatigable persistance, elle surmonte les immenses difficultés que fait naître à chaque pas la construction de
lignes au milieu d'une armée de plus de 100 000 hommes

(1) *Rapport adressé par l'inspecteur général C. Lair, chargé de la
direction du service télégraphique à l'armée d'Italie, au directeur
général des lignes télégraphiques de France.*

« M. Gauthier est le premier Français qui soit entré à Novare. Il est
allé en toute hâte au télégraphe que les agents autrichiens venaient
d'abandonner. Il s'est rendu de là à la municipalité, dont il a trouvé
les membres réunis et délibérant sur les moyens de satisfaire à une
réquisition de trois cent mille rations de vivres, que venait de leur
adresser un général autrichien encore aux portes de la ville. Il a aussitôt décliné sa qualité, annoncé l'arrivée des troupes françaises et
reçu l'accueil le plus chaleureux.

« Le 11 juin, MM. Gauthier et Grosjean sont allés faire une reconnaissance jusqu'à Lodi, qui venait d'être évacué par les troupes ennemies et où pas un soldat allié n'avait encore paru.

« Ils sont allés jusqu'au pont de l'Adda auquel les Autrichiens
avaient mis le feu et qui brûlait encore ; les vedettes ennemies parcouraient l'autre rive.

« M. Saigey a été deux jours à Melzo et à Trecello seul avec deux
stationnaires, donnant, par dépêches télégraphiques que je communi-
quais au major général, les renseignements les plus exacts sur les
mouvements des Autrichiens.

> « *L'inspecteur général chargé de la direction du service
> télégraphique à l'armée d'Italie,*
>
> « C. LAIR. »

et sur des routes encombrées de bagages et d'approvisionnements de toute sorte.

Cette mission était sans précédent, le temps et l'expérience manquaient pour créer un matériel spécial qui pût
en faciliter les opérations. — Organisée à la hâte avec
des moyens incomplets et d'un transport très-difficile,
elle montrait cependant chaque jour les résultats importants que pourrait obtenir un service télégraphique
de guerre étudié à l'avance et régulièrement établi.

LIVRE II

LIVRE II.

CHAPITRE PREMIER.

I. — L'expérience de la Crimée semblait éclairer les décisions de Napoléon III.

Résolu à éviter, autant qu'il le pourrait, ces luttes stériles contre des remparts couverts d'une artillerie formidable, où chaque assaut coûtait le prix d'un glorieux combat, l'Empereur avait tourné tous les obstacles. — L'armée ennemie, enveloppée de plus en plus par ce réseau formidable qui chaque jour l'étreignait davantage, avait dû évacuer, sans combat, des positions de longue main fortifiées, et se contentait de détruire les ponts sur les importants cours d'eau que nous devions traverser, plutôt que de nous en disputer de vive force le passage.

L'énergie morale des soldats se doublait devant cette retraite de l'ennemi, dont ils retrouvaient chaque jour sur leur passage les traces à peine effacées ; — les souvenirs de Montebello, de Palestro, de Magenta, de Melegnano, enflammaient leur courage, et chacun portait en son **cœur une foi** entière dans la victoire. — La foi est dans une armée le premier gage du succès ! au moment des grandes luttes, la confiance décuple les forces humaines.

L'histoire future rendra cette justice à l'Empereur que dans cette mémorable campagne, il se montra justement avare du sang de la France, qu'il voyait avec douleur se répandre, même sur les champs de bataille les plus glorieux.

II. — Bien que l'ennemi battît sans cesse en retraite devant nous, il était évident qu'il fallait encore lui porter un de ces coups terribles qui anéantissent les forces, ou tout au moins la confiance en ses propres armes.

Maîtresse de Brescia sans coup férir, l'armée alliée n'allait pas tarder à atteindre les limites de la Lombardie et ce fameux quadrilatère, défilé artificiel de places fortes, bordé d'un côté par un fleuve considérable, et de l'autre par les États inviolables de la Confédération germanique.

Les Autrichiens nous attendraient-ils sur les bords de la Chiese ou sur les bords du Mincio ? — En se repliant sur leur base d'opérations, comme ils le faisaient depuis le 4 juin, ils avaient accru leurs forces par toutes les garnisons de la Lombardie et des duchés, et par des renforts, qu'une voie rapide leur amenait du cœur de l'empire.

La position était grave, la situation solennelle. — Les destinées de la campagne allaient être, sans aucun doute, engagées dans un choc formidable ; l'ennemi pouvait, à un moment donné, accumuler contre nous toutes les ressources de la monarchie autrichienne, alors

que l'Empereur avait dû réduire son armée au chiffre
de 120 000 hommes environ, pour masser aussi sur
ses frontières du Nord et de l'Est deux armées imposantes, prêtes à parer à toutes les éventualités.

Telles étaient les sérieuses préoccupations qui devaient
tenir sans cesse en éveil la pensée du chef, dont la volonté guidait sur les terrains de la guerre les drapeaux
réunis de la France et de la Sardaigne.

III. — Les deux journées de séjour à Brescia avaient
été employées par l'Empereur à donner aux troupes
un repos nécessaire et à préparer sur une nouvelle base
d'opérations des moyens d'action qui, selon toute probabilité, seraient bientôt sérieusement engagés.

En deçà de la Chiese, à 2 kilomètres au plus de
Montechiaro, au pied de Castenedolo, une vaste plaine
dénudée offrait à l'armée autrichienne un superbe
champ de bataille, où la cavalerie, jusqu'alors passive,
pourrait enfin jouer un rôle important et décisif.

L'empereur d'Autriche voulait, dit-on, tenter spécialement avec cette arme le destin jusqu'alors si contraire
des batailles. — Personne n'ignore en quel honneur la
cavalerie est dans l'armée autrichienne, tant par son re-
crutement exceptionnel au milieu d'une aristocratie al-
tière et de populations qui naissent, pour ainsi dire, à
cheval, que par suite des belles et nombreuses races de
chevaux élevées dans l'empire.

Peut-être les Autrichiens eussent-ils fait preuve d'habileté, en déplaçant ainsi les instruments de la lutte sur

ces terrains qui nous étaient inconnus, et dont ils avaient, au contraire, de longue date étudié toutes les ressources.

Mais sans qu'on ait pu en saisir le motif, ils repassèrent la Chiese, renonçant à nous en défendre les abords.

IV. — Cette nouvelle renversait toutes les idées et toutes les prévisions de l'Empereur. Jusque-là, il avait pensé que le but des Autrichiens avait été de nous amener dans un pays découvert, dont chaque pli de terrain leur était pour ainsi dire connu, et de livrer une nouvelle bataille de Castiglione, avec les avantages incontestables d'un plan longtemps mûri par l'habileté stratégique des chefs les plus expérimentés.

L'Empereur profita de son séjour à Brescia pour réunir dans un grand conseil de guerre tous les commandants des corps d'armée, ainsi que les commandants en chef du génie et de l'artillerie, et arrêta dès lors le plan de la grande bataille dont les rives du Mincio devaient, selon toute probabilité, devenir le théâtre. — Ce conseil de guerre eut lieu dans la soirée du 19.

Le 21 juin, l'armée alliée se porta de nouveau en avant, indécise sur les projets réels de l'ennemi, mais sentant néanmoins par un pressentiment secret que le sol devenait brûlant sous ses pas.

V. — Le 4ᵉ corps, qui forme notre extrême droite à Bagnolo, doit, dans l'ordre de marche, tenir la position la plus avancée. — Franchissant la Chiese, il ira s'établir au delà de cette rivière, à Carpenedolo (1). Comme le point qu'il occupe est le plus exposé aux attaques de l'ennemi, et que, devant lui, se développe un vaste espace couvert de cultures, un ordre de l'Empereur met sous le commandement du général Niel les divisions de cavalerie des généraux Desvaux et Partouneaux, l'une du 1er, l'autre du 3e corps. Ces deux divisions devront s'établir en avant de Carpenedolo pour éclairer le pays.

Dans la journée, le général Niel atteint sa destination. — L'infanterie a passé la rivière sur un pont à la birago, jeté par les Piémontais ; la cavalerie l'a traversée à gué.

Le 3e corps vient établir ses bivouacs à Mezzano (2) en deçà de la Chiese ; il tient donc, par sa position, l'extrême droite de l'armée, en arrière du 4e corps ; aussi se garde-t-il fortement contre les attaques de l'ennemi, en faisant surveiller tous les terrains qui l'entourent, surtout dans la direction de Mantoue.

Le 2e corps a quitté San Zeno, à 5 heures du matin ; il traverse en ordre de bataille la ligne de Gheddi, et arrive vers 1 heure à Montechiaro, en traversant la Chiese sur deux ponts laissés par les Autrichiens : les divisions s'établissent en avant, sur les routes de Goito, Castiglione et Lonato.

Le 1er corps vient se placer à Rho, en deçà de la

---

(1) *Carpenedolo*, bourg à 20 kil. S. E. de Brescia et à 5 kil. S. S. E. de Monte Chiaro, 4504 habitants.

(2) *Mezzano*, village à 4 kil. O. de Carpenedolo.

Chiese, en suivant d'abord le chemin de Lonato, afin de laisser complétement à sa droite celui de Castenedolo, dans lequel s'est engagée la garde impériale. — Le quartier général de l'Empereur est à Castenedolo.

Dans la même journée, l'armée piémontaise s'est portée au delà de la Chiese.

Le 22, le 2ᵉ corps se rend à Castiglione (1), et l'Empereur vient avec la garde impériale le remplacer à Montechiaro. — Les autres corps d'armée ne font aucun mouvement.

Mais la position avancée du 4ᵉ corps lui faisait une obligation d'éclairer soigneusement le pays devant lui. Le général Niel donna ordre de pousser une reconnaissance avancée jusqu'au pont de Goito, s'il était possible; et le 22 juin, à 1 heure du matin, le capitaine-commandant de Contenson partait avec 40 chevaux du 1ᵉʳ chasseurs d'Afrique.

Après avoir atteint Castel Goffredo et s'être porté au delà de Ceresara sur la route de Goito, où il rencontrait les avant-postes autrichiens, le capitaine de Contenson revenait sur ses pas et enlevait un petit poste ennemi qui lui avait été signalé à Pinbega (2).

---

(1) *Castiglione*, bourg à 22 kil. S. E. de Brescia et à 8 kil. S. O. du lac de Garde, 5300 habitants. Les Autrichiens y furent battus par les Français en 1706 et le 29 juin 1796.

(2) Les détails suivants sur cette reconnaissance qui fait le plus grand honneur au capitaine de Contenson seront lus avec intérêt.

Le capitaine-commandant de Contenson se dirigea d'abord sur Castel Goffredo, puis sur Ceresara, qu'il trouva garni d'un poste de uhlans; à son approche, le poste se replia en évacuant le village.

Les chasseurs d'Afrique se portèrent alors à 3 kilomètres en avant,

Il n'est peut-être pas sans intérêt de rappeler ce fait, qui prouve quel parti notre cavalerie peut tirer des chevaux d'Afrique; ils avaient fait environ 20 lieues en 12 heures, sans le moindre repos, et dans cette distance ne sont pas comprises les courses particulières des cavaliers jetés en éclaireurs dans différentes directions en avant de la colonne.

Le 23, le 1er corps seul se met en marche; il quitte Rho pour traverser la Chiese et se porter à Esenta (1), entre Lonato et Castiglione, reliant ainsi par sa gauche l'armée française à l'armée sarde.

sur la route de Goito; le sous-lieutenant Rapp fut envoyé avec quelques cavaliers en éclaireur et reçut ordre de marcher jusqu'à ce qu'il eût aperçu l'ennemi. Il avança jusqu'aux avant-postes d'un corps d'infanterie autrichienne, que les gens du pays évaluaient à 10 000 hommes environ. Le capitaine rallia ses éclaireurs, et, se reportant sur Ceresara, se dirigea ensuite sur Piubega, petit village à 4 kilomètres au sud de Ceresara. Là aussi, on avait signalé la présence d'un poste ennemi.

M. de Contenson résolut d'enlever ce poste; il partagea sa petite troupe en deux portions; un peloton, sous les ordres du lieutenant Loeffler, reçoit ordre de s'avancer sur la place du village, où se tenait le poste, pendant que lui-même gagnerait la grande route par un chemin tournant, de manière à couper la retraite à l'ennemi.

Le sous-lieutenant Loeffler surprend le poste autrichien en tombant sur lui à l'improviste; mais de l'autre côté du village, une troupe de 50 à 60 uhlans s'avance sur la route que suit le capitaine. Celui-ci fait aussitôt sonner le ralliement pour réunir tout son monde, mais les uhlans s'arrêtent, et après un instant d'observation, se retirent lentement.

Lorsqu'ils eurent disparu, le capitaine de Contenson reprit la route de Castenedolo emmenant 4 hommes du poste ennemi et 7 chevaux qui restaient en son pouvoir.

(1) *Esenta*, village à 7 kil. S. de Lonato et à 3 kil. N. de Castiglione.

VI. — Nous touchons de bien près à la grande journée du 24 juin.

L'armée autrichienne a abandonné, sans les disputer, les lignes importantes de l'Adda, de l'Oglio, de la Chiese.

Quant à l'armée alliée, confiante dans sa destinée, fière de marcher victorieuse sur ce sol italien, où chaque pas rappelait des triomphes passés et des souvenirs de gloire, elle ne demandait rien au secret des batailles. Elle attendait tout d'elle-même, de son énergie, de son courage, de sa volonté de vaincre ; et, suivant pas à pas l'ennemi dans sa retraite, elle se concentre sur ses derrières et l'enveloppe d'un réseau de baïonnettes.

Mais aucun rapport précis sur les projets de l'ennemi ne parvient au quartier général.

VII. — M. E. Godard avait reçu l'ordre de se rendre dans la matinée du 23 à Castiglione auprès du maréchal de Mac-Mahon, pour opérer quelques ascensions qui peut-être amèneraient des renseignements plus positifs.

Vers neuf heures du matin, dans une prairie très-rapprochée de la première ligne des avant-postes, cet aéronaute s'éleva en montgolfière libre, et malgré une observation très-attentive des terrains qui se développaient au-dessous de lui, présentant une série considérable de petits mamelons, il ne découvrit que trois cavaliers en avant du village de Pozzolengo.

On ne jugea pas d'autres ascensions nécessaires.

Les reconnaissances qui chaque jour éclairaient le pays, ne rapportaient de leur côté que des indices vagues ;

mais les feux encore fumants des bivouacs autrichiens
marquaient la trace récente de leur passage. Parfois aussi
nos cavaliers rencontraient des détachements qui s'éloignaient subitement à leur approche, et le gros de l'armée paraissait continuer son mouvement de retraite sur
Peschiera, Vérone et Mantoue. — On savait en outre,
d'une manière certaine, que les vastes terrains avoisinant le Mincio, étaient depuis longues années étudiés
par l'armée autrichienne, qui souvent y avait fait manœuvrer de puissants corps d'armée.

VIII. — Le 23, de nouveaux rapports apprennent que
les Autrichiens se sont décidément retirés au delà du
Mincio, abandonnant les hauteurs si favorables, qui
s'étendent de Lonato jusqu'à Volta.

L'Empereur a résolu d'y porter son armée dans la
journée du 24. Il ignore quand et comment il rencon-
trera cet ennemi insaisissable dans sa retraite, mais par
ses ordres de marches, il se tient toujours prêt à accepter
la bataille, partout où celui-ci voudra la lui présenter.

C'est ainsi qu'il se prémunit, avec une sage prudence, contre les événements imprévus

« Dans cette même journée du 23, plusieurs détachements ennemis (dit le bulletin impérial) s'étaient montrés sur différents points ; mais, comme les Autrichiens
ont l'habitude de multiplier leurs reconnaissances, Sa
Majesté ne vit dans ces démonstrations qu'un exemple
de plus du soin qu'ils mettent à s'éclairer et à se garder. »

Toutefois, malgré ce soin excessif, l'armée autrichienne, de son côté, n'était pas mieux renseignée sur nos intentions, et la bataille, sur le terrain où elle se livra, fut également inattendue pour nos adversaires qui, en effet, depuis le 21, s'étaient retirés derrière le Mincio. — Leur projet était, aussitôt l'arrivée des renforts disponibles, de venir nous attaquer sur la Chiese.

« Une patrouille, composée d'un escadron de uhlans et d'une batterie d'artillerie à cheval (dit le rapport autrichien), avait été chargée de reconnaître le pays coupé de collines qui se trouve entre les deux fleuves; elle n'avait nulle part rencontré de colonnes importantes, mais seulement des détachements isolés.

« Des reconnaissances envoyées vers la Chies, n'avaient aussi en aucun endroit rencontré l'ennemi. »

IX. — Le 23 juin, l'armée autrichienne commençait son mouvement pour réoccuper les positions qu'elle avait évacuées, et, « dans la soirée, le gros de ses forces s'établissait de Pozzolengo (1) à Guiddizzolo (2) afin d'agir le lendemain dans la direction de la Chiese, et d'attaquer l'armée alliée dans ses positions principales de Carpenedolo et de Montechiaro (3). » Mais, à la même

(1) *Pozzolengo*, village à 12 kil. S. E. de Lonato et à 10 kil. E. d'Esenta, 1415 habitants.

(2) *Guiddizzolo*, village à 21 kil. N. O. de Mantoue et à 10 kil. S. E. de Castiglione.

(3) Nous puisons ces documents dans le rapport autrichien sur la bataille de Solferino, et il est facile de voir par le texte même de ce

heure, celle-ci, de son côté, se mettait en mouvement. Les deux armées se trouvaient donc, sans le savoir, marcher à la rencontre l'une de l'autre.

Cette rencontre amena la célèbre bataille de Solferino.

Il est important, pour bien apprécier les différentes phases de cette glorieuse journée, de se rendre un compte très-précis des ordres de mouvements donnés aux différents corps de l'armée française et aux divisions de l'armée sarde.

Ces ordres, pour les marches à exécuter le 24 juin, avaient été envoyés par l'Empereur, le 23.

X. — L'armée sarde, qui formait l'extrême aile gauche, était ainsi répartie. — La 1re et la 2e division occupaient les hauteurs qui dominent Lonato, sur la route de Peschiera ; la 3e était à Dezenzano (1) et Rivoltella (2) ; la 5e au delà de Lonato, sur la route de Peschiera ; la division de cavalerie avait quitté Bedizzole (3) pour venir camper en arrière de Lonato.

Le roi de Sardaigne devait, d'après les instructions de l'Empereur, se porter, le 24 au matin, sur Pozzolengo.

rapport combien l'ennemi était inexactement renseigné, puisque, dès le 22, le 2e corps français occupait Castiglione, bien en avant de Montechiaro, et même de Carpenedolo, et que, dès le 23 au matin, le 1er corps campait aussi à Esenta, entre Lonato et Castiglione.

(1) *Dezenzano*, bourg à 5 kil. de Lonato sur le lac de Garde.

(2) *Rivoltella*, village à 2 kil. S. O. de Dezenzano et à 10 kil. N. O. de Peschiera sur le lac de Garde.

(3) *Bedizzole*, village à 15 kil. E. de Brescia et à 8 kil. N. O. de Lonato, près de la Chiese, 2316 habitants.

« Le corps du maréchal Baraguey-d'Hilliers (1er), qui se relie, sur sa gauche, avec l'armée du Roi, quittera Esenta pour aller s'établir à Solferino (1). — Le maréchal se mettra en rapport avec S. M. Victor Emmanuel.

« Le corps du maréchal de Mac-Mahon (2e) se rendra de Castiglione à Cavriana (2) et s'entendra avec le maréchal Baraguey-d'Hilliers, sur les directions à suivre, afin d'éviter les retards que pourrait amener une rencontre entre les colonnes.

« Le corps du maréchal Canrobert (3e) se rendra de Mezzano à Medole (3); il devra également, pour les heures de départ et pour les routes à suivre, se mettre en rapport avec le général Niel, de manière à éviter tout embarras dans leur marche.

« Le corps du général Niel (4e) se portera de Carpenedolo à Guiddizzolo ; la division de cavalerie Partouneaux, appartenant au 3e corps, est mise, par ordre de l'Empereur, depuis le 20 juin, sous les ordres du général Niel ; elle occupera sa gauche, avec la division Desvaux du 1er corps.

« Le quartier impérial et la garde iront de Montechiaro à Castiglione, remplacer le maréchal de Mac-Mahon.

----

(1) *Solferino*, bourg à 6 kil. S. E. de Castiglione et à 5 kil. N. de Guiddizzolo.

(2) *Cavriana*, bourg à 9 kil. S. E. de Castiglione, entre Solferino et Guiddizzolo.

(3) *Medole*, bourg à 11 kil. S. E. de Mezzano et à 6 kil S. O. de Solferino.

« Les corps marcheront militairement. — Les bagages resteront parqués jusqu'à ce que les corps, suivant la même route, aient défilé; ils suivront ensuite à leur tour.

« La chaleur étant très-grande, les troupes partiront à deux heures de la nuit, les chemins étant bien reconnus d'avance. »

Tels étaient les ordres détaillés de mouvement envoyés par l'Empereur pour la journée du 24 juin. — Ils sont clairs et précis (1).

XI. — Le 24 au matin, dès les premiers rayons du jour, l'armée alliée tout entière s'ébranle. Mais, ainsi que nous l'avons expliqué plus haut, les deux armées, toutes deux en marche, toutes deux trompées sur les mouvements réels de l'armée ennemie, vont tout à coup se trouver en face l'une de l'autre.

Le bulletin autrichien, en rendant compte des mouvements de l'armée autrichienne dans la soirée du 23, dit : « L'ennemi, soit qu'il eût été, entre ce temps, informé de nos projets, soit qu'il exécutât un plan arrêté d'avance, fit également un mouvement en avant, et, le 23, il avait atteint Esenta, Dezenzano, Rivoltella, etc. »

(1) En les suivant sur le plan du champ de bataille de Solferino que nous avons annexé à ce volume, on appréciera facilement combien l'armée alliée, en allant occuper ces positions importantes, marchait, embrassant dans son immense envergure, toute cette vaste étendue de terrain de Pozzolengo à Cavriana et Guiddizzolo — points extrêmes à droite, en avant et à gauche.

En effet l'armée impériale autrichienne, retirée le 21 juin derrière le Mincio, s'était grossie des garnisons de Vérone, de Mantoue, de Peschiera, et se trouvait enfin en mesure de prendre une vigoureuse offensive.

C'était le plan longtemps caressé par le général Hess, et dont il poursuivait l'exécution en se retirant successivement de Plaisance, de Pizzighettone, de Crémone, d'Ancône, de Bologne, de Ferrare, pour concentrer toutes ses forces sur le Mincio.

Les deux armées se rencontrèrent donc inopinément.

CHAPITRE II.

XII. — Dès la veille au soir, sur l'ordre du maréchal commandant en chef le 1er corps, le chef d'escadron d'état-major Leroy pour la 2e division, et le capitaine Fabre pour la 1re, avaient été reconnaître les routes d'Esenta à Solferino.

Les Autrichiens occupent cette dernière position, et le capitaine Fabre est fort heureusement arrêté par les grand'gardes du 2e zouaves, sous les ordres du commandant Morand ; ce commandant rapporte que, d'après les renseignements qui lui ont été fournis, on.

peut évaluer à 5 ou 6000 hommes la force ennemie établie au village de Solferino, éclairée elle-même par de nombreuses vedettes de uhlans. — Le commandant Leroy, qui s'était jeté plus à gauche, put s'avancer jusqu'à une ferme appelée Santa Maria qu'il trouva inhabitée. — La nuit était déjà très-avancée, le commandant, décidé à explorer le pays aussi loin qu'il lui serait possible, rencontra un bersaglier piémontais également envoyé en éclaireur. Ce soldat lui affirma que Solferino était fortement occupé. Les Autrichiens avaient porté leurs avant-postes du côté de Castiglione, et dans le pays qui s'étend au nord-est de cette ville (1).

Le maréchal Baraguey-d'Hilliers, dans la prévision d'une attaque sérieuse sur cette position, que l'ennemi semble disposé à défendre, a réglé, ainsi qu'il suit, l'ordre de marche du 1er corps :

« La 2e division, chargée d'attaquer le village de Solferino, partira à 3 heures du matin, et passera par Santa Maria, Barche di Castiglione et Barche di Solferino.

« La 1re division, destinée à appuyer la droite de la 2e, se mettra en route à 4 heures, se dirigeant par Castiglione, le Fontane et le Grole.

« La 3e division marchera sur les traces de la 1re et ne devra quitter Esenta qu'à 6 heures du matin (2). »

XIII. — Esenta est séparé de Solferino par des mouvements de terrains dont les crêtes offrent deux points

____

(1) Rapports des généraux commandant les divisions.

(2) *Historique des marches et opérations militaires du 1er corps.*

saillants, le mont Rosso et la Tour de Solferino, appelée l'*Espionne de l'Italie*. Ce surnom indique assez que, de tous les points de l'horizon, on aperçoit sa masse noire se dresser, comme une sentinelle vigilante, sur le sommet de l'éminence qu'elle couronne.

Deux routes contournent ce massif, en partant d'Esenta. Le général de Ladmirault (2e div.) prit celle de gauche qui passe par Santa Maria.—En mauvais état, bordée de plantations nombreuses, cette route traversait un terrain très-accidenté, et devait naturellement retarder la marche de la division.

La route de droite, dans laquelle s'engageait le général Forey (1re div.), qui précédait de deux heures le général Bazaine (3e div.), traverse Castiglione pour contourner ensuite la base de ces hauteurs ; aussi était-il nécessaire, pour entrer dans Castiglione, d'attendre que cette petite ville fût entièrement évacuée par le corps Mac-Mahon qui l'avait occupée la veille. — La tête du 1er corps, en débouchant de Castiglione, devait donc se trouver flanquée à sa gauche par la division de Ladmirault, partie une heure auparavant, et à sa droite, sur une profondeur de plus d'une lieue, par les colonnes du maréchal de Mac-Mahon engagées sur la route de Cavriana.

XIV. — Telles étaient cependant les difficultés inconnues du terrain, que le général de Ladmirault avançait péniblement sur la route de Santa Maria, et que le maréchal de Mac-Mahon s'éclairait difficilement sur sa gauche.

Le maréchal Baraguey-d'Hilliers, désireux de reconnaître le pays avant de prendre toutes ses dispositions, marchait à environ 500 mètres en avant de la division Forey, précédé seulement de quatre cavaliers et d'un brigadier, et suivi d'un escadron d'escorte. — Il donna de sa personne dans les avant-postes autrichiens. — Accueilli tout à coup par une décharge de tirailleurs embusqués derrière les bouquets de bois et les vignes, le maréchal veut continuer de pousser en avant ; mais une seconde décharge l'oblige à rallier la tête de la division Forey.

Le général Forey lance aussitôt le commandant Pichon avec les quatre compagnies de droite du 17ᵉ bataillon de chasseurs, qu'il fait presque immédiatement soutenir par le 1ᵉʳ bataillon du 74ᵉ, sous les ordres du commandant Brun.

Ces hardis tirailleurs garnissent rapidement les crêtes qui séparent les colonnes Ladmirault et Forey, et engagent le feu. Ils débusquent l'ennemi de Fontane, petit village à mi-côte, et continuent leur marche, tandis que la tête de colonne de leur division s'avance parallèlement à eux sur la route de Solferino.

XV. — Arrivé à hauteur du second hameau (le Grole), le général Forey ordonne au général Dieu, de lancer sur cette position le 2ᵉ bataillon du 74ᵉ.

Mais l'ennemi, qui s'était retiré devant la ligne des tirailleurs, s'apprête à opposer une sérieuse résistance

Le Grole est fortement occupé, ainsi que les hauteurs qui s'étagent et se succèdent jusqu'à Solferino en une série de petits mamelons, sur lesquels reluisent les baïonnettes autrichiennes. — Le général Dieu, vigoureux et brillant officier, se jette de sa personne dans le hameau à la tête de ses troupes. Malgré les efforts d'une défense opiniâtre, les Autrichiens doivent céder le terrain et rejoindre leurs réserves massées au mont Fenile.

Le général Forey avait hâte d'occuper cette position qui lui permettait d'embrasser l'ensemble des obstacles qu'il aurait à surmonter pour atteindre Solferino. Aussi il donne ordre au général Dieu de porter sur le mont Fenile le 84ᵉ en son entier.

XVI. — Ce brave régiment, le colonel Cambriels en tête, part au pas de course avec un élan irrésistible, et malgré le feu meurtrier de l'ennemi, gravit les hauteurs de ce mamelon, sans s'arrêter un seul instant. Chaque officier rivalise d'ardeur et enlève ses hommes au cri de : Vive l'Empereur!

Les troupes qui avaient dû évacuer le Fontane et le Grole, s'étaient repliées successivement sur cette position ; elles durent aussi abandonner le mont Fenile et se rejeter en arrière jusqu'aux hauteurs principales qui servaient, pour ainsi dire, de rempart au village de Solferino.

Le maréchal a suivi sur les crêtes le bataillon de chasseurs ; car il peut ainsi ne pas perdre de vue les mouvements du général Forey, et voir arriver le général de Ladmirault qui n'est point encore engagé.

Aussitôt après l'enlèvement du village le Grole, le maréchal, qui vient d'atteindre les hauteurs du mont Rosso, envoie le capitaine Melin demander au général Forey quatre pièces de canon pour contre-battre l'artillerie ennemie déployée sur le front des positions avancées, et pour couvrir l'arrivée du général de Ladmirault qu'il voit s'avancer dans une large vallée faisant face à Solferino.

En même temps il fait dire au général Bazaine, dont la division marchait sur les traces de la division Forey, de le rallier sur le mont Rosso.

Les quatre pièces d'artillerie partent sous le commandement du capitaine Reyne, et le général Forey emploie les deux dernières de la même batterie (6e du 8e régiment) pour couronner le mont Fenile lui-même.

XVII. — La division de Ladmirault est arrivée. — Le maréchal, dont l'intention est d'attaquer par les crêtes les hauteurs de Solferino, sur lesquelles, d'instants en instants, se montrent plus nombreuses les colonnes autrichiennes, donne ordre à ce général de disposer sa division en colonnes d'attaque.

Selon les règles ordinaires, elle forme trois colonnes. — Celle de droite, composée de deux compagnies de chasseurs à pied et de quatre bataillons, est confiée au général Douay. — Le général de Négrier conduit celle de gauche, composée comme la première. — Le général de Ladmirault se met à la tête de la colonne du centre, ayant avec lui 4 compagnies de chasseurs à pied, 4 bataillons et 4 pièces d'artillerie, les seules que la division ait emmenées avec elle. — Les colonnes de droite et de gauche doivent se présenter sur les flancs de la position ennemie, et la colonne du centre, avec ses 4 pièces d'artillerie, soutiendra cette attaque combinée.

A 8 heures, les 4 pièces ont pris position à 2500 mètres environ des premiers contre-forts occupés par l'armée autrichienne. — L'artillerie ouvre immédiatement son feu, pendant que la colonne de gauche élargit son mouvement sur la droite de l'ennemi, pour faciliter l'attaque de la colonne de droite, qui se met en mesure d'aborder les contre-forts supérieurs.

Telles sont donc, vers huit heures du matin, les positions d'attaque occupées par le 1er corps.

XVIII. — Voyons maintenant ce qui était advenu du 2e corps, commandé par le maréchal de Mac-Mahon.

Ce corps devait quitter la route de Mantoue, à environ 6 kilomètres de Castiglione, et se porter sur Cavriana, en passant par San Cassiano.

Vers 3 heures du matin, la tête de colonne se mettait en route, et le général Gaudin de Villaine éclairait la marche avec la cavalerie de réserve, composée des 4 escadrons du 7e chasseurs. — Ce général devait suivre la route de Castiglione à Mantoue jusqu'aux abords du

village de Guiddizzolo, puis, de là, prendre le chemin
qui conduit à Cavriana en passant par San Cassiano.

La brigade marchait, précédée d'un peloton déployé
en tirailleurs, et gardée également sur ses flancs. — Elle
ne tarda pas à signaler l'ennemi qui s'avançait aussi de
son côté par la route même que suivait le 2e corps. Un
choc entre les deux têtes de colonne allait devenir inévitable. Le général fit aussitôt prévenir le maréchal de
Mac-Mahon que les Autrichiens étaient à très-courte
distance.

Ceux-ci s'étaient en effet massés aux abords de la Casa
Morino, ferme considérable, située sur le bord de la route
de Medole à Solferino, un peu au-dessus du point d'intersection de cette voie avec la grande route qui conduit
de Castiglione à Mantoue.

La colonne, ainsi avertie de la présence de l'ennemi, continua sa marche, précédée d'un épais rideau
de tirailleurs, qui engagèrent aussitôt le feu avec les
tirailleurs autrichiens, derrière les maisons, ou dans
les champs en culture. — Il était alors 5 heures du
matin.

XIX. — Près de la Casa Morino, se trouve un mamelon
appelé Mont Medolano; la position était très-favorable
pour se rendre compte du déploiement des forces de
l'ennemi. Le maréchal s'y porta, et par le premier
coup d'œil jeté du sommet de cette éminence, il
put se convaincre que des masses considérables étaient
concentrées dans l'espace compris entre la Casa Morino

et le village de Guiddizzolo. — Il fallait prendre contre elles des dispositions sérieuses de combat.

Dans le même moment, le maréchal entendit une vive fusillade entre Castiglione et Solferino. — C'était le corps du maréchal Baraguey d'Hilliers qui entrait en action.

Les Autrichiens se préparaient évidemment à nous disputer vigoureusement le passage. — Ce n'étaient plus des corps isolés, défendant quelques positions pour couvrir un mouvement de retraite; c'était le déploiement d'une armée puissante, s'appuyant à des points stratégiques très-forts, et protégés par des défenses naturelles du plus difficile accès.

A travers les vapeurs brumeuses du matin, on voyait un grand développement de troupes sur toutes les hauteurs qui s'étendent de Solferino à Cavriana.

Le maréchal envoya le capitaine de Bouillé, un des officiers de son état-major, rendre compte à l'Empereur de ce qui se passait, et lui annoncer que sans nul doute son armée allait sur tous les points se heurter contre les colonnes autrichiennes, dont les masses compactes formaient à l'horizon un vaste réseau.

XX. — La situation dans laquelle se trouvait le commandant en chef du 2e corps était grave. — « Il sentait (écrit-il lui-même) la nécessité de se porter, aussitôt que possible, sur le canon du maréchal Baraguey d'Hilliers, en appuyant à gauche. » Mais d'un autre côté, soit qu'il s'étendît vers Solferino pour donner un appui à l'aile droite du 1er corps, soit que, selon les instructions qu'il avait reçues, il marchât sur Cavriana, il dégarnissait la plaine et augmentait encore le vide dangereux qui existait entre lui et les 3e et 4e corps. Les Autrichiens pouvaient alors en profiter pour couper l'armée en deux, par un rapide débouché sur la route de Mantoue à Guiddizzolo.

Le maréchal ne se dissimulait pas l'importance qui s'attachait à chacun de ses mouvements. — Sans nouvelles du général Niel, et en attendant des ordres de l'Empereur, modifiés sans nul doute par les événements nouveaux qui venaient de surgir, il résolut de se maintenir dans sa position, prêt à s'opposer à toute tentative de l'armée ennemie dans la plaine qui se prolongeait à son extrême droite; mais il ne voulut pas continuer sa marche en avant, sans être certain que le 4e corps serait en mesure d'occuper la vaste ligne qui s'étend de Medole à Guiddizzolo.

Le maréchal de Mac-Mahon avait envisagé la vraie difficulté de la situation et agissait en général expérimenté.

XXI. — Il était six heures; le général Niel ne paraissait pas encore du côté de Medole, et l'attaque sur le front du 2e corps commençait à prendre des proportions sérieuses, en même temps qu'elle augmentait d'intensité sur l'extrême gauche occupée par le maréchal Baraguey-d'Hilliers. — Le maréchal de Mac-Mahon donna alors mission à son chef d'état-major général, le général Lebrun, d'aller en personne s'assurer de la position du 4e corps et de son mouvement sur Guiddizzolo.

Le général Lebrun partit à toutes brides à travers champs, et atteignit Medole, au moment où la tête du 4ᵉ corps attaquait ce village, dans lequel l'ennemi s'était fortement retranché.

XXII. — Selon l'ordre de marche que nous avons rapporté plus haut en détail, le général Niel était parti avec son corps d'armée à trois heures du matin. — Il devait gagner Guiddizzolo en traversant Medole. — Ses trois divisions d'infanterie suivaient toutes trois la route de Carpenedolo à Medole. — Les deux divisions de cavalerie Desvaux et Partouneaux avaient pris la grande route de Castiglione à Goito, qui touche à Guiddizzolo, après avoir traversé une plaine de 3 ou 4 kilomètres de largeur, très-favorable aux manœuvres de l'artillerie.

La division de Luzy forme la tête de colonne, éclairée par deux escadrons du 10ᵉ chasseurs sous les ordres du général de Rochefort, qui a remplacé le général de Richepanse dans le commandement de la brigade. La route qu'elle suit traverse un pays couvert d'arbres, de vignes et de plantations de toute sorte qui interceptent la vue. — De Carpenedolo, point de départ du 4ᵉ corps, jusqu'à Medole, des canaux d'irrigation, profonds et larges, coulent des deux côtés du chemin et alimentent d'autres petits canaux qui courent perpendiculairement à la route. L'infanterie peut, au besoin, les franchir, en entrant dans l'eau jusqu'à la ceinture.

Les guides que l'on avait pu trouver pour se diriger, et les paysans que l'on interrogeait ne donnaient que de vagues renseignements sur le nombre des Autrichiens ; ceux-ci, disaient-ils, avaient paru la veille à Medole, et pouvaient même y être encore. — Quelques-uns assuraient, au contraire, qu'ils avaient entièrement abandonné cette petite ville et laissé seulement des avant-postes de cavalerie pour observer la marche de l'armée française.

L'ennemi renouvelait, du reste, à peu près chaque jour cette manœuvre, et « moins que jamais (écrit le général de Luzy) nous ne nous attendions, le 24 juin, à une bataille générale entre les deux armées. Nous savions que les Autrichiens avaient repassé le Mincio, et nous pensions que c'était là seulement qu'ils nous attendaient pour défendre le passage de ce fleuve. »

XXIII.— Le général de Rochefort, qui marchait avec les éclaireurs, était encore à 2 kilomètres environ de Medole, lorsque son extrême avant-garde rencontra, près d'une ferme placée sur la route, un fort détachement de uhlans. Le feu s'engagea aussitôt, et les uhlans, voyant un petit nombre de cavaliers devant eux, chargèrent ces cavaliers avec impétuosité ; le général accourut avec le reste de ses chasseurs et se jeta sur eux. La chaussée est étroite et ne permet de se déployer ni à droite ni à gauche ; les cavaliers français et autrichiens s'abordent de front et se sabrent à outrance. Le capitaine Tessié de La Motte, officier d'ordonnance du général, est gravement blessé à côté de lui, et le commandant des uhlans également blessé tombe au pouvoir de nos chasseurs qui poursuivent vigoureusement sa troupe en retraite ; mais près d'une maison, deux bataillons d'infanterie, embusqués à droite et à gauche dans les champs, les accueillent par un feu très-vif et les forcent à se retirer.

Le général de Luzy, instruit de cet engagement entre les deux avant-gardes, envoie au pas de course le 5e bataillon de chasseurs à pied, sous les ordres du commandant Thouvenin, et presse sa marche. — Le général de Rochefort lance ce bataillon en tirailleurs, et refoule ainsi l'ennemi qui se replie en bon ordre sur Medole que défendent des troupes nombreuses soutenues par de l'artillerie.

XXIV. — Le général de Luzy (1) est accouru ; il prend

(1)   LE GÉNÉRAL DE DIVISION DE LUZY DE PÉLISSAC

(Louis-Henri-François), est né à Mirebel (Drôme), le 13 août 1797. Il se destinait à l'école militaire de Saint-Cyr, quand sa famille le fit admettre en qualité de lieutenant aux gardes du corps du Roi (compagnie de Noailles), le 1er juillet 1814.

Passé à la ligne départementale de la Drôme le 9 décembre 1815, le jeune lieutenant fit la campagne de France, et conserva le même grade, lorsque cette légion devint le 5e de ligne, le 15 décembre 1816.

Le 6 novembre 1822, il entrait dans le 3e régiment de la garde royale, et était nommé capitaine au 61e de ligne, le 2 avril 1823.

A la suite de la révolution de 1830, il fut mis à la solde de congé ; mais cette inactivité pesait au jeune capitaine qui entra avec son grade à la légion étrangère (24 novembre 1836).

Un an plus tard, il était chef de bataillon du 2e léger.

Le commandant de Luzy resta en Afrique, et prit une part active aux opérations de guerre qui, alors se succédaient rapidement dans cette contrée. — A l'expédition des Portes-de-Fer, il était mis à l'ordre du jour ; et il avait une seconde fois cet honneur, après le combat du

aussitôt ses dispositions d'attaque, jette sa cavalerie dans un champ à gauche, et se faisant flanquer et précéder par de nombreux tirailleurs, il avance jusqu'à l'entrée du village; là sa tête de colonne fait halte.

A mesure que les bataillons arrivent serrés en masse, le général de Luzy les dispose au delà de chacun des canaux qui bordent la route, de manière à former deux colonnes. — Celle de gauche est confiée au général

31 décembre 1839, près de Boleda, où, le premier, il atteignit, à la tête de son bataillon, les réguliers d'Abd-el-Kader.

A la prise de Cherchell en 1840, et dans les combats qui se livrèrent dans la plaine de la Mitidja, il fut de nouveau cité pour sa brillante conduite, ainsi que dans le rapport sur la prise du col de Menjaia (12 mai). Dans cette affaire surtout, où son bataillon fit des pertes sensibles, le commandant de Luzy mérita l'attention toute spéciale du maréchal Vallée, commandant en chef.

Avant de quitter l'Afrique (1840), le commandant de Luzy était une cinquième fois mis à l'ordre du jour pour une action d'éclat, et le 28 juillet 1840 passait lieutenant-colonel au 3e de ligne en récompense de ses services signalés. — Car bien peu d'officiers de son grade avaient eu l'honneur d'un aussi grand nombre de citations.

Depuis le 14 août 1839, il était chevalier de la Légion d'honneur.

Colonel du 7e léger, le 14 avril 1844, il était blessé d'un coup de feu à l'attaque des barricades du faubourg Poissonnière, le 24 juin 1848; — le 10 juillet, il recevait les épaulettes de général.

Au milieu des désordres qui, à tout instant grondaient au sein de la capitale, le général de Luzy reçut le commandement important et difficile de l'hôtel de ville, le 14 juillet 1848.

Disponible, le 13 janvier 1849, il recevait le commandement de la 1re brigade de la deuxième division d'infanterie de l'armée des Alpes, le 20 février,— celui de la 3e brigade d'infanterie de la 6e division militaire, le 20 décembre, et enfin le 27 août 1850, il était mis à la disposition du gouverneur de l'Algérie et partait de nouveau pour l'Afrique, où son nom allait être cité pour la sixième fois, pendant l'expédition de la Kabylie.

Général de division, depuis le 26 janvier 1854, il reçut le commandement de la 1re division du 4e corps de l'armée d'Italie. Sa brillante conduite à la bataille de Solferino devait lui valoir le grade de grand officier de la Légion d'honneur (25 juillet).

Douay, celle de droite au général Lenoble; tous deux ont mission d'avancer lentement en contournant la ville, et d'enlever les maisons qu'ils rencontreront sur leur passage, tandis que le général de Luzy, à la tête du 8ᵉ de ligne et de 4 compagnies de chasseurs à pied, marchera de face sur Medole avec son artillerie, et pénétrera par la rue principale.

L'attaque générale doit commencer par les trois points à la fois, aussitôt que les clairons du centre auront sonné la charge, répétée par les colonnes de droite et de gauche.

XXV. — Le signal est donné. — Tous les tambours et tous les clairons de la division retentissent à la fois. — Dans le même moment, le commandant de Vassoigne reçoit l'ordre de pointer deux pièces d'artillerie sur un clocher, du haut duquel l'ennemi fait un feu violent, et qui lui sert en même temps d'observatoire pour suivre tous nos mouvements.

Le tir de ces pièces fut si juste, que dès les premiers coups, une cloche brisée tomba avec un tel fracas qu'elle jeta un grand désordre parmi les hommes entassés dans le clocher. — Quelques instants après, tous l'avaient abandonné.

Nos bataillons se sont élancés à la fois par les trois directions. La résistance est opiniâtre; l'ennemi s'est préparé à la défense; les fermes qui entourent les abords de Medole, ainsi que les premières maisons de la ville sont crénelées et font pleuvoir sur les assaillants une grêle de balles.

De tous côtés, le combat est engagé. — Sur la droite, c'est le général Lenoble. Déjà le chef de bataillon Rolland, du 6ᵉ de ligne, est blessé mortellement ; mais l'ennemi ne peut tenir devant l'élan de nos soldats ; il bat en retraite et laisse dans les mains du général 2 pièces de canon et près de 300 prisonniers. — Sur la gauche, le général Douay passe énergiquement avec sa colonne à travers tous les obstacles, s'emparant une à une des maisons qui défendent les abords de la place.

Le général de Luzy a poussé droit devant lui avec la colonne du centre. Sentant les deux ailes suffisamment avancées, il entre dans la ville ; les sapeurs du génie et ceux du régiment enfoncent les portes à coups de hache. — L'ennemi ainsi attaqué sur tous les points à la fois, se retire dans différentes directions, et disparaît bientôt au milieu des massifs qui couvrent le terrain.

Cet engagement, qui avait duré une heure et demie environ, nous coûtait 100 hommes au plus.

En débouchant de Medole, le 4ᵉ corps devait continuer sa route sur Guiddizzolo, mais le combat qui venait de se livrer, indiquait au général Niel qu'il rencontrerait une sérieuse résistance. — Il devait se préoccuper de sa droite, tout autant que de son front de bataille ; aussi le général Lenoble reçoit l'ordre de se porter sur la route de Ceresara, où il s'établit solidement, tandis que la brigade Douay marche sur les talons de l'ennemi vers Rebecco, village situé sur la route de Guiddizzolo. Mais cette brigade rencontre devant elle des forces considérables qui la contraignent à s'arrêter.

Dans le même moment, la division Vinoy commençait à déboucher de Medole, précédant l'artillerie qui marchait entre cette division et celle du général de Failly.

XXVI. — Le corps du maréchal Canrobert (3e corps), formait l'extrême aile droite de l'armée ; il devait couvrir ses derrières en se dirigeant aussi sur Medole où il avait reçu ordre d'établir ses campements. Le maréchal avait dû, pour éviter de se jeter sur le 4e corps, prendre une route plus longue, (22 kilomètres), en passant par Acqua fredda et Castel Goffredo ; — la plus directe, celle par Carpenedolo, était occupée par les troupes du général Niel (1).

De tous les corps d'armée, celui du maréchal Canrobert est le seul qui ait à effectuer le passage de la Chiese avec ses trois divisions, opération très-lente et très-difficile, surtout quand elle doit s'opérer sur un seul pont. — C'est à 4 kilomètres au sud de Mezzano, à la hauteur d'un petit village appelé Visano, que ce pont sera jeté.

La brigade Jannin, de la division Renault, qui doit former la tête de colonne, a reçu l'ordre de partir le 23, pour en protéger la construction. — Elle s'est mise en

(1) *Note relative à la marche du 3e corps pendant la journée du 24 juin 1859, rédigée par le colonel Besson, chef d'état major général du 3e corps.*

« Comme il fallait jeter un pont sur la Chiese, entre Visano et Acqua fredda, et, par conséquent, un défilé à passer, pour diminuer la longueur de la colonne, il est décidé que l'artillerie de réserve, les bagages et tout le convoi prendront la route de Carpenedole. »

marche à sept heures du soir, ayant devant elle la compagnie du génie de la 1re division, et à sa suite un équipage de pont à la birago, appartenant à l'armée sarde.

Pendant la nuit, la communication est établie, et, au point du jour, la brigade Jannin, franchissant la Chiese, prenait position sur la rive gauche.

XXVII. — A 2 heures 1/2 du matin, le 3e corps se mettait en marche de Mezzano. Le général Renault tenait la tête avec sa 1re brigade; à 5 heures 1/2, sa division en entier avait traversé la rivière, et le reste du corps d'armée commençait à opérer son passage.

« Les 3 divisions occupent sur la route de Medole à Visano une étendue de 12 kilomètres, soit sur la grande route, soit sur un chemin de traverse. — La division Renault est en tête, la division Trochu au centre, la division Bourbaki à sa gauche (1). »

Le front de la colonne quittait Acqua fredda pour marcher sur Castel Goffredo, lorsque le canon se fit entendre au loin. — A ce moment, où nul indice ne pouvait faire croire à une bataille, le 3e corps, placé en arrière dans l'ordre de marche, supposa un engagement entre les Piémontais et un corps de 6000 hommes que l'on disait être resté sur la rive droite du Mincio, pour couvrir la route de Peschiera.

La colonne du maréchal Canrobert est à un kilomètre environ de Castel Goffredo, lorsque des habitants du pays lui

____

(1) Historique du 3e corps.

donnent avis que cette petite ville est occupée par un poste de cavalerie ennemie, et que les portes sont barricadées.

Le maréchal arrête sa marche et donne ordre au général Renault de prendre ses dispositions de combat.

XXVIII. — Le peloton d'escorte du maréchal se met en tête, et pendant que le général Jannin, avec un bataillon du 56ᵉ tourne la ville, pour y pénétrer par la route de Mantoue, le général Renault prend avec lui quelques troupes du 56ᵉ et s'avance de front.

Castel Goffredo est entourée d'une vieille muraille. — La porte extérieure, donnant sur la route d'Acqua fredda, est barricadée ainsi qu'on l'avait annoncé. Elle est abattue à coups de hache par une compagnie du génie. — Le sous-lieutenant Woroniez, s'élance avec une grande vigueur à la tête de sa compagnie, et pénètre dans la ville; les hussards, sous l'énergique impulsion du commandant Lecomte, sabrent des cavaliers autrichiens qui leur barrent le passage, avant-garde, dit-on, d'une colonne considérable. — Quelques-uns de ces cavaliers sont faits prisonniers, et le maréchal poursuit rapidement sa marche sur Medole, par des chemins de traverse; car le canon continue à se faire entendre.

XXIX. — Pour compléter l'ensemble général des premières positions de l'armée alliée dans la journée du 24 juin, jetons maintenant un coup d'œil sur les mouvements qu'opérait. de son côté, l'armée sarde.

Elle devait se porter sur Pozzolengo.

Pendant que le 1er corps se mettait en mouvement d'Esenta sur Solferino, les troupes piémontaises poussaient des reconnaissances dans la zone de terrain comprise entre le lac de Garde et Pozzolengo, dans la direction de Peschiera et latéralement à Solferino.

La 3e division battait le pays entre le lac et la chaussée du chemin de fer de Venise; la 5e se jetant plus à droite, s'éclairait fortement devant elle. Ces deux divisions devaient suivre la route de Rivoltella et de Strada Lugana qui passe sous les hauteurs de San Martino.

La 1re dirigeait sa reconnaissance par Castel Venzago sur Madona delle Scoperte pour gagner ensuite Pozzolengo, objectif de toute l'armée sarde. — Ces routes divergent en demi-cercle à leur sortie de Lonato, pour se réunir ensuite sur Pozzolengo.

Vers trois heures du matin, les troupes quittèrent Lonato, ayant en arrière leur extrême droite flanquée par une colonne en reconnaissance, que commande le général Mollard.

« A peu de distance du point de rencontre du chemin de fer avec la route de Lugano (dit le rapport du lieutenant général Della Rocca), se trouve sur la route un monticule appelé San Martino; ce monticule, assez vaste pour contenir des troupes nombreuses, est entouré au couchant et au nord d'escarpements rapides, qui forment des remparts rendus redoutables par des fortins isolés ou des plantations de sapins qui les couronnent et en rendent la défense facile. »

XXX. — Un peu après avoir dépassé le mont San Martino, la reconnaissance de la 5ᵉ division, commandée par le lieutenant-colonel Cadorna, rencontre les avant-postes autrichiens qu'elle repousse jusqu'à hauteur des cascines de Ponticello. Mais là, des forces imposantes se déploient devant elle.

Le général Mollard entend le canon et la fusillade; aussitôt il se porte sur le lieu du combat avec les troupes qu'il a sous la main, en faisant prévenir la division que l'avant-garde est sérieusement menacée.

En effet, le lieutenant-colonel Cadorna se repliait lentement, tout en opposant une vigoureuse résistance aux masses qui s'accumulaient devant lui. Le général Mollard envoie, avec le capitaine Devecchi, deux compagnies de bersagliers pour prendre l'ennemi de flanc, et retarder sa marche; il fait en même temps placer sur les hauteurs de San Martino quatre pièces d'artillerie avec le 1ᵉʳ bataillon du 8ᵉ régiment d'infanterie.

Mais les colonnes autrichiennes, très-supérieures en nombre, avançaient rapidement et gagnaient les hauteurs de droite.

La situation est critique. — Le lieutenant-colonel Cadorna occupe l'église du village de San Martino et ses abords avec le bataillon du 8ᵉ régiment et les bersagliers, pour faciliter au reste des troupes qui formaient la reconnaissance leur défilé par la route.

L'ennemi a déjà atteint la cascine Contracania,, et l'avant-garde piémontaise est dans l'impossibilité de conserver les positions de San Martino. — Mais cette avant-garde à laquelle le brave général Mollard a porté un secours efficace, a combattu vaillamment; elle a disputé avec énergie le terrain qu'elle était forcée de céder, et a permis ainsi à la tête de colonne de la 3e division (7e et 8e régiments d'infanterie) d'arriver sur le champ de bataille. Aussitôt le général Mollard forme ses deux régiments en colonnes d'attaque, et les lance énergiquement à la baïonnette contre San Martino, avec ordre d'aborder les bataillons autrichiens, sans tirer un coup de fusil.

Cette vigoureuse offensive arrête subitement les progrès de l'ennemi.

Telle est sur toute la ligne de bataille de Lonato à Medole, c'est-à-dire de l'extrême gauche à l'extrême droite, la première phase de la journée de Solferino.

<hr>

CHAPITRE III.

XXXI. — L'empereur était à Montechiaro.

La garde impériale, dont les divisions d'infanterie campaient à Montechiaro même, s'était mise en marche à 5 heures du matin, pour précéder le grand quartier impérial au bivouac de Castiglione. La division de cavalerie du général Morris qui est à Castenedolo, ainsi que l'artillerie, ne devait partir qu'à 9 heures du matin, et marcher librement, pour ménager ses chevaux et trouver la route entièrement débarrassée.

L'empereur devait partir à sept heures.

Vers cinq heures et demie, on vit entrer bride abattue dans Montechiaro, deux officiers d'état-major couverts de poussière. — C'étaient les messagers des maréchaux Baraguey d'Hilliers et de Mac-Mahon ; ils venaient annoncer à l'Empereur que, de toutes parts, l'ennemi déployait de fortes colonnes sur les hauteurs de Solferino et de Cavriana, et que ses masses puissantes s'étendaient sur une vaste étendue de terrain, de notre droite à notre gauche.

Dans le même moment, toute la maison militaire de Sa Majesté, le major général de l'armée et son état-major se réunissaient dans la petite église de Montechiaro pour rendre les derniers devoirs au général de Cotte (1), aide de camp de l'empereur, enlevé à l'armée dans la nuit du 22 au 23, par une mort subite.

---

(1)   LE GÉNÉRAL DE DIVISION DE COTTE

(Jules-Charles-Comway) était né à la Jamaïque le 15 février 1807.

Élève à l'école spéciale militaire le 12 novembre 1822, il entra comme sous-lieutenant élève à l'école de cavalerie le 1er octobre 1825. Sous-lieutenant au 2e carabiniers le 16 septembre 1827, lieutenant le 4 juillet 1830, il passa au 6e hussards le 13 mai 1831, et devint capitaine le 7 avril 1833.

Capitaine adjudant-major le 15 mai 1833, capitaine d'escadron le 24 avril 1838, il entrait le 21 août 1839 au 1er régiment de chasseurs d'Afrique et partait pour l'Algérie, où il restait jusqu'en 1848. — Pendant

Le général était de service auprès de l'Empereur; vers minuit, il lisait des dépêches que l'on venait d'apporter, lorsqu'il s'affaissa tout à coup laissant échapper les papiers qu'il tenait à la main. — Il était mort.

XXXII. — Les messagers des deux maréchaux furent introduits aussitôt auprès de l'Empereur.

Le capitaine de Kleinenberg a reçu l'ordre de rejoindre le maréchal Canrobert, qui doit être entre Mezzano et Medole, et de lui remettre une lettre qui renferme d'importants renseignements sur l'armée ennemie; cette lettre a été envoyée par un des plus notables habitants d'Assola.

ce séjour de neuf années, le capitaine de Cotte prit part à toutes les opérations de guerre et se distingua particulièrement à Ouled-el-Halleg, le 31 décembre 1839; dans la campagne des Beny-Ourach, le 10 décembre 1842; aux Sbéa, le 12 mai 1843; aux Sendjes, le 10 juillet 1843; dans le Sahara, le 8 octobre 1843; à Oued-Malach, le 11 novembre 1843. Dans les Schots, les 11 et 12 novembre 1844, où il fut blessé d'un coup de feu à la hanche gauche. — Tous ces combats, sans cesse renouvelés contre les nations rebelles, sont autant de dates qui rappellent de brillants services.

Le 18 juin 1842, il était chef d'escadron au 4e chasseurs, lieutenant colonel du 9e chasseurs le 23 février 1845, du 3e chasseurs le 29 avril 1846, et colonel du 2e chasseurs, le 8 novembre 1846.

Nommé général de brigade le 3 janvier 1851, il reçut le commandement de la 1re brigade de la 1re division de l'infanterie de Paris (22 septembre 1851).

Le 17 février 1852, le prince-président l'attachait à sa personne en qualité d'aide de camp. Chargé du commandement d'une brigade de la division d'occupation en Italie, il devenait général de division le 1er janvier 1854, et était maintenu aide de camp,

En 1858, il commandait la division de cavalerie du camp de Châlons.

Il accompagnait l'Empereur en Italie, lorsque, le 23 juin 1859, il fut frappé d'une attaque d'apoplexie, à laquelle il succomba à Montechiaro.

Les Cent-Gardes ont pris les devants, et Sa Majesté se jette dans sa calèche de poste, ayant avec Elle le maréchal Vaillant, le général de Montebello, aide de camp de service, et le général Fleury, son premier écuyer. — Toute la maison militaire de l'Empereur et l'état-major de l'armée suivaient à cheval.

Bientôt la route qui conduit de Montechiaro à Castiglione fut couverte d'un tourbillon de poussière. — Voitures, chevaux et cavaliers étaient lancés à fond de train.

Castiglione est bâtie sur une hauteur. L'Empereur descendit de voiture devant l'église même, et voulut du sommet du clocher, jeter d'abord un premier coup d'œil sur l'étendue de terrain qu'occupait son armée et sur les positions que l'ennemi s'apprêtait à défendre.

XXXIII.— Dès ce premier examen, l'Empereur comprit qu'une grande bataille allait se livrer.

Cette bataille, il l'attendait chaque jour depuis son départ de Milan. Plus il s'approchait de Peschiera, de Mantoue, de Verone, plus dans sa pensée elle devenait imminente; et s'il ne s'y attendait pas pour la journée du 24 juin, c'est qu'il croyait, d'après tous les renseignements qui lui étaient parvenus, l'armée autrichienne au delà du Mincio. Mais devant le grand développement de forces de cette armée, dont les colonnes profondes apparaissaient à tous les points de l'horizon, il pressent l'importance immense que cette journée devait avoir sur les destinées de la campagne.

Voici quel était, à ce moment, le solennel tableau

qui se déroulait des hauteurs de Castiglione, devant les yeux de l'Empereur.

XXXIV. — A l'horizon, semblable aux anneaux d'une immense chaîne, s'étendait cette succession de collines qui forme un grand arc de cercle de Lonato à Volta, en passant par Castiglione, Solferino et Cavriana. — Le flanc droit de cette chaîne tombe rapidement et une grande et vaste plaine s'étend à ses pieds. — C'est celle vers laquelle s'appuie le corps du maréchal Mac-Mahon, et dans laquelle doivent s'échelonner les corps du général Niel et du maréchal Canrobert.

Le flanc gauche, abrupte et tourmenté dans certaines de ses parties, domine une vallée; cette vallée continue en pente douce jusqu'aux rives du lac de Garde, dont on voit reluire au soleil les eaux bleues, surplombées par la chaîne des Alpes qui dessine sur le ciel sa silhouette majestueuse. Elle forme un contraste frappant avec cette série de mamelons et de contre-forts enchevêtrés les uns dans les autres, comme les vagues que soulève la tempête. — C'est là que se déploient le corps du maréchal Baraguey d'Hilliers et l'armée piémontaise.

Ainsi, la vaste étendue de terrain qui allait devenir le champ de bataille de Solferino, offre deux natures bien distinctes. — En regardant le Mincio, dont le cours se laisse deviner à l'horizon par une légère dépression de terrain, d'où s'élève, aux premières heures du jour, une vapeur bleuâtre, le sol, sur la gauche, est fortement raviné, ne présentant dans son ensemble aucune surface plane. — Sur la droite au contraire, ce n'est plus qu'une vaste plaine couverte de mûriers, de maïs et de massifs épais, coupée seulement par quelques ravins sans importance, que creusent sur leur passage les torrents qui descendent de la montagne : horizon sans fin, au milieu duquel on peut apercevoir Guiddizzolo, Rebecco, Cireta, Cerlungo, Goito, et jusqu'à Mantoue, dont on distingue même les tours et les clochers. — En face de soi, ces deux natures de sol si différentes et si opposées, viennent, pour ainsi dire, s'unir et se donner la main.

XXXV. — Au moment où l'Empereur du haut de l'esplanade de Castiglione, promenait ses regards attentifs sur ce vaste horizon, dont nous venons d'essayer de décrire l'ensemble général, le 1er corps d'armée avait circonscrit les efforts de l'ennemi dans les positions élevées de Solferino, que les Autrichiens devaient considérer comme inexpugnables ; et le général de Ladmirault soutenu par un feu d'écharpe, que le général Forey dirigeait du mont Fenile, se maintenait sur les crêtes, en face du cimetière. — En avant de ce mont, la brigade Dieu restait inébranlable sous le feu de l'ennemi, attendant stoïquement l'heure de l'attaque.

Sur la droite, en descendant vers la plaine, le 2e corps, déployé au milieu de massifs épais, perpendiculairement à la route de Castiglione à Goito, voyait les hauteurs qui relient Cavriana à Solferino se garnir de colonnes profondes. — Sa gauche s'appuyait aux positions occu-

pées par le 1ᵉʳ corps ; sa droite regardait la plaine de
Medole, où devait déboucher le 4ᵉ.

Celui-ci, après s'être emparé de Medole, avançait ses
têtes de colonnes sur les routes de Rebecco et de Ceresara, présentant déjà sa gauche obliquement, pour arrêter le mouvement tournant de l'ennemi qui cherchait à
le séparer du maréchal de Mac-Mahon.

Le 3ᵉ corps venait de dépasser Castel Goffredo où il
avait rencontré les avant-gardes autrichiennes, et se dirigeait sur Medole.

Le maréchal Regnaud de Saint-Jean-d'Angely, aussitôt
son arrivée à Castiglione avec les divisions d'infanterie
de la garde impériale, avait envoyé un de ses aides de
camp presser la marche de son artillerie et celle de la
cavalerie, qui déjà avait reçu directement de l'Empereur
l'ordre d'arriver au plus vite.

Le maréchal s'est porté en avant de Castiglione sur la
route de Guiddizzolo.

XXXVI.— La gravité de la situation, l'importance des
faits qui allaient s'accomplir, n'échappa pas à l'Empereur. Il comprit que l'ennemi, pour arrêter les attaques
contre Solférino, la véritable clef de la position, tenterait de forcer la droite de l'armée française, et surtout
de la séparer en deux, en profitant du vide qui existait
forcément entre le 2ᵉ et le 4ᵉ corps.

L'important était donc de relier les corps entre eux,
afin qu'ils pussent mutuellement se soutenir.

L'Empereur envoie le colonel de Toulongeon dire au général Morris (1) commandant la cavalerie de la garde impériale, d'aller se mettre à la disposition du maréchal de Mac-Mahon ; il donna ordre au maréchal Regnaud de Saint-Jean-d'Angely de se porter sur le champ de bataille, derrière les hauteurs occupées par le 1er corps ; puis il monte à cheval pour prendre le commandement en chef de son armée, et se dirige vers le 2e corps.

De ce côté, les masses ennemies se developpaient dans la vaste plaine de Guiddizzolo.

XXXVII.— Le maréchal a donné ordre de s'emparer de la ferme (casa Morino) ; maître de cette position, il pourra mieux apprécier les mouvements et les forces de l'ennemi.

La 2e division, tête de colonne du corps d'armée, se

---

(1)   GÉNÉRAL DE DIVISION MORRIS

(Louis-Michel) est né à Canteleu (Seine-Inférieure), le 27 septembre 1803. Élève à Saint-Cyr (1821) il était nommé sous-lieutenant de cavalerie, deux ans après (1823), et lieutenant le 4 juillet 1830. Capitaine au 3e chasseurs d'Afrique (1832) il conquit tous ces grades jusqu'à celui de général de brigade, en Algérie même. Chef-d'escadron au 1er chasseurs d'Afrique (1837), Morris, trois ans après, était nommé lieutenant colonel, puis colonel au 2e chasseurs d'Afrique au mois d'août 1843. Il commanda pendant quatre ans ce régiment, celui de nos régiments de cavalerie d'Afrique qui compte le plus de faits de guerre dans ses états de service, et devint maréchal de camp le 3 novembre 1847.

Le général Morris était mis à la tête d'une brigade de cavalerie dans le corps expéditionnaire envoyé à Rome en 1849. Il fut nommé général de division le 22 décembre 1851 et reçut ensuite le commandement de la division de cavalerie de l'armée de Lyon. Membre adjoint du comité de cavalerie (1853), il recevait le commandement de la division de cavalerie de l'armée d'Orient (1854). Le général Morris a été chargé du

lance en avant. Les Autrichiens n'essayent pas de défendre la ferme, et l'abandonnent après une faible résistance.

Le général Decaen porte aussitôt sa division en avant des bâtiments de la casa Morino, perpendiculairement à la route de Mantoue.— A sa hauteur, et prolongeant la ligne de bataille, la 1re division tient sa gauche à la même route, tandis que sa droite, inclinée vers Medole, se déploie par bataillons en masse et prend position dans un pli de terrain qui la met à l'abri des feux de l'artillerie ennemie. La 2e brigade est placée en réserve, à gauche de la route, en arrière de la casa Morino ; elle regarde les hauteurs devant elle, prête à tenir tête aux colonnes de cavalerie qui menacent de faire une trouée entre le 1er et le 2e corps.

commandement provisoire de l'armée établie près de Gallipoli, pendant la tournée que fit le maréchal Saint-Arnaud, à dater du 5 juin 1854.

Commandant de la 1re division de la cavalerie de l'armée d'Orient et de la ligne de la Tchernaïa (1855), il fut enfin nommé chef de la division de cavalerie de la garde impériale (1856), position qu'il occupe encore aujourd'hui.— Outre ces commandements actifs, il a été chargé de la mission d'inspecteur général de cavalerie ou de gendarmerie de 1850 à 1858.

Le général Morris dont la vie est toute militaire, a fait campagne en Afrique depuis 1832 jusqu'en 1848, c'est-à-dire pendant seize ans. — Il était au siége de Rome en 1849 et 1850. Il assistait à la guerre en Orient, pendant les années 1854, 1855, 1856. Enfin cette année même l'a vu en Italie, à la tête de la cavalerie de la garde.

Il a été cité à l'ordre de l'armée à l'affaire des Merdès (1833); devant Bougie (1834); pendant l'expédition de Constantine (1837), pendant l'expédition de Médéah (1840), d'une façon toute particulière, lors de la prise de la Smala d'Abd-el-Kader (1843) et à la bataille d'Isly.

Le général Morris est grand officier de la Légion d'honneur depuis 1854.

XXXVIII. — Déjà le général Auger, commandant l'artillerie du 2ᵉ corps, avec cette intrépidité et ce mépris du danger qui le caractérisent, s'est avancé à plusieurs reprises, suivi des officiers de son état-major, afin de reconnaître la position des Autrichiens. Depuis le matin, par son ordre, une section de la 12ᵉ batterie du 7ᵉ régiment s'est portée sur la route de Mantoue, pour contre-battre une batterie autrichienne, pendant que la 13ᵉ batterie du 13ᵉ régiment allait se mettre en position sur une petite éminence, et dirigeait son feu contre les masses ennemies déployées dans la plaine.

Dès que la ferme casa Morino est occupée par nos troupes, le général Auger place sur la route et à gauche de la route les batteries de la 1ʳᵉ division, que dirige le commandant Beaudouin; il surveille personnellement le tir de ces pièces, dont les terribles boulets font au loin de cruels ravages dans les rangs ennemis, lorsque les projectiles autrichiens, au contraire, à bout de portée, arrivent avec peine jusqu'à nous.

A ce moment, les acclamations qui retentissent de toutes parts annoncent l'arrivée de l'Empereur. — Suivi de son état-major, il passe à toute course au milieu des troupes du 2ᵉ corps et rejoint le maréchal de Mac-Mahon près de la casa Morino. Sa Majesté explique rapidement au maréchal le plan qu'Elle a conçu, et lui donne ses instructions précises sur le rôle décisif que lui assigne sa position au centre de la bataille.

« Le 2ᵉ corps surveillera d'un œil attentif et vigilant les intentions de l'ennemi sur son aile droite, et gardera sévèrement la plaine qui s'étend, entre lui et le . 4ᵉ corps.

« Il aura la même préoccupation sur son aile gauche pour empêcher l'ennemi, qui occupe toute cette vaste étendue de terrain, de Solferino à Guiddizzolo, de le séparer du 1ᵉʳ corps. — Toutefois il ne doit point perdre de vue les hauteurs de Cavriana, afin de tenir en respect les colonnes autrichiennes, jusqu'au moment où les attaques du maréchal Baraguey d'Hilliers auront été couronnées de succès.

« Le maréchal, pour se relier au 4ᵉ corps, massera sur sa droite la cavalerie de la garde qui par ordre de l'Empereur, viendra se placer sous son commandement; mais il ne prononcera son mouvement que sur de nouvelles instructions, ou lorsqu'il verra le 4ᵉ corps en ligne et les positions de Solferino emportées. — Ce sera le moment alors d'attaquer les hauteurs de Cavriana, et d'arracher à l'ennemi son dernier refuge. »

Mais du côté de Guiddizzolo, objectif du 4ᵉ corps, de fortes colonnes s'opposent à la marche du général Niel qui avance lentement, craignant d'être tourné par sa droite; il a fait savoir au maréchal de Mac-Mahon qu'il appuiera vers le 2ᵉ corps, dès que le maréchal Canrobert sera en mesure de soutenir sa droite.

L'Empereur envoie alors un de ses officiers d'ordonnance, le capitaine de Clermont-Tonnerre, dire au maréchal Canrobert d'appuyer les mouvements du général Niel, au fur et à mesure de l'arrivée de ses troupes.

Mais l'heure marche avec des ailes rapides, la bataille gronde et s'étend de tous côtés ; l'Empereur, sûr que ses **ordres** seront fidèlement et vigoureusement exécutés, quitte le maréchal, et, se lançant de nouveau à travers la plaine, se dirige vers les crêtes qu'occupe le 1er corps ; car le nœud de la bataille est à Solferino. — C'est là qu'il veut se tenir pour surveiller de plus près toutes les phases des combats, et dominer l'ensemble de l'action générale.

XXXIX. — Le voici arrivé à la hauteur du mont Fenile, où le général Forey (1re div., 1er corps), ayant renforcé ses deux pièces d'artillerie d'une batterie entière de la réserve du 1er corps, concentrait un feu très-actif sur une vallée, en arrière des hauteurs à droite de Solferino. Un nuage épais de poussière, qui s'élevait du sein de cette vallée, avait fait présumer au général que, là, se massaient de puissantes réserves. — Ses troupes en bataille sur les points les plus menacés s'opposaient en même temps à tout progrès des colonnes autrichiennes en avant des hauteurs.

La 1re brigade vaillamment conduite par le général Dieu, avait atteint le pied du mamelon des Cyprès, mais en payant chèrement ce premier succès ; son général, au moment où il portait en avant la ligne de ses tirailleurs, avait été renversé de cheval presque mortellement atteint. Aussitôt le colonel Cambriels, qui déjà au combat de Montebello avait succédé au brave général Beuret tué devant l'ennemi, prenait une seconde fois le commandement de cette brigade et devait ajouter encore au renom qu'il avait acquis dans la journée du 20 mai.

La 2ᵉ brigade, commandée par le général d'Alton, est massée au pied du mont Fenile sur la route de Castiglione à Solferino.

XL. — L'Empereur gravit le mont Fenile qu'atteignent à tout instant de nombreux projectiles (1). Aussitôt que le général Forey l'aperçoit, il se porte à sa rencontre, préoccupé des dangers que va courir Sa Majesté. Mais l'Empereur, sans paraître avoir entendu les paroles du général, et tout en s'entretenant avec lui des faits accomplis pendant la matinée, arrive jusqu'aux batteries qui couronnent ce mamelon ; il examine froidement le terrain, et devant les lignes autrichiennes, si puissamment déployées, il comprend plus que jamais que cette attaque du centre est la clef de toutes les autres. Sur la droite, dans la plaine boisée qui s'étend au bas de la Tour, on voyait, à travers les arbres, reluire des baïonnettes ; mais il était impossible, au milieu des massifs qui couvraient ces terrains, de reconnaître quelles étaient ces troupes. — On put croire, pendant un instant, que c'était une portion du 2ᵉ corps opérant un mouvement de conversion ; l'Empereur chargea alors le général de la Moskowa, un de ses aides de camp, d'aller reconnaître

____

(1) Le lieutenant d'état-major Bidot attaché à l'état-major du général Forey venait quelques instants auparavant de tomber, la cuisse traversée par une balle.

par lui-même quelles étaient les troupes que l'on aper-
cevait dans cette direction.

Le général partit aussitôt au galop, et bientôt on le vit
disparaître sous les arbres, se lançant à l'encontre de la
colonne qui lui avait été signalée. — Peu après, il revenait annonçant à Sa Majesté que c'était un corps autrichien considérable.

Il était de toute importance d'arrêter son mouvement
qui tendait évidemment à couper notre ligne.

L'Empereur fait dire à la brigade d'Alton de se porter rapidement en avant sur cette colonne ennemie,
et prévient le général Forey qu'il vient de disposer de sa
seconde brigade. — Certes, elle va être broyée par la
grande supériorité du nombre, et ce ne sera qu'au prix
des pertes les plus cruelles qu'elle pourra accomplir la
périlleuse mission qui lui est confiée ; mais du moins,
elle arrêtera la marche de l'ennemi.

Déjà la garde impériale, à laquelle Sa Majesté a donné
l'ordre de se porter en toute hâte sur le champ de bataille,
commence à montrer ses têtes de colonnes et à couronner
les hauteurs qui, derrière le mont Fenile, s'étendent le
long de la route de Mantoue, puissante réserve, que
l'Empereur ne va pas tarder à jeter résolûment sur les
points les plus menacés.

XLI. — La 2ᵉ brigade du général Forey se compose
du 91ᵉ (colonel Abattucci), et du 98ᵉ, sous les ordres du
lieutenant-colonel Maire.

Le général d'Alton détache pour couvrir son mouve-

ment en avant, une compagnie du 17e bataillon de
chasseurs à pied et place une seconde compagnie en
réserve. Les chasseurs à pied, énergiquement commandés par le capitaine Schwich, officier très-résolu,
serrent déjà de près l'ennemi.

Le général Forey est venu prendre le commandement
direct de la brigade : il donne ordre au général d'Alton
de lancer sur la gauche de la route le 3e bataillon du 91e;
ce général part avec le bataillon, et l'établit en tirailleurs
sur les premières crêtes qui bordent la route, ayant
comme réserve une compagnie de voltigeurs, que le
capitaine George tient prête à porter appui à la partie de
la ligne la plus menacée. — Lorsque le général d'Alton
rejoint sa brigade, déjà elle a gagné du terrain. Le
2e bataillon du 91e s'est réuni aux chasseurs à pied. Au
milieu des terrains boisés qui les environnent, ces troupes
sont décimées par un feu de mitraille et de mousqueterie ; une batterie d'artillerie les prend en flanc, et fait
au milieu d'elles de cruels ravages ; la position est intenable. — Officiers et soldats sont la plupart mortellement atteints, et cette vaillante brigade, impassible
sous le feu qui l'accable, sera bientôt réduite à une poignée de combattants.

XLII.— Le colonel Abattucci n'hésite pas; il se met à
la tête de son 1er bataillon, et s'élance contre cette batterie meurtrière. Une partie du 98e se jette avec son chef
dans la même direction, pendant que le reste du régiment se porte sur le flanc d'un mamelon qui commande

la droite de la Tour de Solferino ; mais l'élan de ces braves soldats ne peut rien contre la mort qui frappe sans relâche au milieu d'eux : la hampe de l'aigle du 91ᵉ est brisée en deux par un boulet, et le porte-drapeau, M. de Guiseul, tombe mortellement blessé. — Le sous-lieutenant Tollet saisit de ses mains l'étendard mutilé, mais presque aussitôt il a la tête emportée par un boulet, et teint de son sang ce débris glorieux, brisé en trois morceaux. Le sergent de voltigeurs Bouvraquet a la noble mission de le rapporter au général pour conserver au régiment ce témoignage de sa haute valeur (1).

XLIII. — De tous côtés le danger devient plus menaçant ; le colonel Abattucci, et le lieutenant-colonel Maire déploient en cet instant suprême tout ce que l'énergie et la résolution peuvent inspirer à de vaillants cœurs ; s'ils cèdent le terrain, ils le cèdent pas à pas, et reprennent bientôt l'offensive. Le lieutenant-colonel Maire, couvert de blessures, a dû céder le commandement du 98ᵉ au chef de bataillon Billard, qui s'était si vaillamment signalé à l'attaque du cimetière, lors du combat de Montebello. Onze officiers sont morts, trente-cinq blessés ;

(1) Déjà le 8 septembre 1855, à l'assaut de la tour Malakoff le 91ᵉ venait de s'emparer de la courtine, ouvrage défensif important, qui reliait le petit Redan au bastion Malakoff. Tout à coup une mine fit explosion à l'endroit où se trouvait le drapeau et sa garde, il fut englouti sous les décombres au milieu des cadavres ; le colonel fit pendant la nuit déblayer le terrain par des soldats qui se relayèrent d'heure en heure ; il parvint enfin à retrouver l'étendard du régiment entre les mains crispées du porte-drapeau, qui avait gardé, même après la mort le précieux dépôt qui lui avait été confié.

car, dans ces moments difficiles et de lutte inégale, le rôle de ceux qui commandent est tracé par l'honneur.

Le général Forey est là, comme il était le 20 mai, calme, mais résolu, impassible devant la mort. Tous le reconnaissent au caban blanc qu'il porte sur son uniforme, et que déjà plusieurs balles ont troué. — Près de lui, le jeune de Kervenoël, capitaine d'état-major, a eu le crâne emporté par un éclat d'obus, et le capitaine Fabre, un de ses aides de camp, est très-gravement blessé. — Le général lui-même a été atteint à la hanche.

Cette vaillante brigade sait toute l'importance du rôle qui lui a été dévolu, et elle le remplit avec le stoïcisme du plus inébranlable courage; mais tout ce qu'elle peut faire, c'est de se maintenir. A bout de forces et d'hommes, il lui est devenu impossible de prononcer un mouvement sérieusement offensif contre ces terribles positions garnies d'artillerie que défendent à outrance les Autrichiens, le général Forey envoie demander du renfort à l'Empereur.

XLIV. — Mais Sa Majesté, du sommet du mont Fenile, domine tous les mouvements du 1ᵉʳ corps et l'ensemble général de l'action ; Elle a vu le danger que court la division Forey, et surtout la brigade du général d'Alton écrasée devant elle par des forces supérieures, et menacée en outre sur ses derrières, par une colonne débouchant de Casal del Monte.

Quoique la journée soit très-peu avancée, l'Empereur comprend tellement que sur les hauteurs de Solferino est le gain de la bataille, qu'il n'hésite pas à engager dès à présent sa garde, son unique réserve. — Il donne ordre au général Manèque, qui commande la première brigade des voltigeurs de la division Camou, de se porter au-devant des colonnes autrichiennes, pour appuyer la brigade d'Alton.

XLV. — Le général part aussitôt avec le bataillon des chasseurs à pied du commandant Clinchant, deux bataillons du 1er voltigeurs et 3 bataillons du 2e; il les forme sur deux colonnes, dont chacune est précédée d'une compagnie de chasseurs, et se lance au pas de course dans la direction du mont Pellegrino. Bientôt il arrive au croisé de la route de Pozzo Catena, où le général Forey se maintient à grand'peine. — Il faut à tout prix et sans retard s'emparer des hauteurs; le général Manèque fait déposer les sacs à terre, donne ses chasseurs et deux bataillons de voltigeurs pour appuyer le général d'Alton, tandis que, de sa personne, il se jette avec ses quatre autres bataillons à l'encontre de la colonne autrichienne qui, nous l'avons dit, débouchait déjà sur la droite de Casal del Monte vers le mont Sarco, et menaçait de couper la division Forey. Bientôt il a dépassé le mont Pellegrino et Borgo Sevillo qu'il enlève au pas de course, refoulant avec vigueur l'ennemi en arrière de Casal del Monte jusqu'au mont Sarco, où il se trouve alors en face d'une résistance opiniâtre.

XLVI. — De son côté, le général Forey a dirigé le 2e voltigeurs sur le 91e, qui défend en désespéré les crêtes en face de la Tour, pendant que les chasseurs entraînés par le commandant Clinchant, se joignent au 98e et marchent parallèlement à la colonne de gauche.

Le général, placé sur la route laissée libre pour l'artillerie, surveille d'un œil attentif ses deux colonnes d'attaque et suit leur mouvement.—A l'endroit où cette route cesse de monter, et s'incline tout à coup vers le village, il découvre devant lui des masses compactes formées en bataille. — Aussitôt il fait avancer quatre pièces de la 8e batterie du 9e d'artillerie ; et, dès les premiers coups, il est facile de juger par le mouvement subit de ces masses, des ravages que causent nos projectiles. — Des rangs entiers disparaissent.

XLVII. — Pendant que le général Forey préparait ainsi une nouvelle attaque avec les renforts que l'Empereur venait de lui envoyer, la division de Ladmirault elle aussi, combattait avec une grande énergie et cherchait à s'emparer d'une portion de ces hauteurs formidables. — C'est là que se tient le maréchal Baraguey d'Hilliers prêt à lancer la 3e division qu'il tient en réserve.

Depuis le matin, la grande préoccupation du général est d'empêcher l'armée ennemie de se jeter dans l'espace très-étendu (2 lieues environ), qui sépare son extrême gauche de la droite des Piémontais arrêtés aussi dans leur marche par de sérieuses attaques ; leur position, en effet, fût devenue très-critique, si les Autrichiens étaient parvenus à isoler l'armée sarde.

XLVIII.— Le général de Ladmirault a envoyé le commandant de Colonjon avec un escadron du 2e chasseurs surveiller de ce côté les mouvements de l'ennemi. — Le commandant a l'ordre de s'étendre le plus possible, en se servant des inégalités du terrain pour masquer sa faiblesse, et faire ainsi supposer qu'un corps nombreux de cavalerie occupe la vallée qui mène à San Martino, où combat l'armée Sarde.

Fort heureusement les Autrichiens n'eurent cette pensée que plus tard.

Les brigades Douay et Négrier ont enlevé à l'ennemi les premières positions ; mais bientôt leurs têtes de colonne rencontrent plusieurs mamelons très-rapprochés les uns des autres. C'est là que les Autrichiens se sont repliés ; car ces mamelons se prêtent un mutuel appui.

A plusieurs reprises, les compagnies entraînées par leurs officiers se lancent à la baïonnette, mais chaque fois qu'elles approchent, les premières lignes ennemies s'entr'ouvrent et démasquent des bataillons compacts qui accueillent les assaillants par le feu le plus meurtrier.

XLIX. — « La lutte était à peine engagée (écrit le général de Ladmirault), qu'il fut facile de voir que nous attaquions une position étudiée longtemps à l'avance par les Autrichiens, et formant le centre d'une immense ligne de défense, qui permettait à l'aile droite et à l'aile gauche de l'ennemi de se replier et d'opposer la résistance la plus grande. »

Les trois colonnes de la 2e division se multipliaient donc

en efforts opiniâtres. — A droite, c'est le général Douay;
— à gauche, le général de Négrier ; leurs attaques aussi
habilement que vigoureusement dirigées gagnent peu
à peu du terrain. Le général de Ladmirault, toujours
à la tête de la colonne du centre, dirige l'ensemble
des mouvements.— Depuis longtemps déjà, le 17e bataillon de chasseurs à pied est venu prendre part à la lutte.

— Aussi loin que le regard pouvait s'étendre , on
voyait courir çà et là des lignes de feu et reluire
les baïonnettes étincelantes des bataillons massés. Il
était évident que de tous côtés la bataille était engagée.

L. — La 2e division venait enfin d'atteindre les
premiers retranchements de l'ennemi, lorsque le général de Ladmirault (1) a l'épaule fracturée par une balle.

(1)   GÉNÉRAL DE DIVISION DE LADMIRAULT

(Louis-Réné-Paul), est né à Montmorillon (Vienne), le 17 février 1808.
Sorti de l'école de Saint-Cyr le 1er octobre 1829 , il entra comme
sous-lieutenant au 62e de ligne et passa en juillet 1831 au 67e qui se
formait à Alger.
La vie militaire du général de Ladmirault s'est écoulée presque tout
entière en Afrique où il est resté 22 années consécutives de 1831 à 1852 ,
conquérant ses grades sous le feu de l'ennemi, et assistant à tous les
combats qui ont consolidé la puissance de la France sur sa nouvelle
colonie. Ce fut l'école de nos meilleurs soldats et de nos plus va-
leureux capitaines. Là, on puisait la mâle énergie contre les fatigues et
ce courage vigilant de toutes les heures, de tous les jours, de toutes
les nuits, qui répondait au premier appel du combat.
Lieutenant en juillet 1832 , adjudant-major en 1835, capitaine au
régiment de zouaves en avril 1837 , il était au siége de Constantine, et
le 17 octobre, faisait partie de la première colonne d'assaut.
Nommé chef de bataillon, il fut chargé du commandement des tirail-

— L'ambulance est établie dans la chapelle d'un petit hameau. — Quelque grave et douloureuse que soit la blessure qui vient de l'atteindre, le général, dans son impatience de retourner sur le champ de bataille, prend à peine le temps de se faire panser. En vain ses aides de camp veulent le retenir, il sent que la présence de leur chef redouble l'ardeur des soldats, et bientôt, en effet, il est de nouveau au milieu d'eux. — Dans l'impossibilité où le met sa blessure de monter à cheval, il

leurs de Vincennes en juin 1840. En cette qualité, il assistait au combat du col de Menjaïa où il fut blessé. Cité à l'ordre du jour de l'armée pour sa belle conduite, il fut nommé au commandement du 1er bataillon de chasseurs à pied, le 28 septembre 1840, lors de sa création, et reçut la croix de la Légion d'honneur.

Plus tard, au 2e bataillon d'infanterie légère d'Afrique, il était nommé commandant supérieur du cercle de Cherchell, puis lieutenant-colonel au 19e léger, le 30 août 1842, tout en étant maintenu dans son commandement. Bientôt il méritait encore l'honneur d'une nouvelle citation à l'ordre du jour de l'armée.

En mars 1843, le commandant de Ladmirault fut mis à la tête d'une colonne isolée et chargé de chasser les Beni-Menasser, qu'il contraignit par son énergie à faire leur soumission.

Colonel du régiment de zouaves, le 2 octobre 1844, commandant supérieur du cercle d'Aumale en 1846, il fit, en 1847, l'expédition de la grande Kabylie sous les ordres du maréchal Bugeaud. Nommé commandeur de la Légion d'honneur, il était promu général de brigade en juin 1848, et chargé du commandement de la subdivision de Bathna, puis de celle de Médéah qu'il conserva jusqu'en mai 1852; c'est alors qu'il rentra en France apportant avec lui le souvenir glorieux de la vie militaire la plus honorablement remplie.

Il commandait une division de l'armée de Paris, lorsqu'il fut appelé à la tête de la 2e division du 1er corps de l'armée d'Italie.

Nous avons vu le général de Ladmirault prendre une brillante part au combat de Marignan; la journée de Solferino devait être pour cet intrépide et brillant général un de ses plus beaux titres de gloire et lui valoir le cordon de grand officier de la Légion d'honneur, qu'il reçut trois jours après cette mémorable bataille.

s'avance à pied. Près de lui est son sous-chef d'état-major, le commandant Leroy. Le général marche lentement s'appuyant contre le cheval du commandant. — La position est très-critique, car les attaques de ses troupes en butte à un feu des plus violents se succèdent, sans gagner du terrain ; le général donne ordre à ses quatre bataillons de réserve de se lancer sur l'ennemi, et envoie en même temps un des officiers de son état-major prévenir le maréchal que toutes ses ressources sont épuisées, et qu'il vient d'engager jusqu'à son dernier homme.

L'élan subit de ces quatre bataillons refoule l'ennemi. Le général suit d'un regard attentif le progrès de cette action décisive, lorsqu'une seconde balle l'atteint à l'aine droite, et, traversant le bas-ventre, va se loger dans la cuisse gauche.

« — Ce n'est rien, » dit-il en se redressant tout à coup ; et avec une énergie indicible, il continue à marcher, et à fixer ses yeux inquiets sur les braves bataillons, sa dernière réserve qu'il vient de jeter à l'ennemi.

Mais son sang coule en abondance ; en vain résistant à la douleur, il s'appuie au cheval de son sous-chef d'état-major, et veut rester encore sur le champ de bataille, ses forces trahissent son courage, et il donne ordre au commandant Leroy de remettre au général de Négrier le commandement de la division.

LI. — La lutte alors était des plus vives. « L'opiniâtre résistance de l'ennemi (écrit dans son rapport le maréchal Baraguey d'Hilliers), les forces considérables qu'il nous opposait, et les difficultés que présentaient à la division le terrain très-rétréci des attaques, et les feux croisés du mamelon des Cyprès et du cimetière crénelé contre lequel plusieurs charges au pas dé course avaient été vainement tentées, me forcèrent à engager la division Bazaine. »

En effet, sur l'ordre du maréchal, le 1er régiment de zouaves s'est élancé vers le plateau de Solferino pour appuyer la droite de la 2e division dont les efforts, un instant couronnés de succès, s'épuisent contre les masses toujours croissantes de l'ennemi. — Ce brave régiment, si cruellement éprouvé à Melegnano, se mêle bientôt aux combattants de droite de la 2e division. Leur arrivée rend une nouvelle ardeur aux soldats épuisés. Le 34e accourt aussi conduit par le colonel Pinard; la lutte est sanglante, opiniâtre, mais nos soldats gravissent résolûment le plateau qui leur fait face. Déjà le brave colonel Pinard a eu son cheval tué sous lui; lui-même est blessé très-grièvement, ainsi que le colonel Brincourt qui a remplacé au 1er zouaves le colonel Paulze d'Ivoy.

LII. — Sur la gauche, le général de Négrier a rallié les troupes séparées par les difficultés du terrain et par les chances diverses des rudes combats qu'elles ont dû livrer. — Il porte, dans la direction du cimetière, le colonel de Taxis avec le 61e de ligne et un bataillon du 100e.

« Mais (écrit le général) notre marche est lente, arrêtée par les difficultés du terrain et par la vivacité du feu de l'ennemi. Il faut enlever à la baïonnette chaque pli de terrain. »

Deux fois les soldats guidés par le général de Négrier se lancent sur le cimetière en suivant sur les hauteurs une arête aiguë qui n'a guère plus de 30 à 40 mètres de largeur, et deux fois leurs efforts viennent se briser contre cette position formidable (1). Immobilisés par la force de la défense, ils ne perdent pas les positions qu'ils ont conquises, mais ils ne peuvent avancer.

Le cimetière est devenu une véritable forteresse; il est bordé sur ses deux faces latérales par des ravins abruptes et d'un accès impossible, tandis que du côté du couvent, auquel il se relie par deux larges ouvertures, le flot de ses défenseurs se renouvelle à tout instant.

Ces difficultés de terrain infranchissables sur plusieurs points, les obstacles matériels préparés par l'ennemi, la facilité qu'il a d'alimenter sa défense, les efforts stériles de la 2ᵉ division, auxquels sont venus se joindre plusieurs régiments de la division Bazaine, tout dit que cette formidable position ne pourra être arrachée à l'ennemi, que quand il se verra compromis sur ses derrières par l'occupation du mont de la Tour, par celle du mont des Cyprès, et qu'il subira à la fois l'attaque à revers du couvent, et l'attaque contre le cimetière, dernière et suprême défense des hauteurs de Solferino.

(1) *Rapport du général de Négrier, commandant par intérim la 2ᵉ division du 1ᵉʳ corps.*

LIII. — Bientôt ces importantes positions vont être enlevées de vive force.

Le général Forey s'est de nouveau porté en avant avec vigueur. Les voltigeurs et les chasseurs de la garde, mêlés aux derniers bataillons de la 2ᵉ brigade, marchent résolûment, ayant à leur tête le général d'Alton, et abordent les positions qui donnent accès au village. — Chacun, officier ou soldat, rivalise d'ardeur au combat. Ici, c'est le capitaine Liaud, des voltigeurs de la garde; — là, le lieutenant d'Hincourt qui se lance avec le lieutenant Boudville contre des pièces d'artillerie que l'ennemi s'apprête à mettre en batterie à une distance très-rapprochée. Renversé par un coup de mitraille, le lieutenant d'Hincourt se relève, quelques instants après, et continue de combattre. Mais bientôt il tombe de nouveau frappé d'un coup de feu à la cuisse, et doit au dévouement de quelques braves voltigeurs de ne pas rester aux mains de l'ennemi (1). Les Autrichiens comprennent toute l'importance des efforts que nous tentons ; aussi se défendent-ils avec ténacité. Leur artillerie balaye le sol à coups de mitraille, et lance à profusion des volées d'obus et de boulets. — Les projectiles arrivent jusqu'au mont Fenile, où se tient toujours l'Empereur.

Tout autour de Sa Majesté, on entend le sifflement des boulets et des balles ; plusieurs Cent-Gardes de son es-

---

(1) Nous sommes heureux de pouvoir citer ici les noms de ces énergiques soldats qui dégagèrent leur lieutenant et l'enlevèrent à l'ennemi. Ce sont les nommés Buclet, Avezon (quoique gravement blessé), Jacob et Neveu des voltigeurs de la garde.

corte sont atteints ; tout près de l'Empereur, son chirur-
gien le baron Larrey a son cheval renversé par une
balle. En vain les officiers de sa maison militaire pressent Napoléon de s'éloigner de cet endroit, il semble ne
pas les entendre, et reste impassible au milieu de ces
dangers qui font frémir, pour les jours du souverain de
la France, tous ceux qui l'entourent. — C'est l'heure
solennelle où dans sa pensée se jouent les destinées de
la bataille. De la position qu'il a choisie, il peut embrasser l'ensemble de l'action et donner ses ordres.

Malgré l'acharnement que mettent les Autrichiens
dans leur résistance, nous gagnons sensiblement du
terrain ; enfin, le flanc gauche de l'ennemi s'ouvre
sous les feux pressés de l'artillerie de réserve, auxquels
succèdent les énergiques attaques des chasseurs de la
garde.

Les bataillons se massent au pied du mamelon de la
Tour, prennent haleine et s'apprêtent à gravir cette dernière hauteur, couronnée par une ligne compacte de défenseurs ; mais la brigade, que commande le colonel
Cambriels, ne prononce pas encore son attaque contre
le revers de la Tour et contre cet autre mamelon important où l'ennemi, protégé par un rideau de cyprès, a
mis plusieurs pièces en batterie.

LIV. — Le général Forey ne peut tenter un suprême
et décisif effort sans le concours de cette brigade qui,
depuis le matin, maintient énergiquement la position en
face de la maison carrée et du mont des Cyprès ; il

donne ordre à son chef d'état-major, le colonel d'Auvergne, de réunir en grande hâte tout ce qu'il pourra trouver de troupes sous sa main, et d'enlever ces hauteurs à tout prix.

Pendant que le colonel se porte du côté qui lui est indiqué pour remplir cette périlleuse mission, le général charge le capitaine Piquemal, son aide de camp, de diriger les chasseurs de la colonne de droite sur un petit mamelon qui couvre la droite de Solferino, et d'où les Autrichiens font un violent feu d'écharpe. Le capitaine Piquemal s'élance à la tête du bataillon avec le commandant Clinchant, et bientôt le mamelon et ses derniers défenseurs sont en notre pouvoir.

Dans le même moment, une batterie de la garde arrive au galop sous les ordres du général Lebœuf (1) et prend une position qui lui permet de couvrir le village d'une grêle de projectiles.

---

(1)   LE GÉNÉRAL DE DIVISION LEBŒUF,

Commandant en chef l'artillerie de l'armée, est né à Paris le 6 décembre 1809.

Élève à l'École polytechnique le 1er octobre 1828, sous-lieutenant à l'École d'application le 6 août 1830, il passait lieutenant en second au corps de l'artillerie le 6 août 1832.

Lieutenant en premier le 1er février 1833, capitaine en second le 13 janvier 1837, il faisait partie, le 16 juillet, de l'état-major de l'artillerie à l'expédition de Constantine.

Il restait en Afrique depuis le 13 août 1837 jusqu'au 6 février 1841, et prenait part à toutes les actions de guerre qui se succédaient rapidement en Algérie. Il nous suffira dans cette courte notice de citer la défense du camp de Mjéjammar (septembre 1837); expédition et siége de Constantine (octobre 1837), qui lui valurent une citation dans le rapport du général Valée et la croix de chevalier de la Légion d'hon-

LV. — Le colonel d'Auvergne a exécuté les ordres du général; il rallie autour de lui les tirailleurs du 84ᵉ et du 74ᵉ chargés de relier les deux brigades entre elles, et se jette vers ce terrible mont des Cyprès, qui depuis tant d'heures cruelles ravage nos rangs.

neur, le 11 novembre, pour avoir été reconnaître de jour, sous le feu de la place, l'emplacement de la batterie de brèche.

En mai et septembre 1839 eut lieu l'expédition de Gigelli; le capitaine Lebœuf prit part à sa prise et à sa défense et fut cité à l'ordre de l'armée. — En novembre 1839, expédition des Portes de Fer; le 31 décembre, combat de Oued-Lalley et nouvelle citation à l'ordre de l'armée.— (Février 1840) expédition et prise de Cherchell; (août et mai) expédition et prise de Médéah avec une citation à l'ordre de l'armée. — (Juin 1840) expédition et prise de Milianah (5ᵉ citation à l'ordre de l'armée). — (Octobre 1840) ravitaillement de Médéah et de Milianah.

Certes, aucune carrière militaire ne pouvait s'annoncer sous de plus brillants auspices; et, parmi les jeunes officiers de son grade, chacun prédisait au capitaine Lebœuf un brillant avenir.

Rentré en France, il était nommé capitaine en premier le 12 février 1841, et chef d'escadron le 15 septembre 1846, commandant en second de l'École polytechnique le 29 août 1848, et lieutenant-colonel le 8 avril 1850. Toutefois, il ne quitta que le 16 octobre l'école dans laquelle il contribua puissamment à rétablir l'ordre et la discipline. — Il était colonel depuis le 10 mai 1852, lorsque, le 23 février 1854, le commandement de l'artillerie du corps expéditionnaire d'Orient lui fut confié. Le 15 avril, il était chef d'état-major de l'artillerie de l'armée d'Orient et s'embarquait le 1ᵉʳ mai à Marseille. Le 20 septembre, il prenait part à la bataille de l'Alma.

Nommé général de brigade au mois de novembre 1854, il prit le commandement de l'artillerie de l'attaque de gauche devant Sébastopol. Il sut, pendant les onze mois que dura le siége, mériter encore par sa brillante conduite trois citations à l'ordre général de l'armée.

Après la prise, il fut chargé du commandement de toutes les batteries de la rive gauche de la baie qui ont incendié les magasins de l'ennemi et ruiné le fort du Nord.

Envoyé en mission à Kinburn dans des circonstances très-difficiles, il y exerça le commandement supérieur jusqu'en janvier 1856, époque

— A sa gauche, le colonel Cambriels, qui commande la brigade, gravit parallèlement à lui l'autre revers du mont, pendant qu'une portion du 74ᵉ prend aussi à revers la tour de Solferino. De tous côtés, au milieu du bruit de la fusillade et des détonations de l'artillerie, on entend les tambours battre et les clairons sonner la charge, et on voit les officiers, agitant en l'air leurs épées, entraîner par l'exemple de leur valeur les soldats qui les suivent. — Des premiers, l'intrépide colonel d'Auvergne a atteint la crête où s'élèvent les cyprès ; il met son mouchoir au bout de son épée et salue l'Empereur, dont le cœur bat d'un juste orgueil au noble spectacle de ses soldats invincibles qui, dans leur audace irrésistible, font reculer la mort devant eux.

LVI. — C'est le moment tant attendu par le général Forey. Il donne le signal de l'attaque aux troupes qu'il commande en personne. Les voltigeurs de la garde et la 2ᵉ brigade répondent par des acclamations ; en un instant tous ces escarpements pierreux sont couverts de

à laquelle il fut appelé à la tête de l'artillerie de la garde impériale dont il termina l'organisation.

Au mois de décembre 1857, il était élevé au grade de général de division. — Officier de la Légion d'honneur le 4 juin 1840, pour s'être jeté avec une seule pièce d'artillerie au milieu d'une masse de Kabyles qui, dans l'expédition de Gigelli, venaient de surprendre un de nos postes, l'expédition de Crimée lui avait valu la croix de commandeur le 11 août 1855.

Après la campagne d'Italie où il se signala par de nouveaux et eminents services, il reçut la croix de grand officier.

soldats qui se jettent à l'assaut, aux cris mille fois répétés de : Vive l'Empereur (1)!

L'ennemi résiste vigoureusement, et les pentes que gravissent nos intrépides bataillons se couvrent de morts ; mais les rangs se resserrent, et les compagnies ainsi mutilées redoublent d'énergie. Voltigeurs de la garde,

(1) Un ordre général du commandant en chef de la garde dit, rappelant la belle conduite des voltigeurs de la brigade Manèque :

« Je ne puis mieux faire que de mettre à l'ordre de la Garde la lettre par laquelle M. le général Forey exprime en termes d'une noble simplicité, combien il est heureux de reconnaître et de publier l'aide que la garde impériale lui a donné, dans un moment où il était engagé contre des forces très-supérieures qui rendaient sa position critique :

« Monsieur le maréchal,

« Au plus fort de la bataille de Solferino, après que l'Empereur m'eut donné l'ordre de tourner la position ennemie par la gauche, la seule brigade de ma division dont je disposais a été décimée par la mitraille et la mousqueterie ; j'ai dû demander à l'Empereur des renforts, et Sa Majesté m'a envoyé aussitôt la brigade Manèque, de la division Camou.

« Cette troupe, énergique et vigoureusement commandée, m'a prêté un concours si efficace que j'ai dû la consigner dans mon rapport sur les opérations de la journée. Voici en quels termes :

« Je ne saurais trop me louer en cette circonstance de la conduite de la brigade de la garde que Sa Majesté a bien voulu me confier. Par sa bravoure et sa solidité, elle a noblement montré qu'elle était digne du nom qu'elle porte et de la confiance de l'Empereur. Je laisse à son chef immédiat le soin de faire valoir ses droits à des récompenses, mais je croirais manquer à mon devoir, si je ne lui rendais dans ce rapport toute la justice qui lui est due.

« Permettez-moi, monsieur le Maréchal, de prier Votre Excellence de vouloir bien ne pas laisser ignorer au général Manèque et à ses troupes ce que j'ai exprimé sur leur compte.

« Je crois devoir également recommander particulièrement à votre bienveillance le nommé Montellier, 3ᵉ compagnie du bataillon de chasseurs, qui a pris un drapeau de concert avec un grenadier du 74ᵉ et un fusilier du 21ᵉ.

« Forey. »

chasseurs, soldats de la ligne, tous rivalisent d'audace et d'ardeur.

Elles nous appartiennent enfin ces hauteurs que l'empereur d'Autriche devait croire qu'il n'était donné à aucune puissance humaine de lui arracher ! — Elle est en notre pouvoir, payée de notre sang, cette Tour, l'espionne de l'Italie, qui plane orgueilleusement sur toutes les plaines de la Lombardie et étend ses regards des rives du Mincio à celles du Pô ! — Nous sommes maîtres du mont des Cyprès, ainsi que du mur qui relie ces formidables mamelons !... Et c'est du sommet de ces crêtes, si longtemps meurtrières, que nous dirigeons à notre tour, sur l'ennemi en retraite, des feux plongeants qui le déciment.

Oui ! l'Empereur qui dominait cette grande action militaire, dont il avait dirigé les principaux mouvements, a dû être fier de ses soldas, fier du drapeau de la France, si haut et si noblement porté par toute son armée.

LVII. — Le général Forey ne s'arrête que le temps de faire prendre haleine à ses troupes et de les reformer sous son commandement, puis il les lance sur le couvent.

Dans ce dernier coup porté à la défense de Solferino, les compagnies et les régiments sont confondus entre eux par l'ardeur qui les entraîne. — Semblables à ces torrents impétueux qui roulent des montagnes, renversant tout sur leur passage, on les voit fondre du haut des escarpements sur les derniers remparts, où l'ennemi, se

ralliant encore à la voix de ses officiers, tente les derniers efforts d'une résistance inutile ; mais bientôt il
précipite sa retraite sous l'action meurtrière de notre
artillerie, entraînant avec lui les réserves massées en
arrière du village. — Là encore, le général Lebœuf,
qu'une ardeur infatigable conduit sur tous les points du
champ de bataille, accourt pour achever l'œuvre de
notre infanterie, et vient écraser les colonnes autrichiennes, confusément pressées dans les gorges étroites
qui mènent de Solferino à Cavriana.

LVIII. — La 2ᵉ et la 3ᵉ division ont vu nos soldats
vainqueurs couronner le sommet de ces mamelons, tout
à l'heure encore hérissés de baïonnettes ennemies ;
le maréchal Baraguey d'Hilliers, qui surveille attentive-
ment tous les mouvements de son corps d'armée et a dû,
dans les moments difficiles qui se sont succédé, payer
plusieurs fois de sa personne (1), donne ordre à ces deux
divisions de se lancer de nouveau contre le cimetière et
d'occuper les hauteurs qui en couvrent les abords.

Déjà, pour faciliter aux troupes l'enlèvement de ce point
si vigoureusement défendu, et dégager les positions, le
commandant de Lapeyrouse, sur l'ordre du général
Bazaine, a successivement amené les six pièces de la
12ᵉ batterie du 12ᵉ régiment ; les unes sur l'indication du
général de Négrier, sont dirigées sur le cimetière même,
les autres sur les maisons situées au versant nord du

(1) Bulletin de l'Empereur.

plateau. Dans le même moment, le général Forgeot met lui-même en position quatre pièces de la 15e batterie du 10e régiment, sous les ordres du capitaine de Canecaude. Nos projectiles font de larges trouées dans les murailles, mais le feu de l'ennemi continue avec une si grande ténacité, que le 3e bataillon du 78e, lancé sur la droite, est encore une fois arrêté dans son élan. — Le capitaine Canecaude, rejoint par le capitaine en second de Novion, qui amène les deux dernières pièces de la batterie, s'avance hardiment avec ses pièces, à 150 mètres au plus, devant la façade même du cimetière, et commence un feu très-vif et très-sûrement dirigé, malgré les pertes sensibles qu'il éprouve.

LIX. — Alors le maréchal donne de nouveau l'ordre d'attaquer ; la charge sonne dans toutes les directions, les régiments, enlevés avec un grand élan, garnissent les crêtes aiguës des arêtes, et s'avancent en bon ordre sur le plateau, ou gravissent les flancs abrupts des ravins. — Ici, c'est la 3e division ; le commandant Laffaille se précipite sur le cimetière à la tête du 3e bataillon du 78e, auquel se sont jointes deux compagnies du 1er bataillon et y pénètre résolûment ; cette colonne d'attaque est bientôt suivie et appuyée par tout le régiment.

Le 37e s'est jeté sur les barricades qui ferment les issues d'un groupe de maisons au bas du plateau, et le lieutenant Redel, avec sa seule compagnie, s'empare d'un bâtiment que l'ennemi défend avec opiniâtreté, et y fait un bon nombre de prisonniers.

C'est un spectacle superbe de voir l'élan de ces braves troupes ; séparées par les obstacles qu'elles rencontrent, elles arrivent par petits groupes, puis se rallient et se reforment à la voix de leurs officiers. — Combien sont tombés glorieusement sous le feu de l'ennemi, marquant de leur sang la route que devaient suivre nos bataillons victorieux !

LX. — La 2ᵉ division, de son côté, s'était lancée sur l'autre revers de ces positions.

A droite, la 1ʳᵉ brigade, sous les ordres du général Douay, agissant de concert avec la 3ᵉ division (Bazaine), pénétrait, après un sanglant combat, dans le village même de Solferino. Le général a deux chevaux tués sous lui ; son officier d'ordonnance, le capitaine de Galiffet, a aussi son cheval tué et un autre grièvement blessé. Les colonels Guérin, de Fontamps et le commandant Courrech rivalisent d'ardeur. — A gauche, c'est le général de Négrier commandant la 2ᵉ brigade. Le colonel de Gravillon, chef d'état-major de la division, est venu se mettre à sa disposition, ainsi que le sous-chef d'état-major, le commandant Leroy, dont le cheval est frappé de deux balles. Deux balles traversent aussi celui du général. Son aide de camp, le capitaine Faucher, a le bras fracassé. Près de lui, M. de Fossa, capitaine, a l'épaule traversée. C'est sous le feu le plus meurtrier que les chefs prennent leurs dispositions d'attaque ; c'est sous une grêle de projectiles, que les soldats avancent avec une inébranlable résolution, pour arracher définitivement à l'ennemi ce centre important de la défense. Le colonel du 61e de ligne est blessé. Le lieutenant-colonel Hémard, qui a pris le commandement du régiment, a la poitrine traversée de deux balles (1). Le 1er corps d'armée compte 234 officiers tués ou blessés, et près de 4000 hommes hors de combat. Ce chiffre ne dit-il pas à lui seul les efforts énergiques de ce corps, ses attaques audacieuses incessamment répétées et la résistance opiniâtre de l'ennemi.

LXI. — Dès que l'Empereur s'est assuré que toutes les positions de Solferino sont en notre pouvoir, il descend du mont Fenile et se porte en avant sur les traces de ses troupes victorieuses.

Pendant qu'elles couronnaient les hauteurs de Solferino, le lieutenant Monéglia s'engageait avec une portion des chasseurs de la garde, au pied du mamelon de la Tour, dans un chemin étroit qui contournait le village

----

(1)   LE LIEUTENANT-COLONEL HÉMARD

(Louis-Charles-Émile) était né le 11 novembre 1815, à Nancy (Moselle).

Élève à l'École spéciale militaire le 15 novembre 1836, il fut nommé sous-lieutenant au 16e léger le 1er octobre 1838. Lieutenant le 27 décembre 1840, capitaine le 21 août 1846, capitaine adjudant-major le 11 décembre 1849, il assistait au siége de Rome de 1849 à 1850.

Envoyé en Afrique, de 1851 à 1854, il était chef de bataillon au 40e de ligne le 29 juin 1854. De 1855 à 1859, il faisait partie de l'armée d'occupation de Rome.

Il venait d'être nommé lieutenant-colonel au 61e de ligne, le 14 mars 1859, quand la chance de la guerre le frappa à Solferino le 24 juin.

par sa gauche et tombait tout à coup sur les premières
maisons. Deux pièces d'artillerie ennemie défendent le
chemin, les chasseurs se précipitent sur les canons et
s'en emparent ; mais pressés par les Autrichiens qui sont
revenus en force, ils s'embusquent dans les clôtures et
dans les maisons de Solferino, en attendant du renfort.

Bientôt, en effet, le lieutenant Puech arrive avec des
voltigeurs du 2ᵉ de la garde ; ce brave officier joint
ses efforts à ceux du lieutenant Monéglia ; tous deux
entraînent vigoureusement leurs hommes et s'emparent de nouveau des canons autrichiens.

Alors le lieutenant Monéglia, laissant ce premier trophée aux mains du lieutenant Puech, qui est venu lui
porter un si hardi et vigoureux secours, pousse résolûment en avant et se porte dans une position dominante,
le long d'un chemin creux. — A peine y est-il arrivé
qu'un bruit retentissant de chevaux et de caissons se
fait tout à coup entendre dans la direction de la Tour.
— Ce sont cinq voitures d'artillerie ennemie, quatre canons et un caisson, qui descendent à fond de train des
hauteurs de Solferino.

Le lieutenant Monéglia rallie aussitôt autour de lui
tout son monde et s'apprête intrépidement à barrer le
passage. — Un capitaine d'artillerie qui précède la colonne vient tomber expirant sur les baïonnettes des chas-
cheurs, et la tête du convoi, entraînée dans sa course
rapide, est reçue par une décharge à bout portant, qui
abat les hommes et les chevaux de la première pièce, et
jette un affreux désordre dans le reste des attelages.

La résistance est devenue impossible, et le colonel, qui dirigeait cette colonne, rend son épée au lieutenant Monéglia, honneur bien digne du vaillant courage, que venait de déployer cet énergique officier. — Ces canons, dont le lieutenant Monéglia s'était emparé, venaient quelques instants auparavant d'être employés à la défense de la Tour.

Il est facile de comprendre la joie des braves soldats qui venaient d'accomplir ce brillant fait d'armes; ils remettent en ordre les attelages désorganisés et, sautant sur les chevaux, le fusil en bandoulière, ils ramènent triomphalement leur glorieuse prise.

L'Empereur avait contourné le mont des Cyprès et suivait le mouvement en avant du 1er corps, lorsqu'il rencontra sur sa route ce singulier cortége. — A sa vue, les chasseurs s'arrêtent et, présentant avec orgueil ce beau trophée, teint encore du sang de l'ennemi, ils saluent leur souverain d'acclamations enthousiastes.

CHAPITRE IV.

LXII. — L'Empereur ne doute plus de la victoire. — Depuis le premier regard, jeté dès le matin sur l'ensemble de la bataille, il n'a pas eu dans sa pensée un seul instant d'indécision. — C'est à la prise des hauteurs de Solferino que le gain de la journée est attaché ; et par une inspiration digne du génie du grand capitaine dont il porte le nom, il n'a pas hésité, dès le commencement de la journée, à engager sa garde, pour s'assurer rapidement la possession de ce point capital qui coupe les lignes ennemies et divise leurs efforts (1).

Mais l'Empereur ne s'est pas non plus dissimulé que l'ennemi (2) peut encore nous disputer le triomphe sur

(1) Le fait suivant est curieux à noter. Vers deux heures et demie environ, lorsque le 1er corps fut maître des positions de Solferino et que l'ennemi battant en retraite se retira sur Cavriana, l'Empereur fut tellement persuadé du gain de la bataille, qu'il donna l'ordre à son premier écuyer de faire diriger sur Cavriana les bagages du grand quartier impérial restés à Castiglione.

(2) *Rapport autrichien.*

« Les troupes du 5e corps se retirèrent à Mescolaro et Pozzolengo, celles du 1er se replièrent sur Cavriana, et de là sur Volta et Valeggio.

cette série de mamelons, qui relient Solferino à Ca-vriana, et dont ce dernier point est le réduit extrême.

Depuis le matin aussi, il entend tonner sans relâche le canon du roi. — Sans nul doute l'armée sarde a également rencontré devant elle une sérieuse résistance. — Plusieurs officiers d'ordonnance de Sa Majesté ont successivement été envoyés dans la direction de San Martino, avec mission de rapporter des données certaines sur la position de l'armée sarde, mais jusqu'à présent aucun de ces officiers n'est encore revenu.

Au moment où l'Empereur va se diriger sur Cavriana, le lieutenant-colonel de Méneval arrive, il a vu le roi Victor-Emmanuel, et apporte des nouvelles.

Le Roi a devant lui un corps autrichien considérable, qu'il évalue à cinquante mille hommes environ. — Le terrain est vivement disputé ; mais sa position ne lui inspire aucune inquiétude.

LXIII. — De son côté, l'aile droite du maréchal Baraguey d'Hilliers surveille sérieusement, nous l'avons vu, l'espace laissé vide entre elle et les Piémontais.

Déjà le général d'artillerie Forgeot, par une manœuvre habile, a dégagé la position. — Le maréchal ayant aperçu plusieurs colonnes autrichiennes qui cherchaient à tourner la droite des Piémontais, avait donné ordre au général Forgeot de les éloigner : plusieurs pièces, amenées aussitôt par le capitaine Le Clerc (7e du 11e), commencèrent un tir à longue portée contre ces colonnes dont elles parvinrent à ralentir le mouvement, sans pourtant leur faire rebrousser chemin. Mais dès que la brèche faite au cimetière et au couvent de Solferino eut permis aux troupes du 1er corps de s'emparer de ces deux points si importants, le maréchal Baraguey d'Hilliers dirigea aussitôt sur Pozzolengo la division Bazaine, menaçant ainsi les derrières des colonnes autrichiennes, qui, désespérant alors de tourner l'armée sarde, se retirèrent rapidement, poursuivies par le feu de nos tirailleurs et par celui des pièces de la 3e division.

L'Empereur, tranquillisé par les nouvelles qu'il vient de recevoir, porte toute sa préoccupation vers les nouveaux obstacles que ses autres corps d'armée vont rencontrer.

L'heureuse disposition des terrains lui permet de dominer la vaste plaine, où se développent les 2e, 4e et 3e corps, ainsi que les divisions de cavalerie des généraux Morris, Partouneaux et Desvaux. L'Empereur court de mamelons en mamelons, suivant ainsi la progression des attaques. — Il voit le général Manèque lancé sur les crêtes entre Solferino et Cavriana, et luttant contre des forces infiniment supérieures : il donne aussitôt l'ordre au maréchal Regnaud de Saint-Jean d'Angely de diriger sur ce point la division de grenadiers du général Mellinet, pour appuyer le général Manèque, et couvrir en même temps une batterie de la garde qui est venue audacieusement s'engager.

LXIV. — Voici, en effet, ce qui se passait de ce côté.

Le général Manèque, en continuant sa route dans la direction de Cavriana, avait rencontré l'ennemi massé en grand nombre sur le mont Sarco. — C'est avec grand'-peine que l'intrépide général (1) se maintient sur ce

(1)   LE GÉNÉRAL DE DIVISION MANÈQUE

(Aimé-Charles-François-Joseph) est né le 24 novembre 1808, à Brery (Jura).

Il entra à Saint-Cyr en 1825, en sortit comme sous-lieutenant au 46e de ligne le 1er octobre 1827, et devint successivement lieutenant (16 octobre 1831) et capitaine (25 février 1838) au même corps.

En 1840 (29 octobre), il passa comme adjudant-major au 71e de ligne, de nouvelle formation.

Nommé chef de bataillon au 49e en 1847, il passa, le 16 septembre, avec ce dernier grade, au 8e léger. Le 26 avril 1849, il était nommé lieutenant-colonel du 1er léger.

Colonel du 58e de ligne le 24 décembre 1851, il passa sur sa demande, le 18 janvier 1855, au 19e, qui faisait la guerre de Crimée. C'est en Orient que le colonel Manèque devait appeler sur lui l'attention de ses chefs par sa haute intelligence militaire et sa bravoure pleine d'entraînement. Au mois de juin de la même année, il était promu au grade de général de brigade et appelé à commander la 1re brigade de la 3e division d'infanterie de l'armée d'Orient. Le 18 juin, il sut vaillamment montrer ce que l'on devait attendre de lui. — Atteint de plusieurs blessures dans cette terrible journée, il conserva son commandement avec une énergie que rien ne pouvait dompter. — Dès lors, sa réputation militaire était acquise, et le général Manèque prenait rang parmi les officiers généraux les plus justement appréciés.

Après la prise de Sébastopol, il reçut, en récompense de ses brillants services, le commandement d'une brigade de la garde.

C'est en Italie et sur les champs de bataille illustrés par nos armées, que le général Manèque devait mériter devant l'ennemi le grade élevé de général de division.

Le général Manèque a fait les campagnes de Morée en 1828 et 1829, et celles d'Afrique de 1847 à 1849.

Doué d'une éducation brillante et d'une instruction très-étendue, cet officier général se recommande à la fois par ses éminentes qualités militaires et par de sérieuses connaissances administratives.

Sa conduite à la bataille de Solferino, de l'aveu même de ses chefs, est au-dessus de tout éloge.

mont avec le petit nombre d'hommes qu'il a sous la main, mais il leur a transmis sa foi inébranlable dans le succès et sa volonté absolue de vaincre. Le brave colonel Mongin est à la tête des voltigeurs de la garde ; les commandants Dauphin et Reinaud de Fonvert font des prodiges d'énergie, près d'eux le capitaine Chanteclair est blessé ; mais les Autrichiens, massés en grand nombre sur les hauteurs de Casal del Monte, font pleuvoir une grêle de balles et de mitraille ; quarante mètres au plus séparent les combattants. Les morts s'entassent. — Depuis près d'une heure et demie, la lutte est engagée. Les voltigeurs sont à bout de munitions. Le général Manèque a envoyé son aide de camp, le capitaine Grosjean, demander de l'artillerie, des munitions et quelques troupes de soutien. Le général Lebœuf est accouru. Il fait placer deux pièces à gauche de la route qui va de Solferino à San Cassiano, et deux pièces à droite, sur les hauteurs du mont Sarco.

L'Empereur, sans cesse préoccupé de relier dans la plaine les différents corps d'armée, avait envoyé un de ses aides de camp, le colonel Reille, prescrire au général Mellinet de rallier le 2ᵉ corps qui opère sur la droite, mais il voit la position critique du général Manèque et le danger qui menace la batterie de la garde ; aussitôt il fait dire au général Mellinet de courir sur ce point avec ses grenadiers. Celui-ci se lance au secours de son frère d'armes, emmenant avec lui le 3ᵉ bataillon, la moitié du 2ᵉ bataillon du 1ᵉʳ régiment de grenadiers, ainsi que le régiment des zouaves de la garde ; le

1ᵉʳ bataillon et l'autre moitié du 2ᵉ du 1ᵉʳ régiment de grenadiers, vont avec le colonel de Bretteville appuyer les tirailleurs algériens du général de La Motterouge.

Au moment où le général Mellinet rejoint le général Manèque, il le trouve à bout de lutte et désespérant presque de pouvoir se maintenir sur les hauteurs dont il avait si chèrement acheté la possession.

LXV. — « Je trouvai son attitude si admirable (écrit le général Mellinet dans son rapport), que je me fis un devoir de lui laisser le commandement, mettant à sa disposition toutes les troupes que j'avais avec moi. »

Le général Manèque demanda seulement au général de remplacer les munitions qui manquaient à ses voltigeurs par celles de ses grenadiers, et recommença de combattre avec une nouvelle énergie.

Les grenadiers de la garde se placèrent alors en arrière, prêts à donner leur appui au premier signal. Leur présence redouble le courage des voltigeurs qui s'élancent avec une telle impétuosité aux cris de vive l'Empereur! qu'ils chassent les Autrichiens de la position de Casal del Monte.

Il semblait que l'Empereur, dont l'œil vigilant suivait toutes les phases de la bataille, eut entendu cet appel de ses braves soldats, car, quelques instants après, on le voit paraître sur le plateau du mont Sarco, sans souci des dangers auxquels il s'expose.

Presque aussitôt arrive un officier de l'état-major du maréchal de Mac-Mahon. Le maréchal est aussi très-sérieusement engagé contre des forces de beaucoup supérieures aux siennes, et demande quelques troupes pour soutenir l'attaque de son aile gauche.

L'Empereur donne ordre au général Mellinet d'envoyer sur ce point tout ce qui lui reste de sa 1re brigade; et, après s'être assuré que le général Manèque peut désormais garder les positions qu'il occupe, il court vers le mont Fontana.

Le général Niol est parti avec la 1re brigade ; il rejoint le maréchal, commandant le 2e corps, au village de San Cassiano, où il retrouve la portion du 1er grenadiers, qui était venue renforcer les tirailleurs algériens.

LXVI. — Disons quels étaient les mouvements que le corps du maréchal de Mac-Mahon avait opérés dans la plaine.

Nous avons laissé sa 2e division déployée en avant de la ferme.

A sa hauteur, la 1re brigade de la 1re division prolonge la ligne de bataille; la 2e brigade est placée en arrière, en réserve.

Sur la ligne avancée, les quatre batteries des deux divisions continuent un violent feu, que dirige avec bonheur le général Auger. L'artillerie ennemie a vu sauter deux de ses caissons et a dû se reporter en arrière. Mais ce premier succès était chèrement acheté; le brave général Auger (1) a le bras gauche emporté par un boulet. Cette grave blessure devait quelques jours plus

(1)   LE GÉNÉRAL D'ARTILLERIE AUGER.

Un des officiers les plus distingués de son arme, est né à la Charité-sur-Loire (Nièvre), le 29 juillet 1809; il était admis à l'École polytechnique le 1er novembre 1829, il en sortait avec le premier numéro de sa promotion, le 16 août 1831 et passait, en qualité de sous-lieutenant, élève à l'École d'application de Metz.

Placé au 10e d'artillerie le 17 avril 1833, et nommé lieutenant en second le 1er janvier 1834 pour prendre rang du 6 août précédent, il fit en cette qualité les campagnes de 1833 et de 1834 en Afrique.

Lieutenant en premier au 1er régiment d'artillerie le 1er janvier 1836, capitaine en second au 12e régiment le 23 août 1839, il fut détaché comme adjoint à la direction de Metz; mais le jeune capitaine demandait avec instance à partager les dangers et les gloires de nos expéditions africaines. Le 20 mars 1841 il passe à la direction d'Alger, et assiste au ravitaillement de Médéah et à celui de Milianah. Son nom est cité à l'ordre de l'armée pour sa brillante valeur au combat du bois des Oliviers (29 octobre) où il tua de sa main deux Arabes.

Déjà se révélait l'énergie intelligente et la valeur sans bornes qui devaient appeler le jeune officier aux premiers rangs de l'armée.

En 1842, il faisait l'expédition du Bas-Chéliff, prenait part aux razzias dirigées contre les Soumatas, au passage du Mahli, dans la tribu des Beni-Menacer, et à l'expédition des sources du Chéliff; il était aussi à la première occupation d'Orléansville et aux combats de l'Ouarensi, des Sbéaks, et des Ouled-Sounek.

Dans la province de Tlemcen, il se distinguait aux combats des 11 et 13 juin contre la tribu des Béni-Snouffs, et méritait d'être cité à l'ordre de l'armée par le général Cavaignac. La razzia du mois de juillet lui valut encore le même honneur.

Chevalier de la Légion d'honneur le 2 octobre, il recevait le commandement de l'artillerie à Orléansville, le 26 août 1843.

Capitaine en premier au 11e régiment d'artillerie le 26 novembre 1843, il passa au 14e le 11 novembre 1844. Au 15e régiment pontonniers le 10 juillet 1836, il est au 14e le 17 décembre suivant et rentre en France au mois d'avril 1848.

Nommé chef d'escadron au 6e régiment d'artillerie le 1er mai 1848, il fut désigné comme secrétaire de la commission de défense nationale le 15, et enfin, le 19 du même mois, chargé de la direction du service de l'artillerie au ministère de la guerre, emploi qu'il exerça usqu'au 27 décembre.

tard enlever à l'armée ce regrettable officier, auquel sa bravoure exceptionnelle et ses hautes qualités militaires assuraient le plus brillant avenir.

Le commandant Auger prit, en cette qualité, l'initiative de réformes importantes qui eurent de nombreuses approbations. Rentré dans son régiment, il devint lieutenant-colonel le 10 mai 1852, fut désigné pour remplir les fonctions d'adjoint au commandant de l'artillerie de la 5ᵉ division militaire à Metz et placé le 7 mai 1853 au 6ᵉ d'artillerie, qu'il quitta le 6 mars 1854 pour le 2ᵉ régiment à pied nouvellement organisé. — Colonel du 2ᵉ régiment d'artillerie à pied le 10 mai 1854, il fut nommé le 10 janvier 1855 chef d'état-major de l'artillerie de l'armée d'Orient et devint officier de la Légion d'honneur le 9 mai.

Le colonel Auger se distingua brillamment à la prise du Mamelon-Vert (7 juin), et au combat du 18 contre les ouvrages de la Tour Malakoff. Là, comme le 16 août à la bataille de la Tchernaïa, il montra ce rude courage, cette haute entente de la guerre qui n'appartiennent qu'aux natures d'élite ; à l'assaut et à la prise de Sébastopol il se couvre de gloire.

Général de brigade le 14 juillet 1856, commandant l'artillerie de la 7ᵉ division militaire le 20, Auger fut appelé le 12 janvier 1859 à la tête de l'artillerie de Vincennes et de l'armée de Paris, puis nommé membre du comité de l'artillerie.

Lors de la formation de l'armée d'Italie, il reçut le 23 avril le commandement de l'artillerie du 2ᵉ corps. — Nous l'avons vu à Turbigo s'emparant lui-même d'une pièce de canon, et à Magenta déployant toutes les qualités du guerrier qui rendront sa perte à jamais regrettable. — Sa carrière fut celle du vrai soldat comme le fut sa mort, en face de l'ennemi sur un champ de bataille.

Le général Lebœuf apprit seulement à l'issue de la bataille cette triste nouvelle dont il fut profondément affligé : car nul plus que lui n'appréciait la valeur réelle du général Auger et ne sentait le vide que sa mort prématurée ferait dans les rangs de l'armée ; il se rendit aussitôt auprès de l'Empereur et lui annonça ce fatal événement. Quelques instants après il montait à cheval, se rendait lui-même à la casa Morino, où avait été transporté le général Auger, et apprenait à son frère d'armes que l'Empereur le nommait général de division, et que cette nomination, digne récompense de ses services, lui était accordée sur le champ de bataille même où son sang avait si noblement coulé.

Mais le général Auger devait succomber des suites de l'opération douloureuse qu'il avait dû subir.

Le commandant de l'artillerie du 2ᵉ corps fut confié, pendant le reste de la journée, au lieutenant-colonel Schaller, chef d'état-major du général.

Les deux divisions de cavalerie Partouneaux (1) et Desvaux viennent de paraître en arrière de la droite de la ligne de bataille, le maréchal de Mac-Mahon envoie un officier de son état-major leur demander de se porter rapidement à la hauteur de sa droite, de façon à occuper l'espace laissé libre entre Medole et Monte Medolano.

(1)   LE GÉNÉRAL DE DIVISION PARTOUNEAUX

(François-Maurice-Emmanuel) est né le 17 décembre 1798, à Menton (principauté de Monaco).

Sous-lieutenant le 7 août 1816, il entra au 3ᵉ dragons le 2 octobre, et passait aux dragons de la garde royale avec le rang de lieutenant, le 20 décembre 1820.

Lieutenant au 3ᵉ dragons le 26 juin 1828, il fit la campagne d'Espagne de 1823, fut nommé capitaine au 2ᵉ de carabiniers le 13 mai 1825, capitaine adjudant-major le 24 février 1826. major le 18 mai 1833.

Chevalier de la Légion d'honneur le 30 avril 1836, il était chef d'escadron le 29 mai 1838, lieutenant-colonel du 11ᵉ dragons le 24 août et colonel du 1ᵉʳ régiment de lanciers le 23 décembre 1841.

Officier de la Légion d'honneur le 14 avril 1844, il devenait général de brigade le 15 avril 1850 et recevait, le 8 juin, le commandement de la 2ᵉ subdision de la 6ᵉ division militaire à Grenoble.

Le 24 décembre 1851, il passait à l'armée de Paris où il commandait la brigade de cavalerie de la 1ʳᵉ division, et, le 31 décembre 1852, il était mis à la tête de la 1ʳᵉ brigade de la cavalerie de réserve.

Général de division le 10 août 1853, il était envoyé à Lyon le 19 décembre 1853, et chargé, de 1854 à 1858, de l'inspection générale de plusieurs arrondissements de cavalerie.

Le 27 avril 1859, il recevait le commandement de la division de cavalerie du 3ᵉ corps de l'armée des Alpes. devenue armée d'Italie.

Commandeur de la Légion d'honneur depuis le 10 mai 1853, il fut promu au grade de grand officier après la campagne (13 août).

LXVII. — La division du général Partouneaux masquée par les massifs épais que l'on appelle les bois de Medole, vient prendre position à la gauche du général Vinoy.

La division du général Desvaux, continuant la ligne de bataille, s'avance vers la droite du maréchal de Mac-Mahon et se déploie entre la route de Guiddizzolo et la sortie des bois.

Déjà, sur l'ordre du général Niel, commandant en chef le 4e corps d'armée, les batteries à cheval de ces deux divisions de cavalerie, qui étaient venues se joindre aux batteries des divisions du 4e corps et à celles de la réserve, ont ouvert leurs feux et prennent d'écharpe l'artillerie ennemie, battue de front par celle du maréchal de Mac-Mahon.

Telles étaient les dispositions, qui gardaient le 2e corps sur la droite ; mais l'ennemi a déjà tenté de tourner sa gauche avec une colonne composée de deux régiments de cavalerie. Cette position était surveillée de très-près par le colonel Savaresse (7e chasseurs), qui avait avec lui six escadrons, deux du 4e chasseurs et quatre du 7e.

Le colonel repousse vigoureusement les cavaliers autrichiens qui trois fois cependant reviennent à la charge, et parvient enfin à jeter le désordre dans leurs rangs. Les escadrons, rompus par nos chasseurs, vont tomber sur les bataillons de gauche de la division Decaen, qui se forment aussitôt en carrés et leur font essuyer des pertes terribles. Parmi les prisonniers restés entre nos mains, se trouve un officier supérieur (1).

Le maréchal maintient ainsi sa position et attend avec impatience l'entrée en ligne du 4e corps, dont la tête de colonne, en sortant de Medole, a rencontré une sérieuse résistance.

LXVIII. — Vers onze heures, le général Niel lui fait savoir qu'il est en mesure de se porter en avant, dans la direction de Cavriana (2).

Le maréchal recevait en même temps de l'Empereur l'ordre d'opérer sa conversion et voyait arriver en toute hâte la cavalerie de la garde; car l'Empereur, sans cesse préoccupé du vide que le mouvement du maréchal de Mac-Mahon ferait sur la droite du 2e corps, avait envoyé officier sur officier au général Morris, pour le presser dans sa marche. — C'est ainsi que l'on

---

(1) Ce n'étaient pas les premiers coups de sabre que la cavalerie avait été appelée à donner dans cette journée.

Déjà dans la matinée, le commandant Pelletier a lancé en fourrageurs ses escadrons (5e hussards) sur les tirailleurs ennemis que l'on aperçoit à droite sur la route de Castiglione à Guiddizzolo. Il a fourni une charge brillante et ramené trente prisonniers, mais ce brave officier a été gravement blessé.

Déjà aussi le capitaine Poissonnier qui rejoignait sa division avec un escadron du 3e chasseurs d'Afrique, laissé à la garde des bagages, s'était heurté à la sortie du bois contre un escadron de hussards hongrois et s'était jeté vigoureusement sur lui : « L'escadron ennemi est repoussé (dit le rapport du général Desvaux), pendant la poursuite un autre escadron de uhlans est signalé par derrière; le capitaine Poissonnier abandonne alors les hussards et se jette sur les uhlans qui sont à leur tour mis en déroute et poursuivis à outrance. »

(2) Rapport du maréchal de Mac-Mahon.

vit partir le colonel de Toulongeon, puis le jeune prince Murat, puis encore M. de Bourgoing, un des écuyers de Sa Majesté.

Le général Morris a dû, pendant l'espace de plus de quatre lieues, conduire sa division à travers les terrains les plus difficiles. Par sa présence, il fermera la trouée, que va laisser le maréchal de Mac-Mahon en opérant son mouvement sur la gauche, et maintiendra la ligne, de concert avec les deux divisions Partouneaux et Desvaux.

Le général Morris s'établit sur trois lignes par échelons. — La première, composée des chasseurs (colonel de Cauvigny) et des guides (colonel de Mirandol), avait sa gauche appuyée à la droite du général Decaen et à hauteur de ses tirailleurs; les deux autres, un peu en arrière, se reliaient aux batteries du général Desvaux établies dans la plaine.

Il est important de dégager le terrain devant soi.

Le général de La Motterouge (1) reçoit l'ordre de s'avancer d'abord dans la direction des hauteurs de

---

(1)   LE GÉNÉRAL DE DIVISION DE LA MOTTEROUGE

(Joseph-Édouard) est un de nos officiers généraux les plus brillants et les plus énergiques.

Né le 3 févier 1804 à Pléneuf (Côtes-du-Nord), il entrait à l'École spéciale militaire de Saint-Cyr le 9 septembre 1819. Sous-lieutenant au 22ᵉ de ligne le 6 février 1822, il faisait la campagne d'Espagne de 1823 à 1825. Lieutenant le 26 juin 1830, il était envoyé en Belgique et assistait à la prise de la citadelle d'Anvers.

Nommé capitaine le 4 décembre 1832, il passait avec son grade, le 10 décembre 1833, au 51ᵉ de ligne. Chevalier de la Légion d'honneur le 25 avril 1840, il est chef de bataillon au 8ᵉ léger le 31 décembre 1841, lieutenant-colonel au 40ᵉ de ligne le 27 avril 1846, commandant

Solferino déjà occupées par nos troupes, puis, en appuyant sur sa droite, de marcher sur San Cassiano et de s'en emparer.

de l'École de tir de Saint-Omer le 16 mai 1847, et colonel du 19 léger le 5 juillet 1848.

Général de brigade à la date du 28 décembre 1852, le général de La Motterouge était appelé, le 11 juin 1854, au commandement de la 1re brigade de la 3e division de l'armée du Midi qui devint la 5e division de l'armée d'Orient.

C'est à partir de ce moment que le général montra surtout les énergiques et brillantes qualités militaires qui le distinguaient. C'est en Orient et en Italie que devaient s'écrire les plus belles pages de sa vie militaire. Ceux de nos lecteurs qui connaissent nos chroniques de la guerre d'Orient se rappellent la part glorieuse prise par le général dans toutes les opérations qui se succédèrent pendant le long siége de Sébastopol. Partout où il y avait un danger à courir, un ennemi à repousser, se trouvait le général de La Motterouge le premier au feu, conduisant ses soldats à l'ennemi.

La Crimée fut le théâtre où il sut déployer chaque jour les ressources de son énergie, et rendre son nom un des plus populaires de notre vaillante armée. Chaque combat, sur cette terre glorieuse, lui valait une citation ou un rapport à l'ordre du jour de l'armée : bataille d'Inkermann (5 novembre); attaque et prise de l'ouvrage de contre-approche du bastion central (2 mars); attaque et prise de contre-approche du cimetière (23 mai); attaque et prise de Malakoff (le 8 septembre 1855).

De tels services devaient être dignement récompensés, le général de La Motterouge était nommé général de division le 22 juin 1855, et c'est à la tête de la 5e division du 2e corps qu'il montait à l'assaut de Sébastopol, où il recevait deux blessures, lorsque les Russes firent sauter la courtine. — Le 22 septembre, il était commandeur de la Légion d'honneur.

Rentré en France le 24 mai 1856, il commandait la 15e division territoriale (1er mai 1857). Il exerçait encore ce commandement lorsqu'il fut appelé à l'honneur de faire partie de l'armée d'Italie.

Sur ce nouveau théâtre, nous avons retrouvé l'intrépide combattant de Crimée : Turbigo, Magenta, Solferino, furent pour lui autant d'étapes glorieuses, qui marquaient de nouveau son nom parmi les plus vaillants.

Le général de La Motterouge est grand officier de la Légion d'honneur.

La division Decaen (1) doit continuer le mouvement.

LXIX. — Le général de La Motterouge, à la tête de sa 1ᵣᵉ brigade, s'engage dans un chemin creux. L'artillerie divisionnaire suit la marche, ainsi que la 2ᵉ brigade. — Dès que la division entière a dépassé la gauche de la 2ᵉ division, elle fait face à droite et déploie ses bataillons en masse, se dirigeant vers San Cassiano, en

---

(1)   LE GÉNÉRAL DE DIVISION DECAEN

(Claude-Théodore) est né le 30 septembre 1811, à Utrecht (Pays-Bas).

Élève à l'École spéciale militaire le 19 novembre 1827, il entrait comme sous-lieutenant au 21ᵉ de ligne le 30 septembre 1829.

Il faisait la campagne d'Afrique en 1830 et 1831, et devenait lieutenant le 20 juin 1832.

Capitaine le 28 mai 1838, capitaine adjudant-major le 14 juillet, il passait avec son grade au 7ᵉ bataillon de chasseurs à pied le 20 octobre 1840. Chevalier de la Légion d'honneur le 22 avril 1847, il était nommé chef de bataillon au 62ᵉ de ligne le 6 mai 1850, puis recevait le commandement du 1ᵉʳ bataillon de chasseurs à pied le 24 décembre 1851, et partait pour l'Algérie où il restait de 1852 à 1854.

Lieutenant-colonel au 11ᵉ léger le 28 décembre 1853, et au 86ᵉ de ligne le 1ᵉʳ janvier 1855, il était envoyé devant Sébastopol et devenait colonel du 7ᵉ de ligne le 21 mars de la même année.

Le colonel Decaen, pendant la durée de ce siége, sut montrer autant de bravoure dans les combats que d'énergie dans le commandement. — A la prise de Sébastopol, sa brillante conduite attira justement sur lui l'attention de ses chefs et lui valut sa nomination au grade de général de brigade (22 septembre 1855).

Il reçut alors le commandement de la 2ᵉ brigade de la 1ᵣᵉ division d'infanterie du 1ᵉʳ corps de l'armée d'Orient, et, le 7 février 1858, il commandait une brigade d'infanterie de la garde impériale.

Rentré en France, il partit pour l'armée d'Italie à la tête de la 2ᵉ brigade de la 2ᵉ division de la garde impériale, et le lendemain de la bataille de Magenta il était élevé au grade de général de division et prenait le commandement de la 2ᵉ division du 2ᵉ corps, en remplacement du général Espinasse, tué à l'ennemi.

se reliant ainsi, d'un côté, avec l'infanterie de la garde impériale, de l'autre, avec la division du général Decaen. De nombreux tirailleurs couvrent le front de chaque bataillon.

Le général Lefèvre forme la tête de colonne avec sa brigade. Les tirailleurs algériens du colonel Laure marchent en première ligne ; ils s'élancent, soutenus par le 45e (colonel Manuelle). Le village de San Cassiano, tourné à droite et à gauche, est enlevé en un instant avec un élan irrésistible, et le colonel Laure continue sa course sur la gauche, suivant une direction presque parallèle à la route qui débouche de Solferino. Son but est de se porter rapidement vers le contre-fort principal qui relie Cavriana à San Cassiano. — Le 45e, qui tenait la droite, appuie sur la ferme de Malpeti ; la 2e brigade du général de La Motterouge suit la première et s'établit dans le vide laissé entre les tirailleurs algériens et le 45e.

LXX. — Le contre-fort entre San Cassiano et Cavriana, appelé mont Fontana, est un grand mouvement de terrain formé d'une succession de mamelons, où l'on distingue trois pitons principaux. L'ennemi, refoulé de San Cassiano, a réuni sur ce point des forces considérarables, et s'apprête à le défendre énergiquement, car il comprend qu'une fois ces hauteurs en notre pouvoir, il lui deviendra impossible de se maintenir à Cavriana.

Aussi, c'est sur ce point que, pour le 2e corps, le combat

sera le plus acharné. C'est là que tomberont de braves officiers, dont la mort seule peut arrêter les élans audacieux.

Dans le même moment, les Autrichiens tentent un nouvel effort, pour se jeter entre la droite du 2e corps et le général Niel. — Ces tentatives constantes, repoussées par l'artillerie, par la cavalerie, par l'infanterie, sont toute l'histoire de cette rude bataille, qui se livra dans la plaine de Medole, pendant que le 1er corps garnissait victorieusement les hauteurs de Solferino, et plantait le drapeau de la France sur le mont des Cyprès et sur celui de la vieille Tour.

Les tirailleurs algériens se sont jetés, tête baissée, sur une redoute que les Autrichiens ont élevée sur le premier mamelon du mont Fontana, et, malgré le feu redoutable qui de toutes parts les accable, ils s'y logent audacieusement. Mais les autres mamelons sont encore au pouvoir de l'ennemi, qui fait un feu d'artillerie et de mousqueterie très-vif, pendant qu'une colonne considérable s'avance pour reprendre la position conquise. — Après une lutte terrible, les tirailleurs indigènes sont forcés de se replier et de la céder aux Autrichiens.

Un bataillon du 45e et une portion du 72e, conduits par le colonel Castex accourent aussitôt pour soutenir les tirailleurs, et le mamelon attaqué de nouveau avec énergie est de nouveau emporté ; mais il retombe encore au pouvoir de l'ennemi qui se grossit à tout instant par de nombreuses réserves. — C'est le prince de Hesse qui tient cette position et qui combat de sa personne au premier rang avec une vaillance sans égale.

LXXI. — C'est alors qu'apparaît la garde, d'abord l'artillerie à cheval (1). Sur l'ordre du général Lebœuf, le général de Sévelinges s'est porté en avant avec une colonne de pièces sans caissons, et vient se placer à l'entrée de la vallée, dont le village de Cavriana occupe le fond, afin de prendre d'enfilade et d'écharpe la route même de Cavriana.

Quatre pièces sont en même temps lancées sur la croupe du mont Fontana ; les attelages ont grand'peine à traîner les canons dont les servants soutiennent et

____

(1) L'artillerie de la garde, commandée par le général de Sévelinges, a joué un trop grand rôle dans la bataille de Solferino, pour qu'il ne soit pas très-important de connaître quel était, à ce moment-là, son effectif.

Commandant de Sévelinges, général de brigade.

Régiment d'artillerie à cheval (de Rochebouet, colonel).

4 batteries au complet de guerre. Régiment d'artillerie à pied (Lefrançois, colonel).

4 batteries mixtes (f. f. batteries montées).

Parc de la garde.

2 batteries de parc sous les ordres d'un chef d'escadron du régiment à pied, conduisant les munitions d'artillerie, d'infanterie et de cavalerie pour la garde impériale.

(2 autres batteries semblables étaient prochainement attendues de France.)

L'artillerie de la garde ne fut jamais indivisionnée ; elle comptait à part, étant considérée comme une réserve d'artillerie ; les batteries pouvaient être attachées temporairement à une division pour une opération, mais elles rentraient ensuite à leur centre, comme à une brigade séparée.

Le 24 juin, l'artillerie de la garde présentait un effectif de 2400 chevaux.

poussent les roues. Le général de Sévelinges dirige cette opération difficile.

Pendant que ces pièces arrivaient ainsi, après de grands efforts, au but qui leur avait été assigné, il était important d'en transporter encore d'autres sur un plateau très-favorable, qui permettait d'appuyer puissamment le feu de l'autre batterie; mais la roideur des pentes en rendait l'accès impossible aux chevaux. — A la voix de leurs chefs, les grenadiers du 1er régiment s'élancent à l'envi et hissent sur le flanc de la colline quatre canons de 4 rayés (1). — C'était un spectacle

(1) A la suite de la bataille de Solferino, le général de Sévelinges écrivait au maréchal Regnauld de Saint-Jean d'Angely :

« Monsieur le maréchal,

« Je suis heureux d'avoir à vous signaler l'aide fraternelle que le 1er régiment de grenadiers a prêtée à l'artillerie de la garde dans la journée du 24 juin. L'artillerie à cheval avait plusieurs pièces en batterie sur la crête du mont Fontana devant Cavriana; plus bas se trouvait un plateau bien situé ou il était désirable de placer d'autres pièces pour appuyer le feu des précédents, mais dont l'accès était impossible aux chevaux à cause de l'extrême roideur des pentes. Les grenadiers, à la voix de leurs officiers, s'attelèrent en grand nombre à 4 canons rayés et les hissèrent de la plaine au plateau, avec une vigueur et un entrain admirables. Pendant que ces quatre pièces faisaient feu, ils les approvisionnaient de munitions en faisant la chaîne depuis les caissons, restés dans la plaine jusqu'à la batterie. Ce feu a contribué puissamment à l'expulsion de l'ennemi des positions de Cavriana.

« Tous les corps de l'armée se doivent appui mutuel par les armes ; mais ici les grenadiers du 1er régiment ont fait plus qu'on ne pouvait leur demander, et je leur adresse, au nom de l'artillerie de la garde, des remerciments que j'ai l'honneur de vous prier de vouloir bien transmettre à M. le général Mellinet.

« Le général commandant l'artillerie de la garde,

« A. DE SÉVELINGES. »

superbe, un tableau empreint d'une énergie étrange de voir ces soldats trempés de sueur, s'animant par des cris joyeux à ce travail surhumain. Ils s'attellent aux canons et gravissent la colline ; les plus forts aident et soutiennent les plus faibles, dont les membres épuisés s'affaissent sous le poids de l'airain.

LXXII. — L'Empereur est là. Il suit d'un regard attentif cette phase de la bataille, et assiste au superbe tableau de cette énergie indomptable, à laquelle rien n'est impossible.

Bientôt le général de Sévelinges (1) commence un feu violent qui semble répondre, comme un écho retentissant à cette formidable bataille d'artillerie, qui sur la

---

(1)   LE GÉNÉRAL DE DIVISION DE SÉVELINGES.

Le général de division d'artillerie de Sévelinges (Alfred) est né à Paris en 1803. Sorti de l'École d'application de l'artillerie et du génie avec le numéro 1 de la promotion d'artillerie, il entra, en 1827, sous-lieutenant au 2e régiment d'artillerie.

En 1829, lieutenant en second au nouveau 7e régiment d'artillerie, par suite de la réorganisation de cette arme, il était capitaine le 11 mai 1832. Capitaine en second au 10e régiment d'artillerie, il participa aux expéditions dirigées en 1836, 1837 et 1838 par le maréchal Clauzel, le général Damremont et le maréchal Valée.

Capitaine en premier en février 1839, il recevait le commandement de la 13e batterie du 1er régiment, batterie à pied de nouvelle formation en Afrique, et fit avec elle les expéditions de 1840, sous le commandement du maréchal Valée à Médéah et Milianah.

Passé au 10e régiment, il fut cité à l'ordre de la division de Constantine, le 24 août 1840. Désigné pour prendre le commandement de la 5e batterie du 10e régiment, il prit part, à la tête de cette batterie de montagne, où il avait servi comme capitaine en second, aux nombreuses actions de guerre entreprises depuis octobre 1840 jusqu'à 1844, et qui eurent pour résultat la conquête définitive du pays compris

droite se livre dans la vaste étendue de terrain, que les Italiens appellent : *Campo di Medole*. Les projectiles autrichiens ont grand'peine à atteindre l'extrémité de la colline où s'est placée l'artillerie de la garde ; «mais (écrit le général de Sévelinges) les fantassins autrichiens, en partie couverts par des tranchées creusées pour les petites guerres des années précédentes, envoyaient, protégés par ces abris, une grêle de balles qui frappaient beaucoup d'hommes et de chevaux. »

Là, comme pendant toute cette journée, ressortit la

entre les confins de la Kabylie et la Mina. Son nom fut cité plusieurs fois dans les rapports des généraux commandant les colonnes.

Rentré en France, il fut nommé chef d'escadron, le 16 avril 1844, au 11e régiment.

Lieutenant-colonel, le 14 juillet 1845, il fut chargé du commandement de l'artillerie (personnel et établissement) dans la province d'Oran, alors commandée par le général Pélissier, il contribua avec une grande activité à l'importante opération de l'armement des côtes, où tout était à créer.

Colonel le 24 octobre 1851, il fut appelé à la direction de l'artillerie à Toulon.

Colonel du 1er régiment à Metz, le 7 décembre 1851, du 7e le 16 mars 1854, il prenait le commandement de l'artillerie du premier corps d'armée du camp du Nord, de juillet à octobre 1854.

Général de brigade, le 21 mars 1855, il reçut le commandement de l'artillerie à Metz, un des postes les plus importants.

Appelé, le 2 janvier 1858, à commander l'artillerie de la garde impériale, c'est à la tête de ce corps d'élite qu'il fit la campagne d'Italie de 1859.

On voit, par ce rapide aperçu des services du général de Sévelinges, qu'il a fait son éducation militaire sur les champs de combat. Sa garnison a été l'Afrique, et c'est en se signalant par son aptitude spéciale, son énergie et sa bravoure personnelle, qu'il a conquis tous ses grades jusqu'à celui de colonel.

Sa brillante conduite à Magenta et à Solferino lui valait le grade élevé de général de division.

supériorité incontestable de notre artillerie nouvelle, sa justesse de tir, sa mobilité et surtout sa portée excessive. Les réserves de l'ennemi, massées à une distance où elles se croyaient à l'abri de notre artillerie, étaient décimées par nos projectiles allongés, soit qu'ils eussent manqué les premières lignes, soit qu'ils arrivassent par ricochets au centre même de ces réserves (1).

LXXII.—Le général Morris, placé, ainsi que nous l'avons vu, avec la cavalerie de la garde à l'extrême droite du 2ᵉ corps, avait suivi pas à pas ses mouvements, en faisant observer soigneusement les terrains boisés, qui s'étendaient devant lui et servaient de rideau aux approches de l'ennemi.

Une portion de chasseurs de la garde, sous les ordres du commandant de Lavigerie, forme une ligne de tirailleurs. Plusieurs fois, ils ont dû repousser l'infanterie ennemie des fourrés dans lesquels elle s'abrite, et couvrir la droite des mouvements du maréchal de Mac-Mahon.

Le terrain est enfin devenu plus favorable ; la **division** forme trois échelons, le général Cassaignolles marche avec la première ligne, qui se compose des chasseurs recrutés parmi nos beaux régiments d'Afrique et du brillant régiment des guides impatient d'un glorieux baptême.

---

(1) Le feld-maréchal Hess disait plus tard au général Fleury à Vérone : « Vos canons rayés décimaient nos réserves. »

LXXIII.—Une colonne de cavalerie autrichienne s'avance dans la plaine. — Aussitôt le général Morris donne ordre au général Cassaignolles de la charger en flanc.— Celui-ci part avec ses deux intrépides régiments qui forment une seule ligne épaisse et compacte, mais la cavalerie autrichienne tourne bride et se replie sur ses réserves.

Si les hasards de la guerre devaient refuser ainsi à cette brillante cavalerie l'occasion de se signaler personnellement, elle devait s'en consoler en pensant au service important qu'elle rendait dans l'ensemble général de la bataille; car les deux divisions Partouneaux et Desvaux eussent été impuissantes à couvrir à elles seules cette grande ligne, notre point le plus vulnérable, dont l'étendue s'élargissait encore par le mouvement de conversion du 2ᵉ corps.

LXXIV. — Le 45ᵉ et les tirailleurs algériens, réunis au premier renfort des zouaves et des grenadiers de la garde, ont réuni leurs efforts combinés sur le second mamelon (piton 2) qu'ils cherchent à enlever; mais l'ennemi, refoulé sur un point par l'élan de nos troupes, reparaissait sur un autre, et combattait avec une opiniâtreté sans égale, reprenant peu à peu le terrain perdu, pour le reperdre de nouveau et tenter de le reconquérir encore.

Le général de La Motterouge pourrait maîtriser ces retours incessants de l'ennemi, en lançant sa seconde brigade; mais par ordre exprès du maréchal, elle est tenue en réserve et doit se maintenir sur le terrain qu'elle occupe pour se relier à la division du général Decaen.

C'est cette position importante que vient occuper à son arrivée la 1re brigade de la garde de la division Mellinet, envoyée par l'Empereur au maréchal de Mac-Mahon, sous les ordres du général Niol.

Le général de La Motterouge prend alors avec lui les quatre bataillons qui sont sous sa main, et marche rapidement sur le Mont Fontana. Ce sont trois bataillons du 65e et un du 70e de la brigade Douay. Il se dirige entre les pitons 1 et 2 pour couvrir à la fois ces deux positions.—Dès que les troupes, qui vont au pas de course, ont atteint les hauteurs, le colonel les forme par bataillons en masse un peu en arrière de la crête, et jette en avant par chaque bataillon une compagnie d'éclaireurs, dont la présence suffit pour arrêter un gros d'ennemis qui semblait vouloir exécuter un mouvement tournant.

LXXV. — L'Empereur, qui suit pas à pas les progrès de son armée, et que nous avons vu toute à l'heure accourir sur une des croupes du Mont Fontana, voit les efforts acharnés des Autrichiens, que leurs officiers ramènent avec opiniâtreté au combat ; il assiste à la lutte héroïque des vaillantes troupes du 2e corps, que le nombre supérieur de ses ennemis ne peut parvenir à écraser, et envoie à une batterie d'artillerie à pied de la garde, l'ordre de prendre à revers les masses ennemies qui occupent et couronnent les dernières hauteurs du Mont Fontana. Cette batterie, que mène le commandant Laffaille, vient se placer en bonne position à Tragliato di Cavriana, et laboure le flanc des colonnes autrichiennes par des feux d'écharpe.

Il devenait urgent d'appuyer efficacement le général Lefèvre, dont la brigade, dans les rudes combats qu'elle soutient, a subi des pertes cruelles. Déjà le colonel Laure (1), ce vaillant soldat d'Afrique, qui fait, depuis le commencement de la journée, des prodiges d'audacieuse intrépidité avec ses soldats, a été mortelle-

(1)   LE COLONEL LAURE

(Hippolyte-Adolphe), était né le 26 mai 1815 à Hyères (Var).

Élève à l'École militaire de Saint-Cyr, le 7 décembre 1832, il était sous-lieutenant au 24ᵉ de ligne le 1ᵉʳ octobre 1859. Il partit l'année suivante pour l'Afrique, où il devait passer une partie de sa vie. Chevalier de la Légion d'honneur le 22 juin 1840, il était nommé lieutenant le 17 octobre 1840. Passé au 53ᵉ de ligne le 28 juillet 1842, il devenait capitaine le 24 mars 1843.

Le capitaine Laure fut alors envoyé en Italie et nommé chef de bataillon le 6 mai 1850. Le 11, il entrait avec ce grade au 1ᵉʳ régiment de zouaves, et retournait sur cette terre d'Afrique sur laquelle il avait déjà combattu pendant onze ans.

Le 11 mai 1851, il assistait à l'affaire du Col d'El-Escar, où il avait un cheval tué sous lui. Sa vaillante conduite lui valait la croix d'officier de la Légion d'honneur. Il est lieutenant-colonel au 27ᵉ de ligne le 25 juin 1853.

L'Afrique est sa terre de prédilection : c'est là qu'il a fait ses premiers pas dans la carrière militaire, et qu'il a gagné tous ses grades dans la vie des camps. Le 17 novembre 1855, après avoir été successivement au 27ᵉ de ligne et au 70ᵉ, il est nommé colonel du 68ᵉ.

Le 9 février 1856, il recevait le commandement du 2ᵉ régiment de tirailleurs algériens, qu'il conserva jusqu'au 26 mars 1859. Alors il fut mis à la tête du régiment provisoire de la même arme.

Appelé à l'armée d'Italie, nous l'avons vu à Turbigo ; nous l'avons vu, dans la journée de Magenta, former la tête de colonne de la 1ʳᵉ diment frappé, et près de lui son second, le brave lieutenant-colonel Herment (1). En les voyant tomber devant eux pour ne plus se relever, les turcos, ces noirs fils de l'Afrique, ont poussé, comme feraient des bêtes fauves, des rugissements sauvages ; trempant, selon leur coutume, leurs mains dans le sang des chefs qui tant de fois les avaient menés au combat, ils ont juré de venger leur mort, et se sont élancés sur l'ennemi en bonds furieux.

vision et se lancer à l'ennemi avec cette audacieuse intrépidité dont il avait tant de fois donné des preuves.

C'est à Solferino que ce brave colonel devait succomber à côté de son lieutenant-colonel. Sa mort fut vivement sentie dans l'armée, qui avait appris à estimer sa valeur.

Le plus bel éloge que l'on puisse faire du colonel Laure, c'est de rappeler que douze fois il fut cité par ses chefs dans leurs rapports ou mis à l'ordre du jour de l'armée.

Il était commandeur de la Légion d'honneur.

(2)　　　　　LE LIEUTENANT-COLONEL HERMENT

(François-Roch-Amédée), était né le 4 mars 1813 à Vitry-le-Français (Marne).

Ses premiers pas dans la carrière militaire furent de rudes épreuves, car ce n'est qu'en 1840 (16 janvier) qu'il obtient le grade de sous-lieutenant ; mais en 1845 il était lieutenant, et capitaine en 1848.

Appelé à faire partie de l'expédition de Crimée, il s'y fit remarquer par son intrépidité. Il fut blessé d'un coup de baïonnette devant Sébastopol le 21 octobre 1854. Dans la nuit du 12 au 13 novembre, s'étant avancé avec quelques hommes avec une téméraire intrépidité, il fut fait prisonnier. Rentré au corps le 12 août 1855, il était fortement contusionné à la hanche par un biscaïen, le 8 septembre, au dernier assaut de Sébastopol.

Chef de bataillon au 39e, il fut appelé en Italie comme lieutenant-colonel au régiment provisoire de tirailleurs algériens, il était tué devant l'ennemi dans la journée du 24 juin.

Ses campagnes sont : de 1836 à 1840 en Afrique ; de 1854 à 1855 en Orient.

LXXVI. — Le général de La Motterouge accourt. Un nouvel élan est donné au milieu de la fusillade, qui de toutes parts frappe les échos en longs déchirements, et des retentissements formidables de l'artillerie. Les clairons sonnent la charge, et nos bataillons s'élancent sur l'ennemi avec une ardeur indicible. — Les Autrichiens ne peuvent résister à ce torrent furieux qui défie la mort et les envahit; ils sont refoulés presque au delà de la dernière crète du Mont Fontana, et gagnent en désordre le vallon en avant de Cavriana.

Aussitôt que les soldats ont couronné les importantes hauteurs de Cavriana, une demi-batterie d'artillerie se place au milieu de l'infanterie et commence sur l'ennemi qui se retire confusément, un feu meurtrier, pendant que les neuf autres pièces de la division, mises en batterie au pied même des hauteurs, mitraillent les escadrons ennemis qui se déploient dans la plaine.

Pendant que le général de La Motterouge prend position sur les crètes du Mont Fontana, une des brigades de la division Decaen chasse devant elle les colonnes autrichiennes qui venaient pour se jeter sur la gauche du 2ᵉ corps, et tient, en même temps, en échec les masses ennemies accourues pour reconquérir les positions, dont nous venons de nous emparer.

Pendant qu'une portion de cette division appuie le général de La Motterouge et combat avec lui, l'autre, avec le général Gault, s'est lancée à la baïonnette sur un groupe de maisons, d'où part un feu des plus violents et déloge successivement l'ennemi de fermes isolées dans lesquelles il s'était retranché.

LXXVII. — C'est alors que les braves voltigeurs du général Manèque, auxquels est venu se joindre le bataillon de chasseurs à pied du commandant Clinchant, parviennent, de hauteurs en hauteurs, jusqu'à la gauche de Cavriana, soutenus par l'artillerie à pied de la garde ; ils s'y jettent résolûment, donnent la main aux tirailleurs algériens du général de La Motterouge et pénètrent avec eux dans l'intérieur de Cavriana. Le général tourne le village et vient s'établir sur le Mont Beita brisant encore sur son passage les dernières résistances de l'ennemi. De toutes parts, les colonnes autrichiennes sont refoulées, elles tentent en vain de ces retours offensifs, dans lesquels leur valeur a toujours déployé de suprêmes efforts pour opérer la retraite avec honneur. Le lieutenant-colonel Berckheim arrive avec une batterie à cheval de la garde : ses boulets vont chercher à des distances prodigieuses les masses autrichiennes qui s'éloignent de Cavriana, et jettent au milieu d'elles le plus affreux désordre.

LXXVIII. — Cavriana ! c'était le dernier refuge de l'armée ennemie. — Derrière ces hauteurs protectrices qui déroulaient aux abords du village leurs réseaux formidables, l'empereur d'Autriche avait massé toutes ses réserves. — C'est du sommet de ces collines que, depuis le commencement du jour, il les dirige et les admire, combattant vaillamment pour l'honneur de l'Autriche.

Avec quelle profonde amertume, le jeune souverain dut voir cette grande et belle armée, impuissante encore une fois dans ses efforts, et obligée de regagner, sous notre canon toujours victorieux, ces rives du Mincio qu'elle occupait la veille, si pleine de confiance et d'espoir.

CHAPITRE V.

LXXIX. — Les deux victoires successives de Solferino et de Cavriana devaient amener le succès définitif des deux ailes de l'armée alliée et dégager surtout le 4e corps, incessamment attaqué par de fortes réserves ennemies (1). — Bientôt, sur toute cette immense ligne, que garnissaient au lever du jour les puissantes lignes autrichiennes, la victoire aura de toutes parts refoulé les baïonnettes ennemies.

L'Empereur vient de recevoir des nouvelles du roi de

(1) *Bulletin autrichien sur la bataille de Solferino.:*
« Le centre ayant ainsi cédé à Solferino et à Cavriana, l'aile gauche ne pouvait plus forcer la position de l'ennemi, et à 4 heures de l'après-midi, on décida la retraite générale. »

Sardaigne, par un de ses officiers d'ordonnance, le capitaine Friant, qui s'est à grand'peine frayé un passage.

Le roi Victor-Emmanuel fait dire à l'Empereur que l'ennemi tient toujours énergiquement, mais que, malgré ses attaques violentes et son nombre supérieur, il augure bien de la journée et qu'il ne perd pas du terrain. — En effet, son canon tonne toujours sans relâche dans la direction de San Martino, et le centre de l'ennemi, brisé par la perte de ses deux principaux points de défenses, va isoler le corps d'armée du général Benedeck. Cet intrépide général, malgré la ténacité de ses attaques et la valeureuse fermeté de ses troupes, se verra enfin forcé d'abandonner à l'armée sarde ce terrain qu'il défendra résolûment jusqu'à dix heures du soir, protégeant ainsi la retraite des troupes du 5ᵉ et du 1ᵉʳ corps (1).

Mais il n'est pas temps encore de retracer le tableau de la défaite, car dans la plaine on combat toujours, et c'est depuis le matin une rude bataille qui se livre sur notre aile droite, dans cette vaste étendue de terrain appelée : *Campo di Medole*, Nos belles divisions de cavalerie, sous les ordres des généraux Morris, Partouneaux et Desvaux, garnissent solidement ce vide dangereux, par lequel l'ennemi avait un instant espéré pouvoir séparer notre armée en deux.

---

(1) *Bulletin autrichien sur la bataille de Solferino :*

« Guiddizzolo resta occupé, jusqu'à 10 heures du soir, par les troupes du 8ᵉ corps d'armée, ce qui rendit possible la retraite ordonnée des troupes du 5ᵉ et du 1ᵉʳ corps. »

A la droite de la cavalerie combat le 4e corps.

LXXX. — Ce ne sont plus ces gravissements impétueux sur des hauteurs hérissées de baïonnettes, courses
haletantes d'hommes, de chevaux, de canons; ce ne
sont plus ces mamelons arrachés un à un sur des
monceaux de cadavres, ces chocs terribles au milieu
des ravins, sur les flancs des collines, sur la crête des
monts. — C'est, pour ainsi dire, une bataille immo-
bile, mais une bataille terrible, opiniâtre, se cachant
dans les épais massifs, se renouvelant à tout instant par
des attaques imprévues; c'est la lutte incessante qui
épuise les forces sans briser les courages. — Aux bataillons repoussés succédaient de nouveaux bataillons, et
les intrépides combattants du 4e corps voyaient d'heure
en heure les flots de l'ennemi se renouveler, s'accroître
et menacer de les envelopper.

LXXXI. — Mais avant de retracer ces combats héroïques qui ensanglantèrent, pendant plus de dix heures,
les abords de la Casa Nova, il est important d'entrer
dans quelques détails sur l'arrivée du 3e corps à Medole,
et sur les faits importants qui s'y passèrent.

Il était neuf heures un quart environ, lorsque la tête
de colonne du 3e corps, avec laquelle marchait le maréchal Canrobert, arrivait à Medole (1). — Là seulement,
il apprend que la division de Luzy n'y avait pénétré
qu'après un combat très-vif, et que le 4e corps était

(1) Rapport du maréchal Canrobert à l'Empereur.

arrêté dans sa marche sur Guiddizzolo par des forces considérables.

Le commandant du génie, Coffyn, auquel le général de Luzy avait laissé le commandement de Medole, pour se porter en avant avec la brigade Lenoble, a rejoint ce général sur la route de Ceresara, et lui apprend qu'il vient de remettre le commandement entre les mains du maréchal Canrobert, dont les premières troupes viennent d'atteindre cette petite ville. — Le général de Luzy est en ce moment vivement pressé par les masses ennemies, qui se montrent sur différents points et menacent de le tourner par la route de Ceresara, où il n'a que trois bataillons à lui opposer; il envoie aussitôt le commandant Crepy, son sous-chef d'état-major, demander du renfort au maréchal Canrobert.

LXXXII. — Le général Courtois-d'Hurbal, commandant l'artillerie du 3ᵉ corps, vint immédiatement reconnaître la position; peu d'instants après, le général Renault y arrive aussi de sa personne.

Pendant ce temps, le général Jannin recevait l'ordre de porter sa brigade sur la droite du 4ᵉ corps, au fur et à mesure de son arrivée.

Le maréchal présidait lui-même au départ immédiat de ces troupes, lorsque deux officiers d'ordonnance de l'Empereur, les capitaines d'état-major Klein de Kleinenberg et de Clermont-Tonnerre, se présentent en même temps devant lui au nom de Sa Majesté. — Ces deux officiers avaient été, on le sait, envoyés, l'un de

Montechiaro avant le départ de l'Empereur, — l'autre
de la Casa Morino après l'entretien de Sa Majesté avec
le maréchal de Mac-Mahon; mais mal renseignés, sur
l'endroit exact où ils devaient trouver le maréchal, et
sur les chemins à suivre, tous deux, après des courses
infructueuses, s'étaient rencontrés sur la route de Medole.

LXXXIII. — Le capitaine Klein de Kleinenberg était
porteur d'une lettre envoyée à l'Empereur par un ha-
bitant notable d'Assola. Voici ce pli tel que le recevait le maréchal (10 heures 1/4).

« 24 juin, 6 heures 3/4 du matin.

« L'Empereur vous adresse la ci-jointe; Sa Majesté
vous invite à bien faire observer le côté indiqué par ce
renseignement. »

« Assola, 23 juin 1859, 8 heures du soir.

« Un voiturier, sorti aujourd'hui de Mantoue, rapporte
qu'un corps autrichien que l'on juge être fort de 20
à 30 mille hommes, infanterie, cavalerie, artillerie, est
sorti de la place de Mantoue par la porte Pradella, et
s'est avancé sur la route postale de Marcaria; ses avant-
postes sont tout près de nous, au village d'Acqua Negra.

« Je me hâte de vous envoyer ces renseignements
afin que vous leur donniez la valeur que vous croyez
qu'ils puissent mériter.

« FERGI ANDREA. »

Le second envoyé de l'Empereur, le capitaine de Clermont-Tonnerre, apportait au maréchal l'ordre **verbal** d'appuyer la droite du 4ᵉ corps.

LXXXIV. — Le maréchal répondit au premier.

« Dites à l'Empereur que je vais faire observer l'ennemi sur ma droite; j'envoie à cet effet des ordres à mes divisions de gauche qui sont encore échelonnées vers la Chiese, sur un développement de près de trois lieues, et je me tiendrai fortement en garde avec mon centre et ma gauche, jusqu'à ce que le mouvement de l'ennemi soit bien reconnu et dessiné. »

Le maréchal répondit au second.

« Dites à l'Empereur que j'avais prévenu son intention, puisque la brigade Jannin est déjà partie pour soutenir la droite du 4ᵉ corps, et que le reste de la division Renault a reçu l'ordre de continuer le même mouvement, au fur et à mesure de son arrivée (1).

LXXXV. — « Les généraux, commandant les divisions, sont prévenus de cette circonstance (écrit le colonel

---

(1) *Note communiquée par le colonel de Cornely, premier aide de camp du maréchal Canrobert.*

« MM. les officiers d'ordonnance de l'Empereur, après avoir rempli leur mission auprès du maréchal, montèrent au haut du clocher de Medole pour tâcher de découvrir les mouvements de l'ennemi. Apercevant une grande poussière dans la direction d'Acqua Negra, du côté de Mantoue, ils crurent devoir en informer immédiatement le colonel de Cornoly, pensant que dans les prévisions qui venaient de lui être signalées par le message de l'Empereur, le maréchal jugerait sans doute nécessaire d'apprécier par lui-même la réalité et l'importance de ces renseignements. »

Besson, chef d'état major général du maréchal Canrobert), ceux des 4e et 3e divisions sont invités à réunir et à masser le plus possible leurs troupes, de manière à être prêts à repousser toutes les attaques venant de leur droite. — La 1re division est portée au sud-est de Medole, entre la route de Medole et de Ceresara, puis elle est jetée en avant dans la direction de l'ouest de Rebecco, sur la droite de la division de Luzy, et son chef est prévenu qu'il est jusqu'à nouvel ordre à la disposition du général Niel. — Cette division avait déposé ses sacs, pris toutes ses cartouches et un biscuit. »

Suivons donc les mouvements de la division Renault. La brigade Jannin s'est déjà portée en avant de Medole, pour renforcer la droite de la division de Luzy sérieusement menacée.

LXXXVI.— Le général de Luzy se trouvait à 3 kilomètres environ de Medole, ayant avec lui le général Lenoble, 3 bataillons du 6e de ligne, 1 bataillon du 49e, et une batterie d'artillerie.—A ce moment, les attaques de l'ennemi, qui jusque-là avaient été très-acharnées, avaient complétement cessé sur ce point, et s'étaient, ainsi que l'avait fait dire le général Lenoble au général de Luzy, dirigées sur Rebecco.

« D'après les ordres du général de Luzy (écrit le général Jannin), j'établis mes bataillons du 41e sur la droite de la route, en faisant couvrir mon front droit d'une ligne de tirailleurs. En même temps une section d'artillerie, protégée par les deux compagnies de chasseurs, se portait à 500 mètres en avant des troupes. — Sur ce point, la route présentait une longueur de 2 à 3 kilomètres en ligne droite. Quelques coups de canon furent échangés entre notre artillerie (1) et des pièces autrichiennes placées à l'autre bout de la route, et qui battirent en retraite peu après. Le 56e de ligne, retardé par son mouvement tournant sur Castel-Goffredo, vint vers midi, rejoindre le reste de la brigade et se plaça par ordre en réserve derrière le 41e de ligne (2).

LXXXVII. — Bien que l'ennemi ne se montra plus dans la direction de Ceresara, et parut avoir renoncé à la pensée de menacer l'extrême droite de la position du 4e corps, cependant on conservait encore des inquiétudes sur un mouvement de troupes autrichiennes remarqué à l'extrémité de la route dans cette direction. Une reconnaissance se porta de ce côté vers une heure, mais n'amena aucun résultat, l'ennemi avait disparu. Le général de Luzy se décida alors à emmener le général Lenoble avec les troupes et les canons qu'il avait avec lui, pour appuyer sur la gauche, vers Rebecco. — Le 56e (brigade Jannin) vint prendre sa place. Peu après, la 1re brigade de la 1re division, ayant à sa tête le général

---

(1) *Note relative à la bataille de Solferino par le général Renault commandant la 1re division du 3e corps.*

« Pour produire tout son effet, cette artillerie s'était placée à plus de 500 mètres de la ligne d'infanterie, qui la soutenait à droite et à gauche de la route de Ceresara. »

(2) Note du général Jannin, communiquée à l'auteur.

Renault, se portait dans la même direction, moins deux
bataillons du 23ᵉ laissés à la gauche de Medole, et s'é-
tablissait sur 2 lignes, à droite et à gauche de la Seriola
Marchionale, se reliant par sa gauche à la droite du
4ᵉ corps (1).

LXXXVIII. — C'est sur la gauche en effet, que les
Autrichiens se sont reportés, en voyant l'impossibilité
d'envelopper l'extrême aile droite de l'armée, successivement appuyée par les deux brigades de la division
Renault.

Là, ils rencontrent la division Vinoy. — Celle-ci,
son chef en tête, avait continué sa marche en avant ;
elle doit pousser droit devant elle jusqu'à la route de
Castiglione à Goito, et ensuite prenant à droite, se
porter sur Guiddizzolo ; mais elle n'avait pas tardé à
rencontrer l'ennemi, car ces positions qui assuraient
en cas d'échec sa retraite sur Goito et Volta, étaient
pour lui d'une grande importance. — La résistance
opiniâtre des Autrichiens, aussi bien que leurs retours acharnés sur ce point, avait donc deux buts : paralyser de ce côté les mouvements de l'armée française, et se ménager une grande ligne de retraite.

(1) *Rapport du général Renault, commandant la 1ʳᵉ division du 3ᵉ
corps.*

« A une heure de l'après-midi, la division de Luzy, ayant quitté ses
positions pour se porter sur Rebecco, je me suis avancé, d'après vos
ordres, pour la remplacer avec toutes mes troupes, à l'exception de
deux bataillons du 23ᵉ, laissés à la garde de Medole. »

Le général Vinoy a jeté sur sa droite le 52ᵉ de ligne, qui a déployé un de ses bataillons en tirailleurs, se portant ainsi sur la gauche du général de Luzy.

LXXXIX. — Pendant ce temps, le 6ᵐᵉ bataillon de chasseurs (commandant de Potier) a continué sa marche avec la compagnie du génie et 4 pièces d'artillerie sous les ordres du capitaine Delange; la route qu'ils suivent est tracée dans le bois. Bientôt, aux massifs de mûriers qui couvraient la présence de l'ennemi et masquaient son approche, succède une vaste plaine complétement découverte et d'une étendue de 3 kilomètres environ. L'artillerie se met immédiatement en batterie sur la lisière, protégée par l'infanterie qui s'embusque derrière elle et sur ses flancs. — S'aventurer dans la plaine est impossible : car la division ne s'est pas encore entièrement ralliée, et l'on voit de tous côtés déboucher de fortes colonnes d'infanterie et de cavalerie autrichiennes soutenues par une artillerie nombreuse.

De son côté, la division de Luzy est fortement engagée sur Rebecco; le général Vinoy n'a en ce moment que sa 1ʳᵉ brigade avec lui.

Le général Niel, commandant en chef le 4ᵐᵉ corps, fait dire au général de Failly de hâter sa marche pour venir se mettre en ligne, et ordonne au général Vinoy de prendre une direction oblique en se rapprochant par une de ses ailes du 2ᵐᵉ corps : car l'ennemi devient de plus en plus menaçant, et s'avance en s'appuyant à la ferme de Casa nova située sur la lisière du bois, à 1000 mètres du point où le général Vinoy a établi sa batterie d'artillerie.

Cette ferme a joué pendant tout le cours de la journée un grand rôle, et c'est autour d'elle que se sont livrés les combats les plus acharnés. Les Autrichiens, voyant le petit nombre de troupes que nous leur opposons de ce côté, portent droit sur elles une colonne d'infanterie et de cavalerie soutenue par de l'artillerie; nos tirailleurs se replient sur leurs réserves, au milieu desquelles la mitraille fait déjà de cruels ravages. Nos 4 pièces d'artillerie se défendent avec peine et sont menacées d'être écrasées, mais le général Soleille accourt, amenant successivement sur le terrain les batteries de la réserve.

XC. — 28 pièces sont en position; le général surveille lui-même avec une activité sans égale l'exécution de ses ordres et l'emplacement de ses pièces, qui bientôt sont toutes en action. La cavalerie ennemie, subitement foudroyée, tourbillonne et laisse sur place ses chevaux et ses hommes mutilés, mais l'infanterie continue héroïquement sa marche; ses rangs incessamment troués par nos boulets, se resserrent. En tête, marche un colonel, le drapeau à la main, impassible devant la mort qui décime ses soldats.

Le 6me chasseurs à pied et 2 bataillons de ligne se déploient et courent à la rencontre de cette colonne

Des premiers tombe le brave colonel autrichien. — Sa mort est le signal de la retraite; son corps reste entre nos mains, ainsi qu'un grand nombre de blessés et de prisonniers, parmi lesquels plusieurs officiers.

Ces attaques se renouvelaient à de courts intervalles, chaque fois plus ardentes, plus impétueuses; mais, en les repoussant, nous gagnions du terrain, et les intrépides canonniers qui défendaient la ligne de bataille en profitaient pour se porter intrépidement en avant.

XCI. — La division Vinoy s'était ainsi rapprochée de la ferme de Casa Nova, dont les Autrichiens avaient fait un de leurs points d'appui et qu'ils occupaient en force, « des pièces d'artillerie placées près de cette ferme (écrit le général Vinoy) jetaient la mitraille dans nos rangs, et les Autrichiens embusqués dans des fossés atteignaient même nos servants. — Une pareille situation ne pouvait durer. »

Le général n'hésite pas. — Il donne ordre de s'emparer de la ferme.

C'est le commandant de Potier qui doit enlever la position avec les cinq compagnies de ses chasseurs qu'il a sous la main, pendant que le colonel Bellecourt avec le 85ᵐᵉ, appuiera son mouvement en se portant rapidement sur la droite de Casa Nova pour empêcher l'ennemi de tourner les chasseurs. — Le 3ᵐᵉ bataillon se porte à la droite de l'artillerie pour se réunir au 1ᵉʳ bataillon, et renforcer cette partie de la ligne la plus exposée aux attaques de l'ennemi (1).

XCII — Le général Vinoy a donné le signal de l'attaque. L'artillerie ouvre son feu contre les bâtiments de la ferme, son tir est si habilement et si vigoureusement dirigé que les pièces ennemies sont réduites au silence et que les réserves d'infanterie massées en avant de la ferme sont forcées de se retirer. — C'est le moment de se jeter résolûment en avant. Le commandant de Potier fait sonner la charge. Ses chasseurs à pied, 3 compagnies du 52me, avec le capitaine Crémieux, et 3 compagnies du 85me sous les ordres du capitaine Chauvencie, s'élancent aux cris de vive l'Empereur! S'excitant au combat par une ardeur mutuelle, sautant dans les vergers, franchissant les haies, ils abordent l'ennemi à la baïonnette. Celui-ci essaye un instant de résister; mais de tous côtés la ferme est enveloppée, enlevée d'assaut; la défense est devenue impossible, et les troupes autrichiennes qui l'occupaient abandonnent la place. Le commandant de Potier après les avoir poursuivies jusqu'à la route de Guidizzolo s'est replié sur la ferme et a pris des dispositions défensives. — Bientôt, en effet, l'ennemi tente un effort vigoureux pour s'en réemparer. Le commandant, soutenu par les capitaines Crémieux et Chauvencie, s'élance de nouveau à sa rencontre et le

____

(1) Note sur les opérations de la 2e division du 4e corps, le 24 juin, communiquée à l'auteur par le général Vinoy.

repousse encore jusqu'au delà de la route. — La vigueur de cette attaque est si rude, la retraite si précipitée, qu'un instant 5 pièces d'une batterie autrichienne restent entre nos mains.

« Malheureusement, écrit le général Vinoy, les avant-trains de ces pièces avaient été enlevés et nos soldats ne purent les traîner pour les conserver en notre possession. La cavalerie autrichienne se précipite sur eux avec impétuosité, et de fortes colonnes d'infanterie s'avancent pour reprendre leurs pièces. Nos soldats ne peuvent résister à des troupes si supérieures en nombre, ils défendent énergiquement ces trophées qu'ils voulaient conserver, le brave capitaine Chauvencie du 85e de ligne se fait tuer sur une des pièces. Mais tous les efforts sont impuissants, il faut les abandonner et se replier sur la ferme de Casa Nova en défendant le terrain pied à pied. »

XCIII. — Cette ferme désormais en notre pouvoir sert de point d'appui à la droite de la division. Un détachement du génie pratique des meurtrières et la met en solide état de défense.

Le général Vinoy a porté de nouveau sa ligne de bataille à 100 mètres en avant, et fait un mouvement de conversion à droite, de manière à se rapprocher par sa gauche de la route de Castiglione à Guidizzolo, à laquelle s'appuie le 2e corps.

C'est pendant que la division exécutait ce mouvement, que les deux divisions de cavalerie Partouneaux et Desvaux débouchèrent dans la plaine. — Le général Niel donne ordre au général Partouneaux de s'établir en arrière du centre de la ligne d'artillerie, pendant que le général Desvaux ira prendre position sur la gauche, appuyant la gauche de sa division sur la route de Guiddizzolo.

Les deux batteries de ces divisions viennent se joindre à l'artillerie déjà engagée et donnent un total de 42 pièces.

XCIV. — Le général Niel, dans la position qu'il occupe en face la vaste plaine qui se développe devant lui, a compris que l'artillerie soutenue par une puissante cavalerie est appelée à jouer un grand rôle, et qu'elle peut déployer des ressources d'autant plus terribles, qu'elles seront employées en masse. — Manœuvrée avec habileté, elle doit par la justesse de son tir et sa longue portée faire d'incalculables ravages; elle foudroiera les bataillons amoncelés et gardera inébranlablement le passage, pendant que le 4ᵉ corps auquel viennent successivement se joindre des portions du 3ᵉ, résisteront à force d'opiniâtreté et de courage infatigable aux attaques incessantes d'un ennemi si supérieur en nombre.

XCV. — Pendant que le général Vinoy prenait position à la Casa Nova, le général Douay s'était, de son côté, emparé de Rebecco, malgré les forces nombreuses qu'il avait trouvées devant lui, mais il s'épuisait à se maintenir contre les retours continuels des colonnes ennemies.

Le général Niel averti de la difficulté croissante de sa

position, détache de la division Vinoy le 73ᵉ de ligne et 2 compagnies de chasseurs à pied qui débouchaient de Medole, et les lui envoie.

A son tour, la tête de colonne du général de Failly, qui avait précipité sa marche au bruit du canon, apparaissait au delà de Medole, au moment même où la lutte prenait entre Rebecco et la Casa Nova des proportions considérables. — Les Autrichiens, confiants dans leurs masses sans cesse renouvelées, cherchaient à se faire jour entre le général Vinoy et le général Douay.

XCVI. — Le général Niel donne aussitôt ordre au général de Failly de se diriger avec sa 1ʳᵉ brigade sur le hameau de Baite, situé entre Rebecco et la Casa Nova, conservant, comme réserve, la 2ᵉ brigade (général Saurin). Le général de Failly se lance en avant avec la brigade O'Farrell, en ralliant à son commandement la partie de la division Vinoy qui était venue soutenir le général Douay.

De toutes parts, la lutte grandissait; et si à la Casa Nova, le général Vinoy devait, avec une énergique persistance repousser des attaques incessantes; si le général Douay faisait contre Rebecco des prodiges de valeur opiniâtre; près du hameau de Baite, la division de Failly devait aussi prendre une large et cruelle part au combat, et verser dans une lutte terrible le sang de ses chefs les plus vaillants et de ses meilleurs soldats.

Les rapports autrichiens nous apprennent, en effet, que trois corps d'armée (près de 80,000 hommes), cherchèrent pendant toute la journée à rejeter sur Medole les troupes du 4ᵉ corps, pour conserver libre cette route de Guiddizzolo, leur ligne de retraite sur Mantoue.

XCVII. — Il nous serait impossible d'entrer dans toutes les péripéties de ces luttes acharnées, où le général Niel, pour conserver des positions si heureusement conquises dès le matin, usait successivement toutes ses forces dans des combats inégaux ; perdant et regagnant successivement du terrain (1).

Près de Baite, le général de Failly (2), engagé avec

(1) *Rapport du général Niel, commandant en chef le 4ᵉ corps.*

L'ennemi, qui sentait tout le danger que lui faisait courir ma marche sur Guiddizzolo, réunit tous ses efforts pour l'arrêter. Une lutte des plus vives se prolongea pendant plus de six heures autour de la ferme de Casanova, au hameau de Baite et au village de Rebecco. Quand le combat avait lieu par des feux d'infanterie, l'ennemi ayant l'avantage du nombre, je perdais du terrain ; alors je formais une colonne d'attaque avec un des bataillons de ma réserve, et la baïonnette nous donnait plus que la fusillade ne nous avait fait perdre.

(2)   LE GÉNÉRAL DE DIVISION DE FAILLY

(Pierre-Louis-Charles-Achille), est né le 21 janvier 1810, à Rozoy-sur-Serre (Aisne).

Entré à l'École militaire le 18 novembre 1826, il en sortait sous-lieutenant au 35ᵉ de ligne le 1ᵉʳ octobre 1828.

Embarqué le 14 mai 1830 pour l'Afrique, il assistait à la prise d'Alger, se distinguait à l'attaque du Fort de l'Empereur et était nommé lieutenant le 20 décembre 1830.

Capitaine le 30 avril 1837, capitaine adjudant-major le 28 février 1839, il passait comme capitaine au 7ᵉ bataillon de chasseurs à pied (23 octobre 1840), et capitaine adjudant-major au 8ᵉ (1ᵉʳ décembre 1840).

Il était officier d'ordonnance du roi, le 20 mars 1841 ; chef de bataillon au 68ᵉ de ligne le 3 juillet 1843, et recevait, le 14 avril 1844, le commandement du 2ᵉ bataillon des chasseurs à pied.

Lieutenant-colonel au 49ᵉ de ligne, le 10 juillet 1848, il fut nommé

une seule brigade dans une position extrêmement critique, réclame en vain le secours de la 2ᵉ brigade ; le
général Niel ne peut le lui donner, car la ferme de Casa
Nova est l'objet de ses préoccupations les plus vives, et
le général Vinoy a dû s'étendre sur la gauche, dégarnissant ainsi les abords de cette position où se maintient malgré tout le 6ᵉ bataillon de chasseurs.

Déjà un des plus brillants et des plus énergiques

le 26 novembre au commandement de l'école secondaire de Toulouse,
où il resta jusqu'au 8 avril 1850, époque de sa rentrée au corps.

Colonel au 20ᵉ de ligne, le 8 août 1851, il s'embarquait de nouveau
le 5 septembre suivant pour l'Afrique, où ses nombreux services lui
valurent le grade d'officier de la Légion d'honneur (6 août 1852).

Appelé à faire partie de l'armée d'Orient le 2 avril 1854, il arrivait
à Gallipoli le 10. — Général de brigade le 29 août 1854, il partait pour
la Crimée et prenait une part glorieuse à la bataille de l'Alma.

Nommé commandant supérieur de Constantinople, il occupa ces
importantes fonctions jusqu'au 5 décembre 1854.

Appelé alors au commandement de la 2ᵉ brigade de la 2ᵉ division, il
prit part au combat des ouvrages blancs (7 juin), à l'attaque du Redan
(18 juin). Sa brillante conduite à la bataille de la Tchernaïa, où il eut
un cheval tué sous lui, lui valut une citation spéciale à l'ordre de
l'armée.

Nommé, le 29 août 1855, au commandement de la 1ʳᵉ brigade de la
garde impériale (voltigeurs), il prenait part à l'assaut de Malakoff et
contribua puissamment par son énergique valeur à la prise de Sébastopol. Le grade de général de division vint récompenser, le 22 septembre, les éminents services qu'il avait rendus pendant ce long siége.

Chargé du commandement de la 4ᵉ division du 2ᵉ corps (passée 3ᵉ
du corps de réserve), il fut envoyé en octobre à Eupatoria. Rentré en
France, il fut nommé aide de camp de l'Empereur, le 12 mai 1856, et
commandeur de la Légion d'honneur, le 8 octobre 1857.

En avril 1859, le général de Failly recevait le commandement de la
3ᵉ division du 4ᵉ corps de l'armée d'Italie, et devait prendre une part
active aux opérations de cette glorieuse campagne. La bataille de Solferino lui valait le cordon de grand-officier de la Légion d'honneur,
qu'il reçut le lendemain même (25 juin).

officiers de notre armée. le colonel du génie Jourjon (1),
a trouvé la mort en dirigeant personnellement la dé-

(1)   LE COLONEL DU GÉNIE JOURJON

(Charles-Louis), était né à Rennes, le 18 septembre 1807.

Admis à l'École polytechnique le 1er octobre 1826, il en sortit comme
élève sous-lieutenant à l'École d'application de Metz le 1er octobre 1828.

Sous-lieutenant au 3e du génie le 17 janvier 1831, lieutenant au 2e
le 20 mai 1832, puis au 1er le 13 février 1833, il partit pour l'Afrique.
Bien qu'il n'y resta qu'une année, il fut cité deux fois à l'ordre de l'armée pendant l'expédition de Médeah. Rentré en France, il fut attaché
comme lieutenant à l'état-major particulier du génie, le 1er février 1834,
et devint capitaine de 2e classe, le 20 mai 1834.

Le capitaine Jourjon alla en Algérie, le 29 mars 1840, rejoindre
le 1er régiment du génie, et était nommé capitaine en premier le
21 janvier 1841; capitaine de 1re classe de l'état-major du génie, le
8 janvier 1842, il rentrait presque aussitôt en France, pour être placé
quelques mois après, à l'état-major d'application de Metz.

Le 27 novembre 1845, il était nommé professeur du cours d'art militaire et de fortification, chef de bataillon le 24 mai 1850, et envoyé en
1851 comme chef du génie à Bordeaux et à Libourne. Lieutenant-colonel le 1er février 1854, il s'embarquait sous les ordres du général
Niel, pour la Baltique, le 20 juillet, et montrait dans cette courte expédition les qualités militaires qui le distinguaient. A son retour, il alla
remplir les fonctions de chef du génie à Metz, et les conserva jusqu'au
moment où il fut appelé à l'armée d'Orient.

Le siége de Sébastopol devait mettre en lumière les hautes qualités
de ce brillant officier du génie : bravoure à toute épreuve, sang-froid,
activité infatigable. Cité à l'ordre du jour de l'armée pour sa brillante
conduite, le 18 mars il était nommé chef d'état-major du génie de l'armée d'Orient, et le 23 mai colonel.

Déjà le colonel Jourjon était classé par tous les hommes spéciaux
comme un des officiers de son arme le plus remarquable et le plus
digne de parvenir aux grades élevés.

A son retour de Crimée, il fut envoyé comme directeur des fortifications à Bourges (13 février 1856). Il était colonel du 1er régiment du
génie depuis le 20 mars 1858, lorsqu'il fut appelé à l'armée d'Italie en
qualité de commandant du génie du 4e corps (22 avril 1859).

La bataille de Solferino devait l'enlever à l'armée, et le maréchal
Niel signala dans son rapport la perte cruelle que venaient de faire
l'armée et le génie, où son noble caractère et ses hautes vertus militaires avaient été si vivement appréciés.

fense de Casa Nova, avec cette énergie audacieuse et résolue dont il avait donné tant de preuves en Crimée.

Le général Niel a lancé la brigade Saurin par fractions successives. Épuisée de combats, de fatigues, cette vaillante brigade défend pied à pied ce terrain qu'il faut à tout prix conserver.

XCVIII. — Que de traits de valeur héroïque il faudrait citer ! — Ici, c'est le 15ᵉ bataillon de chasseurs, sous les ordres de son chef, le commandant Lion ; il s'élance à l'ennemi ; un officier autrichien va frapper mortellement le capitaine, mais un chasseur, le nommé Petit, tue cet officier d'un coup de baïonnette.

Là, c'est le 2ᵉ de ligne qui combat avec acharnement contre des colonnes que l'ennemi renouvelle sans cesse.

Le capitaine Douay qui commande le 3ᵉ bataillon, a le bras emporté par un boulet. Cet énergique officier conserve son commandement ; impassible au milieu du feu, malgré son sang qui coule à flots, il donne ses ordres et anime au combat ses soldats électrisés par tant de courage. En vain on le presse de se retirer, en vain on veut l'emporter loin du champ de bataille, il reste jusqu'au moment où il tombe épuisé pour ne plus se relever.

Le 2ᵉ bataillon déployé en tirailleurs a massé la 3ᵉ compagnie du centre chargée de la garde du drapeau. — Un gros d'ennemis caché par des massifs de mûriers fond sur elle à l'improviste : mais elle défend avec acharnement le dépôt d'honneur qui lui est confié et donne ainsi le temps aux autres compagnies devenir ral-

lier l'étendard du régiment. La lutte est terrible, la mêlée furieuse; presque tous les officiers qui commandaient ces compagnies sont glorieusement tombés. Mais
plus le péril grandit, plus les rangs se resserrent :
les vivants et les morts forment autour du drapeau un
dernier rempart.

Le commandant Hébert du 53ᵉ a vu le danger qui
menace ses frères d'armes, il lève son sabre en criant :
« En avant! premier bataillon du 53ᵉ, au drapeau! »

A la voix de son chef intrépide, le bataillon s'élance
et fond sur l'ennemi. — L'aigle du 2ᵉ de ligne est déga-
gée ; mais le brave commandant Hébert a été tué des
premiers; renversé à terre par un coup mortel, il criait
encore à ses soldats : « Courage mes enfants! » — Mort
glorieuse et bien digne des nobles soldats de la France.

De nouveaux bataillons autrichiens accourent de tous
côtés en poussant des cris furieux. — Le 55ᵉ de ligne
reçoit l'ordre de dégager la ferme que l'ennemi menace d'envelopper; le colonel de Maleville lance le
commandant Tiersonnier avec le 3ᵉ bataillon; le commandant entraîne ses hommes et refoule l'ennemi à la
baïonnette; son cheval vient d'être tué, il combat à
pied avec une énergie qui redouble l'ardeur de ses soldats. Une pièce de canon autrichienne tombe en son
pouvoir, aussitôt il coupe les traits qui retiennent les
attelages de l'artillerie ennemie et s'élance sur un des
chevaux; — Superbe d'audace, de courage invincible,
il est toujours au premier rang, courant, avec un pro-

fond dédain de la mort, partout où le danger est le plus menaçant. — Trois coups de feu le renversent inanimé au milieu de ses soldats.

Le commandant Nicolas, du 2ᵉ bataillon, tombe aussi mortellement frappé, et, avant d'expirer, trouve encore assez de force pour crier : « Vive l'Empereur! »

XCIX. — Le brave 55ᵉ, qui combat ainsi, et perd un à un ses plus vaillants officiers, est à bout de luttes : — Les soldats n'ont plus de cartouches; mais l'ennemi, soutenu par des renforts incessants, avance encore, avance toujours. Le colonel de Maleville envoie demander du secours et des cartouches.

« — Je ne puis lui envoyer ni secours, ni cartouches, répond le général; qu'il combatte à la baïonnette. »

Le danger est pressant; écrasés par le nombre, les soldats plient et perdent du terrain.

Alors le brave colonel, saisissant d'une main le drapeau du régiment, et montrant de l'autre l'ennemi qui approche, se lance seul en avant en criant : « Qui aime son drapeau, me suive!... » Noble inspiration du plus beau courage.

Officiers et soldats oublient la fatigue qui les accable, la mort qui les décime, et se jettent avec une nouvelle ardeur sous le feu le plus terrible. Le colonel de Maleville a fait à peine quelques pas qu'une balle lui fracasse la cuisse. Malgré la douleur de cette cruelle blessure, il ne veut pas, non plus, quitter le

lieu du combat où sa présence est l'âme de la défense; on le soutient sur son cheval, et il excite de la
voix et du geste ses soldats qui l'entourent et que le
nombre écrase ; il veut du moins mourir au milieu
d'eux et avec eux. — Heureusement le 1er bataillon du
même régiment accourt, et la position est encore une
fois sauvée.

Mais le colonel de Maleville (1) devait, comme les
commandants Hébert, Tiersonnier et Nicolas, et comme
le capitaine Douay, payer de sa vie ce bel acte d'héroïsme ; le lendemain il succombait. Seulement, plus
heureux que ses frères d'armes, il savait que notre ar-

(1)   LE COLONEL DE MALEVILLE

(Louis-Charles), était né à Paris le 16 juin 1813. Élève de Saint-Cyr
le 16 novembre 1832, il en sortait sous-lieutenant au 62e de ligne le
20 avril 1835. Il partait aussitôt pour l'Afrique, où il devait rester onze
années consécutives et gagner, par de brillants services, les grades
de lieutenant (4 mars 1838), de capitaine au 70e de ligne (9 mars 1841),
qu'il quitta pour le régiment de zouaves (4 janvier 1842). — Le
6 août 1843, il avait été nommé chevalier de la Légion d'honneur.

Rentré en France, le capitaine de Maleville devint officier d'ordonnance du Roi (11 juin 1847) ; passa au 16e de ligne le 31 octobre 1848,
puis au 28e le 4 novembre, où il resta jusqu'à ce qu'il fut nommé chef
de bataillon à son ancien régiment, le 16e (2 janvier 1851).

Chargé du commandement d'un bataillon du 3e de ligne (3 juillet 1854), il faisait la campagne de la Baltique et recevait la croix
d'officier de la Légion d'honneur.

Nommé lieutenant-colonel le 21 mars 1854, il retournait en Afrique
était nommé colonel du 55e le 30 décembre 1857, et partait, en 1859,
pour l'armée d'Italie.

La conduite héroïque du colonel de Maleville à la bataille de Solferino suffirait à elle seule à toute une vie militaire. Cette inspiration du
plus noble courage est digne de prendre place au rang des grandes actions militaires qui honorent une nation et sont d'éternels titres de
gloire pour une famille.

Il succombait le 25 juin, à l'âge de 46 ans.

mée victorieuse avait inscrit dans l'histoire la plus grande page guerrière des temps modernes.

C. — A Rebecco, depuis le matin, le 49ᵉ (colonel de Mallet) a défendu avec acharnement la ferme et les bâtiments de Baite, dont il s'est emparé. Mais ce n'est qu'au prix des plus grands sacrifices que ce brave régiment a pu s'y maintenir. Quelques troupes de la division de Failly viennent, vers onze heures du matin, lui porter appui. Bientôt le colonel de Mallet est appelé au commandement de la brigade, en remplacement du général Douay, grièvement blessé.

Le général Niel veut s'assurer définitivement la position de Rebecco, dont l'occupation couvre l'aile droite du 4ᵉ corps contre les attaques de l'ennemi, et donne ordre au colonel O'Malley (73ᵉ de ligne), détaché de la division Vinoy, de tenter encore un vigoureux effort. avec les deux bataillons dont il dispose encore. — Quatre bataillons de la division de Luzy se portent vers la droite.

Déjà les 2 bataillons du 73ᵉ atteignent le chemin qui contourne l'église de Rebecco, et, sous un feu violent, continuent résolûment leur marche. — Le 2ᵉ bataillon se jette à droite du village, pendant que le commandant Blendowski pénètre intrépidement, avec le 3ᵉ, dans Rebecco même. Les Autrichiens sont encore forcés d'abandonner le village. — L'élan est donné ; nos soldats sont entraînés par le commandant Blendowski, qui fit en cette occasion preuve de grande énergie ; ils poursuivent l'ennemi à la baïonnette. Mais, craignant de voir sa retraite compromise, le commandant arrête ses hommes et les établit cette fois en avant de Rebecco même, décidé à se maintenir contre tout retour offensif.

CI.—Peu après arrive le général Renault, dont les troupes, établies à droite et à gauche de la Seriola Marchionale, couvraient la droite du 4e corps.

Le général Niel l'a fait prévenir qu'il appuyait sur sa gauche en lui demandant de suivre son mouvement. Le général Renault prescrit aussitôt au commandant Schwartz du 56e de ligne, de se porter sur Rebecco et de se relier par ses tirailleurs au 4e corps. — Le commandant entre fort heureusement en ligne, au moment où le 73e allait être débordé par sa droite.—Ses troupes, impatientes de combattre, oublient les fatigues de la longue route qu'elles viennent de parcourir, pour s'élancer sur l'ennemi, auquel elles font bon nombre de prisonniers (1).

Le colonel Colson, chef d'état-major de la 1re division a reçu les ordres du général Renault, et dirige lui-même les mouvements des différents corps avec cette énergique activité et cette intelligence de la guerre, dont il avait donné tant de preuves en Crimée; car celui qui écrit ces lignes, retrouve à tout instant sous sa plume les noms de ces jeunes officiers, qui déjà dans la rude campagne de 1855, montraient ce que l'armée pouvait justement attendre d'eux dans l'avenir.

(1) Rapport du général de division Renault.

II   16

CII. — Le colonel Guilhem est arrivé en toute hâte avec le 90e; il place un bataillon dans l'intérieur même de Rebecco, et deux autres bataillons en réserve derrière le village. — Enfin pour achever de donner toute sécurité de ce côté au général Niel, le général Renault renforçait sa gauche avec deux bataillons disposés en échelons. — Désormais Rebecco nous était définitivement acquis (1).

Mais les Autrichiens, vaincus à Solferino, vaincus à Cavriana, n'en défendent qu'avec plus d'acharnement la dernière position qui maintient leur ligne de retraite. Des réserves considérables sont accumulées à Guiddizzolo et les généraux envoient à tout instant des colonnes résolues, qui approchent impunément au milieu des massifs et tombent à l'improviste sur les troupes du 4e corps, épuisées par neuf heures de luttes incessantes, sans un instant de repos, et sous les rayons dévorants d'un soleil orageux.

La bataille semble s'être tout entière concentrée sur Baite et la Casa Nova. — Dans cette ferme, se sont maintenus, depuis le matin, les chasseurs du 6e bataillon, avec leur intrépide commandant de Potier, dont le cheval a été tué, et qui lui-même a déjà reçu trois blessures.

(1) *Bulletin autrichien de la bataille de Solferino.*

« Le 9e corps ne parvint pas malgré tous ses efforts à déloger l'ennemi de Rebecco.

« Pendant plusieurs heures, le combat se livra pour la possession de cette localité où l'ennemi envoyait constamment de Medole des réserves fraîches.... La localité de Rebecco fut plusieurs fois prise et reperdue. La lutte s'arrêta plusieurs fois, et plusieurs fois l'armée autrichienne reprit l'offensive. »

CIII. — Des uhlans lancés en fourrageurs tombent à tout instant sur les compagnies qui en gardent les abords. — Mais le général Vinoy ne veut pas encore engager ses derniers bataillons, son unique ressource, et fait demander au général Partouneaux, dont les escadrons se déploient à sa gauche, de lui venir en aide.

Le terrain, couvert d'arbres, coupé de fossés souvent profonds, était fort dangereux pour la cavalerie; mais la position est grave, le général Partouneaux n'hésite pas et donne l'ordre au général de Clérembault de se porter dans le bois avec le 2ᵉ hussards, soutenu en arrière par le 7ᵉ. Le général se met à la tête du 2ᵉ hussards, n'emmenant avec lui que son aide de camp, le capitaine Ruyneau de Saint-George, car son officier d'ordonnance, le capitaine Castelnau, vient d'être blessé quelques instants auparavant. — Il s'engage résolûment au milieu des vergers qui entourent la ferme, prenant pour point de direction l'endroit où la fusillade lui paraît le plus intense. La petite troupe avance avec difficulté; le général ne peut se faire éclairer, et c'est à peine s'il voit à quelques pas devant lui, tant parfois les massifs d'arbres sont touffus. Déjà il a laissé à sa gauche la Casa Nova, qu'il a dépassée de plus de trois cents mètres, lorsqu'il rencontre le général La Charrière.

CIV. — Pendant qu'il prend quelques informations, la fusillade redouble sur la gauche ; les Autrichiens vien-

nent de lancer une nouvelle colonne de Croates qui s'a-
vance en masse compacte, faisant un feu roulant sur
les faibles bataillons qui défendent à outrance les abords
de la ferme. Cette colonne marche rapidement à travers le bois, présentant le flanc aux hussards qu'elle
n'a pas aperçus. — Le général ordonne le plus profond silence et donne ses ordres à voix basse. — L'ennemi continue sa marche avec confiance. Tout à coup
le général de Clérembault se lance à la tête du 6ᵉ escadron (2ᵉ hussards) que commande le capitaine Roux ;
cette attaque imprévue et très-vigoureusement exécutée
met le désordre parmi les Croates. — Mais ils se sont
selon leur habitude jetés à terre et couchés dans les
fossés ; tout à coup, ils se relèvent et commençant un feu
très-vif à courte distance, font éprouver à l'escadron des
pertes sensibles (1).

Voici le 5ᵉ escadron conduit par le colonel L'Huillier.
Le général l'a rejoint en franchissant le premier un
fossé très-profond.— L'ennemi à peine rallié est de nouveau rompu ; épouvanté par cette seconde charge qui
tombe sur lui comme un ouragan, et croyant que la division tout entière est sur les traces de ces escadrons,
il abandonne le terrain, sans essayer de le défendre plus
longtemps.

Pendant que les hussards sabrent et dispersent les
Croates, le général Vinoy et le général La Charrière ont
rallié leurs compagnies. Cette charge heureuse avait

____

(1) 20 chevaux, 3 officiers et 37 hommes hors de combat.

apporté aux combattants du 4e corps quelques instants
de repos, mais les Autrichiens n'ont pas renoncé au
projet de nous enlever la ferme de Casa Nova, et font
encore avancer de Guiddizzolo une forte colonne d'infanterie par la route de Castiglione.

CV. — C'est l'empereur d'Autriche lui-même qui a
ordonné de tenter encore, de ce côté, de suprêmes
efforts. Des batteries d'artillerie et de fusées criblent les
bois de projectiles; — plusieurs bataillons se lancent
alors à l'ennemi, et dans le même moment le général
de cavalerie de Labareyre, à la tête de sa brigade de lanciers, se jette à travers les vergers sur les Autrichiens,
en les attaquant à la fois par les deux flancs, et leur fait
de nombreux prisonniers.

Mais les masses autrichiennes, semblables à ces flots
de la mer que le flux ramène sans cesse, reparaissent
bientôt plus nombreuses et plus menaçantes : « le feu de
l'artillerie et des fusées ennemies (écrit le général Vinoy)
recommence avec une nouvelle intensité, les abords de
la ferme sont balayés par des projectiles de toute espèce,
mitraille, obus et fusées, de manière à en rendre l'occupation presque impossible, et bientôt on voit apparaître trois colonnes d'infanterie, qui s'avancent dans
cette direction.

C'est le jeune prince de Windishgraetz, colonel du
35e autrichien, qui dirige cette attaque; bravant avec
un sang-froid et un courage héroïques la grêle de balles
que font pleuvoir, par les créneaux, les défenseurs de

la ferme, il arrive jusqu'aux murs mêmes de la Casa Nova pour en enfoncer les portes (1).

CVI. — Le prince est à cheval en tête de ses bataillons massés. A côté de lui, est son colonel en second. C'est à bout portant que les carabines de nos chasseurs continuent leur feu contre ces ennemis intrépides, mais insensés dans leur vaillance. Le prince a son cheval tué et reçoit deux balles qui le renversent. Son colonel en second trouve aussi la mort près de lui.

Ce fut alors un spectacle vraiment superbe. Les soldats se précipitent et prennent dans leurs bras leur intrépide colonel qui respire encore; puis, immobiles devant la mort qui les moissonne, continuent, sous le commandement de leurs chefs, à rester devant la ferme. — Tout ce qui encore est valide dans le bataillon des chasseurs se rallie à la hâte, et, pour dégager la Casa Nova, se jette sur la tête de la colonne ennemie, pêle-mêle avec un bataillon du 76ᵉ. Au milieu des arbres, des haies et des vergers, les compagnies se réunissent par petits groupes, et des tirailleurs de divers régiments, embusqués dans des fossés et derrière des tas de bois, ouvrent contre l'ennemi un feu meurtrier.

(1) Il est très-difficile de fixer des heures exactes aux différents faits de guerre, qui se succédaient si rapidement dans cette journée. Les rapports des généraux et chefs de corps ne sont même pas le plus souvent d'accord entre eux; — au milieu de ces combats de détails sans cesse renouvelés, ils ne peuvent indiquer les heures qu'approximativement. — Ils ne sont fixés d'une manière certaine que pour les faits les plus importants.

La position devient cependant à chaque instant plus périlleuse. — Le général Vinoy donne ordre au colonel de Berthier, du 86ᵉ, de se porter au secours des combattants. — Le colonel réunit ses trois bataillons et se jette sur le flanc gauche des Autrichiens. — De tous côtés, la fusillade retentit; de tous côtés retentissent les cris furieux d'une lutte désespérée. — Le régiment autrichien est rompu, son porte-drapeau tué et l'étendard reste entre nos mains, glorieux trophée qui valut au 76ᵉ l'honneur de voir son aigle décoré. Le 86ᵉ, de son côté, s'est emparé de trois canons autrichiens, et a forcé à la retraite les réserves ennemies.

CVII. — Pour retracer, dans tous leurs détails si importants et si dramatiques, les différents faits de guerre qui se sont produits dans cette vaillante journée du 24 juin, il nous faut sans cesse tantôt courir à droite, tantôt courir à gauche, et tantôt même retourner en arrière pour reprendre, où nous les avons laissés, les fils forcément rompus de ce multiple récit; mais le lecteur, s'il a bien voulu nous suivre, les renouera facilement.

Revenons donc au 3ᵉ corps dont une brigade de la 2ᵉ division sera bientôt appelée à porter les derniers coups.

Le maréchal Canrobert avait, on le sait, à se préoccuper à la fois du 4ᵉ corps qu'il avait l'ordre d'appuyer, dans son mouvement en avant sur Guiddizzolo, et du corps d'armée de Mantoue (1), contre lequel il devait se garder.

La position, il faut l'avouer, était pénible. — D'un côté, le général Niel faisait demander du renfort, et il était urgent de lui en envoyer; — de l'autre, le maréchal privé de sa division de cavalerie qui opérait sous les ordres du général Niel, ne pouvait s'assurer très-exactement des intentions du corps autrichien, qu'il s'attendait à voir apparaître sur son flanc et sur ses derrières.

Le général Bourbaki (2) opérait des reconnaissances.

----

(1) C'est en effet par suite d'événements imprévus que ce corps d'armée autrichien ne parut pas sur le champ de bataille, car il en avait reçu l'ordre.

Le bulletin autrichien dit : « Dans le 2ᵉ corps d'armée, la division du lieutenant feld-maréchal comte Jellachich reçut l'ordre de se rendre de Mantoue à Marcaria pour prendre part aux opérations de l'armée principale et pouvoir agir sur le flanc de l'ennemi au delà de Castel-Goffredo.

« Le commandant de corps lieutenant feld-maréchal, prince Édouard de Liechtenstein, prit en personne le commandement de cette division. »

(1)   LE GÉNÉRAL DE DIVISION BOURBAKI

(Charles-Denis-Sauter) est né à Pau (Basses-Pyrénées), le 22 avril 1816.

Il est fils du colonel Denis Bourbaki, Grec d'origine, vaillant soldat qui trouva la mort, en 1827, dans la campagne de Grèce.

Élève de Saint-Cyr le 15 novembre 1834, le jeune Bourbaki entra comme sous-lieutenant au 59ᵉ de ligne, le 12 octobre 1836. Passé au corps des zouaves, le 22 décembre 1837, il y devint lieutenant, le 21 décembre 1838. Lors du licenciement de ce corps, il fut admis au 24ᵉ de ligne, et rentra le 25 janvier 1842 au régiment des zouaves, où il fut promu capitaine le 15 juin 1842.

Officier d'ordonnance du roi Louis-Philippe le 12 novembre 1845, il était chef du 2ᵉ bataillon d'infanterie légère d'Afrique, le 28 août 1846. Il passa dans le même grade au 6ᵉ léger, le 1ᵉʳ septembre 1846, puis aux tirailleurs indigènes de Constantine le 27 septembre 1847. —

De forts détachements de uhlans appuyés par de l'artillerie légère lui ont été signalés, mais à plusieurs reprises, il a été constaté qu'aucun corps d'infanterie ne
paraît derrière la cavalerie.

Lieutenant-colonel du 3e léger, le 16 janvier 1850, il entra avec ce
grade au régiment de zouaves, le 26 avril 1850, et fut promu colonel de
ce régiment, le 24 décembre 1851. Il devint ensuite colonel du 1er de
zouaves (réorganisé) le 13 février 1852, et général de brigade le 14 octobre 1854.

A ce titre, il commanda d'abord une brigade de la 2e division
d'infanterie de l'armée d'Orient, puis la 2e brigade de la 2e division
d'infanterie de l'armée du Nord, et enfin une brigade de la 4e division
d'infanterie du 2e corps de l'armée d'Orient. — Après la guerre, il fut appelé à commander la subdivision de la Gironde (28 juin 1856), et mis
ensuite à la disposition du gouverneur général de l'Algérie le 28 mars
1857. Général de division le 12 août 1857, il remplit, en 1858, les fonctions d'inspecteur général d'infanterie. Il commandait en 1859 la 5e division d'infanterie de l'armée de Lyon, qui devint, au mois d'avril
dernier, la 3e du 3e corps de l'armée d'Italie; le général Bourbaki en
garda le commandement. — Le sort de la guerre a voulu qu'elle ne fût
pas très-engagée dans le courant de la campagne; mais s'il en eût été
différemment, chacun savait d'avance ce que la France et l'Italie
pouvaient attendre de la rare vigueur et des mérites militaires du
chef de cette division.

Le général Bourbaki a fait campagne en Afrique de 1836 à 1854. De la
fin de cette dernière année à 1856, il a fait la guerre en Orient. En 1857,
il était de nouveau en Algérie, et prenait part, avec son énergie habituelle, à la victorieuse expédition qui soumit enfin à nos armes la
grande Kabylie.

Cité pendant sa carrière militaire plusieurs fois à l'ordre de l'armée,
il eut au combat d'Icheriden un cheval tué sous lui, et fut blessé en
1840 d'un coup de feu à la jambe. Il recevait encore un coup de feu
à la poitrine, au dernier assaut qui devait nous livrer les défenses de
Sébastopol.

L'expédition de Crimée est pour le général Bourbaki un glorieux
souvenir; elle ajoute de belles pages à sa vie militaire : ces pages se
nomment *Alma, Inkermann, Sébastopol;* là, il sut déployer toutes les
qualités qui font le vrai soldat; là, il se plaça, dans la pensée de tous,
au premier rang des meilleurs généraux dont s'honore l'armée.

Le maréchal jugeant alors que la division Bourbaki et la brigade Collineau de la division Trochu seraient suffisantes pour repousser l'ennemi, s'il se présentait dans la direction de Mantoue, donne ordre au général Trochu de se porter sur Guiddizzolo avec la brigade Bataille et une batterie d'artillerie, et de se mettre à la disposition du général Niel. Le général Trochu quitte aussitôt sa position, en arrière de Medole, pour se porter à l'appui du 4e corps (1).

Sur sa route le général rencontre deux officiers d'état-major, le premier venant de la part du général de Failly, l'autre de celle du général Niel : tous deux demandaient du renfort. — Comme le général Trochu a reçu l'ordre

---

(1) Le général Trochu emmène avec lui la première brigade que commande le général Bataille; les soldats ont déposé leurs sacs. Il traverse rapidement Medole encombré déjà par de nombreux convois de blessés, et se jette à droite sur la route qui conduit à Guiddizzolo.

De tous côtés, autour de lui, les combats livrés le matin ont laissé leurs traces; les morts jonchent le sol, et parfois les blessés que l'on transporte, soit sur des charrettes, soit sur des civières, sont en si grand nombre que la route en est encombrée; le général s'arrête et salue, quand passent devant lui, ces tristes convois. Bientôt il rencontre le capitaine d'état-major de Bernouville, qui venait à Medole, de la part du général de Failly demander du renfort, puis, presque en même temps, le commandant du génie Petit attaché à l'état-major du général Niel qui venait de sa part prier le maréchal de lui envoyer des troupes pour renforcer son centre.

« Je marche sur Guiddizzolo, répond le général Trochu, mais j'ai reçu aussi instruction de me mettre aux ordres du général Niel et je suis prêt à me porter où il le jugera utile. »

Le commandant Petit part de toute la vitesse de son cheval et rejoint le général Niel, qui aussitôt envoie au général Trochu son aide de camp, le commandant Parmentier avec ordre de le diriger vers le centre, où il se tient de sa personne et qui est le point sur lequel l'ennemi s'acharne avec le plus de violence.

de se mettre à la disposition du général Niel, il suit
son aide de camp, et lance sa brigade à travers champs
dans la direction de la Casa Nova (1). — **A une heure**
et demie il entrait en ligne.

CVIII. — Le général a formé sa ligne de bataille, face
à Guiddizzolo, la gauche en avant de la Casa Nova,
théâtre, pendant toute la journée, de luttes si acharnées :
les bataillons sont déployés en colonnes; une ligne de
tirailleurs couvre toute l'étendue du front. — Suivi de
son état-major, il va lui-même reconnaître le terrain
sur lequel ses troupes ne tarderont pas, selon toute
probabilité, à être engagées. — Un vaste espace reste
vide depuis Baite, où combat la division de Failly,
jusqu'à la grande route où se trouve les divisions de
cavalerie et l'artillerie de réserve du 4ᵉ corps. — Le
général prend toutes ses dispositions de combat; son

(1) *Rapport du général de division Trochu au maréchal Canrobert
commandant en chef le 3ᵉ corps d'armée.*

« Conformément à vos ordres, j'ai quitté à midi 1/2 ma position en
arrière de Medole pour me porter en avant du village à l'appui du
4ᵉ corps engagé depuis le matin avec la plus grande partie des forces
autrichiennes dans une lutte très-opiniâtre dont le théâtre était fort
étendu.

« A une heure et demie j'arrivais en ligne et me mettais à la disposition du général Niel, commandant en chef le 4ᵉ corps. Le général
m'annonça qu'après avoir successivement engagé tout le monde, il me
considérait comme sa dernière réserve, et que j'étais probablement
destiné à mettre fin vers le centre à la lutte où les troupes du 4ᵉ corps
prenant et reprenant successivement avec une admirable énergie les
positions occupées par l'ennemi, avaient vu s'épuiser leurs forces
et une grande partie de leur effectif réduit par des pertes considérables. »

aide de camp, le capitaine d'état-major, Capitan, dont l'intelligence grandit encore le zèle, porte ses ordres à tous les chefs de corps; — la brigade, l'arme au bras, attend le signal de combattre.

CIX. — Le maréchal Canrobert arrive aussi bientôt. — Sur son ordre, les bataillons sont placés en échiquier; puis, avec ce courage audacieux qui le distingue, il se porte en avant de la ligne des tirailleurs. — Le général Niel, qui, lui aussi, pendant cette rude journée s'était tenu au plus fort de la bataille, exposé sans cesse au feu de l'ennemi, accompagne le maréchal au milieu des balles et des boulets; tous deux s'entretiennent avec un calme que chacun admire, et qui porterait du chef au soldat l'étincelle du courage, même dans les cœurs les plus timides.

La position est grave. — Pendant que le général Vinoy fait des prodiges de courage et de ténacité aux alentours de la Casa Nova, le général Niel a engagé ses dernières réserves qui font contre Guiddizzolo des tentatives impuissantes; le commandant de Vassoigne amène au milieu des tirailleurs ses deux batteries complètes et ouvre son feu avec énergie contre les colonnes autrichiennes qui veulent encore pénétrer dans le centre de la ligne de bataille. Ce feu, habilement dirigé, les arrête. — Le général de Luzy fait aussitôt sonner la charge et se lance sur l'ennemi avec un bataillon du 30e qui forme la tête de colonne. Ces braves soldats n'ont plus d'officiers pour les commander (1), mais ils marchent résolûment; ils arrivent ainsi en vue des premières maisons de Guiddizzolo. — Là, ces quatre frêles bataillons, soutenus par deux bataillons de la division de Failly, se trouvent en face de forces supérieures, qui reforment des colonnes d'attaque et s'avancent en masse, faisant pleuvoir devant elles une grêle de balles et de boulets; ils doivent rétrograder. La fatigue, l'épuisement, les brisait; car le 4ᵉ corps marche et combat depuis huit heures, sur un terrain complétement dépourvu d'eau, par une de ces chaleurs étouffantes qui recèlent en soi l'orage près d'éclater (2).

(1) *Notes sur la 1ʳᵉ division du 4ᵉ corps.* (Général de Luzy.)

(2) « On ne se ferait (écrit le général Vinoy) qu'une idée bien incomplète de l'énergie de nos soldats, ainsi que des fatigues qu'ils ont eu à supporter, si l'on ne tenait pas compte de la situation dans laquelle ils se sont trouvés pendant cette action de 18 heures, depuis 3 heures du matin, heure de départ, jusqu'à 9 heures du soir, moment de l'installation au bivouac. Avant leur départ de Carpenedolo, ils n'avaient pris que le café; et, pendant toute la journée, ils n'ont pas eu un seul instant pour prendre la moindre nourriture.

« Combattant sous un soleil ardent, au milieu d'un terrain sans eau, ils ont eu a lutter, non-seulement contre les Autrichiens, mais encore contre la faim, la chaleur et la soif, ennemis bien redoutables aussi. — Nos canonniers, servant sans relâche leurs pièces, au milieu d'une plaine sans abri, étaient exténués de fatigue; et pourtant aucun de nos soldats, fantassins et canonniers, n'a failli à son devoir; tous ont bien mérité !

« Quand on songe à l'énergie qu'il faut avoir pour se maintenir dans des conditions pareilles, on ne peut se défendre d'une grande admiration pour une armée si dévouée, si brave, et si pleine d'abnégation dans les circonstances périlleuses et difficiles. »

(Note communiquée à l'auteur.)

CX. — C'est alors que le général Niel veut tenter un dernier effort et donne ordre au général Trochu, qu'il a tenu jusque-là en réserve, de marcher à l'ennemi. — Il est 3 heures (1).

Le général (2) se porte rapidement devant le front de

(1) Rapport du général Trochu.

(2) LE GÉNÉRAL DE DIVISION TROCHU

(Louis-Jules) est né à Palais, près Belle-Isle-en-mer (Morbihan), le 12 mai 1815.

Élève à l'École spéciale militaire, le 15 novembre 1835; sous-lieutenant élève à l'École d'application d'état-major, le 1er janvier 1838, il était lieutenant au corps d'état-major, le 25 janvier 1840.

Attaché au 6e régiment d'infanterie légère, le jeune lieutenant partit pour l'Afrique, où il allait déployer toutes les qualités militaires qui en firent plus tard un des officiers distingués de notre armée.

C'est en 1841, à l'époque où le général Bugeaud par son activité incessante et son énergie infatigable, assurait à la France la tranquille possession de notre colonie.

Arrivé en Afrique, le lieutenant Trochu fit la campagne de Tägdempt, et prit part à l'occupation de Mascara, ainsi qu'à la campagne d'hiver de 1841, en qualité d'aide de camp du général de Lamoricière, fonctions qu'il occupa jusqu'en 1845. Le combat d'Akbet-Kredda lui valait une citation à l'armée le 1er juin 1841; et, à la suite du combat d'arrière-garde d'El-Bordy (juillet 1841), le général Bugeaud citait encore une fois son nom à l'ordre du jour.

Nommé capitaine, le 5 juillet 1843, il était cité de nouveau par le général de Lamoricière au combat de Sidi-Jusef (22 septembre), et il recevait la croix de la Légion d'honneur le 2 janvier 1844.

A la bataille de l'Isly, le capitaine Trochu se distingua par sa conduite brillante, et fut de nouveau mis à l'ordre de l'armée (14 août).

Il prit part aux campagnes de la grande insurrection de 1845-1846, en qualité d'aide de camp du maréchal Bugeaud, avec lequel il fit aussi l'expédition de Kabylie (1847). Le maréchal avait su apprécier les qualités de son aide de camp, et le conserva auprès de lui, en cette qualité, jusqu'à sa mort.

Nommé lieutenant-colonel le 3 janvier 1851, directeur adjoint du personnel au ministère de la guerre, le 12 juin 1852; puis colonel le

chaque bataillon, et d'une voix pleine d'une énergie radieuse, il dit aux soldats ce que l'on attend d'eux à cette heure décisive.

Un cri spontané de « Vive l'Empereur! » répond à ses paroles.

L'ennemi s'avance en trois colonnes, la première par la route qui, de Guiddizzolo conduit à Castiglione, — la seconde par celle qui mène à Rebecco, — la troisième par un chemin creux tracé au milieu de ces deux routes.

14 janvier 1853, ce brillant officier fut choisi pour aide de camp par le maréchal de Saint-Arnaud, lors de la guerre d'Orient (8 avril 1854).

Le colonel Trochu, dans lequel le maréchal avait une confiance absolue, prit une large part aux événements importants et difficiles qui précédèrent l'expédition de Crimée. Quelques temps après la bataille de l'Alma, à laquelle il assistait, il fut nommé général de brigade (24 novembre 1844), et resta auprès du nouveau général en chef Canrobert, jusqu'au moment où celui-ci se démit de son haut commandement. Alors il fut mis à la tête de la 1re brigade de la 2e division du 1er corps, et fut grièvement blessé par un obus, le 8 septembre 1855, à l'assaut des ouvrages avancés de Sébastopol. La croix de commandeur de la Légion d'honneur récompensa sa brillante conduite (14 septembre 1855).

Membre du comité d'état-major depuis 1856, le général Trochu fut nommé commandant de la 1re brigade du 3e corps de l'armée d'Italie, le 14 avril 1859; puis général de division le 4 mai, en remplacement du général Bouat, mort subitement à Suze. Il prit alors le commandement de la 2e division du même corps.

Officier énergique et d'une bravoure communicative, le général Trochu sait entraîner au feu les hommes qu'il commande. Son énergique conduite à la bataille de Solferino devait lui valoir, dans le bulletin de l'Empereur, une de ces citations qui sont, pour un soldat, un titre de noblesse :

« Le général Trochu marcha alors à l'ennemi par bataillons serrés en échiquier, l'aile droite en avant, avec autant d'ordre et de sang-froid que sur un champ de manœuvres. »

Les tirailleurs engagent le feu. — Le général Trochu s'est placé en tête de la brigade que commande le général Bataille. — Les bataillons sont formés en colonne serrée par division ; ils marchent en échiquier, l'aile gauche refusée. On dirait, à les voir s'avancer ainsi en silence, avec calme, et dans un ordre si parfait, leurs deux généraux en tête, qu'ils sont sur un champ de manœuvre et non sur un champ de bataille déjà couvert de morts, et sur lequel l'ennemi fait pleuvoir ses balles, ses boulets et ses fusées.

La seconde ligne sert de réserve : — l'artillerie, sous la protection d'une garde spéciale, se tient à portée d'agir au premier signal.

CXI. — Les tambours battent ; les clairons sonnent, le choc est terrible et furieux. — Si l'ennemi, d'un côté, cède le terrain ; d'un autre, il renouvelle son attaque et se jette sur nous plus impétueusement encore ; il est impossible de saisir l'ensemble du combat, d'en prévoir les phases, d'en deviner l'issue ; car le terrain est couvert d'arbres, tantôt isolés, tantôt par groupes, et il faut se lancer dans des champs de maïs, dont les tiges épaisses et élevées interceptent à tout instant la vue. Mais rien n'arrête l'élan des troupes.

Un instant, le 44e, lancé par le colonel Pierson, avec une grande vigueur et qui forme l'aile droite de la brigade, est entièrement débordée par la colonne de gauche des Autrichiens. — Mais le colonel et son lieutenant-colonel Vandenheim, rallient autour d'eux les compagnies séparées et font rude résistance. Le général Bataille a compris la manœuvre des Autrichiens ; il voit l'imminence du danger qui menace ce brave régiment, et fait faire face à droite aux deux derniers bataillons, qui se jettent, tête baissée, dans la direction d'une tuilerie entre Rebecco et Guiddizzolo. — Les deux commandants, Condamin et Richoux, entraînant leurs soldats, poussent si énergiquement l'ennemi devant eux, qu'ils lui enlèvent deux canons, et font rendre les armes à une compagnie entière.

CXII. — Pendant ce temps, le gros de la brigade a poursuivi sa course entre les deux routes.— A l'extrême gauche combat le 19e bataillon de chasseurs, à la tête duquel marche le commandant Le Tourneur. L'impétuosité, l'acharnement de l'ennemi font bien deviner qu'il tente un suprême et dernier effort.

Le général Trochu se multiplie avec une infatigable activité. — Il court à tous les bataillons lancés comme des enfants perdus au milieu des arbres, et sa présence redouble leur énergie. — Déjà, son aide de camp a eu son cheval tué sous lui ; un officier de son état-major, le capitaine Duquesnay, a son cheval blessé.

Le général s'élance dans toutes les directions, et brave la mort qui frappe autour de lui les plus vaillants chefs.

En avant du front de bataille est le 43e qui maintient audacieusement l'ennemi, dont les masses semblent à tout instant prêtes à l'envelopper. Au moment où le général accourt, il voit tomber devant lui le brave colonel Broutta, frappé mortellement à la tête par un biscaïen (1).

Mais les efforts des Autrichiens sont impuissants. — Avec le 44e, le général Bataille s'est emparé de la tuilerie qui est placée sur la route de droite, et s'en fait un solide point d'appui.

Ainsi se trouve assuré le flanc droit de cette bri-

(1)   LE COLONEL BROUTTA

(Louis-Charles-Joseph) était né le 4 janvier 1809, à Vaugirard (Seine).

Entré à l'école de Saint-Cyr le 10 novembre 1828, il en sortait sous-lieutenant au 12e de ligne le 1er octobre 1830. Bientôt après, il fit la campagne de Belgique et assista au siége d'Anvers. Lieutenant, le 7 février 1833; il passait au 2e bataillon d'infanterie légère d'Afrique le 30 mai 1833, et partait pour l'Algérie, où il devait prendre une part active aux actions de guerre qui suivirent notre conquête. — Cité à l'ordre du jour de l'armée le 18 octobre 1835, chevalier de la Légion d'honneur, le 18 janvier 1836; il avait de nouveau l'honneur d'une citation, le 10 avril 1836, et devenait capitaine le 31 juillet. C'est avec ce grade qu'il rentrait en France le 29 mars 1837.

Le 26 octobre 1845, il repartait pour l'Afrique. De retour en France, il était lieutenant colonel au 14e de ligne le 3 décembre 1851, et colonel du 43e le 5 septembre 1854. — C'est avec ce régiment qu'il fit la campagne de Crimée et qu'il assista aux rudes épreuves du siége de Sébastopol qui lui valurent la croix d'officier.

Lorsque la guerre d'Italie éclata, le 43e de ligne fut appelé à faire partie de la 1re brigade de la 2e division du 3e corps.

Nous avons vu, le lendemain de la bataille de Magenta, le colonel Broutta poursuivre, avec son brave régiment, l'ennemi qui voulait tenter un retour offensif. — C'est à sa tête qu'il devait tomber mortellement frappé dans la glorieuse journée du 24 juin.

Le 2 juillet il succombait à ses blessures. — Sa mort fut un véritable deuil pour le 43e qu'il avait l'honneur de commander depuis cinq ans.

gade, qui combat sans réserve et isolée dans une vaste plaine.

CXIII. — Sur l'extrême gauche, les chasseurs à pied ont atteint la grande route de Mantoue, à une très-faible distance de Guiddizzolo; mais, s'ils y sont parvenus, c'est qu'une des divisions de cavalerie, prenant une vigoureuse offensive, avait arrêté le mouvement dangereux d'un gros d'ennemis qui venait parallèlement à cette route de Mantoue.

En effet, nous savons que les trois divisions de cavalerie Partouneaux, Desvaux et Morris, se développaient dans toute l'étendue de terrain qui séparait le 2ᵉ et le 4ᵉ corps d'armée.

De la position qu'il occupait, le général Desvaux vit une très-forte colonne hongroise s'avancer contre le flanc gauche de la brigade Bataille; les massifs de bois qui bordaient la plaine permettaient à cette colonne de dérober à la fois sa marche à l'infanterie du général Trochu, et à la division de cavalerie du général Partouneaux.

Pour cacher davantage encore l'important mouvement qu'elle médite, une nombreuse cavalerie couvre son front.

Le général Desvaux, qui se tient de sa personne sur la 1ʳᵉ ligne de sa division, s'apprête au combat. Les cœurs frémissent d'impatience et de joie.

Mais quelques coups de canon dirigés contre ces cavaliers ennemis, font dans leurs rangs de larges

trouées ; on les voit subitement s'arrêter. — Du sein de
la plaine s'élève un nuage épais de poussière : lorsque
ce nuage se dissipe, la cavalerie a disparu, démasquant
ainsi le mouvement en avant de l'infanterie, dont elle
était chargée de voiler les approches. Celle-ci va bientôt atteindre la brigade Bataille et la prendre à revers.
— Il faut à tout prix arrêter sa marche.

CXIV. — L'instant est décisif; — le général Desvaux (1) comprend qu'il n'a même pas le temps de faire
avancer son artillerie pour ébranler par quelques coups

(1)　　　　LE GÉNÉRAL DE DIVISION DESVAUX.

De longs services en Afrique, des blessures, des actions d'éclat,
un grand courage uni à un très-grand sang-froid, font du général
Desvaux un de nos officiers supérieurs les plus distingués.

Le général Desvaux (Nicolas-Gilles-Toussaint), est né à Paris le
1er novembre 1810.

Nommé sous-lieutenant à l'École de cavalerie, le 21 février 1831,
sur la proposition de la commission des récompenses nationales, il
sortait de l'École comme sous-lieutenant élève, avec le numéro 1 sur
71, et entrait au 4e hussards.

Lieutenant le 4 septembre 1837, il passait capitaine instructeur au
2e régiment de chasseurs, le 11 juin 1840.

Attaché, avec ce grade, au 3e chasseurs d'Afrique, le 3 octobre 1840, il partait pour l'Algérie, où il devait rester jusqu'en 1859,
c'est-à-dire pendant 19 années. C'est là, au milieu de combats incessants, de fatigues journalières, d'épreuves de toute sorte, que le jeune
officier, versant vaillamment son sang sur les champs de bataille,
conquit tous ses grades. — C'est au milieu de cette guerre de tous les
jours qu'il sut développer les brillantes ressources de son instinct militaire; ses services furent plusieurs fois signalés à ses chefs, et, en
1853, le général Jusuf le désignait comme un officier qu'il fallait
pousser le plus vite possible, dans l'intérêt de l'avenir de l'armée.

Cité plusieurs fois à l'ordre du jour pour s'être distingué dans les
combats livrés aux Arabes en 1841 et 1842, chevalier de la Légion
d'honneur le 3 juin 1844, il était nommé chef d'escadron au 1er régi-

à mitraille les masses d'infanterie, avant de les charger. — Sa division est sur deux lignes. — La première est formée par la brigade du général Planhol ; c'est le colonel de Montaigu avec le 5e hussards, et le colonel de Fénelon avec le 1er chasseurs d'Afrique.

Le général de Forton forme la seconde avec le 3e chasseurs, que commande le colonel de Mézange (1).

La brigade du général Planhol doit charger la première, celle du général de Forton suivra le mouvement et chargera à son tour, si les premiers efforts ne sont pas couronnés de succès.

Le signal est donné. — Le colonel de Montaigu, le sabre haut, crie d'une voix retentissante : « pour charger, au galop ! » et s'élance avec quatre escadrons de hussards.

Dans un vide, au milieu du bois, se jette le capitaine commandant de Roquefeuil avec un escadron du 1er chas-

ment de chasseurs d'Afrique, le 16 octobre 1845 et passait bientôt, le 25 du même mois, au 3e spahis.

Lieutenant-colonel au 5e hussards, il appartenait successivement au 3e chasseurs d'Afrique, au 12e chasseurs, au 1er régiment de chasseurs d'Afrique et revenait enfin, en qualité de colonel (26 décembre 1851), à son ancien régiment, le 3e spahis, où son départ avait été si regretté.

Général de brigade le 17 mars 1855, il fut mis le même jour à la disposition du gouverneur général de l'Algérie. Général de division le 12 mars 1859, il était appelé à faire partie de l'armée d'Italie, où il devait encore se distinguer par son énergique résolution.

Le général Desvaux est commandeur de la Légion d'honneur, depuis le 23 décembre 1852.

(1) Le 2e chasseurs d'Afrique, colonel de Brémond d'Ars, avait été détaché auprès du 1er corps pour faire le service d'escortes et d'éclaireurs.

seurs d'Afrique, pendant que, sur la gauche, le général de Planhol et le colonel de Fénelon chargent avec trois escadrons du même régiment, pour appuyer le mouvement du capitaine de Roquefeuil.

Le lieutenant colonel des Ondes s'est jeté sur la route de Guiddizzolo avec les deux escadrons de droite. Chevaux et cavaliers, hardiment lancés, dévorent l'espace, serrés les uns contre les autres et enveloppés d'un tourbillon de poussière, au milieu duquel on voit, comme de rapides éclairs, reluire les sabres nus.

L'infanterie hongroise s'arrête et se forme rapidement en carrés se flanquant réciproquement.

CXV. — Les terrains dans lesquels la cavalerie s'engage avec une résolution que le danger redouble, se présentent dans les conditions les plus défavorables. Ce sont des mûriers, des broussailles, des vignes reliées entre elles par des fils de fer et des massifs semés à peine çà et là de quelques clairières. Les escadrons lancés à toute course sont à chaque instant brisés par ces obstacles. C'est dans leur centre que se sont retranchés les carrés ennemis; trois se sont déjà formés, un quatrième achève sa formation derrière un petit bois de mûriers, et de nombreux tirailleurs se sont portés en avant, pour le protéger.

Le commandant Dupreuil se jette au milieu de tous ces obstacles, que les chevaux franchissent ou renversent. Les tirailleurs, surpris par cette attaque, sabrés par les chasseurs d'Afrique, tombent en désordre

sur le carré qu'ils étaient chargés de couvrir. —
Derrière eux, avec eux, arrivent les escadrons à
fond de train; ils chargent l'ennemi, aux cris de :
Vive l'Empereur! — Ce carré, à demi-formé, est
rompu, et en quelques instants le sol est jonché
de morts, d'armes brisées ou abandonnées. Les chasseurs ont continué leur course avec l'élan indomptable qui distingue ces fiers escadrons; tout à coup
ils se trouvent en face de trois autres carrés formés derrière des haies élevées et touffues. — Im-
passibles devant ce tourbillon d'hommes et de chevaux, immobiles comme des rochers, les Hongrois
attendent le signal de leurs chefs; à ce signal,
leurs fusils s'abaissent méthodiquement, et sur toutes
les faces attaquées s'étend un formidable réseau de
feu.

Nos braves escadrons, désunis par les difficultés du
terrain, se rallient sous ce feu meurtrier et se précipitent
pleins de vaillance sur les terribles bataillons. — Plusieurs officiers, que suivent les plus intrépides et les
plus ardents, pénètrent même dans les carrés; mais,
dès qu'ils y sont entrés, ces carrés se referment aussitôt
sur eux. Enveloppés de toutes parts, ils combattent à
outrance, teignant de sang la lame de leurs sabres, mais
de leur sang aussi le champ de bataille, où presque
tous tombent pour ne plus se relever.

Le 1er chasseurs d'Afrique a 10 officiers hors de
combat. — Parmi eux, ont trouvé la mort les capitaines
de Roquefeuil, Guyot, le lieutenant Loeffer, le jeune

sous-lieutenant de Fénelon et vingt chasseurs parmi les plus vaillants. — Le brave lieutenant colonel des Ondes (1) est aussi tombé frappé mortellement. C'était un des plus intrépides officiers de ces chasseurs d'Afrique qui en comptent tant ; deux fois il avait rallié ses cavaliers, et deux fois les avait rejetés sur l'ennemi.

CXVI. — Le général Desvaux a fait porter en avant le 3e chasseurs d'Afrique qui formait la seconde ligne, et derrière lequel vient se reformer la 1re brigade.

Le capitaine Escande enlève son escadron en fourra-

______

(1) LE LIEUTENANT-COLONEL LAURANS DES ONDES

(Joseph-Pildevert-Amédée) naquit le 12 septembre 1811, à la Guadeloupe.

Élève à l'école spéciale militaire le 18 novembre 1829, il entrait, comme sous-lieutenant au 32e de ligne, le 1er octobre 1831. Nommé au 9e cuirassiers le 15 novembre 1833, à sa sortie de Saumur, il était nommé lieutenant le 12 novembre 1838 et capitaine au 8e régiment de chasseurs, le 4 novembre 1842.

Passé au 2e régiment de chasseurs d'Afrique, le 7 avril 1846, il s'embarqua pour l'Algérie, où il resta jusqu'en 1851. Promu chef d'escadron au 7e lanciers, le 26 décembre 1851, il entrait avec son grade au régiment des guides le 31 octobre 1852, puis à l'escadron des Cent Gardes, le 1er mai 1854.

Nommé lieutenant-colonel du 5e hussards, le 21 février 1856, il devait succomber glorieusement à Solferino.

Ses campagnes sont de 1846 à 1853. — En Afrique il s'était distingué particulièrement, le 16 octobre 1846, contre les O'Moumen, expédition dans laquelle il avait été cité au rapport du gouverneur général.

Les états de service du lieutenant-colonel Laurans des Ondes le signalent comme un officier supérieur des plus distingués sous tous les rapports. — C'est sous le feu de l'ennemi qu'il devait périr dans cette grande journée qui coûta tant de sang, en donnant tant de gloire.

geurs, en obliquant sur la droite ; le général de Forton et le colonel de Mézange, à la tête du 3e chasseurs, se lancent à leur tour sur les carrés hongrois, énergiquement suivis par les commandants de La Rochefoucault Liancourt et Oudinot de Reggio.

Sous le feu terrible qui les accueille, combien sont tombés, avant d'arriver à l'ennemi, que protége un large fossé ! — Le chef d'escadron de La Rochefoucault, le lieutenant Reys entrent avec quelques chasseurs dans un des carrés où viennent expirer leurs chevaux criblés de balles ; mais derrière eux encore, le carré s'est refermé. — Le commandant de La Rochefoucault est renversé par deux coups de feu, le lieutenant Reys est également blessé (1).

A la voix de leur général, à celle de leur colonel, les chasseurs se rallient, à 200 mètres au plus devant l'ennemi, sous une grêle de balles, de mitraille et de fusées. La mort vient à tout instant frapper dans leurs rangs et renverser chefs ou soldats, sans pouvoir altérer le calme et le sang-froid des cavaliers qui s'alignent, des pelotons et des escadrons qui se reforment.

(1) Un officier de ce régiment écrivait :

«Nous apprîmes le sort de ces deux officiers, qui n'avaient pas reparu depuis la première charge, par un chasseur qui, entré dans le carré avec eux, et abattu sous son cheval, feignit l'immobilité de la mort ; après la retraite des Autrichiens, il se dégagea et rejoignit son régiment.

« Il avait vu tomber près de lui, et emmener par les Autrichiens le commandant frappé de deux balles ; — nous retrouvâmes au milieu de l'emplacement occupé par le carré, son cheval percé de six coups de feu. »

Le général de Forton s'est replacé en tête du régiment. — A sa droite est le colonel de Mézange, près de lui son aide-de-camp, le capitaine de Fay et le sous-lieutenant Artus Talon, son officier d'ordonnance.

Au commandement du général, tout le régiment s'ébranle une seconde fois. — Son élan est terrible; en plusieurs endroits la ligne ennemie est brisée, mais la mort a pris sa large part; plus de 60 chasseurs sont tués ou hors de combat, le capitaine Guichou (1)

---

(1) Parmi les lettres qu'un grand nombre d'officiers et chefs de corps ont bien voulu nous adresser sur les événements militaires de la campagne d'Italie, nous trouvons ce passage qui nous a vivement frappé; il montre toute la puissance que le sentiment du devoir donne à de nobles cœurs, jusqu'au dernier moment.

« Le capitaine Guichou, adjudant-major au 3ᵉ chasseurs d'Afrique, mortellement atteint d'une balle qui lui avait traversé la poitrine, fut transporté mourant à l'ambulance.

« Le lendemain, je parcourais avec un officier du régiment ce triste asile, nous le trouvâmes sur la paille ensanglantée, sans voix, mais respirant encore; nous lui serrions la main comme suprême adieu, car dans quelques instants on allait monter à cheval, et l'empreinte de la mort déjà sur son visage nous disait assez que nous ne devions plus le revoir. Il nous retint et, d'un geste convulsif, nous indiqua un papier taché de sang que son uniforme entrouvert serrait contre sa poitrine. Nous le prîmes, croyant avoir à accomplir ces dernières volontés que par un fatal pressentiment quelques-uns d'entre nous se prennent à tracer la veille d'une bataille : — mais non; — ce qu'il nous léguait en ce moment suprême, c'était l'exécution d'un devoir interrompu par la mort, c'était la série des mots d'ordre et de ralliement qu'il avait reçue du colonel, comme adjudant-major.

« Ainsi, dans les angoisses d'une douloureuse agonie, une de ses dernières pensées avait été pour l'accomplissement de ses devoirs militaires.

« Pour nous qui l'avons connu, ce dernier trait peint l'homme, brave, modeste, type d'abnégation et de dévouement obscur à ses devoirs; il mourait, comme il avait vécu, en vrai soldat. »

et le sous-lieutenant Bernada ont été mortellement atteints (1).

CXVII. — Insatiables de dangers, les braves chasseurs se reforment de nouveau, et de nouveau vont se lancer à la charge, lorsqu'un immense nuage de poussière envahit toute la plaine et roule en tourbillons jaunâtres, que pousse un vent furieux. Les branches des arbres brisées sont enlevées dans l'espace.

Bientôt à l'ouragan qui court de tous côtés, dans la plaine et sur les hauteurs, en rafales insensées, se joint une pluie torrentielle. On ne peut plus ni se voir, ni se chercher, ni combattre; on dirait que les ténèbres de la nuit sont venues subitement envelopper la terre. — C'est l'heure que Dieu, dans sa volonté, a décidé pour le terme de cette grande bataille, où près de quatre cent mille hommes avaient combattu sans relâche, pendant seize heures.

Lorsque l'orage cessa, l'ennemi avait complétement disparu, laissant pêle mêle sur le terrain des cadavres d'hommes et de chevaux, des débris de toute sorte, traces sanglantes des combats meurtriers livrés depuis le matin sans relâche.

Cette tourmente effroyable, en se déchaînant ainsi pendant plus de trois quarts d'heure avec une furie sans

---

(1) Quatre pièces de canon furent prises par la division Desvaux et enlevées à l'ennemi par le 3ᵉ chasseurs. Le capitaine Escande, qui avait brillamment participé à ce fait d'armes, fut chargé de les remettre au 86ᵉ.

égale, avait protégé la retraite générale de l'ennemi (1),
que cherchaient à couvrir ses dernières attaques dans la
plaine et dans les bois de Medole.

CXVIII. — Le général Niel s'établit sur les positions
conquises (2).

Le maréchal Canrobert, de son côté, avait envoyé son
chef d'état-major général, le colonel Besson, vers la division Bourbaki, avec ordre, si les reconnaissances de ce
général n'avaient produit aucun résultat, de ramener
sa division sur Rebecco, en laissant seulement à Médole
la brigade Collineau, de la division Trochu.

Le général Bourbaki était à la gauche de sa division,
à observer l'ennemi en avant de Castel Goffredo ; l'ordre
ne lui parvint que vers quatre heures et demie. Ne
jugeant plus sa présence nécessaire à l'ouest de Médole,
il hâta sa marche ; mais, la route encombrée par
les voitures, les chevaux et les blessés, ne lui permit
d'arriver à hauteur de Rebecco que vers sept heures.

L'ennemi occupait encore Guiddizzolo. — Si pendant
la nuit qui suivit la bataille, ou le lendemain matin, il
eût voulu tenter un retour offensif de ce côté, il avait

---

(1) *Bulletin autrichien sur la bataille de Solferino.*

Le centre ayant ainsi cédé à Solferino et à Cavriana, l'aile gauche
ne pouvait plus forcer la position de l'ennemi, et à 4 heures de l'après-
midi on décida la retraite générale.

(2) Le 4ᵉ corps (y compris les deux divisions de cavalerie Partour-
neaux et Desvaux) avait eu, dans cette glorieuse journée, 46 officiers
tués et 207 blessés. — Il comptait en tout 4804 hommes hors de combat.

ainsi devant lui le quatrième corps en entier, et cinq brigades du troisième.

CHAPITRE VI.

CXIX. — Du côté de l'armée Sarde s'était livrée, pour ainsi dire, une seconde bataille.

Pour conserver au difficile récit de cette lutte gigantesque une clarté indispensable, nous avons dû isoler l'armée piémontaise qui, en effet, combattait isolément, et inscrivait, elle aussi, dans ses archives militaires une page à jamais glorieuse.

Au village de San Martino, le général Mollard et le colonel Cadorna luttaient héroïquement contre les masses autrichiennes ; c'est là que le combat fit fureur pendant quinze heures consécutives, couvrant de morts l'étroit espace où se sont circonscrits, pendant tout le jour, les efforts opiniâtres de l'ennemi.

Ce plateau de San Martino est assez étendu pour contenir des troupes nombreuses ; les versants au nord et à l'ouest, roides et escarpés en certains endroits, représentent une ligne qui forme, à l'aide de ses sinuosités une série de bastions rendus plus redoutables encore par les maisons qui y sont disséminées. — Des plantations de cyprès peuvent, en outre, abriter l'ennemi contre les attaques venant de Lonato. Le versant opposé du plateau qui regarde Pozzolengo se dessine, au contraire, en pente douce, et les crêtes en sont découvertes et d'un accès facile. — Le point le plus formidable est l'espace compris entre l'église de San Martino, le Roccolo (1) et la maison nommée la Contracania.

« Nul (écrivait un officier qui avait visité ce champ de bataille) ne peut se faire une idée de l'aspect horrible que présentait ce plateau couvert de morts, de blessés, de débris de toute nature; le sol était, pour ainsi dire, broyé par la lutte, pétri par les pas des chevaux, par les roues des canons, par les courses haletantes des bataillons. Les murs des maisons étaient de tous côtés percés à jour, et sur la terre déchirée, on suivait la trace des projectiles par les profondes entailles qu'ils avaient laissés dans le sol. »

Nous voudrions décrire aussi, dans tous leurs détails, les péripéties de ce beau drame, suivre chaque brigade, chaque bataillon, chaque soldat glorieux dans ses vaillants efforts et dans sa noble ardeur de sacrifier à la patrie reconnaissante, tout ce que son cœur lui inspirait d'énergie et de mépris de la mort. — Mais les éléments nous manquent; c'est à une plume nationale que doivent

(1) On appelle *Roccolo* dans la province de Brescia un endroit planté d'arbres fort rapprochés entre eux, formant presque une palissade, où l'on se livre à l'amusement de la chasse, au moyen de filets tendus perpendiculairement vers la partie intérieure de l'enceinte, et d'appeaux destinés à y attirer les oiseaux de passage.

revenir cette tâche et cet honneur. Pour nous, nous devons nous borner à retracer à grands traits le rôle de l'armée piémontaise dans cette mémorable journée.

Il est neuf heures.—Le brave général Mollard, auquel la bataille du 24 juin devait apporter une si juste illustration, a formé en colonne d'attaque les premières troupes de la 3e division, au fur et à mesure de leur arrivée, et les a lancées successivement sur San Martino. Deux fois ces braves régiments atteignent les premières crêtes, mais ne peuvent s'y maintenir ; leurs chefs combattent et tombent à leur tête sous le feu de l'ennemi. L'artillerie accourt pour les soutenir et les chevau-légers de Montferrat, se souvenant de Montebello, chargent l'ennemi avec cet ardent courage qui les avait si brillamment signalés le 20 mai.

CXX. — Un instant trois pièces de canon sont aux mains victorieuses des Sardes ; mais bientôt il leur faut renoncer à ces glorieux trophées et céder, devant les masses ennemies qui s'accumulent, cette position si chèrement achetée. — Le colonel Beretti et le major Lolaro ont été tués ; le général Arnaldi, les majors Borda et Longoni sont blessés ; avec eux bien d'autres encore qu'il nous faudrait nommer ici, si nous pouvions citer tous les cœurs vaillants. — L'ennemi s'abuse, toutefois, sur ce mouvement de retraite, et descend les pentes de la Contracania à la suite des Piémontais, qui ont dû se replier.

— Il se croit vainqueur : il veut poursuivre jusqu'à la Cascina Selvetta et couper les troupes sardes de leurs communications, en tombant sur le chemin de fer ; mais le capitaine Spinola se lance à leur rencontre avec un escadron de chevau-légers de Saluces. — Si ces braves cavaliers font des pertes terribles, du moins, ils arrêtent l'ennemi et donnent le temps à deux bataillons (4e bataillon du 8e et 8e bataillon des Bersagliers) de se porter sur le point dont il veut s'emparer. — C'est ainsi que les deux avant-gardes et la brigade de Coni ont tenu tête aux colonnes autrichiennes jusqu'à 10 heures du matin. A ce moment, par le chemin de Rivoltella, arrive, à pas précipités, la 5e division, conduite au feu par le général Cucchiari.

Le 11e régiment d'infanterie est en tête ; le colonel Leonardi, qui le commande, le dispose aussitôt en colonne d'attaque, à gauche de la route de Pozzolengo. — A la gauche du régiment vient bientôt se placer le colonel Avenati avec un bataillon du 12e régiment, tandis que le général Mollard couvre l'extrême droite par les trois autres bataillons et le 10e Bersagliers en face des cascines Canova, Arnia, Selvetta, et Monata, qu'il est urgent de reprendre pour dégager le chemin de fer, véritable point d'appui de l'armée sarde.

Les clairons sonnent, les tambours battent, et les troupes, entraînées par leurs chefs, se précipitent avec élan sur San Martino et sur le Roccolo, malgré un feu violent de mitraille et de mousqueterie ; — ils courent à la baïonnette, sans faire usage de leurs cartouches. —

La lutte est sanglante, la défense opiniâtre, mais le succès couronne la valeur des Piémontais; ils reconquièrent les positions qui leur avaient été arrachées. — La Cascina Contracania est aussi reprise; et cette fois encore, trois pièces de canon sont un moment au pouvoir de nos alliés.

Mais dans cette brillante action, si la brigade Casal avait fait des prodiges de valeur, elle les avait payés par des pertes sensibles. — Le major Poma avait été tué, — le brave colonel Avenati, les majors Manca et Zina gravement blessés.

CXXI. — Pendant que cette brigade combattait ainsi énergiquement, la brigade d'Acqui est accourue précédée par le 5e bataillon des bersagliers et le 17e régiment que commande le major Ferraro. Cet officier forme ses troupes en colonne sur la route du chemin de Lugano, devant et parallèlement au chemin de fer. — Le combat, un instant interrompu, recommence alors avec plus d'acharnement; les chefs, superbes d'audace, excitent leurs soldats de la voix et de l'exemple. — Ce sont parfois des luttes corps à corps, des mêlées sanglantes. — La Contracania est de nouveau retombée au pouvoir de l'ennemi, et de nouveau il faut s'en emparer.

Enfin pour la cinquième fois cette cascine, l'église San Martino et le Roccolo sont pris. — Les Sardes ont gagné visiblement du terrain.

Midi sonne.

La brigade Pignerol, de la 3e division, arrive de De-

zenzano et de Rivoltella ; elle vient d'atteindre la Cascina
Selva. — Le général Mollard se hâte de lui faire compléter le succès que vient d'obtenir la 5ᵉ division, et dirige cette brigade, sur deux lignes, vers la Contracania ;
l'artillerie est placée au centre.

Déjà elle a ouvert un feu violent sur le monticule
occupé par l'ennemi, et pris possession de plusieurs
cascines situées au pied de ces hauteurs ; — mais un
avis fatal arrête ses efforts.

A la gauche de la 5ᵉ division, vers Corbù di Sotto et
Vestone, le 15ᵉ régiment et une partie du 12ᵉ sont mutilés par des décharges à mitraille tirées à 200 pas, et
pris en outre en travers par les feux de l'infantèrie ennemie ; ils ont dû se replier, de la gauche vers la droite,
jusqu'à leur point de départ, près du chemin de fer. —
Ce mouvement rétrograde a malheureusement mis complétement à découvert les bataillons des 11ᵉ, 12ᵉ, 17ᵉ régiments et 5ᵉ bersagliers, au moment où ceux-ci, maîtres de la hauteur du Roccolo, arrivaient sur la Contracania. Ces régiments doivent, à leur tour, pour ne pas
être tournés par l'ennemi, suivre le mouvement de retraite de la 5ᵉ division ; et bientôt sur les crêtes de la
Contracania, le feu se ralentit, puis finit par s'éteindre
tout à fait.

Ces attaques réitérées, énergiques, mais sans succès
réel, contre des positions presque inexpugnables, l'ac-
croissement perpétuel des masses ennemies que le général Benedeck renouvelle à tout instant sur ce point,
l'épuisement des troupes qui combattent si vaillam-

ment, depuis le matin, sans souvenir des fatigues d'une marche forcée qui les a portées, au pas de course, sur le champ de bataille; tout dit qu'il faut attendre l'arrivée de nouveaux renforts, et ne pas répandre inutilement un sang si cher et si précieux.

A la droite, le général Mollard a pris une position défensive qu'il ne se laissera pas arracher. — Son chef d'état-major le seconde avec une haute intelligence.

Certes, le général Cucchiari a fait l'impossible avec sa division (5e); il a combattu avec elle jusqu'au dernier moment en brave et énergique soldat. Écrasé par le nombre, il cède pas à pas un terrain semé de ses morts; mais s'il ramène en arrière sa division, il la ramène mutilée(1).

Le 18e d'infanterie protége sa retraite, et le général se replie pour réorganiser ses troupes décimées.

CXXII. — Le roi Victor-Emmanuel a vu les efforts héroïques de ses intrépides soldats qui, depuis le lever du jour, combattent, sans compter ni craindre le nombre de leurs ennemis, et il a appelé à lui la division du général Fanti, dirigée, vers 11 heures du matin, sur Solferino pour appuyer l'attaque du 1er corps de l'armée française.

Une des deux brigades reçoit l'ordre de marcher dans la direction de Pozzolengo au secours de la 1re division.— La seconde (brigade d'Aoste) se dirige, en toute hâte, sur San Martino, où sont la 5e division et une partie de la 3e.

(1) Ses pertes sont de 19 officiers tués; — 62 blessés; — 279 soldats tués; — 1264 blessés; — 430 disparus. — Total : 2054 hors de combat.

La lutte avait cessé. — A voir ce calme relatif suc-
céder tout à coup au tumulte de la bataille, on eût dit
une trêve faite d'un commun accord entre les combattants.

Un officier accourt à fond de train : c'est le capitaine
de Montiglio, des chevau-légers d'Aoste, officier d'ordonnance du Roi. Il annonce au général Mollard le renfort
que Sa Majesté lui envoie.

« — Nos alliés, les Français remportent une grande
victoire à Solferino, dit le capitaine de Montiglio ; le Roi
veut que ses troupes en remportent aussi une à San
Martino. »

Le visage du brave général Mollard rayonne de joie à
cette heureuse nouvelle.

« — Allez dire au Roi, s'écrie-t-il, que ses ordres seront exécutés, » et aussitôt, il prend toutes ses dispositions pour se lancer de nouveau au combat, dès que de
nouvelles troupes seront arrivées.

Il est 4 heures du soir, lorsque la brigade d'Aoste
vient se mettre sous ses ordres. — C'est l'heure où les
Français déjà maîtres de Solferino enlèvent le mont
Fontana et se jettent sur Cavriana.

Le général Mollard a placé la brigade d'Aoste sur la
gauche de la Contracania avec le 1er bataillon des bersagliers ; — à sa droite est la brigade de Pignerol. — Les
quatre régiments de ces deux brigades sont rangés sur
deux lignes, l'artillerie aux ailes (batterie Cavaelli à la
droite, batterie Bottiglia à l'extrême gauche) ; la cavalerie couvre l'extrême droite.

L'artillerie marche en avant et ne doit ouvrir le feu qu'à très-courte distance.

Les sacs sont déposés à terre ; les tambours ont reçu l'ordre de battre la charge, et les clairons de sonner leurs plus éclatantes fanfares, pendant tout le temps que durera l'attaque.

C'est sous les yeux de leur roi, que les Sardes vont de nouveau assaillir ces formidables positions, dans lesquelles l'ennemi s'est concentré pour protéger la retraite des troupes du centre.

Tout à coup le ciel s'assombrit, et l'ouragan terrible qui mettait fin à la lutte des corps de l'armée française servait au contraire de prélude à ce combat décisif, où le patriotisme, l'honneur national et la bravoure traditionnelle des Piémontais leur font un devoir de vaincre ou de mourir. — La tourmente qui mugit, la pluie qui tombe à torrents, ne peuvent arrêter l'élan des bataillons entraînés par leurs officiers.

Aux cris : *Vive le Roi!* ils franchissent tous les obstacles sous un feu meurtrier que l'ennemi a ouvert entre la Contracania et Colombare.

CXXIII. — Le général de Morozzo conduit la brigade de Pignerol dans la direction de la Contracania et s'empare successivement de plusieurs positions, mais au prix du sang le plus généreux : — les deux colonels Balegno et Caminati ont été mortellement frappés, le major Morando est blessé.

A gauche, la brigade d'Aoste après avoir vigoureusement enlevé les cascines Canova, Arnia et Monata se dirige rapidement sur San Martino; mais un feu d'artillerie habilement concentré jette la mort dans ses rangs et l'oblige à prendre position derrière ces cascines, tout en repoussant vigoureusement, à gauche et de front, les attaques de l'ennemi qui cherche à descendre des hauteurs. — Le major général Cerale est blessé, ainsi que les deux colonels Vialardi et Plocchiù et les majors Polastri et Butteri. — Le major Bosio a été tué à la tête de son régiment.

Mais le major général Cerale n'a pas quitté sa brigade qu'il veut continuer à conduire au feu ; il donne ordre au lieutenant-colonel d'état-major Ricotti de faire placer 18 pièces d'artillerie en avant de la Casa Monata, de manière à battre la Contracania, puis il s'avance lui-même à la tête du 5ᵉ régiment d'infanterie soutenu par le 6ᵉ.

CXXIV. — Il est 7 heures du soir. — Les régiments qui ont le plus chaudement combattu pendant toute la journée (les 11ᵉ, 15ᵉ, 17ᵉ et 18ᵉ) reprennent encore l'offensive. — Tant d'efforts intrépides, tant d'opiniâtreté résolue ne pouvaient rester stériles, et la victoire si longtemps disputée viendra bientôt se ranger sous les drapeaux du roi de Sardaigne.

Pendant que les généraux Cerale et de Morozzo donnent les preuves de la plus grande valeur, le général Mollard a fait réunir tout ce dont il peut disposer d'artillerie. — Les pièces sont mises résolûment en batterie

sur la hauteur à une distance si rapprochée de l'ennemi, que celui-ci tente un instant de s'en emparer;
mais les braves chevau-légers de Montferrat sont là;
le capitaine Avogadro charge avec son escadron, d'a-
bord sur le front de l'artillerie, puis une seconde fois
perpendiculairement à cette direction. Ces deux charges impétueuses refoulent les Autrichiens. — Au milieu
des détonations de l'artillerie et de la fusillade, on entend toujours les clairons sonner, les tambours battre
et de toutes parts se répondre les cris de Vive le Roi!...
Le général Mollard, profitant hardiment du succès que
viennent d'obtenir les intrépides chevau-légers se lance
joyeusement en avant, et entraîne avec lui toutes ses
troupes qui ont retrouvé des forces nouvelles pour un
suprême et victorieux effort.

Il était neuf heures, lorsque ces vaillants combattants, restés maîtres du champ de bataille, ramenaient
trois pièces de canon, comme trophées de leur victoire (1).

CXXV. — Pendant que se livraient près de San
Martino les combats successifs que nous avons essayé de
décrire, la Ire division (Durando) avait été aux prises
avec les Autrichiens, depuis cinq heures du matin.

Son avant-garde, ainsi que nous l'avons dit, les avait
rencontrés à la Madona della Scoperta, et les troupes
sardes avaient soutenu, là aussi, jusqu'à midi les efforts

(1) Les pertes de la 3e division et de la brigade d'Aoste de la 2^e
ont été de 23 officiers tués; — 75 blessés; — 250 soldats tués; —
850 blessés ou disparus. — Total : 1198.

d'un ennemi très-supérieur en nombre; mais enfin, à bout de lutte, la division avait dû se retirer au carrefour de la Cascina Rondatto.

Vers une heure environ, le colonel de Rolland arrivait avec trois bataillons du 2ᵉ régiment de Savoie et un du 1ᵉʳ : son attaque est soutenue par les chevau-légers d'Alexandrie. — Peu après, deux bataillons de grenadiers, envoyés dès le matin vers Castelloro et Cadignolo, arrivent aussi et chargent plusieurs fois à la baïonnette. — La 11ᵉ batterie accourt bientôt, se place en ligne, et contraint l'ennemi à abandonner les positions qu'il avait conquises.

Le Roi a envoyé le général de La Marmora prendre le commandement des 1ʳᵉ et 2ᵉ divisions, avec ordre de diriger les troupes de la droite sur San Martino où la lutte était la plus opiniâtre. — Le général Durando s'est aussitôt porté dans cette direction; mais il lui faut se faire jour à travers une colonne autrichienne postée sur le mont Manca; cette colonne, après avoir combattu à San Martino, tentait évidemment de tourner le général Mollard par un mouvement de conversion. — L'arrivée du général Durando déjoua fort heureusement ce projet qui eût pu, dans la position critique où se trouvait déjà le général Mollard, amener les plus graves résultats.

L'ennemi est repoussé; mais la marche de la division sarde a été retardée, et ses pertes sont cruelles (1).

-----

(1) 6 officiers tués; — 25 blessés; — 95 soldats tués; — 690 blessés ou disparus. — Total : 818.

Les colonels Massa et Isasca, ainsi que le major Bianchetti Langosco, ont été grièvement blessés.

CXXVI. — De son côté la brigade de Piémont, de la division Fanti, avait remplacé la 1re division à la Madona della Scoperta. — Le général Camerana qui la commande s'avance dans la direction de Pozzolengo. — Les Autrichiens se sont fortement retranchés dans les masures des monts Torricelli, San Giovanni, Predra, et sont en position sur le mont Serino.

Le général Camerana se lance à leur rencontre avec le 9e bataillon des bersagliers (commandant Angelini), le 4e régiment (colonel Morand) et une section de la 4e batterie d'artillerie. L'attaque du brave général est si impétueuse, que les troupes ennemies sont bientôt rejetées jusque dans le village de Pozzolengo.

Aussitôt le général Fanti établit sur le mont San Giovanni une batterie de quatre obusiers; cette batterie prend par derrière les colonnes autrichiennes qui combattent à San Martino et les couvrent de grenades. — Ce feu, habilement et vigoureusement dirigé, facilite ainsi la dernière et décisive attaque du général Mollard, dont nous avons retracé plus haut les dramatiques péripéties.

Ainsi de toutes parts, les Autrichiens repoussés du mont Manca, rejetés sur Pozzolengo et définitivement chassés des hauteurs de San Martino et de la Contracania, qu'ils ont défendues pied à pied, pendant tout le jour, n'ont plus qu'à battre en retraite, emportant avec eux, sinon la victoire, du moins l'honneur d'avoir vaillamment combattu.

Telles sont dans leur ensemble et dans leurs principaux détails, les différentes phases de cette bataille, que les Piémontais livraient sur notre gauche , avec une valeur digne des plus beaux temps guerriers de leur histoire.

L'armée sarde avait dignement mérité ces belles paroles que, le lendemain, le roi Victor-Emmanuel lui adressait.

« La victoire a coûté de graves sacrifices, mais par ce noble sang largement versé pour la plus sainte des causes, l'Europe apprendra que l'Italie est digne de figurer parmi les nations.

« Soldats ! dans les précédentes batailles, j'ai souvent eu l'occasion de signaler à l'ordre du jour les noms de beaucoup d'entre vous.

« Aujourd'hui, je porte à l'ordre du jour l'armée tout entière. »

CXXVII. — La nuit était venue et cependant le canon de nos alliés tonnait encore dans le lointain, poursuivant dans leur retraite les colonnes autrichiennes qui regagnaient le Mincio.

L'armée sarde campa sur ces terrains arrosés de son sang, mais aussi jonchés de cadavres ennemis. — La division Fanti s'établit à Pozzolengo.

Cette rude journée restera pour le Piémont une page à jamais glorieuse ; le sang de sa vaillante armée payait ainsi d'avance, en coulant à flots, la Lombardie qui devait être annexée au royaume de Sardaigne.

« Les quatre divisions qui composaient l'armée du Roi en ligne (dit l'historique de l'armée sarde) eurent dans cette bataille 5521 hommes mis hors de combat (1), sur lesquels 49 officiers tués et 167 blessés. »

Ainsi de tous côtés les alliés étaient maîtres du champ de bataille (2).

CXXVIII. — Ce fut un superbe spectacle de voir, sur cette immense étendue de terrains, s'allumer les feux des bivouacs et s'installer les campements, au milieu des traces glorieuses mais sanglantes de cette grande journée. La fatigue, le combat, un soleil ardent et quinze heures sans nourriture avaient épuisé les forces de ces intrépides combattants qui s'endormirent le fusil dans les bras. — Aux mugissements de l'artillerie, à tout ce grand tumulte de la guerre, avait succédé le calme silence de la nuit, que ne venait plus troubler aucun bruit humain.

(1) 49 officiers tués; — 167 blessés; — 642 soldats tués; — 3405 blessés; — 1258 disparus. — Total : 5521.

(2) Le Roi, venu sur le champ de bataille dans la matinée du 25 juin, annonça au général Mollard, qui commandait la 3e division avec le grade de major général, qu'il l'avait nommé lieutenant général.

Le brevet qui lui fut remis est à lui seul un titre d'honneur, et nous nous faisons un devoir de le citer ici.

« Voulant donner au major général, chevalier Philibert Mollard, commandant la 3e division de l'armée, un témoignage de notre haute satisfaction pour l'intelligence, énergie et valeur avec lesquelles il a dirigé sa division dans le combat d'aujourd'hui, en soutenant le choc de puissantes forces autrichiennes, et pour l'élan admirable qu'il sut lui inspirer, pour attaquer et déloger l'ennemi des formidables positions de San Martino, Nous nommons..., » etc., etc.

La bataille de Solferino n'était pas, comme la bataille de Magenta, une rencontre éventuelle de corps d'armée accourus à la hâte, dans le but de disputer à l'armée alliée le passage d'un fleuve : c'était pour nos ennemis une bataille longtemps mûrie, longtemps étudiée, et dans laquelle l'Autriche avait engagé la plus belle, la plus puissante armée que de longtemps elle verra se ranger sous ses drapeaux.

C'était pour la livrer à son lieu, à son jour, à son heure et dans les conditions les plus favorables, que les Autrichiens nous avaient entraînés sur leurs traces, depuis les rives du Tessin jusqu'à celles du Mincio. — C'était enfin le dernier mot, le suprême effort de l'empereur François-Joseph avant de se renfermer derrière les remparts de ses forteresses.

Aussi la victoire qui, cette fois encore, restait fidèle à l'empereur des Français avait-elle une portée immense ; elle frappait d'un profond découragement le moral de cette armée sans cesse repoussée. — Après le général Giulay, battu à Magenta, c'était le feld-maréchal Hess battu à Solferino.

L'amer souvenir de ces défaites devait, à Vérone, parler au cœur du jeune empereur d'Autriche, et lui mettre à la main la plume qui signait la cession de la Lombardie à l'empereur Napoléon III.

CXXIX. — Mais une cruelle pensée venait se joindre aux joies du triomphe et serrer douloureusement les cœurs enivrés d'un juste orgueil.

« Les pertes de l'armée française (dit le bulletin de l'Empereur) se sont élevées au chiffre de 12 000 hommes tués ou blessés et de 720 officiers hors de combat, dont 150 tués. — Parmi les blessés on compte les généraux de Ladmirault, Forey, Auger, Dieu et Douay; 7 colonels et 6 lieutenants-colonels ont été tués (1). »

Dans ce livre qui retrace à la fois nos souvenirs de gloire et nos souvenirs de deuil, est-il possible d'oublier les noms de ces intrépides chefs que la mort enlevait à la France :

Les colonels Laure, des tirailleurs algériens; de Waubert de Genlis, du 8e de ligne (2); Lacroix, du 30e (3);

(1) Le général Auger, porté blessé, succomba à ses blessures, et des décès successifs devaient porter au chiffre de 185 le nombre des officiers de tous grades tués à la bataille de Solferino.

Nous publions à la fin de ce volume, leur liste nominative, avec états de service.

(2)   LE COLONEL DE WAUBERT DE GENLIS

(Charles-Henri-Marc) était né à Paris le 14 mars 1809.

Élève de Saint-Cyr le 15 novembre 1827, sous-lieutenant au 14e léger le 1er octobre 1829, lieutenant le 29 août 1831, capitaine le 30 juillet 1839, il était promu chef de bataillon le 26 novembre 1851.

Envoyé à l'armée d'Orient, il était lieutenant-colonel au 10e de ligne le 11 août 1855 et passait au 45e, le 13 novembre 1856.

Nommé colonel du 8e, il était blessé d'un coup de feu à la poitrine le 24 juin, et succombait le 19 juillet.

Le colonel de Genlis avait fait, en 1852, la campagne d'Italie; en 1855 et 1856 celle d'Orient, et était resté en Afrique, de 1856 à 1858.

Chevalier de la Légion d'honneur le 20 juillet 1848, il avait été nommé officier le 16 avril 1856.

(3)   LE COLONEL LACROIX

(Jean-Baptiste-Isidore-Toussaint) était né à Toulon (Var) le 20 janvier 1811.

Admis à l'École de Saint-Cyr le 7 octobre 1827, il était sous-lieutenant au 58e de ligne le 1er octobre 1829. Il assista au siége d'Anvers,

Capin, du 53e (1); Douay, du 70e (2); Broutta, du 43e ;
Jourjon, du génie.

et revint en France avec les épaulettes de lieutenant. Parti pour
l'Afrique, il était nommé capitaine le 30 juillet 1839, se distinguait
dans un combat contre les Arabes, où il recevait un coup de feu à l'é-
paule gauche et était cité à l'ordre de la division (30 avril 1840). Infatigable, il prenait part à toutes nos luttes sur le sol d'Algérie, était
mis à l'ordre de l'armée le 28 mai 1840, et recevait, pour prix de
son intrépidité, la croix de chevalier de la Légion d'honneur le 21 juin.
Le 3 juillet il était encore une fois cité à l'ordre de sa division.

Lieutenant-colonel au 56e de ligne le 30 avril 1853, il passait l'année 1856 en Afrique et atteignait, le 11 mars 1857, le grade de colonel
au 30e de ligne.

Le colonel Lacroix déploya en Italie les qualités militaires qui
l'avaient fait remarquer en Afrique ; à Solferino, en chargeant l'ennemi
à la tête de son régiment, il était mortellement frappé et succombait
le lendemain de la bataille. Plus heureux, en cela, que ses glorieux
camarades morts dans cette mémorable journée, le triomphe de nos
armes vint adoucir l'amertume de ses derniers moments.

(1)   COLONEL CAPIN.

(André-Jules-François) est né à Paris le 10 décembre 1811.

Entré à l'École spéciale militaire de Saint-Cyr, le 18 novembre
1829, il en sortit sous-lieutenant au 48e de ligne le 1er octobre 1831.
Envoyé en Afrique de 1835 à 1839, il y reçut le grade de lieutenant
le 26 août 1837. Capitaine adjudant-major le 30 janvier 1841 et chef
de bataillon au 22e de ligne le 11 avril 1845, il devenait lieutenant-
colonel au 5e régiment d'infanterie legère le 7 février 1854, passait
successivement du 20e au 40e de ligne et assistait à la guerre d'Orient.

Après la prise de Sébastopol, il fut envoyé à Rome. Colonel du 53e,
le 2 août 1858, il fut appelé avec son régiment à faire partie de l'armée d'Italie ; il mourut à Solferino en énergique soldat, comme il avait
vécu.

Il était chevalier de la Légion d'honneur du 1er mai 1851.

(2)   LE COLONEL DOUAY.

(Gustave-Paul) était né le 1er mars 1811 à Sienne (Toscane), sur
cette même terre d'Italie pour l'indépendance de laquelle il devait
verser son sang.

Élève à l'École de Saint-Cyr le 11 novembre 1828, sous-lieutenant

Parmi les lieutenants-colonels, nos pertes avaient été aussi cruelles: Campagnon, du 2ᵉ de ligne (1); Bigot (2),

au 54ᵉ de ligne le 1ᵉʳ octobre 1831, lieutenant le 9 avril 1838, capitaine le 19 juillet 1845, adjudant-major le 13 mars 1847, il fut nommé major au 6ᵉ léger le 9 janvier 1852, puis chef de bataillon au 11ᵉ de ligne le 24 décembre 1853 et au 17ᵉ bataillon de chasseurs à pied, le 25 décembre 1853.

Envoyé à l'armée d'Orient, il assista au siége de Sébastopol. Le commandant Douay se distingua par sa bravoure, et le 15 juin 1855, à la tête de son bataillon, il eut la jambe droite fracturée par une balle en enlevant de vive force des redoutes russes en avant de Sébastopol; il fut cité pour cette action d'éclat à l'ordre de l'armée par le général en chef de l'armée d'Orient.

Nommé lieutenant-colonel le 30 juin, à la suite de cette brillante affaire, il passa au 3ᵉ régiment des voltigeurs de la garde impériale, le 11 mars 1857. Il était colonel du 70ᵉ de ligne, depuis le 17 mars 1858, lorsqu'éclata la guerre d'Italie où il devait trouver une mort glorieuse.

C'était le frère du général Douay blessé à Solferino.

Il avait été nommé chevalier de la Légion d'honneur le 9 août 1854.

(1)   LE LIEUTENANT-COLONEL CAMPAGNON

(Guillaume) était né le 17 août 1811 à Port-Sainte-Marie (Lot-et-Garonne).

Élevé à l'École spéciale militaire le 12 novembre 1828, sous-lieutenant au 5ᵉ de ligne le 1ᵉʳ octobre 1830, il faisait la campagne de Belgique (1831 et 1832).

Nommé lieutenant le 28 janvier 1835, capitaine le 28 octobre 1840, capitaine adjudant-major le 12 novembre 1842, il partait pour l'Afrique en 1845, et y restait jusqu'en 1849. Major au 69ᵉ de ligne, le 4 juin 1850 et chef de bataillon le 1ᵉʳ mars 1852, il passait au 40ᵉ de ligne le 13 septembre 1852 et faisait partie de l'armée d'occupation de Rome jusqu'en 1856, où le 3 mai, il passait au 3ᵉ régiment des voltigeurs de la garde impériale. Nommé lieutenant-colonel du 2ᵉ de ligne, le 11 mars 1857, il fut envoyé avec son régiment en Italie, sous le commandement du général O'Farrel (4ᵉ corps, général Niel).

Blessé à Solferino, le lieutenant-colonel Campagnon mourait le 25 juin des suites de sa blessure.

(2)   LE LIEUTENANT-COLONEL BIGOT

(Claude-Henry), né à Pouilly-sur-Loire le 11 juillet 1815, entra à l'É-

du 85e de ligne ; Herment, des tirailleurs algériens ;
Ducoin, du 3e régiment (1) des grenadiers de la garde ;

cole de Saint-Cyr le 1er décembre 1835 et en sortit sous-lieutenant au
4e de ligne le 1er octobre 1837.

Passé au 3e bataillon de chasseurs à pied le 21 octobre 1840, il devenait lieutenant au 9e bataillon le 13 mars 1841. Envoyé en Afrique
en 1843, il y resta jusqu'en 1846. Il était nommé capitaine et rentrait
en France.

Revenu en Afrique en 1849, il était au 18e bataillon de chasseurs à
pied, le 15 janvier 1854, et chef de bataillon au 59e de ligne, le 3 octobre de la même année ; la croix de chevalier de la Légion d'honneur
lui avait été accordée le 18 novembre 1851. Passé au 21e de ligne, le
21 novembre 1855, il faisait l'expédition de Crimée et devenait lieutenant-colonel du 85e, le 24 décembre 1858.

Envoyé en Italie, il faisait partie de la 1re division du 4e corps (général Niel), prenait une part glorieuse à la bataille de Magenta, où son
régiment eut 5 officiers tués, 30 blessés, 33 hommes tués et 238 mis
hors de combat ou disparus.

Blessé au genou à Solferino, le lieutenant-colonel Bigot mourait à
l'hôpital de Novare, le 3 juillet.

Les campagnes de cet officier sont en Afrique de 1843 à 1846, 1849
et 1850 ; en Orient 1855 et 1856. Ses états de services portent ces mots :
officier de mérite et d'avenir, calme, égal et énergique.

(1)   LE LIEUTENANT-COLONEL DUCOIN

(Abel-Pierre-Émile) était né à Grenoble (Isère), le 28 octobre 1817.

Élève à l'École spéciale militaire, le 15 novembre 1838, sous-lieutenant au 18e léger, le 1er octobre 1840, il faisait ses premières armes
en Afrique, où il passa sept années de 1841 à 1848. Le 21 juillet 1847,
il avait reçu un coup de feu à la main et à la cuisse en combattant
contre les Béni-Salah. Capitaine au 14e le 29 avril 1848, il revenait en
France pour assister aux journées de juin.

Envoyé en Crimée, il s'y distingua par son énergie et son sang-froid,
et fut mis à l'ordre du jour pour sa conduite dans la nuit du 12 au
13 avril 1855, à la tranchée devant Sébastopol.

Nommé chef de bataillon au 28e de ligne le 5 mai 1855, il passait à
son retour en France au 3e régiment de grenadiers de la garde, le
7 février 1856.

Le jeune commandant se fit remarquer à Magenta par une brillante
valeur ; à la tête de son bataillon, il eut un cheval tué sous lui. Sa

de Neuchèze, du 8ᵉ de ligne (1); Vallet, du 91ᵉ (2);
Hemard, du 61ᵉ; Laurans Des Ondes, du 5ᵉ hussards;

belle conduite fut récompensée par le grade de lieutenant-colonel au
37ᵉ de ligne, le 18 juin 1859, et quatre jours après, il était tué à Solferino. Il était officier de la Légion d'honneur depuis le 8 octobre 1857.

Le lieutenant-colonel Ducoin était désigné, sur ses états de service,
comme un officier très-brillant en campagne, plein de zèle et de dévouement, très-capable et d'une instruction étendue.

(1)   LE LIEUTENANT-COLONEL DE NEUCHÈZE

(Claude-Michel-Ernest), né à Precy-sur-Thill, le 16 juillet 1807.

Élève à l'École militaire le 16 novembre 1825, il entrait comme sous-
lieutenant au 5ᵉ de ligne, le 1ᵉʳ janvier 1827.

Passé au 9ᵉ de ligne le 28 mars 1830, il faisait toutes les campagnes
d'Afrique jusqu'en 1848 et était nommé lieutenant le 16 octobre 1831.
Capitaine, le 10 juillet 1838, il passait au 22ᵉ de ligne le 1ᵉʳ novembre,
au 2ᵉ bataillon d'infanterie légère d'Afrique le 4 avril 1848, et enfin,
au 24ᵉ de ligne le 20 juillet de la même année. Chef de bataillon au
62ᵉ de ligne, le 26 décembre 1851, il était nommé chevalier de la
Légion d'honneur le 26 décembre 1852. Envoyé en Crimée, il assista
au siége de Sébastopol où sa brillante valeur fut récompensée par le
grade d'officier de la Légion d'honneur, le 16 avril 1856.

Rentré en France, il était nommé lieutenant-colonel au 8ᵉ de ligne,
le 17 mars 1858, et était appelé à faire partie de la 1ʳᵉ division du
4ᵉ corps de l'armée d'Italie, commandé par le général Niel.

A Solferino, voyant son colonel, Waubert de Genlis, mortellement
atteint, il s'élançait, à la tête du régiment, lorsqu'il tomba bientôt
lui-même frappé d'une balle au cœur.

(2)   LE LIEUTENANT-COLONEL VALLET

(Joseph-Henri) était né le 20 décembre 1814, à Avignon (Vaucluse).

Engagé volontaire au 61ᵉ de ligne le 4 janvier 1833, caporal le
21 octobre, sergent le 8 mars 1835, sergent-fourrier le 21 décembre, il était envoyé en Espagne le 2 septembre 1836, et, le 14 du
même mois, il recevait un coup de feu à la cuisse gauche, au combat
d'Arrouès. Rentré en France en 1838, il était nommé sous-lieutenant
au 13ᵉ de ligne, le 16 janvier 1840, et partait pour l'Afrique, d'où il
revenait en 1846 avec le grade de capitaine.

En Italie de 1849 à 1852, il passait chef de bataillon au 70ᵉ de ligne
le 20 décembre 1854, et retournait en Afrique où, le 29 juin 1857, il
recevait une contusion à la hanche et à l'épaule à l'attaque d'un vil-

et d'Abrantès (1), chef d'état-major de la division du général de Failly.

lage de la Kabylie. Lieutenant-colonel au 91ᵉ de ligne le 14 mars 1859, il recevait une nouvelle blessure à la poitrine, à Solferino, et passait au 3ᵉ voltigeurs de la garde le 30 juillet 1859, en récompense de sa belle conduite. — Moins heureux cette fois, il devait succomber à cette blessure le 2 juillet suivant. Il était officier de la Légion d'honneur depuis le 2 août 1858.

(1) LE LIEUTENANT-COLONEL DUC D'ABRANTÈS

(Adolphe-Alfred-Michel), second fils de Junot, duc d'Abrantès, était né le 15 novembre 1810 à Cuidad-Rodrigo (Espagne).

Sa mère, la duchesse d'Abrantès, était d'illustre race et descendait, par les Commène, des anciens empereurs d'Orient.

Il fut admis à Saint-Cyr le 15 novembre 1828 et nommé sous-lieutenant au 34ᵉ de ligne, le 1ᵉʳ octobre 1830. Entré, comme élève à l'École d'application d'état-major, le 1ᵉʳ janvier 1834, il en sortit lieutenant au corps d'état-major, le 1ᵉʳ janvier 1836. A ce titre, il fut d'abord détaché au 1ᵉʳ chasseurs à cheval, le 2 février 1836; puis, à la carte de France, le 31 mars 1836; rentré au 1ᵉʳ chasseurs (escadron de guerre en Algérie) le 23 décembre 1839, il fut nommé capitaine le 18 janvier 1840. Employé de nouveau à la carte de France, le 25 mars 1842, il devint capitaine de 1ʳᵉ classe le 23 septembre 1845. Aide de camp du général de Mac-Mahon, le 23 septembre 1848, il fut fait chef d'escadron le 10 mai 1852.

Employé à l'état-major de la 4ᵉ division le 26 août 1852, il devint aide de camp du prince Jérôme, le 9 janvier 1854. En mission à l'armée d'Orient il reprit son service auprès du prince Jérôme, le 18 octobre. Le 1ᵉʳ mai 1858, il était lieutenant-colonel et sous-chef d'état-major du commandement supérieur de l'Ouest.

Ses états de service sont ceux d'un brave officier; on y lit ces mots : homme d'esprit, d'un jugement, d'un caractère ferme, principes les plus délicats, brave et calme à l'ennemi, officier excessivement remarquable. De 1840 à 1848, le duc d'Abrantès était resté en Afrique et prenait une part active aux prises de Cherchell, de Médéah, de Milianah, aux combats de l'Affroun, de Mouzaïa, du bois des Oliviers. En 1849, il faisait partie de l'expédition des Chotts. Lorsque la France envoya ses soldats en Italie, il fut nommé sous-chef d'état-major général du 1ᵉʳ corps, puis chef d'état-major de la division de Failly du 4ᵉ corps, le 5 juin 1859. — C'est à Solferino, sur le champ de bataille, que devait s'éteindre un des noms glorieux du premier Empire.

Au milieu des impressions qu'éveillent ces douloureux souvenirs, la pensée se reporte sur le dévouement et l'infatigable activité que montre alors en ces tristes moments le service médical militaire.

C'est dans les journées de combat surtout, que ce service multiplie ses ressources et ses moyens d'action ; car, dans ces cruelles heures, où la mort abat tant de combattants, ce dont il faut se préoccuper surtout, c'est du blessé, qui doit être aussi promptement que possible enlevé du champ de bataille (1). Il est facile de comprendre combien cette constante sollicitude pour les besoins ou les souffrances du soldat exerce sur lui une salutaire influence, et double son énergie par la confiance qu'elle lui donne. — S'il tombe frappé par une balle meurtrière, il sait qu'il ne perdra pas son sang dans de longues heures d'attente, et que tout près du lieu où il combat, on pourra panser sa blessure.

(1) C'est surtout sur le théâtre même des combats que se multiplient les moyens d'action.

Grâce à notre matériel léger de transport qu'une longue expérience a perfectionné, cette importante opération de l'enlèvement des blessés du champ de bataille se fait aussi rapidement que possible.

Dès qu'une action s'engage, les ambulances réglementaires se constituent sur le lieu même du combat. — On choisit, à cet effet, les maisons, les granges, les églises ; — d'abord les médecins de régiment s'y groupent ; leur approvisionnement en objets de pansements et médicaments peuvent toujours être suffisants pour les premiers besoins. — Les ambulances de division s'établissent dans les hameaux, dans les villages les plus proches, et c'est sur elles que l'on dirige sans retard tous les blessés, dont un grand nombre ont déjà reçu les premiers soins. — A Magenta, à Solferino même, la nuit avait suffi pour visiter toute l'étendue du champ de bataille, et le lendemain de la sanglante journée du 24 juin, il ne restait pas un blessé, français ou autrichien, qui ne fût recueilli et abrité.

Pour l'homme chargé de ces tristes soins et qui lutte sans relâche contre la mort, pour lui arracher des victimes, c'est une belle mission à accomplir, un noble devoir et une lourde responsabilité. — Au milieu des grandes émotions de ces journées sanglantes et glorieuses, quand l'entraînement exalte toutes les imaginations, il doit rester calme et froid. — Au lieu du spectacle splendide et enivrant de la victoire, il n'a, lui, sous les yeux, que les souffrances qui la payent.

Magenta avait créé deux maréchaux, Solferino apporta le bâton de maréchal au général Niel (1), qui avait pris

(1)   LE MARÉCHAL NIEL.

Né à Muret (Haute-Garonne), le 4 octobre 1802.

De bonne heure, il commença d'excellentes études, et entra en 1821 à l'École polytechnique. Sous-lieutenant élève du génie à Metz en 1823, il était, en 1827, lieutenant, et déjà capitaine en premier en 1835. Il s'embarquait en 1836 pour l'Afrique, attaché à l'état-major du génie du corps d'expédition contre Constantine.

Chacun se rappelle ce siége mémorable, où le général Valée, après la mort du commandant en chef, le général Damrémont, prit le commandement supérieur : action de guerre sanglante et mémorable, où se trouvent déjà parmi les plus ardents à combattre, ceux dont les noms, plus tard, devaient acquérir une si belle popularité, et s'élever, par l'éclat de leurs services, aux premiers rangs de l'armée. Le capitaine Niel se distingua dans cette arme du génie, qui, dans les siéges, a su prendre une si large part des dangers. Il reçut, pour sa brillante conduite à l'assaut de Constantine, les félicitations du ministre de la guerre, et fut nommé plus tard commandant du génie de la place dans cette ville.

Chef de bataillon en 1837, il revint en France et entra, à Metz, au 3e régiment du génie. — Un an ne s'était pas encore écoulé, qu'il était lieutenant-colonel, puis colonel, six ans plus tard : c'était en 1846. Dans les différentes fonctions qu'il avait remplies, le colonel Niel avait su se faire remarquer, et déjà il était classé parmi les officiers du génie les plus capables et les plus éclairés. Aussi, lorsqu'en 1849 l'expédition

une glorieuse part à la bataille. Ainsi les quatre corps d'armée et la garde impériale se trouvaient sous les ordres de maréchaux de France.

CXXX.— L'Empereur entrait à Cavriana, au moment où les dernières colonnes autrichiennes quittaient à

de Rome fut résolue, le colonel Niel fut nommé chef d'état-major du génie au corps expéditionnaire de la Méditerranée. Général de brigade deux mois après, il était appelé au commandement du génie de l'expédition. Il rendit dans ces importantes fonctions des services signalés, et, après la capitulation de la place, le général en chef lui donna, en témoignage de sa haute satisfaction, la belle mission d'aller à Gaëte porter les clefs de Rome au Saint-Père.

Après avoir exercé les fonctions de chef du service du génie au ministère de la guerre, il fut nommé membre du comité des fortifications, puis général de division en 1853. Le général Niel avait au plus haut degré la passion de l'arme qu'il avait choisie, et, dans la position élevée qu'il devait à ses services, il continuait encore des études, que dans sa pensée, il regardait toujours comme incomplètes. Lorsque la guerre fut déclarée en Orient, et que l'Empereur envoya un corps expéditionnaire dans la Baltique, sous les ordres du général Baraguey d'Hilliers, le choix du ministre appela le général Niel à commander le génie. La prise de la forteresse de Bomarsund ajouta un titre de plus à tous ceux que le général avait acquis déjà dans son active et laborieuse carrière. Aide de camp de l'Empereur, en 1855, il fut envoyé en mission devant Sébastopol, pour apporter à ce siége difficile et redoutable sa part de lumières et de vieille expérience.

Nommé après la mort du général Bizot, commandant en chef du génie de l'armée d'Orient, il prit la direction du siége et contribua puissamment à son succès. Après l'assaut donné le 8 septembre, il fut nommé grand'croix de la Légion d'honneur.

Lorsque l'Empereur forma ses corps d'armée pour la campagne d'Italie, sa haute confiance désigna le général Niel pour le commandement du 4e corps. — A Magenta, il combattit vaillamment avec une de ses divisions. — A Solferino, il devait, pendant toute une longue journée de combats incessants, soutenir de formidables attaques, et empêcher l'ennemi d'accomplir le projet qu'il avait formé d'envelopper l'aile droite de l'armée française.

La journée du 24 juin lui valait le bâton de maréchal de France.

peine ce village dans lequel, le matin même, s'était arrêté l'empereur François-Joseph. — Son quartier impérial s'établissait dans la maison qui avait abrité quelques heures auparavant le souverain de l'Autriche (1).

Autour de Napoléon III, tout dit encore les espérances à peine évanouies du vaincu de Solferino ; — les traces de la victoire se confondent avec celles de la défaite.

Depuis le matin l'**Empereur** était à cheval. Toute l'armée l'a vu traverser la plaine, au plus rapide galop de son cheval, pour aller rejoindre le maréchal de Mac-Mahon et conférer avec lui, puis gravir les hauteurs du

(1) De son quartier impérial de Cavriana, l'Empereur adressait à son armée l'ordre du jour suivant, en date du 25 juin :

ORDRE DU JOUR.

« Soldats !

« L'ennemi croyait nous surprendre **et nous** rejeter au delà de la Chiese. C'est lui qui a repassé le Mincio.

« Vous avez dignement soutenu l'honneur de la France, et la bataille de Solferino égale et dépasse même les souvenirs de Lonato et de Castiglione.

« Pendant douze heures, vous avez repoussé les efforts désespérés de plus de 150 000 hommes. Ni la nombreuse artillerie de l'ennemi, ni les positions formidables qu'il occupait sur une profondeur de trois lieues, ni la chaleur accablante n'ont arrêté votre élan.

« La patrie reconnaissante vous remercie, par ma bouche, de tant de persévérance et de courage ; mais elle pleure, avec moi, ceux qui sont morts au champ d'honneur.

« Nous avons pris trois drapeaux, trente canons et fait six mille prisonniers.

« L'armée sarde a lutté avec la même bravoure contre des forces supérieures. Elle est digne de marcher à vos côtés.

« Soldats ! tant de sang versé ne sera pas inutile pour la gloire de la France et pour le bonheur des peuples.

« NAPOLÉON. »

mont Fenile, qui lui permettaient d'embrasser l'ensemble général de la bataille, engagée sur une étendue de cinq lieues. — Mais c'est sur Solferino que par une inspiration subite sa pensée s'attache ; et pour nous servir des expressions du bulletin autrichien lui-même « c'est sur le centre des positions, dont les hauteurs qui dominent Solferino, formaient la clef, » qu'il a résolu de diriger ses plus grands efforts (1).

Ni la situation des Sardes, dès le matin critique, qui avaient rencontré devant eux le corps d'armée de Benedek, ni les efforts persistants et redoutables de l'ennemi pour tourner notre droite n'avaient pu le faire un instant dévier de cette pensée première, qu'au centre seul peut, et doit se gagner la bataille. — Chacun l'a vu poursuivre, de crête en crête, résolûment son œuvre avec cette persistance de volonté que rien ne peut

(1) Cette glorieuse page de la vie de Napoléon III va trouver un digne interprète dans notre grand peintre d'histoire, M. Adolphe Yvon, chargé de retracer cette mémorable épopée militaire.

Nul mieux que M. Yvon, auquel on doit déjà les dramatiques épisodes de l'expédition de Crimée, ne pouvait faire revivre ces élans superbes d'irrésistible vaillance.

Par l'ordre du ministre d'État, M. Yvon s'est rendu en Italie, et c'est sur les lieux mêmes où se sont passés les grands faits de cette guerre, que sa pensée a composé les tableaux de Magenta et de Solferino qui doivent prendre place dans les galeries historiques de Versailles.

La toile, que M. Yvon achève en ce moment pour la prochaine exposition, représente la bataille de Solferino. Le moment choisi par le peintre, est celui où l'Empereur, du sommet du mont Fenile, ordonne l'attaque définitive des hauteurs de Solferino et lance sa garde au secours de la division Forey, qui gravit déjà les premiers escarpements, en face des redoutables masses autrichiennes qui couronnent le mont de la Tour.

ébranler, puis, avec le puissant levier de sa garde, frapper les grands coups qui devaient assurer la victoire.

Non ! la bataille de Solferino n'est pas une de ces batailles ordinaires, où les soldats lancés devant la mort donnent le triomphe par le fait seul de leur valeur audacieuse. — Si elle fut imprévue à l'heure où les deux armées se rencontrèrent, l'imprévu a vite cessé, et les calculs habiles d'une haute stratégie ont pris leur large part. — Les Autrichiens qui depuis longues années manœuvraient sur ces terrains, ont bien compris, qu'une fois leur centre forcé à Solferino et à Cavriana, ils n'avaient plus rien à espérer, et ils ordonnèrent la retraite générale.

L'empereur Napoléon avait raison, quand le soir même, à neuf heures, il envoyait à l'Impératrice ces mots, datés de Cavriana :

Grande bataille et grande victoire !

Et lorsque tout fut redevenu calme autour de lui, de quel sommeil heureux dut s'endormir le vainqueur, en pensant que le lendemain la France à son réveil saluerait de ses acclamations joyeuses ce glorieux et nouveau triomphe !

LIVRE III

LIVRE III.

CHAPITRE PREMIER.

I. — Si le corps d'armée autrichien annoncé dans la
direction de Mantoue (1) n'avait point paru sur le champ

(1) *Mantoue*, ville forte de la Lombardie, patrie de Virgile. 30 000 habitants.

Avec ses lacs ou plutôt les marécages pestilentiels qui l'entourent
et la défendent, surtout dans l'espace compris entre cette place et le
Pô, Mantoue est difficile à aborder, et ne communique avec la terre
ferme que par cinq chaussées, qui sont celles de Roverbella, de Modène, de Legnago, de Borgoforte et de Crémone. Son enceinte est
couverte de bastions de contre-garde, et le lac sur lequel elle s'élève
est coupé en quatre par des fortifications bastionnées. L'une de ces
quatre parties, nommée Lago di Pajolo, est surtout insalubre et entre-
tient, dans la chaude saison, des maladies qui vont jusqu'à paralyser
le quart, même le tiers de la garnison. Au nord, elle est protégée par
la citadelle de la Favorite, pentagone régulier d'une force respectable
et d'où l'on peut souvent, comme à Peschiera, recourir contre l'ennemi à des inondations artificielles. Mantoue s'appuie en outre, au
midi, sur deux camps retranchés et sur une vaste étendue de terrains
nommée Seraglio, qu'entourent de toutes parts les eaux du Mincio,
du Pô et de l'Ausone. Cette île maré ageuse forme un triangle de cinq
à six lieues carrées. Plusieurs forts détachés complètent ce vaste système de défense.

de bataille de Solferino, c'est qu'il avait été tenu en respect par l'appréhension que lui causait la tête de colonne de la division d'Autemarre.

Ce général était, en effet, en avant de Plaisance, le jour où les deux armées se rencontrèrent dans la plaine de Medole. — Son apparition eut une influence décisive sur les mouvements de l'ennemi.

Le lieutenant feld-maréchal Liechtenstein crut, en voyant la tête de colonne de cette division, que le 5e corps réuni en entier s'apprêtait à marcher sur Mantoue; cette pensée le paralysa pendant toute la journée et le retint dans les positions qu'il occupait, indécis sur ce qu'il devait faire (1).

Le 5e corps doit bientôt rallier le gros de l'armée principale à Goito; le moment est donc venu d'entrer dans le détail des mouvements qu'il avait opérés, depuis son départ de Florence.

Le 19 juin, toutes les fractions de ce corps que le prince Napoléon avait eu sous ses ordres en Toscane étaient réunies à Massa. — Le général Ulloa continuait de s'avancer sur Parme par la route de Modène.

Le 20, les troupes quittèrent Massa sur deux colonnes et se dirigèrent vers Parme avec la plus grande rapidité,

---

(1) *Bulletin autrichien sur la bataille de Solferino.*

« Le mouvement de flanc que deux brigades du 2e corps d'armée avait reçu l'ordre d'exécuter, et qui pouvait avoir un effet décisif sur le flanc et les derrières de l'ennemi, ne fut pas non plus exécuté, car la nouvelle de l'approche d'un gros corps ennemi venant de Piadena et Crémone (où se trouvait en effet la division d'Autemarre), retint cette division à Marcaria, dès qu'elle eut passé l'Oglio. »

car de fréquentes dépêches de l'Empereur enjoignaient au Prince de hâter sa marche et d'opérer sans retard sa jonction avec lui, aussitôt qu'il aurait rejoint sa première division.

Le prince doit franchir le Pô, à Casal Maggiore (1), c'est-à-dire le plus près possible de Mantoue ; il envoie l'ordre au général d'Autemarre (2) de traverser le fleuve à Plai-

______

(1) *Casal Maggiore*, bourg de la Lombardie, à 31 kilomètres 50 de Mantoue, 5000 habitants, sur la rive gauche du Pô.

(2)   LE GÉNÉRAL DE DIVISION D'AUTEMARRE

(Charles-François-Xavier) est né à Cheppy (Meuse), le 17 décembre 1805.

Élève à l'école spéciale militaire le 7 novembre 1821, il était attaché à la suite de la même école, comme sous-lieutenant, le 1er octobre 1823, et passait successivement dans la même année au 51e et au 59e de ligne.

Lieutenant le 28 juin 1830, il s'embarquait pour l'Afrique le 20 septembre 1833, et y restait jusqu'en janvier 1837, assistant à toutes les luttes qui consolidèrent notre domination en Algérie.

Capitaine depuis le 25 avril 1836, il retournait de nouveau en Afrique en 1840 avec le corps de zouaves, dans lequel il devint bientôt chef de bataillon (23 décembre 1841), lorsque le régiment fut définitivement organisé. Il passa huit autres années en Algérie, où ses qualités militaires, son activité et son zèle attirèrent spécialement sur lui l'attention de ses chefs.

Lieutenant-colonel du 2e régiment de la légion étrangère, le 24 avril 1845, il était le 30 mai 1848 colonel du 53e de ligne.

Désigné pour faire partie du corps expéditionnaire de la Méditerranée, il assista au siége de Rome, et fut nommé général de brigade, le 3 janvier 1852.

Son long séjour en Afrique, sa connaissance parfaite du pays désignèrent le général d'Autemarre à l'attention du ministre de la guerre qui le mit à la disposition du gouverneur général de l'Algérie (8 février 1852).

Il commandait la subdivision d'Aumale depuis 1853, lorsque la guerre d'Orient éclata. Il reçut alors le commandement de la première brigade d'infanterie.

A la bataille de l'Alma, à Inkermann, il se fit remarquer par son insance, que sa division occupe depuis le 13 juin au soir, et de venir avec elle prendre position à Piadena, en avant du point où lui-même doit franchir le Pô.

Le général recevait, en même temps, l'ordre d'employer toutes les ressources qui pourraient faciliter l'établissement d'un pont, fort difficile à jeter en cet endroit (1).

II. — Le 25, le Prince est à Fornovo, dernière étape avant d'atteindre Parme. — C'est là que lui parvient la première nouvelle d'un grand fait militaire accompli la veille; mais les renseignements que lui donnent les gens du pays sont vagues, incertains, et ne peuvent rien préciser.

Le Prince ne doute pas que le choc entre les deux armées n'ait été formidable : un noble pressentiment lui dit que l'empereur Napoléon est victorieux ; mais dans

---

trépidité valeureuse, et le 1er mars 1855 il était promu au grade de général de division. A la tête de la 1re division du 1er corps, il prit part aux opérations du siége et lutta énergiquement jusqu'au dernier moment dans l'assaut infructueux du 18 juin. — La Crimée est, pour le général d'Autemarre, une belle page militaire, dont il a le droit d'être fier.

Appelé à faire partie de l'armée d'Italie, il reçut le commandement de la 1re division d'infanterie du 5e corps commandé par le prince Napoléon.

Le général d'Autemarre est grand officier de la Légion d'honneur.

(1) « L'important (écrivait le prince Napoléon au général) est que vous réunissiez tous les bateaux disponibles pour me préparer un pont. Vous pouvez vous servir de ceux de Plaisance; tâchez de réunir tout ce que vous trouverez dans le pays, et maintenez, dans tous les cas, votre pont sur l'Adda, à Pizzighettone, qui sera notre base d'opérations. »

son impatience, il n'attend même pas l'arrivée de la première colonne qui doit atteindre Fornovo le même jour, et part aussitôt pour Parme avec son état-major particulier.

La population accourt au-devant de lui, en dehors de la ville, et le reçoit avec des acclamations qui tiennent du délire.

Le Prince a hâte d'arriver à Parme, car il espère y trouver des nouvelles sur la journée du 24 juin. — En effet, dans cette ville il apprend que l'armée alliée vient de remporter une grande victoire ; cependant il n'a encore reçu aucune dépêche officielle.

Les événements, qui viennent de se passer, doivent rendre plus urgente encore la réunion du 5ᵉ corps au gros de l'armée.

Le général d'Autemarre a ses avant-postes à San Bionetta sur l'Oglio. Il a fait visiter soigneusement le Pô, depuis Plaisance jusqu'à Casal Maggiore ; il est impossible de construire un pont de bateaux soit à Crémone, soit à Casal Maggiore.

« Le fleuve (écrivait le général au Prince) a au moins 800 mètres de largeur en face de ces deux villes, et il faudrait pour établir un pont de cette longueur des éléments que nous n'avons pas et que nous ne pouvons nous procurer, quoi que nous fassions. Je me suis donc arrêté au système des ponts volants que nous établirons, en plus grand nombre possible, à Crémone et à Casal Maggiore. — C'est avec un de ces ponts que j'ai fait passer ma division à Spessa en un jour, et j'espère que nous pourrons faire passer tout le corps de Votre Altesse, en 48 heures au plus, avec trois ponts semblables à celui que j'avais. »

III. — Le Prince envoie au général un de ses aides de camp, le commandant Ferri Pisani, pour lui annoncer son arrivée, et presser les travaux de communication avec la rive droite du Pô. — Puis, il part lui-même dans la nuit du 25 au 26, afin d'examiner l'ensemble de la position.

Le général d'Autemarre lui rend compte que les Autrichiens se sont complétement retirés à l'approche de ses troupes, et qu'ils ont même démantelé la forteresse de Brescello (1) sur la rive droite du Pô, et en face de Mantoue.

(1) Un fait qui mérite d'être mentionné s'était passé devant Brescello :

Le capitaine Lafouge, aide de camp du général d'Autemarre, avec 4 gendarmes parmesans à cheval et le 1er lieutenant du corps, M. Catembrun Mercure, était allé en reconnaissance sur Brescello, que l'on savait être encore occupé par une centaine de soldats d'Este. De la tour de Lentigione, M. Lafouge, ne pouvant distinguer aucun mouvement de troupes, s'est avancé jusqu'aux fortifications. Là, deux gendarmes (Beltoli et Gabelli) ont demandé à explorer seuls Brescello, et quoique le capitaine Lafouge voulût les en dissuader, ils s'élancèrent au galop vers les palissades, le sabre nu, suivis bientôt par les deux autres gendarmes Mazzieri et Zilioti, et par M. Lafouge et M. Catembrun Mercure, qui s'étaient élancés sur leurs traces.

Les quatre gendarmes ne rencontrant pas de résistance à la première barrière, gardée cependant par quinze soldats, arrivèrent au galop sur la place, où le détachement de garde, apprenant qu'un officier français accompagnait les gendarmes, s'est empressé de mettre bas les armes. La population a reçu avec de grandes acclamations ces audacieux soldats et les chefs qui les commandaient.

La nouvelle situation de l'armée victorieuse sur les rives du Mincio doit, sans nulle doute, modifier les instructions de l'Empereur, aussi le colonel de Franconière, premier aide de camp du Prince, se rend auprès de Sa Majesté, en ce moment à Cavriana.

Le même jour, Son Altesse Impériale recevait une dépêche qui lui disait de se diriger sur Medole par la rive droite de la Chiese, jusqu'à Assola (1).

Le Prince envoie ordre sur ordre au général d'Autemarre pour presser l'établissement du pont. — Ce général parvient enfin, après beaucoup d'efforts, à réunir un nombre de bateaux suffisant pour construire un pont continu. Les travaux, entravés souvent par la violence des eaux du fleuve qui s'accroissent soudainement, sont néanmoins achevés en deux jours, et font le plus grand honneur aux pontonniers, qui travaillèrent avec une ardeur infatigable.

Le 28 et le 29, le général Uhrich fait déjà passer son infanterie et son artillerie sur des ponts volants (2) ; — le 30 juin, le 5ᵉ corps en entier a franchi le Pô.

IV. — Le même jour, un officier de l'état-major impé-

____

(1) Dépêche du 26 juin. — Cavriana.

(2) Ce pont, jeté sur le Pô à Casal Maggiore, avait 950 mètres de long, il fut construit avec des bateaux de toute dimension loués aux riverains. — A mesure que les différentes portées étaient achevées, elles servaient de pont volant ou de trailles, sans que le travail fût interrompu pour le passage de l'infanterie, jusqu'au moment où, le 30 au matin, on put réunir toutes les parties volantes et établir un pont continu pour la cavalerie et l'artillerie.

rial apportait au prince Napoléon la dépêche suivante de l'Empereur datée de Volta (1), le 30 juin.

« Tous les renseignements s'accordent à dire qu'il n'y a plus que 7000 hommes dans Mantoue, et que toute l'armée autrichienne est derrière l'Adige. — Je te prie d'arriver le plus tôt possible par la route la plus courte de Piadena à Goito. »

Par suite de ces nouvelles instructions, le 5ᵉ corps se dirige immédiatement sur Goito (2) par les deux routes de Gazzoldo et de Piadena.

« La division Uhrich prendra la route de Gazzoldo et arrivera à Goito, le 3 juillet; l'artillerie de réserve et la cavalerie y seront le même jour et passeront par Piadena. — La division d'Autemarre qui tient la ligne de l'Oglio opérera sa concentration sur Piadena, le 2 juillet, et sera à Goito le 4, par Gazzoldo. — Le même jour, arriveront les troupes toscanes et le parc d'artillerie. »

Tels sont les ordres de mouvement donnés par le prince Napoléon.

Le 3 juillet, le Prince est à Goito, à neuf heures du matin. — La division Bourbaki du 3ᵉ corps et la division de cavalerie Desvaux du 2ᵉ occupaient cette

(1) *Volta*, bourg à 6 kil. S. E. de Solferino, à 17 kil N. O. de Mantoue. 4200 habitants.

(2) *Goito*, bourg à 14 kil. S. E. de Solferino, à 20 kil. N. O. de Mantoue. 1825 habitants.

position; car Goito est un point stratégique très-important, c'est en cet endroit que la route de Brescia à Mantoue traverse le Mincio. Les Autrichiens y avaient établi avec beaucoup de soin et d'art des fortifications de campagne qu'ils n'ont pas défendues ; le pont du Mincio a été détruit.

V. — Maintenant que nous avons accompagné le 5e corps sur les rives du Mincio, et qu'il va désormais agir directement sous les ordres de l'Empereur, disons quels mouvements avait opérés l'armée principale, dont nous avons laissé le quartier général à Cavriana.

L'armée alliée a passé la nuit du 24 juin sur le champ de bataille qu'elle a si glorieusement conquis.

Dès le 25 au matin, elle continue sa marche sur le Mincio. — La journée de Solferino n'a été pour elle qu'une étape glorieuse.

L'armée sarde campe à San Martino.

Le 1er corps quitte Solferino et va prendre position en avant de Pozzolengo, sur la route de Monzambano, et à gauche de celle de Peschiera.

Le 2e corps et la garde impériale restent à Cavriana, où l'Empereur conserve son quartier général.

Le 4e corps va s'établir à Volta.

Le 3e corps quitte Rebecco pour occuper les hauteurs en avant et à droite de Solferino. — Par ordre de l'Empereur, une division doit camper à Guiddizzolo ;

elle sera couverte par les deux divisions de cavalerie Partouneaux et Desvaux, dont la dernière vient d'être mise sous les ordres du maréchal Canrobert.

C'est la division d'infanterie Renault, qui se rend à Guiddizzolo.

L'ordre est donné à tous les corps d'armée de se garder avec le plus grand soin, et les soldats ne doivent jamais se séparer de leurs sacs.

VI. — Le 26, le 1er corps envoie ses deux premières divisions à Monzambano (1) que borde le Mincio. — Sur la rive gauche, une division ennemie occupe des hauteurs, en arrière de trois fortes batteries à embrasures protégées par un épaulement. — Cette division surveille la destruction du pont de Monzambano, dont un petit poste autrichien garde la culée de gauche, en face des maisons, qui dominent sur la rive droite le cours rapide, mais resserré de ce fleuve célèbre.

La 1re division campe en arrière d'une colline, sur laquelle un vieux château groupe autour de lui le bourg de Monzambano ; la 2e à la gauche de la 1re. — Les vedettes se glissent le long du fleuve, et l'artillerie s'établit avec un champ de tir en rapport avec la longue portée de ses canons rayés.

L'ennemi ne tarde pas à se retirer ; tout indique qu'il

(1) *Monzambano*, bourg à 9 kil. N. E. de Solferino, à 24 kil. N. N. O. de Mantoue. 2530 habitants. Les Français y ont défait les Autrichiens en 1800.

ne s'opposera pas aux travaux que doit nécessiter le passage du Mincio.

Le 2me corps quitte Cavriana pour occuper Castellaro (1), et place ses divisions à gauche et à droite de la route qui conduit de Castellaro à Monzambano. — Les autres corps conservent leurs anciens campements.

VII.—Le même jour, par ordre de l'Empereur, le maréchal Canrobert envoie une reconnaissance vers Goito, pour s'assurer si l'ennemi, ainsi que le portent les renseignements recueillis, a définitivement évacué la rive droite du Mincio (2).

Cette reconnaissance part sous les ordres du chef d'escadron Oudinot et trouve Goito occupé par de petits postes d'infanterie hongroise; selon les informations données par les habitants eux-mêmes, d'autres postes sont établis aux environs dans différentes fermes,

---

(1) *Castellaro*, bourg à 4 kil. N. E. de Cavriana, à 5 kil. N. E. de Solferino, à 4 kil. S. O. de Monzambano et à 6 kil. N. O. de Volta. 1000 habitants. En 1796, combat entre les Français et les Autrichiens.

(2) *Dépêche adressée au maréchal Canrobert*, — 26 juin, quartier général.

« On annonce à l'Empereur que les Autrichiens auraient fait sauter ce matin le pont de Goito, ce qui semblerait indiquer qu'ils ont complétement évacué la rive droite du Mincio de ce côté. — Sa Majesté vous prie, monsieur le maréchal, de faire pousser une reconnaissance vers Goito qui vérifiera, s'il est possible, ce qu'il y a d'exact dans les renseignements qui précèdent.

« L'Empereur prie Votre Excellence de lui faire connaître, le plus tôt possible, les résultats de la reconnaissance faite sur Goito. »

mais le commandant Oudinot n'estime pas que les forces, qui occupent Goito et ses alentours, dépassent un bataillon.

De nombreuses troupes ont été aperçues de l'autre côté du Mincio.

L'armée sarde, qui occupe San Martino, près du lac de Garde, s'est étendue dans la direction de Dezenzano, formant ainsi une ligne oblique vers Monzambano, pendant que le 2ᵉ corps, établi à Castellaro, relie par sa droite Monzambano à Cavriana.

La cavalerie, mise sous les ordres du commandant en chef du 3ᵉ corps, continue ses reconnaissances.

Aucun mouvement n'est ordonné pour la journée du 27.

VIII. — Le maréchal Canrobert reçoit l'ordre de se porter, le 28, à Goito avec son corps d'armée, mais comme l'intention de l'Empereur n'est pas d'occuper ce point d'une manière permanente, ni d'y opérer le passage du Mincio, le maréchal s'y établit seulement dans une position défensive, perpendiculaire à la grande route de Guiddizzolo à Goito.

En cas d'attaque imprévue, le maréchal Niel, qui occupe Volta depuis le 25, est en position d'amener des renforts.

Le 28, le 3ᵉ corps seul se met en mouvement.

La 1ʳᵉ et la 3ᵉ divisions se dirigent sur Goito, qu'elles viennent occuper; la 2ᵉ division, ainsi que la division de cavalerie du général Partouneaux, s'arrêtent à Cerlungo et campent en avant de ce village (1). — **Le général Desvaux reste à Guiddizzolo.**

Les troupes du 3ᵉ corps forment ainsi trois lignes échelonnées : — **la première à Goito, — la seconde à Cerlungo, — la troisième à Guiddizzolo.**

Le général Desvaux continue ses reconnaissances, et le maréchal Canrobert fait soigneusement observer, tant par des espions que par de petites patrouilles, tout le pays compris entre le lac supérieur de Mantoue et l'O-glio, au-dessous de Marcaria ; car l'arrivée des premières troupes du 5ᵉ corps sont signalées dans cette direction, et l'ennemi qui occupe Curtatone, au-dessus de Man-toue, pourrait vouloir, soit à Piadena, soit à Marcaria, s'opposer à la jonction de ce corps avec l'armée prin-cipale.

Devant Monzambano, l'ennemi a disparu de la rive gauche du Mincio, et le général Forey, qui occupe cette position, en a profité pour jeter une passerelle sur l'an-cien pont de bois brûlé, et envoyer deux bataillons sur la rive gauche, en avant de Monzambano.

IX. — Le 29, l'Empereur vient s'établir avec la garde à Volta, que le 4ᵉ corps a quitté, le matin même, pour se rendre à Borghetto, sur le bord du Mincio. — La di-vision Vinoy, qui est tête de colonne de ce corps d'ar-mée, franchit le fleuve sur un passage construit par le

____

(1) *Cerlungo*, village à 3 kil. N. O. de Goito et à 11 kil. S. E. de Solferino.

génie, et va se placer en avant de Valeggio, observant à la fois les routes de Villafranca, Goito et Mantoue. Les deux autres divisions campent aux alentours de Borghetto (1). — Le maréchal Niel a installé son quartier général à Valeggio.

L'artillerie et le génie se mettent à l'œuvre pour établir des communications faciles entre les deux rives.

« A Borghetto (dit le Journal historique du 4ᵉ corps), on construit des ponts pour le passage de l'armée. Deux de bateaux sont placés au-dessus du village, un dans l'intérieur, et un quatrième, qui n'est autre que le pont détruit par l'ennemi et réparé par le génie. »

A Monzambano, la division Forey rétablit un premier passage, en se servant de la communication que les Autrichiens avaient brûlée. Deux autres ponts sont en outre construits, un de chevalets, en aval, et un de bateaux, en amont.

X. — Mais ce n'était pas sans de graves appréhensions, qu'à Monzambano et à Borghetto, nos pontonniers exécutaient ces difficiles travaux ; car le bruit s'était répandu que les Autrichiens pouvaient, à Peschiera, au moyen de grands réservoirs, augmenter subitement avec une grande violence les eaux du fleuve, et amener ainsi la destruction des ponts que nous essayerions de construire sur le Mincio. — Il n'en fut rien ; et le surlendemain,

_____

(1) *Borghetto*, bourg de Lombardie, à 25 kil. S. O. de Vérone, sur la rive droite du Mincio. 2650 habitants. En 1796, le général Bonaparte y battit le général Beaulieu.

ces ponts transportaient d'une rive à l'autre l'armée franco-sarde et les immenses convois destinés au ravitaillement des troupes.

De son côté, le roi de Sardaigne s'est porté vers Peschiera (1).

En suivant pas à pas la marche des différents corps d'armée, dont nous étudions avec un soin rigoureux tous les détails, on se rend facilement compte des précautions minutieuses avec lesquelles l'Empereur s'avançait vers ce fleuve, dont les autrichiens peuvent venir tout à coup lui disputer le passage. — Il passe ses journées à visiter les points les plus avancés occupés par ses troupes, et à surveiller les travaux importants du génie et de l'artillerie sur le Mincio. Partout, on le voit,

---

(1) *Peschiera*, au bord du lac de Garde, à l'endroit où le Mincio sort de ce lac, n'est qu'une place de moyen ordre; mais sa situation exceptionnelle attache à sa possession de nombreux avantages. Un camp retranché, construit sur la rive droite du Mincio, et pouvant contenir une forte division, assure à cette ville une sérieuse défense. De ce camp, on peut menacer le flanc d'une armée qui tenterait le passage de la rivière, soit à Goïto, soit à Valeggio. — Peschiera est, de plus, le port naturel des flottilles que l'un ou l'autre parti peut faire manœuvrer sur le lac de Garde, et à l'aide desquelles il peut opérer des descentes préjudiciables à l'ennemi. Enfin, de cette place, on commande des écluses qui permettent de modifier à volonté le niveau d'eau du Mincio, de rompre les ponts de bateaux qu'on y peut construire, et de rendre très-dangereux, par conséquent, le passage de cette rivière, sans la possession de Peschiera. — En 1848, une partie de l'armée sarde, commandée par le duc de Gênes, s'empara de Peschiera après un siége assez court; mais, depuis cette époque, les Autrichiens on ont beaucoup accru les fortifications.

De Peschiera, le Mincio coule successivement à Monzambano, à Borghetto, à Pozzolo, à Goïto, où s'embranchent les deux routes de Brescia à Crémone; puis il forme deux lacs, entre lesquels s'élève la place très-forte de Mantoue.

s'enquérant par lui-même des moindres détails. — Ses ordres sont nets et précis, minutieusement combinés contre les éventualités même les plus improbables.

Le roi Victor-Emmanuel investit déjà Peschiera. Le général Frossard, commandant en chef le génie de l'armée française, est chargé de la direction des travaux du siége. — C'est la Crimée, c'est ce siége de onze mois devant Sébastopol, qui ont montré toutes les qualités d'énergie et de science militaire qui distinguaient ce brillant officier général (1).

(1)   GÉNÉRAL DE DIVISION FROSSARD.

Les services du général Frossard datent du 1er octobre 1827, époque de sa sortie de l'école Polytechnique et de son admission à l'école d'application du génie et de l'artillerie à Metz.

Il fit sa première campagne, comme lieutenant en second, en 1831 et 1832 en Belgique, où il prit part au siége de la citadelle d'Anvers. Il fut nommé chevalier de l'ordre de Léopold, après le siége.

Capitaine en 1833, puis envoyé en Afrique et employé dans la place de Bougie, il participa aux divers combats livrés devant cette place et notamment en décembre 1835, où il commandait momentanément une compagnie de zouaves, et eut à défendre, pendant 4 jours, le fort Clausel.

Après deux autres années passées dans la Mitidjah, au camp de Bouffarik, où étaient alors les avant-postes de l'armée d'Afrique, le capitaine Frossard rentra en France et fut successivement aide de camp de deux généraux du génie, puis attaché au dépôt des fortifications à Paris jusqu'en 1846. — A cette époque, il fut nommé officier d'ordonnance du Roi et remplit ces fonctions jusqu'au 24 février 1848. Il était chef de bataillon depuis le mois de décembre 1847.

En 1849, il prit part au siége de Rome, dans lequel il fut blessé et promu au grade de lieutenant-colonel. Il resta à Rome jusqu'à la fin de 1850, en qualité de commandant du génie du corps d'occupation.

Rappelé alors en France pour être commandant en second de l'École Polytechnique, il occupa cette position pendant deux années. Le grade de colonel lui fut donné, le 2 janvier 1852.

En 1853, il partit comme directeur des fortifications de la province

XI. — L'Empereur a décidé que son armée tout entière franchirait le Mincio dans la journée du 1er juillet, et que le quartier impérial irait prendre, avec la garde, ses bivouacs à Valeggio.

Le 30, les ordres de mouvement sont lancés.

« Le 1er corps quittera ses positions au lever du jour, et, en passant par le pont de Salionze, ira s'établir perpendiculairement à la route de Valeggio à Castelnovo, sa gauche en avant de Salionze.

---

d'Oran qu'il quitta, en janvier 1855, pour aller, à l'armée d'Orient, prendre le commandement du génie du 2e corps, au moment où les opérations militaires en Crimée et devant Sébastopol durent recevoir un plus grand développement.

Le 2e corps, sous les ordres du général Bosquet, avait à exécuter les attaques de droite du siége de Sébastopol, c'est-à-dire celles qui comprenaient tout le front de Malakoff. Le colonel Frossard fut chargé de la direction de ces travaux entrepris dans les premiers jours de février 1855 et qui entraînèrent, le 8 septembre suivant, la prise même de la place. Il avait été blessé d'un coup de feu à la jambe dans les tranchées. Il fut nommé général au mois de mai, et reçut le grade de commandeur de la Légion d'honneur, après la prise de Malakoff.

Pendant l'hiver de 1855 à 1856, le général Frossard exerça par intérim le commandement du génie de l'armée et fit continuer l'exécution des lignes défensives de Kamiesh.

Rentré en France avec l'armée, en juin 1856, il fut désigné avec le général Lebœuf, pour faire partie de la mission militaire adjointe à l'ambassade extraordinaire du comte de Morny en Russie, et pour assister au couronnement de l'empereur Alexandre.

A son retour, il devint membre du comité des fortifications, puis fut envoyé en Algérie, en qualité de commandant supérieur du génie; il exerça ces fonctions jusqu'à la fin de 1858, époque à laquelle il fut élevé au grade de général de division.

Il faisait partie du comité des fortifications, lorsqu'en avril 1859, il reçut le commandement en chef du génie de l'armée d'Italie.

Il a été nommé grand officier de la Légion d'honneur à la fin de la campagne et aide de camp de l'Empereur.

« Le 2ᵉ corps, passant par Monzambano, prendra position, sa gauche appuyée à la droite du 1ᵉʳ corps, sa droite appuyée à la gauche du 4ᵉ, qui demain matin occupera les hauteurs de Curtoza. (Le 2ᵉ corps se trouvera ainsi relever le 1ᵉʳ et le 4ᵉ.)

« Le 3ᵉ corps, laissant à Goito la division de cavalerie Desvaux et une division d'infanterie, se rendra en avant de Valeggio (1).

« Le roi de Piémont complétera l'investissement de Peschiera.

« Les corps marcheront militairement, comme s'ils devaient rencontrer l'ennemi, ne laissant passer leurs bagages, qu'après avoir pris eux-mêmes position. »

XII. — Le 1ᵉʳ juillet, l'armée alliée franchit le Mincio, et

____

(1) Pendant la journée du 30, le maréchal Canrobert avait fait sillonner tout le pays par de nombreuses reconnaissances. Les renseignements suivants lui étaient parvenus, et à 5 heures du soir, il les adressait à l'Empereur, à Volta.

1° Mantoue avait, le 29 courant, 6 à 8000 hommes de garnison.

2° En dehors de la ville, depuis Montanara jusqu'à Castellucchio, il y a très-peu de soldats.

3° Le fort Montanara est gardé.

4° Les habitants de Mantoue sont mis à la ration pour leurs vivres : ils sont très-abattus et craignent beaucoup une épidémie.

5° Les Autrichiens ont requis tous les approvisionnements en vivres et en fourrages autour de Mantoue ; on ne sait pas, si c'est dans le but d'approvisionner la ville, ou pour enlever aux Français ces ressources extérieures.

6° La place de Legnano est occupée par très-peu de troupes, depuis la concentration des forces autrichiennes autour de Vérone.

7° Les Autrichiens ont fait sauter ce matin à 7 heures et demie le pont du fort Gorgouski sur l'Orola. (Le fort Gorgouski est désarmé ; il est situé entre Curtatone et le sud du lac Supérieur près de l'Orola.)

sans rencontrer de résistance, prend possession des différents points qui lui ont été assignés.

Le 2 juillet, elle occupe les escarpements de ce terrain montagneux qu s'étend sur toute la rive gauche du Mincio, et finit brusquement à la vaste plaine de Vérone, où le sol alors ne conserve plus aucune ondulation.

Des hauteurs de Somma-Campagna, un magnifique panorama se déroule devant les regards. — Ici c'est Vérone, à demi enveloppée dans la brume, avec ses monuments, ses tours maximiliennes, son camp retranché ; — sur la gauche, c'est le plateau de Rivoli, la trouée de l'Adige et la chaîne des Alpes, dont le sommet, couvert de neiges éternelles, forme le plus magnifique contraste avec cette vaste nappe de fraîche verdure qui s'étend sur les plaines de l'Adige.

Ainsi, le 2 juillet, le maréchal Baraguey d'Hilliers, donnant la main gauche aux Sardes qui sont établis devant Peschiera, forme un demi-cercle par Castelnovo et San Giorgio, et se relie par les grands-gardes de sa première division au maréchal Niel, qui occupe Somma-Campagna.

Le maréchal de Mac-Mahon s'est avancé dans la plaine de Villafranca.

Le maréchal Canrobert tient une partie de son corps d'armée à Goito, l'autre à Valeggio, où l'Empereur a porté son quartier général, ainsi que le maréchal Regnaud de Saint-Jean-d'Angely.

Ces positions sont très-étendues, et l'Empereur, dans la prévision d'une attaque, veut resserrer sa ligne de bataille et prendre des positions plus défensives.

Sur son ordre, dans la soirée du 2, le 1er corps, sans quitter Castelnovo, replie sa première division vers Palazzo-Valceria ; — le 4e corps s'appuie à Oliozi, — et le 2e vient à Santa Lucia, occupant ainsi fortement le cours du Tione.

XIII. — Le 3 juillet, ainsi que nous l'avons dit, le prince Napoléon arrivait avec la tête de son corps d'armée à Goito. — La division Bourbaki (3e du 3e corps) fait place à la division Uhrich ; mais la cavalerie Desvaux reste sous les ordres du Prince et continue ses reconnaissances sur différents points.

Dans la nuit du 3 juillet, le capitaine de Baulaincourt, emmenant avec lui un détachement de chasseurs d'Afrique, doit opérer une reconnaissance détaillée, en suivant la rive gauche du Mincio, par les villages de Rivolta, Castellucchio, Gabbiana et San Lorenzo (1).

Parti à dix heures du soir, il apprend à Rivolta que les Autrichiens parcourent les environs.

Selon ses instructions, le capitaine de Baulaincourt laisse à Rivolta, avec une vingtaine de chevaux, un officier, auquel il donne ordre de se diriger pendant la nuit sur Le Grezie, pendant que lui-même prendra la direction de Castellucchio. — Poussant ensuite jusqu'à Gabbiana, il acquiert la certitude que de fréquentes patrouilles autrichiennes sillonnaient le pays. — Il con-

_____

(1) Cette reconnaissance, conduite avec grande vigueur par le capitaine de Baulaincourt, lui valait d'être cité à l'ordre de l'armée.

tinue jusqu'à San Lorenzo, puis revient à Castellucchio, où il rallie sa petite colonne.

Il regagnait Rivolta vers six heures du matin, lorsqu'on lui annonce que ce village est occupé. En effet, un peloton de hussards barrait l'entrée principale. Le capitaine de Baulaincourt charge aussitôt, à la tête de ses hommes, et est reçu par une décharge, qui heureusement n'atteint personne. Les chasseurs, lancés à fond de train, fondent sur les hussards autrichiens, les forcent à abandonner la place, et les rejettent sur une portion des chasseurs qui, avec le lieutenant Lemoine, avaient tourné le village. — L'officier autrichien, quatre fois blessé et la jambe cassée par la chute de son cheval, est fait prisonnier, ainsi qu'une dizaine de hussards (1). Mais malheureusement, de notre côté le lieutenant Jouve, qui s'était bravement conduit, devait succomber à ses blessures.

Cette rencontre avec l'ennemi, ainsi que les renseignements qui parvenaient de toutes parts sur les nombreuses patrouilles d'infanterie et de cavalerie qui parcouraient le pays, démontraient la nécessité de se garder avec un soin extrême.

Aussi l'Empereur renouvelait, par des instructions très-détaillées (1), ses ordres formels à cet égard et les

____

(1) *Consigne générale de surveillance. — Valeggio 4 juillet.*

   Maréchal,

« Mon intention est que la cavalerie exécute chaque jour des reconnaissances en avant des corps d'armée auxquels elle appartient, aussi loin qu'elle pourra le faire, sans trop se compromettre. — Qu'elle entre-

faisait parvenir à chacun des commandants en chef des corps d'armée.

tienne de jour des vedettes sur les points d'où l'on peut le mieux découvrir l'ennemi, ou dans les directions par lesquelles il peut s'approcher à la faveur d'un pays couvert ; des détachements soutiendront à distance ces vedettes. Derrière ces détachements de cavalerie doit régner une ligne continue de sentinelles, des petits postes, des grands-gardes ; enfin sur les avenues principales doivent se trouver des réserves d'infanterie avec une pièce d'artillerie destinée, s'il y avait lieu, à battre cette avenue et à prévenir de l'approche de l'ennemi. A la nuit, la cavalerie se retire pour reprendre son service le lendemain, à la pointe du jour.

« Je désire que vous appliquiez ce système de surveillance et de garde à votre corps d'armée, et qu'il se relie dans ces conditions de la manière la plus complète avec le corps ou les corps d'armée qui vous avoisinent.

« Pour cet ensemble, une entente constante entre les chefs d'état-major généraux des corps juxtaposés est nécessaire.

« Il est non moins nécessaire que dans chaque division un officier supérieur soit chargé, en permanence, de l'inspection des grands-gardes, petits postes, sentinelles d'infanterie, postes et vedettes de cavalerie de la division, et de leur raccordement avec la division voisine.

« Je vous recommande encore l'observation de cette précaution importante que la position des petits postes et grands-gardes d'infanterie doit être autre la nuit que le jour. C'est le plus sûr moyen de déjouer les surprises de l'ennemi.

« Personne n'ignore que la manière de se garder laisse beaucoup à désirer dans l'armée française. Je compte sur votre concours pour qu'à l'avenir il en soit autrement vis-à-vis d'un ennemi qui se distingue par son service d'avant-postes.

« Sous ce rapport, le chapitre 8 de l'ordonnance sur le service en campagne, renferme cependant les instructions les plus précises et les plus étendues.

« Je vous recommande de faire réunir fréquemment les officiers et sous-officiers de vos régiments et de faire lire dans ces réunions, auxquelles assisteront les officiers supérieurs, ce chapitre 8. — Le général de brigade commentant ce qui s'appliquerait plus particulièrement à la situation.

  « Sur ce, etc.

      « NAPOLÉON. »

Les vedettes doivent avoir le pistolet en main chargé.

CHAPITRE II.

XIV. — Le moment est venu de dire quel rôle avait été assigné à la flotte qui, sous le commandement supérieur de l'amiral Romain Desfossés, avait pénétré dans l'Adriatique. Cette flotte se composait de deux éléments principaux :

1° Six vaisseaux de ligne, et deux frégates à hélice, placés sous le commandement du vice-amiral Desfossés.

2° La flotte de siége, constituée par les soins de l'Empereur lui-même, et placée sous les ordres directs du contre-amiral Bouët-Willaumez (1).

Dans la guerre qui s'ouvrait, la flotte devait, à un moment donné, aider puissamment aux succès de l'armée de

---

(1). La flotte de siége comportait :

3 batteries flottantes de 16 canons de 50 chaque, cuirassées de fer dans tout leur pourtour, les mêmes qui avaient réduit la forteresse de Kinburn, dans la mer Noire. (Ces trois batteries flottantes étaient escortées de trois frégates à vapeur à roues.)

21 canonnières; — sept de 1re classe, armées de 4 canons de 50; — sept de 2e classe, armées de 2 canons rayés de 30; — et sept de 3e classe, armées d'un canon rayé de 30.

L'amiral Bouët-Willaumez avait délégué le commandement des canonnières de 1re et de 2e classe au capitaine Le Noury de La Roncière.

terre, en attaquant le littoral de la Vénétie, et en menaçant, même les citadelles maritimes, que l'Autriche avait
accumulées à grands frais à Cattaro, Lissa et Pola, sur
les côtes de la Dalmatie et de l'Istrie.

XV. — Il était important d'assurer à la flotte de l'Adriatique une solide base maritime et militaire. L'île de
Lossini, dont le port, à cheval sur les deux rives de
l'Adriatique, en est le meilleur abri, fut désignée par
l'Empereur aux amiraux.

En effet, cette île située à l'entrée de l'archipel de Car-
nero, est un point central entre Venise, Trieste, Pola,
Fiume et Zara, les principaux établissements de l'Autriche sur le littoral oriental ou occidental de l'Adriatique;
elle permettait, en outre, à nos bâtiments d'atteindre,
en vingt-quatre heures, le plus éloigné de ces établissements.

Par suite des retards occasionnés par la transformation
qui avait été faite des canonnières, en navires de combat,
les opérations de la flotte, destinée à agir dans l'Adriatique, ne purent commencer qu'au mois de juin.

Le 12, le contre-amiral Bouët-Willaumez partit de
Toulon avec les batteries flottantes que remorquaient les
frégates à roues, et arriva le 21, à Antivari, lieu de rendez-vous général fixé par le ministre de la marine;
le contre-amiral Bouët-Willaumez précédait de dix jours
la flottille de canonnières, conduite par les vaisseaux du
vice-amiral Romain Desfossés, auxquels vinrent successivement se rallier deux frégates, une corvette et un aviso
à vapeur sardes.

Déjà, depuis le commencement des hostilités, le contre-amiral Jurien de La Gravière bloquait Venise et ses approches avec deux vaisseaux et deux frégates, dont le tirant d'eau très-élevé s'opposait d'ailleurs à toute autre opération directement offensive contre cette place.

XVI. — « Du 30 au 1er juillet (écrit l'amiral Romain Desfossés dans son rapport) toute la flotte partit d'Antivari par groupes, comme elle y était venue ; mais le premier de ces groupes, que je conduisais et que je dirigeai avec toute la rapidité possible vers le fond de l'Adriatique où j'avais mission de m'emparer de l'île de Lossini, était composé en vue d'une résistance à vaincre (1). »

La possession de cette île était d'une si grande importance, que l'amiral devait en effet s'attendre à une défense sérieuse de la part de l'ennemi, d'autant plus présumable que des tours maximiliennes avaient été récemment élevées, propres à recevoir des canons de gros calibre, dont le tir, au début d'une attaque, eût pu faire beaucoup de mal à nos vaisseaux. — « Cette résistance (écrit l'amiral), nous étions en mesure de la briser, mais l'ennemi ne jugea pas à propos de nous l'opposer ; et soit crainte de nous laisser une garnison prisonnière, soit plutôt impuissance de se garder sur toute l'étendue des

______

(1) Ce premier groupe de combat était ainsi composé : les vaisseaux *la Bretagne* (vice-amiral Desfossés) et *le Redoutable*, les frégates *le Mogador* (contre-amiral Bouët-Willaumez) et *l'Isly*.

La frégate sarde *Victor-Emmanuel*, — huit canonnières, — une batterie flottante.

côtes menacées par la flotte alliée, les Autrichiens avaient complétement abandonné à elle-même la nombreuse population de Lossini, et désarmé les tours maximiliennes qui dominent la ville et le port Auguste (1). »

XVII. — Une fois concentrée à Lossini, la flotte attendit avec impatience l'arrivée du corps expéditionnaire qui devait occuper les points que ses canons de siége auraient démantelés, et fit tous ses préparatifs pour être à même d'attaquer les défenses extérieures de Venise, au premier ordre qui lui serait donné par l'Empereur.

Ce corps expéditionnaire, fort de 4000 hommes sous le commandement du général de Wimpffen, qui venait de s'illustrer à Magenta, parut enfin, le 6 juillet, à Lossini. Son arrivée fut saluée par les acclamations unanimes des marins; car pour eux, c'était le signal du combat si long-temps attendu. — Ce signal était en même temps donné par l'Empereur, qui envoyait à l'amiral commandant en chef l'ordre d'attaquer immédiatement les approches de Venise.

Dès le 7, le vice-amiral Romain Desfossés convoque à bord de son vaisseau, *la Bretagne*, le général de division de Wimpffen, le contre-amiral Bouët-Willaumez et le capitaine de vaisseau de La Roncière.

Un plan d'attaque est concerté ; il se base sur tous les documents recueillis de longue date, auxquels sont venus

(1) Rapport du vice-amiral Romain-Desfossés, commandant en chef la flotte de l'Adriatique.

se joindre de nouveaux renseignements, pris avec grand soin sur les lieux mêmes.

XVIII. — Disons en quelques mots quel était ce plan d'attaque dans son ensemble général.

Les trois aboutissants de Venise sont le Lido, Malamocco et Chioggia ; — tous les trois, hérissés de forts et de canons, sont barrés par des estacades et de nombreuses lignes de bâtiments coulés et chargés de pierres (1).

Le Lido n'a pas la profondeur d'eau nécessaire pour livrer passage aux canonnières ; Malamocco est plus profond, mais est le plus obstrué des trois.

L'aboutissant de Chioggia restant alors le passage le plus accessible à la flotte de siége, il avait été résolu que les

(1) Nous avons sous les yeux ce plan d'attaque autographié, et nous pensons que le lecteur en lira avec intérêt les détails.

PLAN D'ATTAQUE.

L'entrée de Chioggia est défendue par plusieurs forts établis de chaque côté de la passe. — Sur la pointe de gauche s'élevait le fort San Felice, armé de 11 canons de 30, battant en barbette, et de six mortiers. — Deux batteries, élevées à quelque distance de ce fort, le flanquaient dans le sud ; elles étaient armées chacune de trois canons de trente.

Sur la pointe de droite en entrant, s'élevaient le fort Caroman, armé de sept pièces, une batterie, un peu plus au nord, armée de trois pièces, et la tour Caroman armée de deux pièces de gros calibre. — L'amiral Bouët-Willaumez commandant la flotte de siége devait commencer l'attaque dès cinq heures du matin avec les trois batteries flottantes, *la Lave*, capitaine Bonie, *la Tonnante*, capitaine Lejeune, et *la Dévastation*, capitaine Majastre, qui avaient ordre de s'embosser à 400 mètres du fort San-Felice, la véritable clef de l'entrée. — Presque aussitôt, les 14 canonnières de 1re et de 2e classe, dirigées par le capitaine de vaisseau de La Roncière, venaient attaquer à la même distance le bâtiments qui composaient cette flotte, seraient chargés d'en démanteler les forts et les batteries, en mouillant sur une seule ligne et par groupes, à 400 mètres du rivage. Le feu de ces forts une fois éteint, ce qui arriverait immanquablement au bout de deux heures, rien ne s'opposerait alors à ce que les estacades ennemies, détruites par nos pétards sous-marins, donnassent un libre accès à la flottille et aux embarcations de l'escadre qui viendraient jeter le corps expéditionnaire sur le quai même de Chioggia, dès ce moment impossible à défendre.

Cette importante position une fois entre nos mains, on

bastion sud du fort San Felice et les deux batteries que les Autrichiens avaient élevées à proximité de ce bastion.

Presqu'en même temps, une partie des chaloupes canonnières conduites par le capitaine de frégate Foulliog, aide de camp de l'amiral Desfossés, devait attaquer en écharpe à la distance de 4 à 500 mètres, le fort Caroman et ses défenses, que les 4 frégates à roues, conduites par le capitaine de vaisseau Adolphe Bouët, attaqueraient de front à 800 ou 1000 mètres seulement, vu le grand tirant d'eau de ces bâtiments. Les corvettes à roues devaient joindre leur feu à celui des canonnières, autant que le leur eut permis leur tirant d'eau.

Quant aux vaisseaux et frégates français et sardes, il ne leur était pas possible d'approcher ces défenses plus près que 1800 ou 2000 mètres, ce qui leur permettait cependant de concourir à l'action générale avec leurs pièces à grande portée.

L'amiral Desfossés se réservait d'ailleurs de quitter le trois-ponts, *la Bretagne*, où flottait son pavillon et de le porter sur la corvette *le Monge*, pour surveiller l'action.

La flotte de siége développait donc, sans compter les vaisseaux placés à longue distance, un front d'au moins cent bouches à feu du calibre de 50 ou de 30 rayé, sous l'abri de ses cuirasses de fer, ce qui ne laissait aucun doute sur le succès rapide de l'attaque qu'elle effectuait à 4 ou 500 mètres des forts ennemis.

Une fois les forts de l'entrée de Chioggia démantelés, le moment était venu de faire sauter un des navires bouchant l'entrée de la passe, ce qui devenait facile à nos marins qui en avaient fait de nombreuses

marchait sur Brandolo, puis sur Malamocco, en appuyant le mouvement du corps expéditionnaire sur le Murazzi, avec la flotte de siége par l'intérieur, et les gros bâtiments par l'extérieur. — C'est ainsi que toutes les défenses de Venise tournées, soit du sud au nord par les troupes, soit à l'ouest par la flottille, et à l'est par notre escadre, donnaient forcément libre passage au corps du général de Wimpffen.

Il est facile de comprendre, quel coup terrible la prise de la capitale de la Vénétie eût porté aux armes autrichiennes, déjà si rudement éprouvées dans la journée

expériences, pendant leur séjour à Lossini. La flotte de siége, embarquant et remorquant dans les embarcations des vaisseaux, les 4000 hommes du général de Wimpffen donnait alors dans le port de Chioggia, et les jetait à terre sur les quais sans défense de cette ville.

Chioggia pris, Brandolo au sud et Malamocco au nord, devenaient de nouveau les objectifs d'attaque du corps expéditionnaire appuyé sur la flotte de siége. Un simple coup d'œil jeté sur la carte suffit pour démontrer que les défenses de Malamocco même, prises pour la plupart à revers, soit dans les canaux, soit le long du Murazzi, n'eussent pu résister longtemps à cette double attaque : Malamocco y eut résisté d'autant moins, que, même nos vaisseaux de ligne, eussent pu approcher à courte distance des forts qui défendent son entrée, pour venir en aide aux opérations de l'intérieur exécutées par notre flottille et par le corps expéditionnaire.

La marche de Malamocco sur Venise offrait encore moins de difficultés que celle de Chioggia sur Malamocco, tant par la plus grande profondeur des lagunes, que par les facilités qu'offraient à nos troupes les dispositions du terrain.

Ainsi, l'attaque contre Venise avait de grandes chances de succès par le fait seul de notre entrée dans le port de Chioggia, qui nous permettait de prendre successivement à revers, en allant du sud au nord, toutes les défenses extérieures de cette capitale, dont la population n'eût pas manqué de se soulever à notre approche.

Quant aux lagunes obstruées, elles étaient faciles à déblayer, **en raison** même de leur peu de profondeur.

de Solferino ; Brandolo nous livrait, en outre, un des aboutissants de la route de Vérone.

XIX. — Il est important pour l'appréciation des faits qui vont suivre de résumer en quelques mots la position générale des troupes de terre et de mer des armées alliées.

Peschiera est sous le canon de l'armée sarde. — Devant Vérone, l'armée de l'empereur Napoléon occupe une ligne compacte qui s'étend parallèlement au Mincio, depuis Castelnovo jusqu'à Pozzolo ; elle se compose de cinq corps d'armée et de la garde impériale.

La flotte, maîtresse de l'île de Lossini, n'attend qu'un ordre pour commencer l'attaque ; cet ordre est envoyé, et les 45 bâtiments mettaient sous vapeur, le 8 au point du jour, pour venir mouiller sur le littoral de la Vénétie en branle-bas de combat (1).

XX. — C'est donc dans cette position menaçante, et

______

(1) *Le vice-amiral Romain Desfossés au ministre de la marine.*

« Le 7, un aviso que j'avais envoyé à Rimini porter une dépêche télégraphique par laquelle je rendais compte à Votre Excellence de la prise de possession de Lossini et lui demandais les ordres de l'Empereur, ainsi que la recommandation m'en avait été faite, avant de quitter Toulon, rentra au port Auguste, porteur d'une dépêche qui y attendait l'arrivée de l'escadre, et par laquelle l'Empereur m'ordonnait d'attaquer les défenses extérieures de Venise.

« La flotte était prête, je fixai le départ au lendemain matin 8 juillet, laissant seulement deux canonnières toscanes à la disposition du commandant supérieur pour concourir à la sécurité de notre établissement.

« L'attaque combinée de la flotte et du corps expéditionnaire devait avoir lieu le 10 juillet, et j'en avais avisé Votre Excellence dès le 7, par le télégraphe de Rimini. Personne ne doutait de son succès.

« Le 8 juin, au point du jour, la flotte était sous vapeur et sortait de Lossini.

après une marche victorieuse des bords de la Doire, aux rives du Mincio, à six lieues de Vérone environ, lorsque Peschiera est investi, lorsque Venise va tomber dans nos mains, et que l'armée alliée forte de 150 mille hommes environ, est prête à livrer bataille, que l'empereur des Français a la pensée de proposer à l'empereur d'Autriche une suspension d'armes, qui permettra d'espérer la fin d'une guerre qui fait couler tant de sang de part et d'autre.

Inspirée au vainqueur, cette pensée était noble et grande; les armées autrichiennes avaient assez vaillamment combattu pour que, de son côté, l'empereur François-Joseph acceptât avec honneur une semblable proposition; mais l'empereur Napoléon seul pouvait en prendre l'initiative, et il le faisait, au moment où toutes ses forces de terre et de mer, réunies et concentrées, n'attendaient que le signal de l'attaque pour ajouter de nouvelles pages glorieuses à cette mémorable campagne.

L'empereur d'Autriche, acculé pour ainsi dire dans ses dernières positions, mais appuyé à de formidables forteresses qui pouvaient nous opposer une longue résistance, accepterait-il de suspendre la lutte?— Peut-être, poussé par un sentiment d'amour-propre bien compréhensible, le vaincu de Solferino, ayant, lui aussi, toutes ses forces réunies, à l'abri de ce puissant quadrilatère devant lequel venait audacieusement se placer l'armée alliée, voudrait-il, sans trève, en appeler encore au sort des armes qui, jusque-là, avait trahi sa cause?

XXI. — La position était grave, épineuse, difficile à pressentir, plus difficile encore à résoudre. Mais inspiré par des sentiments de l'ordre le plus élevé, l'Empereur s'adressait au cœur du jeune souverain qui gouvernait l'Autriche. — Tous deux ne devaient-ils pas voir avec une égale amertume couler le sang de leurs soldats?

Le 6 juillet, à six heures et demie du soir, le maréchal Vaillant, major général, prévenait le général Fleury (1),

----

(1)   GÉNÉRAL FLEURY

Premier écuyer, aide de camp de l'Empereur, est né à Paris le 23 décembre 1815.

A vingt-deux ans, après avoir passé les premières années de sa jeunesse dans les plaisirs d'une vie élégante, il quitta tout à coup cette vie oisive de fêtes pour s'engager comme simple soldat. C'était à l'époque où nous conquérions pied à pied, sur les populations arabes encore insoumises, le terrain sur lequel notre domination est assise aujourd'hui. Le bruit de ces combats de chaque jour, au milieu desquels surgissaient des noms nouveaux d'officiers et de jeunes généraux, éveilla en lui les mâles sentiments de la vie militaire.

Il entrait aux spahis d'Oran (16 novembre 1837). — Le soldat Fleury devait rester douze années en Afrique, et ne rentrer en France qu'avec les épaulettes d'officier supérieur. — C'est par une vie toute militaire et passée sur les différents champs de batailles de l'Algérie qu'il méritait tous ses grades, en obtenant l'honneur de 14 citations à l'ordre de l'armée.

Sa carrière commença sous les auspices des généraux Montauban et Yusuf, qui traitèrent le jeune soldat avec une bienveillance toute particulière, dont son zèle et son activité savaient le rendre digne. — En effet, brigadier en juin, au mois d'octobre de la même année, il était maréchal des logis. — Sous-lieutenant le 11 décembre 1840, deux ans plus tard, 14 septembre 1842, il était lieutenant ; — capitaine le 11 juillet 1844, le 5 juillet 1848, le général de Lamoricière, ministre de la guerre, qui avait suivi avec un affectueux intérêt la brillante carrière de ce jeune officier, le nommait chef d'escadron.

Certes, il était difficile d'obtenir un avancement plus rapide, mais il était glorieux pour lui de l'avoir mérité par son énergique conduite devant l'ennemi et par des qualités militaires qui, dès le premier abord, avaient attiré sur lui l'attention de ses chefs. Le 16 avril 1841, après

aide de camp et premier écuyer de l'Empereur, que Sa Majesté le demandait.

Le général se rendit aussitôt auprès de l'Empereur qui lui annonça qu'il l'envoyait à Vérone pour remettre une lettre autographe à l'empereur d'Autriche. Sa Majesté expliqua alors à celui qu'elle faisait son ambassadeur et chargeait de cette haute marque de confiance, quel était le contenu de la lettre et le but qu'Elle désirait atteindre.

Le choix que faisait l'Empereur pour cette mission délicate d'un de ses plus anciens et plus fidèles serviteurs, montrait quelle confiance absolue il avait à la fois dans la haute intelligence et le dévouement éclairé du gé-

divers combats livrés pendant l'expédition de Mascara, le sous-lieutenant Fleury obtenait une première citation du maréchal Bugeaud, comme s'étant particulièrement distingué. Le 28 novembre 1841, dans le combat de Tackmaret, il enlevait un étendard aux réguliers. — Au retour de la colonne dont faisait partie le jeune officier, le maréchal Bugeaud l'embrassait devant tous et donnait ainsi au commencement de cette carrière qui s'annonçait sous de si heureux auspices, un de ces souvenirs qui vivent toujours. Pour ce fait d'armes, Fleury était nommé chevalier de la Légion d'honneur.

Bientôt S. A. R. le duc d'Aumale le citait dans son rapport, comme, s'étant fait particulièrement remarquer à la prise de la smala d'Abd-el-Kader. — Il est encore dans le rapport du maréchal Bugeaud, daté de Lalla-Marghrnia (combat du 15 juillet 1844), et dans celui d'Oubabou-Gharba (combats des 11 et 15 juillet). — A la bataille d'Isly (14 août 1844), le capitaine Fleury se distingue brillamment; il a un cheval tué sous lui, et le maréchal met encore son nom à l'ordre de l'armée.

Le 18 août de l'année suivante, il menait pour la première fois au feu le bel escadron de spahis qu'il venait de former à Orléansville. Dans une charge vaillamment exécutée contre les insurgés du Dahara, il eut encore un cheval tué, et se fit remarquer par son audace et son énergie. Cette journée lui valait une 7ᵉ citation (18 avril 1845).

Le rapport du maréchal duc d'Isly, sur différents engagements contre les révoltés (21 mai 1845), et celui concernant deux razzias, les

néral Fleury; car l'écrit dont il était porteur était le premier mot sur une question devant laquelle pourraient peut-être surgir des difficultés sérieuses, imprévues, qu'il fallait combattre dans une juste mesure.

XXII. — La lettre de Napoléon III faisait appel aux sentiments d'humanité de l'empereur d'Autriche pour les vaillants combattants des deux armées, et proposait un armistice qui devait préparer aux négociations, entamées déjà entre les grandes puissances, une solution plus facile.

Si l'empereur François-Joseph hésitait, le général était chargé d'appuyer, autant qu'il lui serait possible, pour amener cette suspension d'hostilités, premier pas vers une paix que l'Europe entière appelait de tous ses vœux.

Il devait, en outre, avertir l'empereur d'Autriche que la flotte française occupait l'île de Lossini, qu'elle avait reçu l'ordre d'attaquer les défenses extérieures

---

17 et 18 juin, signalent encore le capitaine Fleury, qui est blessé d'un coup de feu à la main gauche et reçoit une contusion à la tête, le 7 octobre 1845, dans un nouveau combat livré dans la plaine du Chéliff.

Le 11 du même mois, il charge trois fois les Beni-Ouraghs avec une grande vigueur, et le colonel de Saint-Arnaud, qui commandait à Orléansville, rendit compte en ces termes de la belle conduite de cet officier : — « *Le capitaine Fleury a chargé trois fois à fond et a eu les honneurs de la journée.* »

Il mérite encore une citation, le 20 novembre, à la suite d'un combat entre Orléansville et Tenez. Enfin deux nouvelles citations, l'une après un combat contre Bou-Maza, dans lequel il eut encore un cheval tué sous lui (15 mars 1846), l'autre après le combat livré le 23 avril 1846, dans le bas Dahara, disent assez par quels services réels cet intrépide officier méritait le grade de chef d'escadron (5 juillet 1848).

de Venise, et que cet ordre allait être immédiatement mis à exécution, si, contre toute attente, Sa Majesté rejetait l'offre d'un armistice.

Cette mission (1), d'une si grande importance, était

C'est alors qu'il revenait en congé à Paris, où il devait rencontrer le prince Louis-Napoléon, qu'il avait déjà l'honneur de connaître depuis longues années. — Il est inutile de rappeler ici les tristes angoisses qui à cette époque déchiraient la France. — Dévoué à la cause que servait le Prince-Président, le commandant Fleury depuis lors ne le quitta plus. Devançant dans sa pensée les hautes destinées de celui qui devait arracher la France à l'anarchie et régner sur elle, il mit à son service son cœur et son épée, et tous deux ne lui firent jamais un instant défaut.

Nommé lieutenant-colonel, le 8 août 1851, il allait rejoindre en Afrique le général de Saint-Arnaud et faire, sous les ordres de ce chef distingué, la campagne de la Kabylie.

De retour en France, il était blessé, le 2 décembre, dans les rues de Paris. — En octobre 1852 il organisait le magnifique régiment des Guides, premier noyau de la garde impériale, et prenait le commandement de ce régiment, comme colonel, le 22 novembre de la même année ; à cette époque il était déjà aide de camp du Prince. Lorsque l'Empire fut proclamé, il fut nommé premier écuyer de l'Empereur. Le 18 mars 1856, il était général de brigade.

Le général Fleury personnifie le dévouement à l'Empereur. Sa haute intelligence et les qualités incontestables d'une nature élevée en ont fait un des serviteurs les plus éclairés et les plus intimes de Napoléon III. Le général Fleury, à la suite de la campagne d'Italie, a été nommé grand officier de la Légion d'honneur.

(1) Une brochure a été publiée par le chevalier Louis Debraux *sur les préliminaires de la paix de Villafranca;* cette brochure est écrite avec un sentiment de partialité difficile à allier avec la vérité. Sans entrer en rien dans l'appréciation du mérite de l'écrivain, nous devons, dans l'intérêt de la vérité historique, constater qu'elle est remplie à chaque page d'erreurs et d'inexactitudes nombreuses dans les détails qu'elle rapporte, tant sur la mission du général Fleury à Vérone, que sur l'entrevue des deux Empereurs à Villafranca.

Le récit que nous faisons de cette partie si intéressante de la campagne d'Italie a été puisé à des sources officielles et sont de la plus scrupuleuse exactitude.

restée secrète pour tous. Le maréchal Vaillant, seul, en était instruit.

XXIII. — A **7** heures du soir, une voiture de la poste impériale quittait Valeggio, emmenant le général Fleury et son aide de camp, le capitaine de Verdière. Sur le siége de la voiture, à côté du courrier à la livrée impériale, était monté un trompette des guides, porteur d'un drapeau parlementaire.

Le général supposait trouver les avant-postes ennemis à la hauteur de Villafranca, où les rapports parvenus au grand quartier général les signalaient encore, le 6 au matin. — Mais en approchant du village, il rencontra un escadron de chasseurs français qui rentrait de reconnaissance; cet escadron avait dépassé Villafranca, sans apercevoir les Autrichiens.

A ce moment, le jour commençait à baisser.—La voiture repartit au galop et n'atteignit les extrêmes avant-postes ennemis qu'au tomber de la nuit, à deux lieues environ avant Vérone, qui est à six lieues de Valeggio.

Des fantassins autrichiens s'élancèrent, les uns des fossés de la route, les autres des taillis qui la bordaient, et entourèrent brusquement la voiture, qu'ils escortèrent jusqu'à la grand'garde avec ce luxe de précautions et de surveillance infinie, dont s'entourent les Autrichiens en pareille circonstance.

XXIV.— Le commandant du poste remplaça l'escorte de fantassins par une escorte de uhlans, et ce fut avec peine que le général obtint de ne pas avoir deux soldats sur le siége de sa voiture et deux cavaliers aux portières ; les stores furent baissés.

Au village de Santa Lucia, qui est à une lieue de Vérone, il y avait une brigade d'avant-garde ; le vieux général qui la commandait, apprenant le grade élevé de celui qui se rendait en qualité de parlementaire auprès de son souverain, donna mission à un capitaine de uhlans d'escorter lui-même la voiture et de conduire le général, premier écuyer de l'Empereur, au grand quartier impérial de S. M. François-Joseph. Seulement il renouvela la recommandation instante de tenir les stores entièrement baissés, surtout au moment où la voiture entrerait dans la place.

Bientôt, en effet, elle passa entre deux des lunettes qui ferment le camp retranché. — Ce camp, ouvrage redoutable de défense qui couvre les abords de Vérone, était entièrement inoccupé.

XXV. — L'empereur Napoléon avait été prévenu par différents rapports parvenus au quartier général, que les Autrichiens méditaient une attaque générale avec des forces considérables venues du haut Adige. Le général Fleury devait croire à la réalité de cette nouvelle, car, aux alentours de Vérone, il avait entendu un grand mouvement de troupes, et ce mouvement, joint à la non-occupation du camp retranché, semblait clairement indiquer que les colonnes autrichiennes étaient déjà en marche pour mettre à exécution ce projet. — Mais dans le cas où l'empereur d'Autriche eût déjà quitté Vérone, le général Fleury avait mission de rejoindre Sa Majesté partout où elle serait.

Il n'en était rien; seulement ce camp, sur lequel dardaient les rayons enflammés d'un soleil ardent, était devenu par les grandes chaleurs si insalubre pour les troupes, que l'on avait dû les envoyer de l'autre côté de l'Adige, sur les flancs de la montagne.

Quelques instants après, la voiture roula sur le pont-levis, et entra dans Vérone.

XXVI. — Depuis plus d'une heure, la nuit était entièrement venue, et dans les rues brillamment éclairées par le gaz, allaient et venaient des promeneurs.—Devant les portes des cafés, il y avait un assez grand nombre d'officiers autrichiens. — Ces lumières éclatantes, ces rues spacieuses, cette confortabilité de la vie que l'on sentait, pour ainsi dire, respirer autour de soi, formaient aux yeux du général un contraste étrange avec l'aspect sombre et presque misérable du quartier impérial à Valeggio, qu'éclairaient à peine, à la même heure, quelques lueurs chétives.

Une voiture aux armes impériales de France traversant les rues de Vérone, les stores baissés, et escortée par un piquet de uhlans, causait sur son passage un profond étonnement et un vif sentiment de curiosité qui s'accrurent surtout devant la porte du palais, parmi les officiers de service, lorsqu'ils virent descendre un général français, accompagné de son aide de camp.

XXVII. — Introduit immédiatement auprès du maréchal Hess, le général Fleury fut reçu, non-seulement
avec les marques de déférence et de haute considération
dues à un général chargé par son Souverain d'une mission spéciale auprès de l'Empereur, mais avec une af-
fable cordialité à laquelle l'âge du vieux maréchal donnait un double prix. Celui-ci voulut le mener lui-même
auprès du comte de Grünne, premier aide de camp et
grand écuyer de l'Empereur.

Sa Majesté était couchée, Elle fit prévenir le général
Fleury qu'Elle allait le recevoir à l'instant même. Le général fut introduit quelques instants après.

Aussitôt que Sa Majesté eut pris connaissance de la
lettre si inattendue de l'empereur Napoléon, Elle ne put
cacher le profond étonnement que cette lettre lui causait. — Mais à côté de cet étonnement visible répandu
sur les traits du jeune Empereur, il était facile de voir
l'impression que produisaient sur son cœur élevé les sentiments de modération et d'humanité, qui avaient guidé
le Souverain de la France.

Le général s'en aperçut, et appuya sur les résultats
heureux, que pourrait peut-être amener cette suspension momentanée d'hostilités, au moment où de nouvelles négociations étaient entamées entre les grandes
puissances; il exprima, au nom de l'empereur Napoléon
son désir sincère de voir cesser une guerre, où la victoire même était si chèrement achetée.

XXVIII. — François-Joseph écouta avec attention le

général qu'il avait accueilli dès le commencement avec une bienveillance marquée.

« La proposition que contient cette lettre, et dont vous venez de me développer les motifs, est très-grave, général, dit l'empereur François-Joseph, et mérite réflexion. J'ai besoin de me renseigner davantage ; je ne puis donc vous donner ma réponse maintenant ; pouvez-vous l'attendre jusqu'à demain ?

— J'ai reçu de l'Empereur, répondit le général, l'ordre de me mettre entièrement à la disposition de Votre Majesté, pour attendre sa réponse. Mais quelle qu'elle soit, ajouta le général Fleury, Votre Majesté me permettra de lui dire, combien il est urgent que cette réponse soit prompte, quand elle saura, ce qu'elle ignore peut-être, que la flotte française occupe en ce moment l'île de Lossini, et qu'elle a reçu l'ordre d'attaquer immédiatement Venise ; il pourrait donc survenir quelqu'acte d'hostilité que l'empereur Napoléon regretterait infiniment.

— Je viens, en effet, d'apprendre la présence des troupes françaises dans cette île, dit l'Empereur, et je regrette bien vivement de n'avoir pas occupé Lossini. — A demain donc, général. »

XXIX. — En quittant Sa Majesté, le général Fleury fut l'objet des prévenances les plus empressées de la part du maréchal Hess et des officiers de la maison militaire de l'empereur d'Autriche ; le comte de Grünne voulut lui céder sa chambre pour la nuit, et avec une extrême courtoisie, le comte Clam et le prince de Hohenlohe, aides de camp de l'Empereur, ne quittèrent le général, qu'après s'être assurés que lui et son aide de camp ne manqueraient de rien.

Les visites et les entretiens se prolongèrent assez avant dans la nuit. — Ces entretiens avaient dans la pensée de chacun un but et une portée qui ressortaient tout naturellement de la gravité des circonstances dans lesquelles on se trouvait.

Le lendemain, au point du jour, le général Fleury recevait la visite du prince Richard de Metternich qu'il avait connu à Paris, et avait une longue conversation avec le futur ambassadeur de Vienne à Paris, confident et ami du jeune Empereur.

Le général Fleury, en parlant de l'armistice proposé, des tristes fléaux de la guerre, puis de l'attaque de Venise, dont le succès n'était pas douteux, laissait déjà entrevoir au prince de Metternich, combien il serait à désirer que les deux Souverains pussent se rencontrer, convaincu qu'il était, que d'une semblable entrevue naîtraient, sans aucun doute, les premières bases de la paix.

Pendant cet entretien, le comte Clam offrait gracieusement au capitaine de Verdière, aide de camp du général, de le conduire dans les hôpitaux de Vérone, où il désirait rendre visite au commandant de La Rochefoucauld et aux officiers français blessés qui s'y trouvaient.

XXX. — A huit heures, l'empereur d'Autriche fit appeler près de lui le général Fleury, lui tendit la main avec affabilité lorsqu'il entra, et, voulant en cette circonstance lui donner une nouvelle marque de sa haute considération, daigna lui lire sa réponse à l'Empereur des Français.

Cette lettre était pleine de noblesse et de cordialité. L'empereur François-Joseph s'y montrait profondément touché des sentiments que lui exprimait l'empereur Napoléon, et en vue de laisser aux négociations entamées la possibilité de terminer la guerre, il acceptait l'armistice, priant l'Empereur de désigner lui-même le lieu où les conditions en seraient réglées.

Puis, Sa Majesté, après avoir cacheté la lettre dont elle venait si gracieusement de donner lecture au général, la lui remit, en exprimant le désir que la flotte de l'Adriatique reçût immédiatement avis de cette suspension d'armes conclue en principe.

Le général Fleury s'empressa de le faire, et écrivit au vice-amiral Romain Desfossés, commandant en chef la flotte de l'Adriatique, qu'en vertu des instructions de l'Empereur des Français et des pouvoirs qu'il en avait reçus, il lui annonçait qu'une suspension d'armes venait d'être décidée, et l'invitait, en conséquence, à suspendre les hostilités.

XXXI. — Cette lettre, expédiée aussitôt à Venise par le chemin de fer au gouverneur général de la Vénétie, était remise dans la même journée au contre-amiral Jurien de La Gravière, qui croisait devant les plages vénitiennes.

Le vaisseau, *l'Eylau*, partit le 7 au soir, pour porter cette dépêche au commandant en chef de la flotte, et rejoignit, le 8 au matin, le vaisseau-amiral, au moment où la flotte tout entière était sous vapeur et quittait Lossini pour aller attaquer Venise (1).

Le général Fleury venait de prendre congé de Sa Majesté et se préparait à partir, lorsque le premier aide de camp de l'Empereur, le comte de Grünne, vint lui dire que Sa Majesté désirait que son aide de camp lui fût présenté. — Sa Majesté accueillit le jeune officier avec une grande bienveillance.

Quelques instants après, le général quittait Vérone pour retourner à Valeggio.

Comme la veille, un détachement de uhlans accompagnait la voiture qui, cette fois, avait glaces et stores ouverts; et ces cavaliers semblaient, bien moins une garde chargée de surveiller un parlementaire, qu'une escorte d'honneur. Ils avaient reçu l'ordre d'accompagner l'envoyé de l'Empereur jusqu'aux avant-postes français.

Il était neuf heures lorsque le général Fleury quittait Vérone.

A onze heures et demie, il remettait à Sa Majesté la lettre autographe de l'empereur d'Autriche.

XXXII. — Depuis le point du jour, toutes les troupes étaient sous les armes; car, nous l'avons dit, divers ren-

____

(1) *Voir le rapport du vice-amiral Romain Desfossés.*

seignements avaient annoncé que les Autrichiens devaient nous attaquer avec des forces considérables, et l'Empereur avait voulu que son armée, prête à tout événement, fût rangée en bataille et préparée au combat, si l'armistice qu'il proposait était refusé par l'empereur d'Autriche.

Aussi dans la journée du 6, tous les commandants en chef des corps d'armée, ainsi que ceux de l'artillerie et du génie, avaient reçu un ordre de mouvement précis et détaillé.

Cet ordre de mouvement disait :

« Valeggio. — Quartier général. — 6 juillet 1859.

« Le siége de Peschiera est une opération à laquelle j'attache un grand intérêt, mais il est clair que nous ne pouvons le faire avec sécurité que lorsque nous aurons repoussé une attaque des Autrichiens. D'après les renseignements qui m'arrivent, il est très-probable que nous serons attaqués demain, de front et de flanc, par l'armée sortie de Vérone et par une autre, venant du haut Adige.

« Déjà les Autrichiens ont occupé ce matin Pastrengo. Il est donc utile que demain matin, dès le lever du jour, les troupes prennent les positions suivantes, car si nous sommes attaqués nous seront prêts à recevoir l'ennemi, et si nous ne sommes pas attaqués, cette prise d'armes servira à faire connaître à chacun la place qu'il doit occuper.

« Dès aujourd'hui les troupes occupent les positions suivantes :

« Le maréchal Baraguey, avec 2 divisions sardes, Castelnovo.

« Le maréchal Niel, Oliosi.

« Le prince Napoléon, Salionze.

« Le maréchal de Mac-Mahon, Santa Lucia.

« Le maréchal Canrobert et la garde, Valeggio.

« Les Toscans qui sont à Goïto, iront ce soir prendre position à Volta.

« La division Desvaux viendra s'établir sur la droite du Mincio, sur l'emplacement qu'occupait naguère la cavalerie de la garde, prête à passer les ponts.

« Demain à 3 heures du matin, le corps d'armée du maréchal Canrobert se mettra en bataille dans la plaine, en appuyant sa droite à Valeggio, sa gauche vers les collines près de Venturelli. La garde impériale sera en réserve derrière, la droite à Valeggio, la gauche vers Fornelli. La cavalerie de la garde sera massée en arrière de l'infanterie.

« La cavalerie Desvaux sera en arrière de la droite de la 1re ligne d'infanterie du maréchal Canrobert.

« Le maréchal de Mac-Mahon couvrira les hauteurs qui sont devant lui.

« Le maréchal Niel fera de même.

« Le maréchal Baraguey d'Hilliers se mettra en bataille à Castelnovo en faisant face du côté de Pastrengo, les deux divisions sardes occupant, à droite et à gauche, les positions que le maréchal jugera les plus convenables.

« Le prince Napoléon se portera avec son corps d'armée par les sentiers qui vont de Salionze rejoindre la grande route de Castelnovo ; il massera ses divisions en arrière de la grande route, prêtes à se porter soit à droite, soit à gauche, soit en avant, pour soutenir les corps qui en auraient besoin.

« Si, comme je le suppose, l'ennemi attaque à la fois de tous les côtés, il sera faible partout. — En le voyant repoussé dans la plaine du côté de Valeggio, le maréchal Canrobert se porterait vers Custozza à droite, tandis que le maréchal de Mac-Mahon se porterait à gauche vers le même lieu.

« Le maréchal Niel devra se porter sur San Giorgio pour y soutenir la droite du maréchal Baraguey, et de là, si l'attaque a été repoussée, sur Sona, tandis que les maréchaux de Mac-Mahon et Canrobert se porteraient sur Somma-Campagna.

« Le maréchal Baraguey, s'il a pu repousser l'ennemi, le poursuivra vers Pastrengo. On n'emportera aucun bagage. — Les bidons seront pleins d'eau mêlée d'eau-de-vie ; on laissera un faible bataillon à la garde des camps. Les hommes prendront leurs sacs, dans lesquels il n'y aura que du biscuit et des cartouches. Tous laisseront leurs capotes au camp et n'auront que la veste.

« Dès que l'ennemi paraîtra, on commencera le feu de l'artillerie. — Les lignes d'infanterie seront disposées,

quand le terrain le permettra, alternativement en bataillons déployés et en bataillons en colonnes doubles.
On évitera des tirailleries inutiles, et, pendant que
les bataillons déployés feront un feu de file, les autres battront la charge et aborderont l'ennemi à la
baïonnette.

« NAPOLÉON. »

XXXIII. — Personne dans l'armée n'avait connaissance de la mission du général Fleury, et chacun, en
voyant ce grand déploiement de forces, s'attendait à une
bataille générale, où toutes les ressources réunies des
deux armées allaient encore se trouver face à face.

Dès quatre heures du matin, l'Empereur traversait
avec son état-major les différentes lignes, pour se porter
à hauteur de la gauche du maréchal Canrobert; puis,
surveillant lui-même l'exécution des ordres qu'il avait
donnés la veille, suivait en tête de la ligne de bataille
toutes les crêtes que garnissaient les différents corps
d'armée. — Quand le soleil parut, éclairant un ciel pur
et radieux, il vit cette belle armée déployée, attendant le
combat et frémissant d'impatience; mais l'ennemi ne
se montra sur aucun point.

A onze heures et demie, on aperçut, au milieu d'un
nuage de poussière, la voiture qui ramenait de Vérone
le général Fleury, et une demi-heure s'était à peine
écoulée, que les corps d'armée recevaient l'ordre de regagner leurs bivouacs respectifs.

XXXIV. — Le village de Villafranca, à mi-chemin environ, entre Valeggio et Vérone, se trouvait naturellement indiqué par sa position même, comme le point où devaient se rencontrer les personnes chargées d'arrêter les dernières conditions de l'armistice.

Pour l'empereur d'Autriche, c'étaient le général d'artillerie baron de Hess, chef d'état-major de l'armée autrichienne, et le général comte Mensdorf-Pouilly.

Pour l'empereur des Français, le maréchal Vaillant, major-général de l'armée française, et le général de division, L. de Martimprey, aide-major général.

Pour le roi de Sardaigne, son premier aide de camp, le lieutenant général comte Morozzo della Rocca, major général de l'armée sarde.

Le 8 juillet, à la suite d'une conférence qui dura environ trois heures, les commissaires des trois puissances réglèrent les conditions de ·l'armistice, dont la durée fut portée jusqu'au 15 août suivant. — Expédiée en trois exemplaires originaux, elle fut le même jour ratifiée par les trois souverains.

Le 16 août à midi, sans avis préalable, les hostilités devaient recommencer.

Mais, quand deux souverains, au plus fort de la lutte, lorsque le canon gronde, lorsque leurs armées sont en présence, remettent, au nom de l'humanité, l'épée au fourreau, leur est-il possible, plus tard, de recommencer une guerre aussi terrible.

Ainsi la mission du général Fleury, à laquelle se rattachaient de si graves intérêts, venait, par sa solution habile et heureuse, d'ouvrir la voie à une réconciliation prochaine. Car, si l'Empereur, avec cette profondeur de vue qui est le cachet de sa nature, s'était décidé à proposer un armistice, c'est que déjà, dans sa pensée, il avait la paix pour but.

CHAPITRE III

XXXV. — Il n'entre pas dans le cadre de notre travail de nous occuper des questions politiques qui durent s'agiter entre les deux Souverains, depuis le 8 juillet jusqu'au 11, jour de la mémorable entrevue entre l'empereur Napoléon III et l'empereur d'Autriche. Pendant cet intervalle, plusieurs lettres autographes furent échangées ; le prince Alexandre de Hesse vint au grand quartier général français conférer avec Sa Majesté Elle-même, et bientôt l'on sut que les deux Empereurs, animés tous deux de sentiments d'humanité et de modération, devaient se rencontrer dans la matinée du 11 juillet, à Villafranca.

Cette entrevue portait en elle le germe fécond de a paix.

Dans la nuit du 10 au 11, l'empereur François-Joseph

avait envoyé à Valeggio un de ses aides de camp, le jeune prince de Hohenlohe, pour demander à l'empereur Napoléon de fixer lui-même la tenue dans laquelle Leurs Majestés et les deux états-majors se rendraient à l'entrevue, ainsi que le nombre et la composition des escortes.

Il fut convenu que les deux Souverains, ainsi que leurs maisons militaires, seraient en tenue de campagne. Les escortes en grande tenue.

L'escorte autrichienne serait composée d'un escadron de gendarmes de la Cour et d'un escadron de uhlans; l'escorte française d'un escadron de cent-gardes et d'un escadron de guides.

Aucune autre troupe, infanterie, cavalerie ou artillerie, ne devait accompagner Leurs Majestés.

L'entrevue aurait lieu à Villafranca, à neuf heures.

XXXVI. — Le 11, à sept heures et quart, un nuage de poussière qui s'élevait sur la route de Villafranca annonça l'approche de l'empereur Napoléon.

Sa Majesté marchait en tête, ayant à sa gauche le maréchal Vaillant, major-général de l'armée. — Derrière Elle, toute sa maison militaire.

L'Empereur, comme tous les généraux et officiers de son état-major, portait le képi.

A trente pas en arrière, suivait l'escadron des cent-gardes, puis celui des guides.

A une assez grande distance, sur la route, s'étendaient les campements des voltigeurs et des chasseurs de la garde.

A neuf heures précises, l'empereur Napoléon atteignit Villafranca ; et comme l'empereur François-Joseph n'était pas encore arrivé, il continua sa route dans la direction de Vérone, voulant, par courtoisie, aller au-devant de Sa Majesté ; son escorte se rangea en bataille, à la sortie de Villafranca, dans un champ sur la gauche de la route. — Bientôt parut l'empereur d'Autriche qui marchait en tête de son escorte.

XXXVII. — L'empereur des Français mit aussitôt son cheval au galop et s'avança seul au-devant de Sa Majesté. — Les deux états-majors s'arrêtèrent.

Il y avait un cachet de grandeur et de solennité dans cette scène imprévue.

Non ! sur cette route qu'un soleil splendide éclairait de ses plus beaux rayons, Napoléon et François-Joseph n'étaient pas seuls. — A travers les monts, à travers les mers, l'Europe entière, inquiète et émue, les contemplait d'un regard attentif.

Quelques minutes après, tous deux reprenaient ensemble le chemin de Villafranca.

XXXVIII. — Leurs Majestés descendirent de cheval dans la grande rue de Villafranca, devant une maison d'assez bonne apparence, appartenant à M. Gaudini Morelli, et montèrent au premier étage, où un salon avait été préparé pour l'entrevue.

Dans l'étroit vestibule de cette maison, deux petits postes furent placés, l'un de cent-gardes, l'autre de gendarmes autrichiens ; chacun de ces deux postes détacha une sentinelle, devant la porte même de la pièce où se tenaient les deux Empereurs. — Les escortes se rangèrent en bataille dans la rue, l'escorte autrichienne à gauche de la maison, l'escorte française à droite ; les états-majors étaient descendus de cheval, et, réunis par groupes, causaient entre eux. — Mais combien la pensée de chacun était loin des paroles indifférentes qui s'échangeaient !

Dans cette maison, que l'entrevue de Villafranca devait rendre à jamais célèbre, se décidait la paix ou la guerre, et tous les yeux étaient involontairement fixés sur elle.

L'entretien de Napoléon III et de François-Joseph dura un peu moins d'une heure. — Des plumes, du papier, de l'encre, avaient été préparés ; mais pas un seul mot ne fut écrit, et aucune carte du royaume Lombard-Venitien n'était ouverte devant eux. Leur entrevue se borna à une conversation, dans laquelle les deux Souverains envisagèrent les graves questions politiques qui leur avaient mis les armes à la main, et traitèrent avec une loyale franchise les principaux points qui pourraient amener une réconciliation entre les deux empires.

La mission, qui amenait quelques heures plus tard le prince Napoléon à Vérone, nous apprendra bientôt le détail de cette grave conférence, qui devait avoir une si grande influence sur les destinées futures de l'Italie.

XXXIX. — Lorsque Leurs Majestés sortirent de la

maison de M. Gaudini Morelli, Elles se présentèrent nominativement les officiers de leur maison militaire.

L'empereur d'Autriche offrit à l'empereur Napoléon de passer devant le front de l'escadron de uhlans qui lui servait d'escorte; ce magnifique escadron appartenait à un régiment récemment arrivé de Gallicie et qui n'avait pas pris part à la bataille de Solferino.

Après cette inspection, l'empereur des Français conduisit l'empereur d'Autriche devant les beaux escadrons des cent-gardes et des guides.

Sa Majesté François-Joseph, jalouse de rendre à l'Empereur des Français la marque de haute courtoisie qu'il lui avait donnée, en venant à sa rencontre sur la route de Villafranca à Vérone, voulut à son tour accompagner Sa Majesté sur la route de Villafranca à Valeggio. A un quart de lieue environ au delà de Villafranca, les deux Souverains se séparèrent, après s'être donné la main.

Une demi-heure après, Napoléon III atteignait son quartier impérial.

XL. — Tant d'événements imprévus se succédaient depuis quelques jours, qu'il est facile de comprendre quelle inquiète préoccupation dominait les esprits.

D'abord, c'était l'armée tout entière déployée sur les hauteurs autour de Valeggio et prête à livrer bataille; puis, c'était le général Fleury revenant de Vérone; — puis l'armistice, et enfin l'entrevue de Villafranca.

Que devait-il ressortir de l'entretien secret des deux

Empereurs? — que signifiait cette poignée de mains que les deux Souverains s'étaient donnée?

Lorsque l'empereur Napoléon rentra dans Valeggio, en vain tous les regards interrogeaient son visage ; rien sur sa physionomie impassible ne trahissait les secrets de sa pensée.

Et cependant, cette journée du 11 juillet devait décider de la paix ou de la guerre. — Il fallait qu'à la fin du jour le but que poursuivait l'Empereur fût atteint ou manqué. Il est de ces résolutions imprévues qui n'ont de force et de puissance, que par la soudaineté même de leur exécution ; plus tard la réflexion fait surgir devant l'esprit inquiet des appréciations souvent opposées et des difficultés sans nombre. Dans les circonstances où l'on se trouvait, la paix, si elle était possible, devait, pour ainsi dire, entrer de plain-pied dans la guerre, et ne point suivre les voies lentes de la diplomatie.

Aussi l'entrevue avait-elle aux yeux de tous une portée immense.

XLI. — Dès son retour à Valeggio, l'Empereur fit mander le prince Napoléon, dont le quartier général était à Salionze. Le Prince partit aussitôt accompagné de son aide de camp de service, le commandant Ragon.

Lorsque Son Altesse arriva, l'Empereur était avec le roi de Sardaigne, et s'entretenait avec son allié de l'entrevue qu'il venait d'avoir, le matin même, avec l'empereur François-Joseph.

Que s'était-il en effet passé?

Les Conférences de Zurich, le Traité de paix qui s'en est suivi, conclu sur les bases préliminaires arrêtées à Villafranca, ont mis forcément au jour la plus grande partie de faits importants qu'il était utile jusqu'alors de conserver secrets.

Maintenant, ces faits appartiennent à l'histoire, et l'histoire a besoin d'être écrite avec la plus franche et la plus rigoureuse exactitude; car c'est dans les documents contemporains, que l'avenir viendra chercher les traces certaines de la vérité.

XLII. — Dès le commencement de l'entrevue, l'empereur d'Autriche avait abordé nettement les différents points qui pouvaient servir de base réelle à la paix :

« —Cette paix, je la désire, avait-il dit; je cède au sort des armes qui m'est contraire, et je vais donner à Votre Majesté une preuve de ma confiance en Elle, en lui indiquant la limite des concessions que je puis faire. »

Ces concessions, les voici :

L'empereur François - Joseph cédait à l'empereur Napoléon la Lombardie, sauf les forteresses de Mantoue et de Peschiera, et gardait la Vénétie sous la couronne d'Autriche.

Seulement, pour Peschiera, déjà sous le canon de l'armée sarde, le jeune Empereur montrait une décision moins arrêtée.

Il insista fortement sur le maintien dans leurs États

des ducs de Toscane et de Modène; mais, moins explicite pour le duché de Parme, il admettait la pensée qu'il fût annexé à la couronne de Sardaigne.

L'empereur François-Joseph lui-même prononça le premier mot d'une amnistie générale, à l'occasion des derniers événements qui venaient de se passer.

Puis, la question se généralisa.

L'empereur Napoléon parla d'une Confédération des États italiens, sous la présidence honoraire du Pape.

François-Joseph n'y apporta aucune objection, ajoutant seulement : que « pour la Vénétie, l'empire d'Autriche se trouverait vis-à-vis de l'Italie dans une position analogue à celle du roi de Hollande, membre de la Confédération germanique pour le Luxembourg. »

Sur ce point, qui avait une grande importance, bien que l'empereur d'Autriche insista vivement pour qu'une décision immédiate fût prise, l'empereur Napoléon réserva son adhésion, voulant réfléchir, et peser mûrement toutes les éventualités qui s'y rattachaient.

Tel fut, dans son ensemble général, cet entretien de Villafranca, dont il a été si diversement parlé.

Les deux Empereurs, nous l'avons dit, n'avaient eu devant eux aucune carte et n'écrivirent pas un seul mot; la gravité des paroles se fiait tout entière à la loyauté des souvenirs.

Ce qui ressortait évidemment de cet entretien, c'était le désir mutuel des deux Souverains d'arrêter, s'il était possible, l'effusion du sang. — Cependant aucune dé-

cision n'avait encore été réellement prise pour mettre
fin à la guerre.

XLIII. — Le roi de Sardaigne avait écouté silencieusement l'Empereur.

Dans sa loyauté chevaleresque , il ne veut en rien
influencer les décisions de son allié. Il comprend que
les plus graves intérêts de la France sont en jeu. Lui-
même, il envisage de haut la question , telle qu'elle se
présente en face des manifestations de toutes les puissances , et de l'agitation qui peut tout à coup embraser
l'Italie entière.

« — Quelle que soit, en dernier ressort, la décision de
Votre Majesté, » dit le Roi, « je serai éternellement
reconnaissant à l'Empereur de ce qu'il a fait pour la
cause de l'indépendance italienne, et, en toute circonstance, il peut compter sur mon entière fidélité. »

Tout retard pouvait compliquer la situation et amener
des difficultés nouvelles. Il était important de prendre une prompte décision, et de formuler par écrit
les propositions échangées dans l'entrevue de Villafranca.

XLIV. — Voici ces propositions, telles qu'elles étaient
restées dans l'esprit de l'empereur Napoléon, et telles
que Sa Majesté était décidée à les accepter, sauf les
modifications de détail que la discussion pourrait amener.

I

Les deux Souverains favoriseront la formation d'une Confédération Italienne.

II

Cette Confédération sera sous la Présidence honoraire du Pape.

III

L'Empereur d'Autriche cède ses droits sur la Lombardie à l'Empereur des Français, qui, selon le vœu des populations, les remet au Roi de Sardaigne.

IV

La Vénétie fait partie de la Confédération Italienne, tout en restant sous la couronne de l'Empereur d'Autriche.

V

Les deux Souverains feront tous leurs efforts, excepté le recours aux armes, pour que les ducs de Toscane et de Modène rentrent dans leurs États, en donnant une amnistie générale et une constitution.

VI

Les deux Souverains demanderont au Saint-Père d'introduire dans ses États des réformes nécessaires, et de

séparer administrativement les Légations du reste des
États de l'Église.

VII

Amnistie pleine et entière est accordée, de part et
d'autre, aux personnes compromises à l'occasion des
derniers événements, dans les territoires des parties
belligérantes.

Villafranca, 11 juillet.

XLV. — Ces propositions devaient être portées, le
jour même, à l'empereur d'Autriche et soumises à son
assentiment.

Le roi de Sardaigne venait de prendre congé de Sa
Majesté, qui retint auprès d'Elle le prince Napoléon.

Il fallait que la personne chargée de cette délicate
mission pût discuter avec François-Joseph lui-même
les préliminaires de la paix et donner aux différents
points les développements nécessaires, dans lesquels ne
pouvait entrer une note rédigée succinctement. — Il fallait, en outre, que cette personne, connaissant la pensée
de l'Empereur et ses idées bien arrêtées sur la question
italienne, fût autorisée à régler une rédaction définitive,
et à accepter, dans les limites de sa propre appréciation,
les modifications que pourrait vouloir y introduire l'empereur d'Autriche.

Quel autre que le prince Napoléon pouvait remplir
de semblables conditions ? — Quel autre, auprès de

l'empereur d'Autriche, si ce n'est le cousin de l'empereur des Français, lui-même, pouvait apporter dans la discussion l'autorité de sa parole et celle de sa haute position près du trône de France.

Aussi, dès que l'Empereur fut seul avec son cousin, il lui dit qu'il avait jeté les yeux sur lui pour cette mission à la fois si importante et si délicate.

XLVI. — Le Prince ne se dissimulait pas les difficultés qu'il allait rencontrer; gendre du roi de Sardaigne, il créerait peut-être, par le seul fait de sa présence, des obstacles imprévus sur les questions qui divisaient les deux Empereurs. — Aux yeux de François-Joseph, ses paroles ne sembleraient-elles pas l'écho d'un intérêt personnel? — Car il y avait dans ces premiers préliminaires matière à sérieuses discussions. Rien dans l'entrevue du matin n'avait été spécifié ou écrit. Il fallait donc arrêter définitivement et faire accepter les principaux articles qui devaient servir à un traité de paix, en n'ayant pour base qu'une conversation, dont le souvenir et l'appréciation pouvaient être sujets à des interprétations très-opposées.

Telles furent les observations que le Prince soumit à l'Empereur; mais il dut se rendre à la volonté nettement exprimée de Sa Majesté.

XLVII. — Pendant que Son Altesse Impériale se préparait à partir pour Vérone, l'Empereur écrivit à François-Joseph, qu'il acceptait en principe les préliminaires dont, le matin, les deux Souverains avaient posé les bases et qu'il chargeait son cousin, le prince Napoléon, d'en discuter les termes avec l'empereur d'Autriche et d'y introduire les modifications de détail qui pourraient résulter de leur entretien. Le Prince était également chargé de donner à Sa Majesté tous les éclaircissements nécessaires aux différents points stipulés.

A deux heures et demie, une voiture attelée de quatre chevaux de poste, avec un courrier de la maison de l'Empereur, emportait vers Vérone le prince Napoléon.

La mission du Prince était formelle. — Il devait tendre de tous ses efforts à faire accepter les préliminaires, tels qu'ils venaient d'être stipulés, et, s'il ne pouvait y réussir, il devait rapporter les propositions définitives signées par l'empereur d'Autriche.

Une fois Napoléon III entré dans cette voie de conciliation, en présence des maux qu'entraînait la guerre et devant une conflagration générale devenue imminente, il voulait arriver à son but, et comprenait qu'il ne devait pas plus échouer sur le champ de la paix, que sur le champ de la guerre.

XLVIII. — A trois heures et demie, le Prince arrivait à Villafranca ; à quatre heures, il atteignait les avant-postes autrichiens.

Le Prince s'annonça comme parlementaire ; mais le

capitaine, qui commandait ces avant-postes, informé qu'il avait devant lui le cousin de l'Empereur, ne jugea pas nécessaire de remplir à son égard les formalités qui lui étaient prescrites, et laissa le Prince libre de continuer sa route, sans l'assujettir à aucun des règlements usités en semblable circonstance.

Bientôt apparut Vérone, avec sa ceinture de forts détachés. — A quatre heures un quart, la voiture aux armes impériales arrivait devant les portes de la ville, et à quatre heures et demie, elle entrait dans la cour du grand quartier général autrichien.

L'aide de camp de service, en apprenant que le prince Napoléon avait à remplir auprès de Sa Majesté une mission personnelle de l'empereur des Français, introduisit Son Altesse Impériale dans un salon, où vint bientôt l'empereur d'Autriche.

Sa Majesté tendit avec affabilité la main au Prince, et le conduisit dans son cabinet.

XLIX. — Son Altesse Impériale présenta alors à François-Joseph la lettre de l'Empereur et le papier qui contenait les différents articles que nous avons rapportés plus haut.

A la lecture de cette lettre, une expression visible de contentement se répandit sur la physionomie du jeune souverain.

« — Je suis enchanté, dit-il, que l'empereur Napoléon accepte mes propositions de paix; mais j'ai d'assez graves observations à faire sur la rédaction que vous m'apportez. »

Ces premières paroles montraient clairement qu'une discussion sérieuse allait s'entamer.

Le Prince l'aborda sans préambule, demandant à l'empereur d'Autriche la permission de s'exprimer avec la plus grande franchise, pour apporter dans la conversation la netteté loyale qui convenait à d'aussi graves questions.

« — Le désir sincère de l'Empereur, dit le Prince, est de conclure une paix acceptable pour les deux parties, et de mettre fin à la guerre. Votre Majesté me permettra-t-elle de le dire, le moment est unique pour arriver à cet heureux résultat, que l'Europe appelle de tous ses vœux. — L'honneur de l'armée autrichienne est intact; la valeur, avec laquelle elle a combattu, efface ses malheurs sur le champ de bataille. — Un armistice est conclu jusqu'au 16 août; — mais, à partir de ce délai, Sire, l'armée alliée est décidée à pousser la guerre avec l'énergie la plus grande et la plus absolue; elle déploiera des forces plus formidables encore que celles qu'elle a déjà mises en ligne, et acceptera franchement dans ses rangs tous les alliés qui viendront à elle. »

L. — Le Prince, on le voit, entrait brusquement au cœur même de la question; il s'aperçut de l'impression que produisaient ces derniers mots sur le jeune Empereur, et le pria de nouveau de ne voir dans sa fran-

chise, un peu brusque peut-être, que son désir excessif de parler sans détour, et de dire toute sa pensée, en
dehors des **formes de** langage habituelles à la diplomatie.

« — Moi-même, répondit François-Joseph, j'en ai
donné l'exemple ce matin à l'empereur Napoléon, en
lui disant nettement ce que je pouvais faire, et quels
étaient les limites des concessions compatibles avec
mon honneur et les intérêts de ma couronne. — Mais,
croyez-le bien, si vous avez une opinion publique à ménager, j'en ai une aussi de mon côté, et elle est d'autant
plus exigeante, que c'est moi qui fais tous les sacrifices. »

« — Pour simplifier la discussion, reprit le prince
Napoléon, je propose à Votre Majesté d'examiner un à
un les différents articles de ces préliminaires. »

LI. — Le premier paragraphe (1), concernant la
création d'une Confédération Italienne, ne donna lieu à
aucune observation, car, une fois le principe de cette
Confédération admis, les difficultés de détail qui pourraient s'élever au sujet de son organisation, étaient du
ressort des plénipotentiaires.

Au second paragraphe (2), l'empereur d'Autriche demanda que le mot *honoraire*, appliqué à la présidence
du **Saint-Père**, fût enlevé.

(1) « Les deux Souverains favoriseront la formation d'une Confédération Italienne. »

(2) « Cette Confédération sera sous la Présidence honoraire du Pape »

Le Prince crut alors devoir entrer dans quelques explications sur la pensée qui dirigeait l'empereur Napoléon. En plaçant le Saint-Père à la tête de la Confédération Italienne, Sa Majesté avait voulu donner au Souverain Pontife une preuve de haute déférence ; mais elle ne voulait pas, en l'instituant président *réel*, créer à une situation déjà trop tendue de plus grands embarras, et augmenter les difficultés sans nombre qui existaient relativement au pouvoir temporel du Pape.—La rédaction proposée était basée sur des considérations trop sérieuses et trop mûrement réfléchies, pour que les termes pussent en être modifiés. La présidence réelle ne devait-elle pas appartenir au souverain de l'État le plus considérable, comme cela existait pour toutes les confédérations, et notamment en Allemagne?

Le troisième paragraphe (1) donna lieu à des observations de la plus haute portée politique, car il touchait à la question même qui avait mis aux deux Empereurs les armes à la main, et devait naturellement soulever d'amères pensées dans le cœur du souverain de l'Autriche. — Ces mots : *selon le vœu des populations*, lui paraissaient une attaque aux principes inviolables qui régissaient son empire, et à ses droits sur les nations soumises à sa domination.

L'empereur François-Joseph demanda au prince Napoléon ce qu'il entendait par : le vœu des populations.

____

(1) « L'Empereur d'Autriche cède ses droits sur la Lombardie à l'Empereur des Français, qui, selon le vœu des populations, les remet au Roi de Sardaigne. »

LII. — Le Prince, avec une grande netteté de langage, entra dans des explications très-précises et très-franches sur la pensée qui découlait de ces mots, dont l'empereur d'Autriche semblait ne pas comprendre le sens. — *Le vœu des populations* signifiait que la Lombardie tout entière aspirait à s'affranchir du joug de l'Autriche. C'était le cri unanime de tous les cœurs ; et chaque jour les adresses des communes et des conseils municipaux en apportaient à l'Empereur de nouveaux et nombreux témoignages.

« — Quant à moi, répondit l'empereur d'Autriche d'une voix animée, je ne connais que le droit écrit sur les traités. — D'après eux, je possède la Lombardie. — Je veux bien, trahi par les armes, céder cette province à l'empereur Napoléon, mais je ne puis reconnaître *le vœu des populations*, que j'appelle, moi, le droit révolutionnaire. — Employez ces mots dans votre traité avec le roi de Sardaigne et dans les proclamations que vous adresserez aux populations italiennes, je n'ai rien à y voir, mais vous comprendrez que moi, l'empereur d'Autriche, je ne puis m'y associer. »

On le voit, la restriction que mettait François-Joseph à sa signature, en ce qui regardait cette phrase, était une question toute personnelle, s'appuyant aux principes mêmes de son autorité.

Ce paragraphe impliquait aussi tout naturellement la délimitation du territoire concédé et, par conséquent, la question des forteresses.

L'empereur d'Autriche plaça tout de suite la discussion sur un terrain très-précis.

« — Je ne puis, dit-il, faire évacuer par mon armée les
places fortes qu'elle occupe et qu'elle a conservées en sa
possession ; l'honneur me le défend. Si l'armée alliée
s'était emparée de Peschiera, je comprendrais que l'empereur Napoléon demandât à conserver cette place ; mais
mes troupes y sont encore. »

Une carte était déployée devant l'Empereur, et Sa Majesté suivait avec le doigt les limites qu'Elle assignait à
ses concessions.

La discussion se prolongeant, sans pourtant amener
de résultat définitif, le Prince la termina en disant :

« — Puisque je ne puis tomber d'accord avec Votre
Majesté, je soumettrai ces observations à mon Souverain, auquel je dois, en cette circonstance, réserver
toute liberté de décision, sans engager sa parole.

« — Soit, reprit François-Joseph ; que l'Empereur dé-
cide ; mais dites-lui bien que, même le voulant personnellement, je ne pourrais céder aucune de mes forteresses. »

LIII. — Pour le paragraphe concernant la Vénétie (1),
il fut passé outre sans discussion aucune ; car il était
impossible de formuler les réformes intérieures que
l'Autriche pourrait plus tard accorder à cette province ;

(1) « La Vénétie fait partie de la Confédération Italienne, tout en restant sous la couronne de l'Empereur d'Autriche. »

toute intervention à cet égard ne serait qu'illusoire. Il était évident que l'empereur François-Joseph resterait toujours, en dernier ressort, le seul juge de l'importance et de l'étendue de ces réformes.

Le cinquième paragraphe concernait les duchés (1).

L'empereur d'Autriche ne voulut point accepter la phrase : *sauf le recours aux armes.* — Selon lui, c'était un appel indirect à l'insurrection, et à la résistance des populations.

« — Je puis faire, ajouta-t-il, des sacrifices personnels et céder mes droits, mais non abandonner mes parents et des alliés qui me sont restés fidèles. »

Dans la pensée du prince Napoléon, trois points principaux dominaient tous les autres, et devaient être les bases indispensables de la paix.

Le premier était la Présidence honoraire et non réelle du Pape dans la Confédération Italienne ;

Le second, la cession de la Lombardie, pour être annexée au royaume de Sardaigne ;

Le troisième, la non intervention pour la rentrée des ducs dans leurs États.

Les deux premiers points avaient été concédés. Il restait donc à obtenir le troisième, qui était le véritable nœud de la question, car on ne pouvait se dissimuler que ce dernier point détruisait à jamais l'in-

---

(1) « Les deux Souverains feront tous leurs efforts, excepté le recours aux armes, pour que les ducs de Toscane et de Modène rentrent dans leurs États, en donnant une amnistie générale et une constitution. »

fluence autrichienne dans l'Italie centrale. — Avec l'intervention, la paix qu'on voulait signer serait sans portée; — avec la non intervention, la restauration des ducs dans leurs États était tout entière livrée aux chances douteuses de l'avenir.

LIV. — Le Prince voulut aborder franchement le vif de la question. Il passa successivement en revue, en les appréciant et les rejetant formellement, toutes les interventions possibles, même celles de Naples et d'Espagne. — La France, n'intervenant point, ne pouvait permettre qu'aucune autre nation intervînt.

Le Prince insista spécialement sur ce qui concernait le duché de Parme. — En outre, que la prise de possession était un fait accompli, et que Plaisance était un point très-important à occuper pour la tranquillité des États du roi de Sardaigne, il rappela à l'empereur d'Autriche que le duché de Parme se trouvait dans une situation toute particulière, la duchesse n'étant point une princesse autrichienne. — D'après les traités, le roi de Sardaigne avait même un droit de réversibilité sur une partie de ces États.

Ce n'était donc point, par droit héréditaire, que la princesse était en possession de son duché, mais par un des arrangements les plus fâcheux du traité de Vienne, qui avait stipulé que cette branche de la maison de Bourbon d'Espagne passerait de Lucques à Parme, après la souveraineté viagère de l'impératrice Marie-Louise. — De plus, dans l'entrevue du matin entre les deux

Empereurs, il avait été concédé en principe que le duché de Parme serait réuni aux États du roi Victor-Emmanuel.

« — Eh bien, dit l'empereur d'Autriche, qu'il ne soit point question du duché de Parme dans ces préliminaires. Ce n'est point une princesse de ma famille, je ne puis céder ses États qui ne m'appartiennent pas; n'en disons rien dans les préliminaires et arrangez-vous à son égard comme vous voudrez; pour moi, je ne ferai pas d'objection à reconnaître ce territoire au roi de Sardaigne. »

LV. — Le Prince résuma alors ainsi la question :

« — Les troupes alliées ont conquis Parme, Modène et la Toscane. — Pour Parme, Votre Majesté reconnaît leur conquête; pour Modène et la Toscane, l'empereur Napoléon et le roi de Sardaigne ne mettront aucun obstacle matériel à la rentrée de ces souverains, mais vous ne pouvez supposer que nos troupes se prêtent jamais à une restauration, et que nous puissions, en aucun cas, admettre l'intervention de celles de Votre Majesté. Connaissant les dispositions des populations, je ne dissimulerai pas à Votre Majesté, qu'il est illusoire d'admettre la possibilité d'une restauration, qu'aucune intervention ne viendrait protéger.

« — Le duc de Modène, dit l'Empereur, a quelques bataillons de troupes italiennes qui lui sont restés fidèles, et avec lesquels il espère se réintégrer dans son duché.—Quant au grand-duc de Toscane, je ne crois pas qu'il soit si loin de s'entendre avec son peuple. Du reste, si la Confédération Italienne s'établit, elle traitera cette grave question ; bornons-nous donc à émettre, que vous ne vous opposez pas à la rentrée des ducs. »

Ainsi, le principe de la *non intervention* était moralement reconnu ; seulement il n'en fut point fait mention dans les articles préliminaires, pour ne point enlever à l'empereur d'Autriche et à ses alliés la force morale qui pouvait aider à la restauration des souverains de Toscane et de Modène dans leurs États.

LVI.—Le sixième paragraphe (1) se rattachait aux réformes que les deux Souverains devaient demander au Pape, réformes qui, dans la pensée de l'empereur Napoléon, pouvaient seules assurer la tranquillité des États pontificaux, à tout instant menacés par des agitations intérieures. Le mot — *nécessaires* — fut remplacé par celui — *indispensables*.

Quant à la séparation administrative des Légations du reste des États de l'Église, la question ne pouvait se traiter avec l'Autriche dans la situation actuelle, étant du ressort des plénipotentiaires qui seraient appelés plus tard à se réunir dans un congrès.

Il fut ensuite question de la ville, où pourraient, d'un commun accord, se réunir ces plénipotentiaires. —

(1) « Les deux Souverains demanderont au Saint-Père d'introduire dans ses États des réformes nécessaires, et de séparer administrativement les Légations du reste des États de l'Église. »

Plusieurs furent nommées; le Prince écarta toute ville d'Allemagne, l'empereur François-Joseph parla de Zurich, qui fut accepté.

LVII. — On le voit par le rapide aperçu que nous avons tracé de cet entretien, la franchise la plus grande avait présidé à la discussion. — Ce n'était point une lutte d'adresse diplomatique, mais le loyal champ clos, où se débattaient les plus grands intérêts et la base même de notre politique en Italie.

Tous les paragraphes avaient été passés en revue un à un. — La discussion, au point où elle en était venue, ne pouvait plus que s'étendre et se généraliser indéfiniment.

Le prince Napoléon avait expliqué, ou laissé clairement entrevoir les points essentiels, sur lesquels l'empereur des Français pourrait faire des concessions, et ceux au contraire, qu'il était impossible de modifier.

Il dit donc à l'empereur d'Autriche :

« — Sire, j'ai reçu l'ordre d'être de retour au quartier général de Valeggio, au plus tard à 10 heures, je dois donc, pour obéir aux instructions qui m'ont été données, partir de Vérone à huit heures et quart, ce qui ne me permet d'attendre la réponse de Votre Majesté que pendant deux heures. Ce serait avec un vif regret, Sire, si cette réponse était négative, que l'empereur Napoléon se verrait dans la nécessité de recommencer la guerre à l'expiration de l'armistice, guerre qui, de part et d'autre, serait plus terrible encore, n'en doutez pas, qu'elle ne l'a été jusqu'à ce jour, et entraînerait après elle, par la conflagration générale de l'Italie, des conséquences incalculables.

« — C'est bien, dit l'Empereur en se levant, vous aurez ma réponse. »

Et il conduisit lui-même le prince Napoléon à l'appartement qui avait été préparé pour lui.

LVIII. — Deux officiers de la maison militaire de Sa Majesté vinrent tenir compagnie à Son Altesse Impériale pendant le repas qui lui fut servi.

Vers sept heures, le Prince reçut la visite du comte de Grünne; mais pas un mot ne fut dit sur les graves questions, qui étaient l'objet de la mission du cousin de l'Empereur.

Les ordres avaient été donnés pour qu'à huit heures et quart la voiture de Son Altesse Impériale fût attelée.

A sept heures et demie, le Prince vit l'empereur d'Autriche entrer dans sa chambre.

— Je vous apporte ma réponse, lui dit François-Joseph, mais je ne puis guère modifier mes premières propositions.

« — C'est qu'alors, Sire, je suis un bien mauvais avocat, dit le prince Napoléon.

« — Vous n'appréciez pas assez le sacrifice que je fais en cédant la Lombardie, ajouta l'Empereur.

Et il donna au Prince le papier qu'il tenait à la main.

« — Est-ce définitif, Sire? dit celui-ci, après en avoir pris connaissance.

« — Oui, répondit l'Empereur.

« — S'il en est ainsi, je prierai Votre Majesté de vouloir bien signer ce papier.

« — Vous le signerez aussi au nom de l'Empereur ? dit François-Joseph.

« — Sire, répliqua le Prince, dans de semblables conditions, je ne me crois pas autorisé à le faire; les modifications que Votre Majesté a cru devoir apporter à la rédaction que j'avais eu l'honneur de lui soumettre, sont de telle nature, que je dois réserver la liberté de mon Souverain.

« — Je ne puis cependant m'engager, dit François-Joseph, si l'empereur Napoléon ne l'est pas également de son côté, et signer de semblables concessions, sans être certain qu'elles seront admises par la France.

« — Sire, répondit alors le Prince d'une voix haute, je donne à Votre Majesté ma parole d'honnête homme, que demain matin elle recevra ce même papier, avec ou sans la signature de l'Empereur des Français. »

L'empereur d'Autriche regarda le prince Napoléon, et, sans ajouter un seul mot, il signa le papier; puis le lui tendant, il dit avec une émotion visible :

« — C'est un grand sacrifice que je fais, de céder ainsi une de mes plus belles provinces. — Mais, si nous pouvons nous entendre avec l'empereur Napoléon sur les affaires de l'Italie, il n'y aura plus de causes de discorde entre nous.

« — Je crains bien, répliqua le Prince, que ces pré-

liminaires ne soient insuffisants pour arriver au but que
que vous voulez atteindre. »

Il était 8 heures, moins quelques minutes.

Jusqu'au moment où l'on entendit le roulement de la
voiture dans la cour, il ne fut plus prononcé une seule
parole sur la politique.

L'Empereur avait signé ; — pour lui, tout était dit.

Il accompagna le prince Napoléon jusqu'au haut de
l'escalier, et alors seulement en lui tendant la main :

« — Au revoir, Prince, dit-il, j'espère que ce ne sera
plus en ennemis. »

LIX. — Quelques secondes après, la voiture aux armes
impériales de France emmenait vers Valeggio le prince
Napoléon. — Un officier et trois gendarmes d'élite avaient
reçu l'ordre d'accompagner Son Altesse Impériale jusqu'à Villafranca.

Il était dix heures, lorsque le prince était de retour au
grand quartier impérial français.

Lorsque Son Altesse Impériale se présenta devant
l'Empereur, le roi de Sardaigne était présent.

Le Prince remit le papier signé par François-Joseph
à Napoléon III, qui embrassa cordialement son cousin.

Le lendemain, après avoir longuement et mûrement
réfléchi sur un acte qui terminait brusquement la guerre,
en laissant inachevée l'œuvre qu'il s'était tracée lui-même,
l'Empereur envoya à l'empereur d'Autriche une copie de

ces préliminaires, revêtue de sa signature, et y joignait une lettre autographe (1).

LX. — Ainsi la paix est signée.

L'entrevue de Villafranca a porté ses fruits. — L'Europe, éblouie du retentissement de nos victoires, verra dans la paix un de ces actes de grande modération et de haute politique, qui augmente encore la gloire acquise sur les champs de bataille.

En lisant ce récit, il est facile d'apprécier l'esprit de

(1)　TEXTE ORIGINAL DES PRÉLIMINAIRES DE PAIX, ARRÊTÉS A VILLAFRANCA.

Entre S. M. l'Empereur d'Autriche et S. M. l'Empereur des Français, il a été convenu ce qui suit :

Les deux Souverains favoriseront la création d'une Confédération Italienne.

Cette Confédération sera sous la présidence honoraire du Saint-Père.

L'Empereur d'Autriche cède à l'Empereur des Français ses droits sur la Lombardie; à l'exception des forteresses de Mantoue et de Peschiera, de manière que la frontière des possessions autrichiennes partirait du rayon extrême de la forteresse de Peschiera, et s'étendrait en ligne droite le long du Mincio jusqu'à le Grazie; de là, à Szarzarola et Suzana au Pô, d'où les frontières actuelles continueront à former les limites de l'Autriche. L'Empereur des Français remettra le territoire cédé au Roi de Sardaigne.

La Vénétie fera partie de la Confédération Italienne, tout en restant sous la couronne de l'Empereur d'Autriche.

Le grand-duc de Toscane et le duc de Modène rentrent dans leurs États, en donnant une amnistie générale.

Les deux Empereurs demanderont au Saint-Père d'introduire dans ses États des réformes indispensables.

Amnistie pleine et entière est accordée de part et d'autre aux personnes compromises à l'occasion des derniers événements dans les territoires des parties belligérantes.

Fait à Villafranca, le 11 juillet 1859.

Signé : FRANÇOIS-JOSEPH, *m. p.*; NAPOLÉON, *m. p.*

conciliation qui guidait Napoléon III, et les sacrifices qu'il faisait à la paix, du jour où la guerre, quelque glorieuse qu'elle pût être, semblait mettre en péril les destinées de la France.

Le lendemain, l'Empereur annonçait cette nouvelle inattendue à son armée (1).

« — Vous allez bientôt retourner en France, disait-il,

(1)   « Soldats !

« Les bases de la paix sont arrêtées avec l'empereur d'Autriche, le but principal de la guerre est atteint, l'Italie va devenir pour la première fois une nation.

« Une Confédération de tous les États de l'Italie, sous la présidence honoraire du Saint-Père, réunira en un faisceau les membres d'une même famille ; la Vénétie reste, il est vrai, sous le sceptre de l'Autriche : elle sera néanmoins une province italienne faisant partie de la Confédération.

« La réunion de la Lombardie au Piémont nous crée de ce côté des Alpes un allié puissant qui nous devra son indépendance ; les gouvernements restés en dehors du mouvement, ou rappelés dans leur possessions, comprendront la nécessité de réformes salutaires.

« Une amnistie générale fera disparaître les traces des discordes civiles. L'Italie, désormais maîtresse de ses destinées, n'aura plus qu'à s'en prendre à elle-même, si elle ne progresse pas régulièrement dans l'ordre et la liberté.

« Vous allez bientôt retourner en France, la patrie reconnaissante accueillera avec transport ses soldats qui ont porté si haut la gloire de nos armes à Montebello, à Palestro, à Turbigo, à Magenta, à Marignan et Solferino, qui en deux mois ont affranchi le Piémont et la Lombardie, et ne se sont arrêtés, que parce que la lutte allait prendre des proportions qui n'étaient plus en rapport avec les intérêts que la France avait dans cette guerre formidable.

« Soyez donc fiers de vos succès, fiers des résultats obtenus, fiers surtout d'être les enfants bien-aimés de cette France qui sera toujours la grande nation, tant qu'elle aura un cœur pour comprendre les nobles causes et des hommes comme vous pour les défendre.

« Au quartier impérial de Valeggio, le 12 juillet 1859.

                    « NAPOLÉON. »

et la patrie reconnaissante accueillera avec transport ses soldats qui ont porté si haut la gloire de nos armes.

« Soyez donc fiers de vos succès, fiers des résultats obtenus, fiers surtout d'être les enfants bien-aimés de cette France, qui sera toujours la grande nation, tant qu'elle aura un cœur pour comprendre les nobles causes et des hommes comme vous pour les défendre. »

Si, par toute l'Europe, l'annonce de la paix fut accueillie avec bonheur ; faut-il le dire , elle causa dans l'armée un profond sentiment de tristesse. Et l'on ne doit point s'en étonner ; car ce n'est pas en vain qu'une armée victorieuse voit rayonner autour de son front le splendide couronnement de ses triomphes. — Ceux qui combattent ne voient que le drapeau qui les guide et la patrie qui les contemple avec orgueil.

La fortune des armes avait constamment trahi l'Autriche ; constamment elle s'était rangée sous les drapeaux de la France. — Chaque journée de combat prenait le nom d'une victoire. — Que de souvenirs glorieux, depuis le 20 mai qui s'appelait : MONTEBELLO, jusqu'au 11 juillet qui s'appelait : LA PAIX DE VILLA-FRANCA !

LXI. — Le 12 juillet, l'Empereur quittait son quartier impérial de Valeggio pour retourner en France, en passant par Milan.

Le même jour, la garde impériale recevait l'ordre d'aller prendre ses premiers campements à Dezenzano, et les divers corps commencèrent à rétrograder vers la capitale de la Lombardie.

Ce fut un superbe spectacle de voir défiler le long des routes, musique en tête, ces beaux régiments poudreux et hâlés, portant à la fois les nobles traces des fatigues et des combats; une énergie indomptable se lisait sur ces fronts bronzés par les rayons brûlants du soleil. Comme devant l'ennemi, les généraux s'avançaient, les premiers, en tête de leurs colonnes.

Quelques jours encore, et l'Empereur allait être de retour à Paris. — Les vœux de la population entière qui avaient accompagné son départ, lui avaient porté bonheur sur les champs de bataille.— Il avait emporté avec lui en Italie l'espérance de toute la nation, et il lui rapportait la gloire, une gloire éclatante, qu'un seul jour de revers n'était pas venu obscurcir.

LXII. — Dès l'arrivée de l'Empereur, le discours par lequel il répondait aux félicitations que lui adressaient les grands corps de l'État (19 juillet), donnait son véritable sens à la paix qui venait d'être conclue en principe.

Le souverain de la France disait franchement sa pensée, et les raisons de haute politique qui s'étaient alliées dans son cœur aux sentiments les plus nobles de modération et d'humanité. — Il ne cachait pas ses regrets de s'être arrêté si brusquement au milieu du champ glorieux de ses victoires, et de n'avoir pas donné à la Vénétie la liberté que la Lombardie, sa sœur, venait de recevoir ; il ne dissimulait pas que les sombres orages qui grondaient au sein des nations l'avaient forcé à laisser inachevée l'œuvre de liberté qu'il avait entreprise.

« Si je me suis arrêté (a-t-il dit), ce n'est pas par lassitude ou par épuisement, ni par abandon de la noble cause que je voulais servir, mais parce que, dans mon cœur, quelque chose parlait plus haut encore : l'intérêt de la France.

« Pour servir l'indépendance italienne, j'ai fait la guerre contre le gré de l'Europe ; dès que les destinées de mon pays ont pu être en péril, j'ai fait la paix (1). »

(1)   *Discours de l'Empereur aux grands corps de l'État.*

MESSIEURS,

« En me retrouvant au milieu de vous qui, pendant mon absence, avez entouré l'Impératrice et mon Fils de tant de dévouement, j'éprouve le besoin de vous remercier d'abord, et ensuite de vous expliquer quel a été le mobile de ma conduite.

« Lorsque, après une heureuse campagne de deux mois, les armées française et sarde arrivèrent sous les murs de Vérone, la lutte allait inévitablement changer de nature, tant sous le rapport militaire, que sous le rapport politique.

« J'étais fatalement obligé d'attaquer de front un ennemi retranché derrière de grandes forteresses, protégé contre toute diversion sur ses flancs par la neutralité des territoires qui l'entouraient; et, en commençant la longue et stérile guerre des siéges, je trouvais en face de moi l'Europe en armes, prête, soit à disputer nos succès, soit à aggraver nos revers.

« Néanmoins la difficulté de l'entreprise n'aurait ni ébranlé ma résolution, ni arrêté l'élan de mon armée, si les moyens n'eussent pas été hors de proportion avec les résultats à attendre.

« Il fallait se résoudre à briser hardiment les entraves opposées par les territoires neutres, et alors accepter la lutte sur le Rhin comme sur l'Adige. Il fallait partout franchement se fortifier du concours de la révolution.

« Il fallait répandre encore un sang précieux qui n'avait que trop

Ce noble langage devait, au delà des Alpes, mêler dans les cœurs italiens de justes sentiments de reconnaissance, à l'amère douleur des espérances évanouies.

LXIII. — Il ne faut pas se le dissimuler; dans cette coulé déjà : en un mot, pour triompher, il fallait risquer ce qu'il n'est permis à un souverain de mettre en jeu, que pour l'indépendance de son pays.

« Si je me suis arrêté, ce n'est donc pas par lassitude ou par épuisement, ni par abandon de la noble cause que je voulais servir, mais parce que dans mon cœur quelque chose parlait plus haut encore : l'intérêt de la France.

« Croyez-vous donc qu'il ne m'en ait pas coûté de mettre un frein à l'ardeur de ces soldats qui, exaltés par la victoire, ne demandaient qu'à marcher en avant?

« Croyez-vous qu'il ne m'en ait pas coûté de retrancher ouvertement devant l'Europe, de mon programme, le territoire qui s'étend du Mincio à l'Adriatique?

« Croyez-vous qu'il ne m'en ait pas coûté de voir dans des cœurs honnêtes de nobles illusions se détruire, de patriotiques espérances s'évanouir?

« Pour servir l'indépendance italienne, j'ai fait la guerre contre le gré de l'Europe; dès que les destinées de mon pays ont pu être en péril, j'ai fait la paix.

« Est-ce à dire maintenant que nos efforts et nos sacrifices aient été en pure perte? Non. Ainsi que je l'ai dit dans les adieux à mes soldats, nous avons droit d'être fiers de cette courte campagne.

« En quatre combats et deux batailles,' une armée nombreuse, qui ne le cède à aucune en organisation et en bravoure, a été vaincue. Le roi de Piémont, appelé jadis le gardien des Alpes, a vu son pays délivré de l'invasion, et la frontière de ses États portée du Tessin au Mincio.

« L'idée d'une nationalité italienne est admise par ceux qui la combattaient le plus. Tous les souverains de la Péninsule comprennent enfin le besoin impérieux de réformes salutaires.

« Ainsi, après avoir donné une nouvelle preuve de la puissance militaire de la France, la paix que je viens de conclure sera féconde en heureux résultats, l'avenir les révélera chaque jour davantage, pour le bonheur de l'Italie, l'influence de la France, le repos de l'Europe. »

guerre, qui avait jeté un si grand lustre sur nos armes, des imperfections, des insuffisances et des retards dans les rouages administratifs pourraient être signalés, mais il faut surtout en rechercher la cause dans la précipitation, avec laquelle avait dû s'organiser cette rapide campagne qui, dans l'espace de quelques jours, par les voies de terre et de mer, transportait en Italie 150 mille hommes, venant de France et d'Algérie.

Personne, parmi ceux qui s'occupent des choses de la guerre, n'ignore les difficultés sans nombre qu'entraîne une armée perpétuellement en marche, les besoins sans cesse renaissants et les nécessités inattendues de toutes sortes qu'il faut prévoir, et auxquels il faut obvier sans retard. Il est donc juste de reconnaître que toutes les branches multiples, qui se rattachent à l'existence d'une armée, ont rivalisé de zèle, d'ardeur, d'infatigable dévouement ;— intendance, service médical, aumôniers, tous ont eu leur part d'épreuves et de rudes travaux. Pour juger chacun selon son œuvre, il faudrait juger et apprécier les moyens dont chacun pouvait disposer.

Si la volonté inexorable des événements faisait naître une nouvelle guerre sous les pas de la France, elle profiterait des enseignements que lui a donnés la Campagne de 1859.

Certes, il ne manquera pas non plus d'habiles tacticiens de cabinet qui referont sur le papier, pendant les tranquilles loisirs de la paix, des batailles de Magenta et de Solferino, et trouveront des trésors inconnus de stratégie audacieuse et décisive.—Tout cela nous représente quelque peu les manœuvres habiles et toujours heureuses des petites guerres. C'est la bataille de Solferino, gagnée régulièrement tous les ans par les Autrichiens, et qu'ils ont perdue la première fois qu'ils l'ont réellement livrée.

LXIV. — Quant à nous, qui avons suivi avec orgueil les glorieuses traces de notre armée victorieuse sur les champs de combat, nous sommes heureux que notre rôle de chroniqueur nous dispense de chercher la critique au sein même de la victoire, et nous permette de laisser aux historiens de l'avenir cette tâche difficile. Nous écrivons pour les vivants; — l'histoire, plus tard, jugera les morts.

Ce que la campagne d'Italie de 1859 rapportera dans l'avenir, c'est le grand secret inscrit au livre du destin. — Ce qu'elle a rapporté dans le présent, c'est de la gloire, gloire impérissable.

La France a montré qu'elle a en elle la volonté qui fait la force, et la force qui fait la puissance ; elle a donné au monde le spectacle toujours saisissant du souverain d'un grand pays, se mettant à la tête de son armée pour aller combattre, au nom des idées les plus généreuses, et s'est appelée à la fois : LA FRANCE VICTORIEUSE ET LA FRANCE LIBÉRATRICE.

Aujourd'hui, le bruit de la guerre ne fait plus retentir les échos, redevenus silencieux. Les bataillons

ne courent plus au combat à travers les champs,
les monts et les fleuves ; les épées sont remises au
fourreau.

La paix est signée.

Bien des agitations grondent encore autour d'elle ;
mais, avec l'aide de la Providence et le puissant accord
des nations, ce seront les derniers soulèvements de la
tempête apaisée.

« Tant de sang versé ne sera pas inutile pour le bonheur des peuples. »

Liste nominative des officiers de tous grades tués à la bataille de Solferino, avec leurs états de service.

COMMANDANT ANGEVIN

(Adolphe-Julien-Jacques), né le 5 septembre 1810 à Florence (Italie). Chef de bataillon au 61ᵉ de ligne. Tué à l'ennemi le 24 juin 1859.

Campagnes : (1827, Espagne; de 1850 à 1852, en Afrique; 1854, 1855 et 1856, en Orient).— Chevalier de la Légion d'honneur, le 6 août 1852.

Engagé volontaire au 10ᵉ de ligne, le 4 novembre 1828; caporal, le 9 janvier 1831; caporal-fourrier, le 28 mars 1831; sergent-fourrier, le 9 janvier 1832, sergent-major, le 7 septembre 1835; sous-lieutenant, le 2 janvier 1841; sous-lieutenant porte-drapeau, le 16 juin 1841; lieutenant, le 10 mars 1848; chef de bataillon au 61ᵉ de ligne, le 14 septembre 1855.

COMMANDANT CALIGNON

(Soffrey-Sulpice-Joseph), né le 30 juillet 1813 à Voiron (Isère). Chef de bataillon au régiment provisoire des tirailleurs algériens. Mort le 6 juillet 1859, suite de blessures reçues à Solferino.

Campagnes : (1855 et 1856, en Orient; 1857 et 1858, en Afrique). — Chevalier de la Légion d'honneur, le 16 avril 1856.

Soldat au 30ᵉ de ligne, le 22 novembre 1834; caporal, le 26 septembre 1835; sergent-fourrier, le 26 septembre 1836; sergent-major, le 6 décembre 1838; sous-lieutenant, le 9 février 1841; lieutenant, le 2 mai 1845; capitaine, le 2 octobre 1848; chef de bataillon au 73ᵉ de ligne, le 27 octobre 1855, passé au 2ᵉ régiment de tirailleurs algériens, le 21 avril 1857, passé au régiment provisoire de tirailleurs algériens, en avril 1859.

COMMANDANT GAUCHER

(Claude-Nicolas), né le 26 juin 1814 à Neufchâteau (Vosges). Chef de bataillon au 3ᵉ régiment de grenadiers de la garde. Tué à l'ennemi le 24 juin 1859.

Campagnes : (1855 et 1856, en Afrique; 1855, en Orient). — Chevalier de la Légion d'honneur, le 16 avril 1856.

Élève à l'école spéciale militaire, le 16 décembre 1833; sous-lieutenant au 10ᵉ léger, le 1ᵉʳ octobre 1835; lieutenant, le 27 décembre 1840; capitaine, le 1ᵉʳ mars 1847; capitaine au 2ᵉ régiment de grenadiers de la garde, le 5 juillet 1854; chef de bataillon au 2ᵉ régiment de la légion étrangère, le 22 septembre 1855; passé au 8e de ligne, le 25 juin 1856; passé au régiment de grenadiers de la garde impériale, le 25 juin 1859.

COMMANDANT GROÜT

Comte de Saint-Paër (Charles-Philippe-Louis-Léopold), né le 2 juin 1823 à Paris (Seine). Chef de bataillon au 15e de ligne. Tué à l'ennemi le 24 juin 1859.

Campagnes : de 1849 à 1858, en Afrique. Blessé le 12 mai 1851 d'une plaie contuse à la nuque, chez les Beni-Orskars (Afrique). — Chevalier de la Légion d'honneur, le 12 décembre 1851.

Élève à l'école spéciale militaire, le 16 novembre 1842; sous-lieutenant au 20e de ligne, le 1er octobre 1844; lieutenant, le 9 juin 1848; capitaine, le 16 avril 1851; attaché provisoirement en qualité d'officier d'ordonnance à l'état-major du général commandant en chef l'armée de Paris, le 6 décembre 1851; capitaine adjudant-major, le 21 décembre 1851; passé au bataillon de tirailleurs indigènes de Constantine, le 25 avril 1854; passé au 2e bataillon de tirailleurs indigènes, le 17 janvier 1855; passé au 3e régiment de tirailleurs algériens, le 7 novembre 1855; passé au régiment provisoire de tirailleurs algériens, le 12 avril 1859; chef de bataillon au 15e de ligne, le 18 juin 1859.

COMMANDANT GUILLAUMÉ

(Charles-François-Eugène), né le 8 septembre 1822 à Lorient (Morbihan). Chef de bataillon au 61e de ligne. Tué à l'ennemi le 24 juin 1859, à Solferino.

Campagnes : (1854, 1855 et 1856, en Orient). — Chevalier de la Légion d'honneur, le 28 septembre 1854.

Élève à l'école spéciale militaire, le 21 avril 1841; sous-lieutenant au 7e léger, le 1er avril 1843; lieutenant, le 27 avril 1847; capitaine, le 12 mars 1851; passé au 82e de ligne, le 1er janvier 1855; capitaine adjudant-major, le 30 avril 1855; chef de bataillon au 61e de ligne, le 24 juin 1859.

COMMANDANT HÉBERT

(Edmond-Victorin), né le 26 décembre 1813 à Brest (Finistère). Chef de bataillon au 53e de ligne. Tué à l'ennemi le 24 juin 1859.

Chevalier de la Légion d'honneur, le 2 août 1858.

Élève à l'école spéciale militaire, le 19 novembre 1832; sous-lieutenant au 37e de ligne, le 1er octobre 1835; lieutenant, le 27 décembre 1840; capitaine, le 19 juillet 1845; capitaine adjudant-major, le 25 mai 1847; chef de bataillon au 53e régiment de ligne, le 31 mars 1855.

COMMANDANT KLÉBER

(Auguste), né le 16 avril 1813 à Paris (Seine). Chef de bataillon au 15e de ligne. Tué à l'ennemi le 24 juin 1859.

Campagnes : (1834 et 1854, en Afrique, 1855 et 1856, en Orient). Blessé d'une balle à la jambe gauche, le 15 juillet 1855 devant Sébastopol. Bon officier, bien élevé, instruction complète, conduite excellente. — Chevalier de la Légion d'honneur, le 30 décembre 1857.

Élève à l'école spéciale militaire, le 19 novembre 1831; sous-lieutenant au 21e de ligne, le 27 décembre 1833; passé au 4e de même arme, le 30 décembre 1833; lieutenant, le 11 novembre 1837; capitaine, le 3 juillet 1843; capitaine adjudant-major, le 21 novembre 1846; chef de bataillon au 65e de ligne, le 13 mai 1854; passé au 15e de ligne, le 31 mars 1855.

COMMANDANT MENNESSIER

(Paul-Alphonse), né le 11 juin 1824 à Metz (Moselle). Chef de bataillon au 72e de ligne. Tué à l'ennemi le 24 juin 1859.

Campagnes : (1848, en Afrique, 1849 et 1850, en Italie, 1852 à 1854, en Afrique, 1855 et 1856, en Orient. — Chevalier de la Légion d'honneur, le 16 juin 1855.

Élève à l'école spéciale militaire, le 13 mai 1841: sous-lieutenant au 50e de ligne, le 1er avril 1843 ; lieutenant, le 21 juin 1848; capitaine, le 30 novembre 1851; capitaine au 4e bataillon de chasseurs à pied, le 25 décembre 1853; capitaine adjudant-major, le 23 septembre 1855; chef de bataillon au 72e de ligne, le 2 août 1858.

COMMANDANT DE MORÉ DE PONTGIBAUD

(Charles-Armand-Gabriel-Joseph), né le 20 décembre 1823 à Trieste (Italie). Chef de bataillon au 2e régiment de grenadiers de la garde impériale. Mort le 24 juin 1859, suite de blessures reçues à Solferino.

Campagnes : (1854 et 1855; en Orient). — Chevalier de la Légion d'honneur, le 2 juin 1856. Officier distingué sous tous les rapports.

Élève à l'école spéciale militaire, le 17 novembre 1842; sous-lieutenant au 57e de ligne, le 1er octobre 1844; lieutenant, le 28 juillet 1848; capitaine, le 30 décembre 1852; capitaine adjudant-major, le 10 mars 1854, capitaine le 8 septembre 1854, capitaine adjudant-major, le 27 août 1855; chef de bataillon au 91e de ligne, le 2 août 1858; passé au 2e régiment de grenadiers de la garde, en juin 1859.

COMMANDANT NICOLAS

(Sébastien-Stanislas), né le 6 novembre 1817 à Sellières (Jura). Chef de bataillon au 55e de ligne. Tué à l'ennemi le 24 juin 1855.

Campagnes : (1845 à 1850 ; en Afrique).—Chevalier de la Légion d'honneur, le 2 mars 1855.

Engagé volontaire au 5ᵉ de ligne, le 28 mars 1836; caporal, le 21 décembre 1836 ; élève à l'école spéciale militaire, le 15 novembre 1837; sous-lieutenant au 5ᵉ de ligne, le 1ᵉʳ octobre 1839 ; lieutenant, le 2 mai 1845 ; capitaine, le 9 juin 1848; capitaine adjudant-major, le 9 juin 1850; major au 55ᵉ de ligne, le 12 août 1857 ; chef de bataillon le 25 mai 1859.

COMMANDANT NOËL

(Désiré-Prosper-Louis), né le 24 août 1812 à Rennes (Ille-et-Vilaine). Chef de bataillon au 74ᵉ de ligne. Tué à l'ennemi le 24 juin 1859.

Campagnes : (1841 à 1848, en Afrique, 1855 et 1856, en Orient). — Chevalier de la Légion d'honneur, le 20 août 1845.

Élève de l'école militaire de Saint-Cyr, le 15 novembre 1829; sous-lieutenant au 64ᵉ de ligne, le 1ᵉʳ octobre 1831 : lieutenant, le 22 mai 1839; capitaine, le 20 mai 1843 ; chef de bataillon au 74ᵉ de ligne, le 27 juin 1856.

COMMANDANT ROLLAND

(Paul-Émile), né le 15 janvier 1813 à Cholet (Maine-et-Loire). Chef de bataillon au 6ᵉ de ligne. Mort le 7 juillet 1859, suite de blessures reçues à Solferino.

Campagnes : (1832 et 1833, en Afrique). — Chevalier de la Légion d'honneur, le 30 décembre 1858.

Sous-lieutenant au 55ᵉ de ligne (récompense nationale), le 14 mai 1831 ; lieutenant, le 14 septembre 1838; capitaine, le 3 juillet 1843; chef de bataillon au 6ᵉ de ligne, le 12 août 1857.

COMMANDANT TIERSONNIER

(Charles-Éloi), né le 28 septembre 1818 à Meauce (Nièvre). Chef de bataillon au 55ᵉ de ligne. Tué à l'ennemi le 24 juin 1859.

Campagnes : (1844 à 1848, en Afrique, 1849 à 1851, en Italie). — Chevalier de la Légion d'honneur, le 12 juillet 1849.

Élève à l'école spéciale militaire, le 15 novembre 1837; sous-lieutenant au 36ᵉ de ligne, le 1ᵉʳ octobre 1840; lieutenant, le 26 octobre 1843 ; capitaine, le 21 juillet 1848; capitaine adjudant-major, le 11 avril 1851 ; chef de bataillon au 55ᵉ de ligne, le 17 mars 1858.

CAPITAINE ALBOUYS

(François-Antoine-Barthélemy-Zacharie), né le 11 juin 1823 à Cahors (Lot). Capitaine adjudant-major au 61ᵉ de ligne. Tué à l'ennemi le 24 juin 1859.

Campagnes : (1854, 1855 et 1856, en Orient). Blessé à la tête par un coup de feu, le 25 juin 1848 à Paris. Coup de feu à la tête, le 8 septembre 1855 devant Sébastopol. — Chevalier de la Légion d'honneur, le 28 juillet 1848.

Soldat au 2e de ligne, le 7 mars 1842 ; caporal, le 11 octobre 1842 ; passé au 1er régiment du génie, le 16 janvier 1844 ; élève à l'école spéciale militaire, le 17 décembre 1846 ; sous-lieutenant au 61e de ligne, le 28 mai 1848, lieutenant, le 28 septembre 1850 ; capitaine, le 2 mars 1854 ; capitaine adjudant-major, le 29 juin 1854.

CAPITAINE AUBERT ARMAND

(Pierre-Louis-Édouard), né le 23 août 1832, à Saint-Germain en Laye (Seine-et-Oise). Capitaine au 1er de zouaves. Mort le 1er juillet 1859, suite de blessures reçues à Solferino.

Campagnes : 1853 en Afrique ; 1854 et 1855 en Orient ; de 1856 à 1858, en Afrique. — Coup de feu au pied gauche à la bataille de l'Alma, le 20 septembre 1854.

Élève à l'école impériale spéciale militaire, le 8 novembre 1851 ; sous-lieutenant au 1er de zouaves, le 1er octobre 1853 ; lieutenant le 24 mars 1855 ; capitaine le 20 juin 1859.

CAPITAINE BAYEUX

(Erphile-Adolphe), né le 28 avril 1810, à Tour sur Beuvron (Loir-et-Cher). Capitaine au 74e de ligne. Mort le 25 juin 1859, suite de blessures reçues à Solferino.

Campagnes : 1831 et 1832 en Belgique ; de 1837 à 1839 en Afrique. — Chevalier de la Légion d'honneur, le 14 mai 1852.

Soldat au 12e de ligne, le 28 avril 1831 ; caporal, le 16 octobre 1833 ; sergent, le 1er avril 1836 ; sergent-fourrier, le 6 avril 1839 ; sergent-major, le 8 février 1840 ; passé au 74e de même arme, le 23 novembre 1840 ; sous-lieutenant le 12 décembre 1844 ; lieutenant, le 1er mars 1849 ; capitaine le 21 septembre 1854.

CAPITAINE BENOIT

(Antoine-Félix-Adrien), né le 30 mars 1809 à Saint-Quentin (Gard). Capitaine au 52e de ligne, mort le 18 juillet 1859, suite d'une blessure reçue à Solferino.

Campagnes : 1851, France ; 1855 et 1856 en Orient. Chevalier de la Légion d'honneur le 10 mai 1852.

Soldat au 10e de ligne, le 27 mai 1830 ; caporal le 27 mai 1831 ; caporal-fourrier, le 20 novembre 1831 ; sergent-fourrier, le 27 mai 1732 ; sergent-major, le 16 février 1833 ; adjudant, le 26 juillet 1839 ; sous-lieutenant au 52e ligne, le 13 septembre 1840; lieutenant, le 14 juin 1844; capitaine, le 19 décembre 1848.

CAPITAINE BERTHET

(François-Louis-Olivier), né le 15 novembre 1831, à Limoges (Haute-Vienne). Capitaine au 84e de ligne. Mort le 25 juin 1859, suite de blessures reçues à Solferino.

Élève à l'école spéciale militaire, le 8 novembre 1850; sous-lieutenant au 9e léger, le 1er octobre 1852; passé au 84e de ligne, le 1er janvier 1855; lieutenant le 13 juin 1855; capitaine, le 21 mai 1859.

CAPITAINE BOISSONNET

(François), né le 15 juillet 1824, à Annonay (Ardèche). Capitaine au bataillon de chasseurs à pied de la garde impériale. Mort le 3 juillet 1859, suite de blessures reçues à Solferino.

Élève à l'école spéciale militaire, le 17 novembre 1842; sous-lieutenant au 2e bataillon de chasseurs à pied, le 1er octobre 1844; passé au 1er bataillon, le 1er novembre 1848; passé au 7e bataillon comme lieutenant, le 19 décembre 1848; capitaine, le 30 décembre 1853; passé au bataillon de chasseurs à pied de la garde, le 22 juin 1854.

CAPITAINE BOIVIN

(Édouard), né le 3 septembre 1812, à Auxerre (Yonne). Capitaine au 52e de ligne. Tué à l'ennemi le 24 juin 1859.

Campagnes : 1855 et 1856, en Orient. — Chevalier de la Légion d'honneur, le 28 juillet 1848.

Soldat au 52e de ligne, le 24 novembre 1833; caporal, le 21 août 1834; caporal-fourrier, le 6 septembre 1834; sergent-fourrier, le 21 février 1835; sergent-major, le 11 novembre 1837; adjudant, le 10 août 1841; sous-lieutenant le 28 janvier 1844; id. porte-drapeau, le 19 décembre 1846; lieutenant le 21 juin 1848; capitaine le 30 décembre 1854.

CAPITAINE BONNARD

(Augustin-Eugène), né le 27 août 1817, à Conflans (Haute-Saône). Capitaine adjudant-major au 34e de ligne. Tué à l'ennemi le 24 juin 1859.

Engagé volontaire au 34e de ligne, le 9 juin 1836; caporal, le 16 décembre 1836; sergent-fourrier, le 23 novembre 1837; sergent, le 21 février 1839; sergent-major, le 4 août 1839; adjudant, le 29 août 1846; sous-lieutenant, le 25 octobre 1846; lieutenant, le 1er mars 1849; capitaine adjudant-major, le 4 avril 1855.

CAPITAINE BURON

(Louis-Symphorien), né le 6 mai 1814, à Saint-Martin-du-Fouilloux (Maine-et-Loire). Capitaine au 53ᵉ de ligne. Tué à l'ennemi le 24 juin 1859.

Campagnes : de 1840 à 1846 en Afrique; 1849, 1850 et 1851 en Italie.

Engagé volontaire au 54ᵉ de ligne, le 27 décembre 1832; caporal, le 11 décembre 1834; sergent, le 5 septembre 1835; remplacé au corps, le 1ᵉʳ janvier 1838; engagé volontaire au 53ᵉ de ligne, le 27 avril 1839; caporal, le 30 octobre 1839; sergent-fourrier, le 1ᵉʳ juin 1841; sergent-major, le 16 novembre 1843; adjudant, le 24 mars 1846; sous-lieutenant, le 11 avril 1848; lieutenant, le 1ᵉʳ octobre 1851; capitaine, le 31 octobre 1855.

CAPITAINE CAPELLA

(Jean-Marie), né le 12 janvier 1826, à Toulouse (Haute-Garonne.) Capitaine au 65ᵉ de ligne. Tué à l'ennemi le 24 juin 1859.

Campagnes : de 1854 à 1858 en Afrique.

Engagé volontaire au 2ᵉ régiment du génie, le 6 janvier 1847; élève à l'école spéciale militaire, le 9 décembre 1848; sous-lieutenant au 65ᵉ de ligne, le 1ᵉʳ octobre 1850; capitaine, le 2 août 1858.

CAPITAINE CASTAN

(Antoine-Adèle), né le 10 février 1819, à Nîmes (Gard). Capitaine au 1ᵉʳ de zouaves. Tué à l'ennemi le 24 juin 1859.

Campagnes : de 1843 à 1853 en Afrique; 1854 et 1855 en Orient; de 1856 à 1858 en Afrique. — Contusionné à la jambe droite par un éclat de pierre, le 23 juillet 1855 (siége de Sébastopol). — Chevalier de la Légion d'honneur, le 11 novembre 1855.

Engagé volontaire au régiment de zouaves, le 4 octobre 1843; caporal, le 16 septembre 1844; sergent, le 11 juillet 1845; sergent-major, le 24 février 1849; passé au 2ᵉ régiment de zouaves, le 6 mars 1852, adjudant, le 22 mai 1852; sous-lieutenant au 1ᵉʳ de zouaves, le 30 décembre 1852; lieutenant, le 24 mars 1855; capitaine, le 21 mai 1859.

CAPITAINE CHAPT

(Victor), né le 4 février 1813, à Aubenas (Ardèche). Capitaine adjudant-major au 76ᵉ de ligne. Mort le 30 juin 1859, suite de blessures reçues à Solferino.

Chevalier de la Légion d'honneur, le 25 septembre 1854. — Excellent et digne officier, conduite parfaite, distingué par son instruction, son éducation et les qualités de l'esprit.

Engagé volontaire au 14ᵉ de ligne, le 18 avril 1832; caporal, le

1er juillet 1833; sergent, le 6 avril 1835; sergent-major, le 11 septembre 1836; sous-lieutenant au 1er léger, le 13 février 1841; lieutenant, le 20 octobre 1847; capitaine, le 8 février 1851; id. adjudant-major au 76e de ligne, le 1er janvier 1855.

CAPITAINE CHASTAIGNIER DE LAGRANGE

(Camille), né le 16 mars 1823, à Bucy-le-long (Aisne). Capitaine au 12e régiment d'artillerie monté. Mort le 29 juillet 1859, suite d'une blessure reçue à Solferino.

Campagnes : 1855 et 1856 en Orient. — Chevalier de la Légion d'honneur, le 14 septembre 1855; officier le 25 juin 1859.

Élève à l'École polytecnique, le 1er novembre 1842; Élève sous-lieutenant à l'école d'application de Metz, le 9 février 1845; lieutenant en second au corps de l'artillerie, le 17 janvier 1847; passé au 11e régiment d'artillerie, le 26 janvier 1847; lieutenant en 1er au 6e d'artillerie, le 20 mai 1849; capitaine en second au 5e d'artillerie, le 14 mai 1853; passé au 12e d'artillerie monté, le 6 mars 1854; capitaine en 1er, le 30 décembre 1857.

CAPITAINE CHAUVENCIE

(Jean), né le 28 février 1820, à Romilly (Ardennes). Capitaine au 85e de igne. Tué à l'ennemi le 24 juin 1859.

Campagnes : 1854, 1855 et 1856, en Orient.

Engagé volontaire au 10e léger, le 6 avril 1841; caporal, le 1er janvier 1842; sergent, le 16 octobre 1843; sergent-fourrier, le 1er octobre 1848; sergent-major, le 6 août 1849; adjudant, le 21 juin 1853; sous-lieutenant, le 25 juillet 1854; passé au 85e de ligne, le 1er janvier 1855; lieutenant, le 23 septembre 1855; capitaine, le 20 juin 1859.

CAPITAINE CHAUVET

(Jean-Baptiste-Juvénal-Charles), né le 13 octobre 1821, à Paris (Seine). Capitaine au bataillon de chasseurs à pied de la garde. Mort le 6 juillet 1859, suite de blessures reçues à Solferino.

Campagnes : de 1843 à 1847 en Afrique. — Chevalier de la Légion d'honneur, le 14 mars 1857.

Élève à l'école spéciale militaire, le 17 avril 1841; sous-lieutenant au 3e léger, le 1er avril 1843; lieutenant, le 1er mars 1847; capitaine, le 10 mai 1852; passé au 2e bataillon de chasseurs à pied, le 25 décembre 1853; passé au bataillon de chasseurs à pied de la garde, le 29 mars 1856.

CAPITAINE COURTIOL

(François), né le 13 décembre 1813, à Villeneuve-de-Berg (Ardèche).

Capitaine au 61ᵉ de ligne. Mort le 26 juin 1859, suite de blessures reçues à Solferino.

Campagnes : 1836 et 1837 en Afrique; 1844, 1845 et 1846 en Afrique; 1854, 1855 et 1856 en Orient. Blessé à la tête par un éclat de bombe, le 9 août 1855 (siége de Sébastopol). — Chevalier de la Légion d'honneur, le 16 avril 1856.

Soldat au 66ᵉ de ligne, le 15 mars 1836; caporal, le 24 septembre 1837; caporal-fourrier, le 27 novembre 1837; sergent-fourrier, le 28 mars 1838; sergent-major, le 4 mai 1840 ; adjudant sous-officier à l'école spéciale militaire, le 6 décembre 1840; sous-lieutenant au 61ᵉ de ligne, le 10 novembre 1843; lieutenant, le 28 juillet 1848; capitaine, le 30 décembre 1854.

CAPITAINE DANIEL

(Louis), né le 20 avril 1819 , à Sainte-Foy (Gironde). Capitaine au 91ᵉ de ligne. Mort le 1ᵉʳ juillet 1859, suite d'une blessure reçue a Solferino.

Campagnes : 1849 et 1850 en Italie; 1850, 1853, 1854 et 1855 en Afrique; 1855 en Orient. Blessé au poignet et à la main gauche par une balle, le 18 juin 1855 devant Sébastopol. — Légionnaire, le 25 juin 1855.

Engagé volontaire au 16ᵉ léger, le 21 septembre 1839; caporal, le 19 juin 1840; sergent, le 20 décembre 1840; sergent-major, le 21 juin 1841; sous-lieutenant, le 22 décembre 1845; lieutenant, ie 28 juillet 1848; capitaine, le 27 décembre 1854; id. au 91ᵉ de ligne, le 1ᵉʳ janvier 1855.

CAPITAINE DAUMAS

(Philippe), né le 2 juillet 1821, à Beauvoisin (Gard). Capitaine au 65ᵉ de ligne. Mort le 29 juillet 1859, suite de blessures reçues à Solferino.

Campagnes : de 1856 à 1858 en Afrique. Blessé à la cuisse, le 4 juin 1859, à Magenta. — Chevalier de la Légion d'honneur, le 17 juin 1859.

Elève à l'école spéciale militaire, le 20 septembre 1842; sous-lieutenant au 11ᵉ de ligne, le 1ᵉʳ octobre 1844; passé au 4ᵉ bataillon de chasseurs à pied, le 7 octobre 1845; lieutenant au 7ᵉ bataillon de même arme, le 19 décembre 1848; capitaine au 65ᵉ de ligne, le 30 décembre 1854.

CAPITAINE DESMAREST

(Louis-Joseph-Aimable), né le 22 juin 1817, à Mareuil-Lamotte (Oise.) Capitaine au 44ᵉ de ligne. Tué à l'ennemi le 24 juin 1859.

Campagnes : de 1845 à 1849 en Afrique; 1855 et 1856 en Orient.

Soldat au 44ᵉ de ligne, le 1ᵉʳ août 1840; caporal, le 10 février 1841 ; sergent, le 19 avril 1842; sergent-fourrier, le 6 mai 1842; sergent-major, le 10 juin 1844; sous-lieutenant, le 9 juin 1848; lieutenant, le 5 mai 1853; capitaine, le 30 décembre 1857.

CAPITAINE DES PERIERS

(Rodolphe-Philippe), né le 10 mai 1822, à Chartres (Eure-et-Loir). Capitaine au 55ᵉ de ligne. Tué à l'ennemi le 24 juin 1859.

Campagnes : de 1843 à 1847 en Afrique. Joli officier d'élite, très-énergique et très-actif, ayant infiniment d'intelligence.

Élève à l'école spéciale militaire, le 19 avril 1841; sous-lieutenant au 2ᵉ régiment de la légion étrangère, le 1ᵉʳ avril 1843; passé au 41ᵉ de ligne, le 13 mai 1843; lieutenant le 10 juillet 1847; capitaine au 55ᵉ de ligne, 29 décembre 1853.

CAPITAINE DEVOYEZ

(Jules), né le 29 février 1816, à Versailles (Seine-et-Oise). Capitaine au 8ᵉ de ligne. Mort le 25 juin 1859, suite de blessures reçues à Solferino.

Chevalier de la Légion d'honneur, le 19 juin 1856.

Engagé volontaire au 8ᵉ de ligne, le 7 mars 1834; caporal, le 30 septembre 1834; caporal-fourrier, le 1ᵉʳ mai 1835; sergent-fourrier, le 13 mai 1835; sergent-major, le 29 août 1838; adjudant, le 12 avril 1841 ; sous-lieutenant, le 11 février 1842 ; sous-lieutenant porte-drapeau, le 14 décembre 1843 ; lieutenant, le 3 juin 1851 ; capitaine, le 8 février 1851.

CAPITAINE DOUAY

(Edmond-André-Henri), né le 1ᵉʳ décembre 1810, à Cambray (Nord). Capitaine au 2ᵉ de ligne. Mort le 25 juin 1859, suite d'une blessure reçue à Solferino.

Campagnes : de 1842 à 1848 en Afrique. — Chevalier de la Légion d'honneur, le 9 août 1854.

Engagé volontaire au 2ᵉ de ligne, le 21 septembre 1830; caporal, le 19 septembre 1831 ; sergent, le 25 février 1833 ; sergent-fourrier, le 13 octobre 1833; sergent-major, le 25 mars 1838; adjudant, le 15 janvier 1841 ; sous-lieutenant, le 9 février 1841 ; lieutenant, le 21 août 1845; capitaine, le 12 mars 1851.

CAPITAINE DUFOUR

(Pierre-Florent), né le 8 août 1814, à Nant (Aveyron). Capitaine au

49ᵉ de ligne. Mort le 26 juin 1859, suite de blessures reçues à Solferino.

Campagnes : 1846 et 1847 en Afrique; 1856 en Orient.

Engagé volontaire au 21ᵉ léger, le 17 octobre 1833 ; caporal, le 29 septembre 1834; fourrier, le 21 avril 1835: sergent-major, le 12 mai 1838; passé au 7ᵉ bataillon de chasseurs à pied, le 4 novembre 1840; sous-lieutenant, le 13 avril 1841; lieutenant au 10ᵉ bataillon de chasseurs à pied, le 20 octobre 1845; capitaine au 49ᵉ de ligne, le 3 mars 1852.

CAPITAINE DUPONT

(Flavien-Alexandre-Pierre), né le 7 mars 1832, à Vert-le-Petit (Seine-et-Oise). Capitaine adjudant-major au 2ᵉ régiment de voltigeurs de la garde. — Tué à l'ennemi le 24 juin 1859.

Campagnes : de 1851 à 1854 en Afrique; 1854 et 1855 en Orient. — Chevalier de la Légion d'honneur, le 17 mai 1855.

Elève à l'école spéciale militaire, le 12 novembre 1849; sous-lieutenant au 22ᵉ léger, le 1ᵉʳ octobre 1851; lieutenant, le 28 février 1854; passé au 97ᵉ de ligne, le 1ᵉʳ janvier 1855; capitaine, le 29 juin 1855; passé au 2ᵉ régiment de voltigeurs de la garde, le 23 septembre 1855; capitaine adjudant-major, le 16 avril 1858.

CAPITAINE FERRÉ

(Pierre), né le 4 février 1811, à Yvré (Sarthe). Capitaine au 86ᵉ de ligne. — Tué à l'ennemi le 24 juin 1859.

Campagnes : de 1850 à 1856 en Afrique. — Chevalier de la Légion d'honneur, le 14 mars 1852.

2ᵉ canonnier servant au 8ᵉ régiment d'artillerie, le 29 octobre 1832; passé dans la garde municipale de Paris, le 19 décembre 1835; tambour-major au 11ᵉ léger, le 25 juillet 1836; sous-lieutenant, le 26 mai 1850; lieutenant, le 11 juin 1854; passé au 86ᵉ de ligne, le 1ᵉʳ janvier 1855; capitaine, le 8 octobre 1856.

CAPITAINE FURST

(Joseph), né le 31 août 1827, à Saverne (Bas-Rhin). Capitaine au 30ᵉ de ligne. Mort le 25 juin 1859, suite de blessures reçues à Solferino.

Campagnes : 1855 et 1856 en Orient.

Elève à l'école spéciale militaire, le 13 décembre 1846; sous-lieutenant au 30ᵉ de ligne, le 28 mai 1848; lieutenant, le 10 août 1853; capitaine, le 27 décembre 1858.

CAPITAINE GIRARD

(Antoine), né le 31 janvier 1822, à Serres (Hautes-Alpes). Capitaine au 100ᵉ de ligne. Tué à l'ennemi le 24 juin 1859.

Campagnes : 1847 et 1848 en Afrique ; 1855 et 1856 en Orient. Contusion à la tête par un éclat de bombe, le 1ᵉʳ septembre 1855 ; la cuisse droite traversée par une balle, le 8 septembre 1855, devant Sébastopol. — Chevalier de la Légion d'honneur, le 14 septembre 1855.

Élève à l'école spéciale militaire, le 25 avril 1841 ; sous-lieutenant au 8ᵉ de ligne, le 1ᵉʳ avril 1843 ; lieutenant au 20ᵉ de même arme, le 28 juillet 1848 ; passé au 25ᵉ léger, le 13 février 1851 ; passé au 100ᵉ de ligne, le 1ᵉʳ janvier 1855 ; capitaine le 13 juin 1855.

CAPITAINE GOMERÊT

(Philibert-François), né le 24 avril 1822, à Viré (Saône-et-Loire). Capitaine au 76ᵉ de ligne. Mort le 26 juin 1859, suite de blessures reçues à Solferino.

Chevalier de la Légion d'honneur, le 25 juin 1859.

Engagé volontaire au 21ᵉ léger, le 15 novembre 1841 ; caporal, le 18 octobre 1842 ; caporal-fourrier, le 14 février 1843 ; sergent-fourrier, le 24 avril 1843 ; sergent-major, le 23 mars 1844 ; adjudant, le 17 juin 1848 ; sous-lieutenant, le 25 juin 1849 ; passé au 1ᵉʳ régiment d'infanterie légère, le 20 juin 1851 ; lieutenant, le 18 novembre 1854 ; passé au 76ᵉ de ligne, le 1ᵉʳ janvier 1855 ; capitaine, le 5 mai 1859.

CAPITAINE GROSJEAN

(Jean-Baptiste), né le 13 novembre 1815, à Eternoz (Doubs). Capitaine au 2ᵉ de ligne. Mort le 25 juin 1859, suite de blessures reçues à Solferino.

Campagnes : de 1842 à 1848 en Afrique. — Chevalier de la Légion d'honneur, le 2 août 1858.

Engagé volontaire au 2ᵉ de ligne, le 15 décembre 1833 ; caporal, le 26 février 1835 ; sergent, le 26 février 1836 ; sergent-fourrier, le 17 juin 1839 ; sergent-major, le 21 février 1841 ; adjudant, le 8 septembre 1846 ; sous-lieutenant, le 11 avril 1848 ; lieutenant, le 18 avril 1851 ; capitaine, le 25 juin 1859.

CAPITAINE GUICHOU

(François-Charles), né le 4 novembre 1821, à Saverdun (Ariége). Capitaine adjudant-major au 3ᵉ régiment de chasseurs d'Afrique. Mort le 25 juin 1859, suite de blessures reçues à Solferino.

Campagnes : de 1856 à 1859 en Afrique.

Engagé volontaire au 5ᵉ régiment d'infanterie légère, le 11 novembre 1841; élève à l'école spéciale militaire, le 22 novembre 1843; sous-lieutenant au 9ᵉ régiment de chasseurs, le 1ᵉʳ octobre 1845; passé au 3ᵉ de même arme, le 9 octobre 1847; lieutenant, le 19 février 1851; capitaine, le 1ᵉʳ mai 1854; passé au 3ᵉ régiment de chasseurs d'Afrique, le 14 mars 1856; capitaine adjudant-major, le 11 juin 1859.

CAPITAINE GUYOT

(Antoine), né le 11 septembre 1828, à Bar-le-Duc (Meuse). Capitaine au 1ᵉʳ régiment de chasseurs d'Afrique. Tué à l'ennemi le 24 juin 1859.

Campagnes : 1854, 1855 et 1856 en Orient; de 1856 à 1859 en Afrique. — Chevalier de la Légion d'honneur, le 10 novembre 1856.

Élève à l'école spéciale militaire, le 2 décembre 1847 ; sous-lieutenant au 12ᵉ régiment de dragons, le 1ᵉʳ octobre 1849; passé au 6ᵉ de même arme, le 25 octobre 1851; lieutenant, le 30 novembre 1851; capitaine au 1ᵉʳ régiment de chasseurs d'Afrique, le 24 janvier 1855.

CAPITAINE HATTERER

(Jules-Émile), né le 20 janvier 1827, à Obernai (Bas-Rhin). Capitaine au 30ᵉ de ligne.— Tué à l'ennemi le 24 juin 1859.

Campagnes : 1855 et 1856 en Orient.

Engagé volontaire au 5ᵉ léger, le 27 septembre 1845; élève à l'école spéciale militaire, le 22 décembre 1846; sous-lieutenant au 30ᵉ de ligne, le 28 mai 1848; lieutenant, le 5 mai 1853; capitaine, le 2 août 1858.

CAPITAINE HENRIOT

(Silvestre-Lucien), né le 31 décembre 1811, à Ajaccio (Corse). Capitaine au 55ᵉ de ligne. Tué à l'ennemi le 24 juin 1859.

Soldat au 60ᵉ de ligne, le 9 novembre 1832; caporal, le 16 novembre 1833; sergent, le 16 novembre 1834; sergent-major, le 16 décembre 1838; adjudant, le 13 janvier 1841; sous-lieutenant au 55ᵉ de ligne, le 28 mars 1841; lieutenant, le 7 août 1847; capitaine, le 27 décembre 1853.

CAPITAINE JACQUOT

(Eugène-Alexandre), né le 1ᵉʳ novembre 1823, à Bar-le-Duc (Meuse). Capitaine au 17ᵉ bataillon de chasseurs à pied. Mort le 6 août 1859, suite de blessures reçues à Solferino.

Campagnes : 1849 et 1850 en Afrique.

Engagé volontaire au 9ᵉ de cuirassiers, le 20 novembre 1843; élève à l'école spéciale militaire, le 25 mai 1848; sous-lieutenant au 5ᵉ bataillon de chasseurs à pied , le 1er octobre 1849 ; lieutenant au 3e bataillon de même arme, le 3 mars 1852 ; passé au 13e bataillon, le 15 janvier 1854 : capitaine au 17e bataillon, le 27 mars 1858.

CAPITAINE JOBELIN

(Ambroise-Nicolas), né le 30 janvier 1815, à Faysbillot (Haute-Marne). Capitaine au 91e de ligne.— Tué à l'ennemi le 24 juin 1859.

Campagnes : 1849 et 1850 en Italie ; 1850, 1853 et 1854 en Afrique. — Chevalier de la Légion d'honneur, le 29 juillet 1854.

Soldat au 19e de ligne, le 2 avril 1833 ; caporal, le 11 novembre 1833, sergent-fourrier, le 6 avril 1835 ; sergent-major, le 1er janvier 1839 ; sous-lieutenant, le 19 mai 1842 ; passé au 16e léger, le 2 mars 1846 ; lieutenant, le 9 juin 1848 ; capitaine, le 23 février 1854 ; passé au 91e de ligne, le 1er janvier 1855.

CAPITAINE JOUAN DE KERVENOAEL

(Emile-Jean-Nicolas), né le 28 février 1834, à Cast (Finistère). Capitaine d'état-major à l'état-major de la 1re division du 1er corps de l'armée d'Italie. Tué à l'ennemi le 24 juin 1859.

Campagnes : 1855, 1856 et 1857 en Algérie.

Élève à l'école spéciale militaire ; le 8 novembre 1851 ; sous-lieutenant au 6e régiment d'infanterie légère, le 1er octobre 1853 ; élève à l'école d'application d'état-major, le 1er janvier 1854 ; admissible dans le corps d'état-major et détaché au 72e de ligne, le 9 juillet 1855 ; lieutenant au corps d'état-major, le 2 octobre 1855 ; placé au 12e régiment de dragons, le 15 juillet 1857 ; capitaine, le 30 décembre 1857 ; capitaine à l'état-major de la 1re division du 1er corps de l'armée d'Italie, le 24 avril 1859.

CAPITAINE JUIN

(Alexandre), né le 12 février 1826, à Saint-Porchaire (Charente). Capitaine au 72e de ligne. Mort le 6 juillet 1859, suite de blessures reçues à Solferino.

Campagnes : de 1854 à 1859 en Afrique. — Chevalier de la Légion d'honneur, le 25 juin 1859.

Élève à l'école spéciale militaire, le 13 décembre 1846 ; sous-lieutenant au 72e de ligne, le 28 mai 1848 ; lieutenant, le 13 février 1851 ; capitaine, le 14 mars 1855.

CAPITAINE KLÉBER

(Emile), né le 15 février 1822, à Paris (Seine). Capitaine au 10e bataillon de chasseurs à pied. Mort le 21 juillet 1859, suite d'une blessure reçue à Solferino.

Campagnes : de 1843 à 1848 en Afrique; de 1852 à 1854 en Afrique; 1854, Orient; 1855 et 1856 en Afrique; cité à l'ordre de l'armée d'Afrique, le 14 décembre 1852 ; cité à l'ordre de l'armée d'Afrique, le 3 octobre 1856. — Chevalier de la Légion d'honneur, le 22 décembre 1852.

Engagé volontaire au 14ᵉ léger, le 29 octobre 1840; élève à l'école spéciale militaire, le 20 avril 1841; sous-lieutenant au 31ᵉ de ligne, le 1ᵉʳ avril 1843; lieutenant, le 9 décembre 1847; passé au 20ᵉ de ligne, le 13 février 1851; passé au 2ᵉ de zouaves, le 25 février 1852; passé au bataillon de tirailleurs indigènes d'Alger, le 27 décembre 1854; capitaine au 1ᵉʳ bataillon de tirailleurs indigènes de Constantine, le 1ᵉʳ septembre 1855; passé au 10ᵉ bataillon de chasseurs à pied, le 2 octobre 1856.

CAPITAINE DE LAILHÁCAR

(Joseph-Paul), né le 1ᵉʳ janvier 1827, à Salier (Basses-Pyrénées). Capitaine au 55ᵉ de ligne. Tué à l'ennemi le 8 juillet 1859.

Chevalier de la Légion d'honneur, le 25 juin 1859.

Élève à l'école spéciale militaire, le 6 décembre 1845; sous-lieutenant au 55ᵉ de ligne, le 1ᵉʳ octobre 1847; lieutenant, le 23 mai 1850; capitaine, le 30 décembre 1854.

CAPITAINE LAJOUX

(Pierre), né le 3 avril 1814, à Limoges (Haute-Vienne). Capitaine au 72ᵉ de ligne. Mort le 27 juin 1859 suite de blessures reçues à Solferino.

Campagnes : de 1854 à 1859 en Afrique.

Engagé volontaire au 63ᵉ de ligne, le 1ᵉʳ mai 1832; caporal, le 26 novembre 1832; caporal-fourrier, le 1ᵉʳ décembre 1832; sergent-fourrier, le 26 mai 1833; passé comme sergent au 45ᵉ de ligne, le 8 avril 1837; sergent-major, le 28 juillet 1840; passé au 72ᵉ de ligne, le 15 novembre 1840; sous-lieutenant, le 23 décembre 1840; lieutenant, le 3 mai 1848; capitaine, le 15 août 1852.

CAPITAINE LAPOURAILLE

(Geoffroy-Henry), né le 18 décembre 1812, à Grenoble (Isère). Capitaine au 1ᵉʳ de voltigeurs de la garde impériale. Tué à l'ennemi le 24 juin 1859.

Campagnes : 1833, 1834, 1835 et 1836 en Afrique.

Engagé volontaire au 10ᵉ léger, le 11 juillet 1832, caporal, le 11 janvier 1833, sergent, le 30 septembre 1835; adjudant sous-officier au collége royal militaire, le 13 mars 1840; sous-lieutenant au 4ᵉ léger,

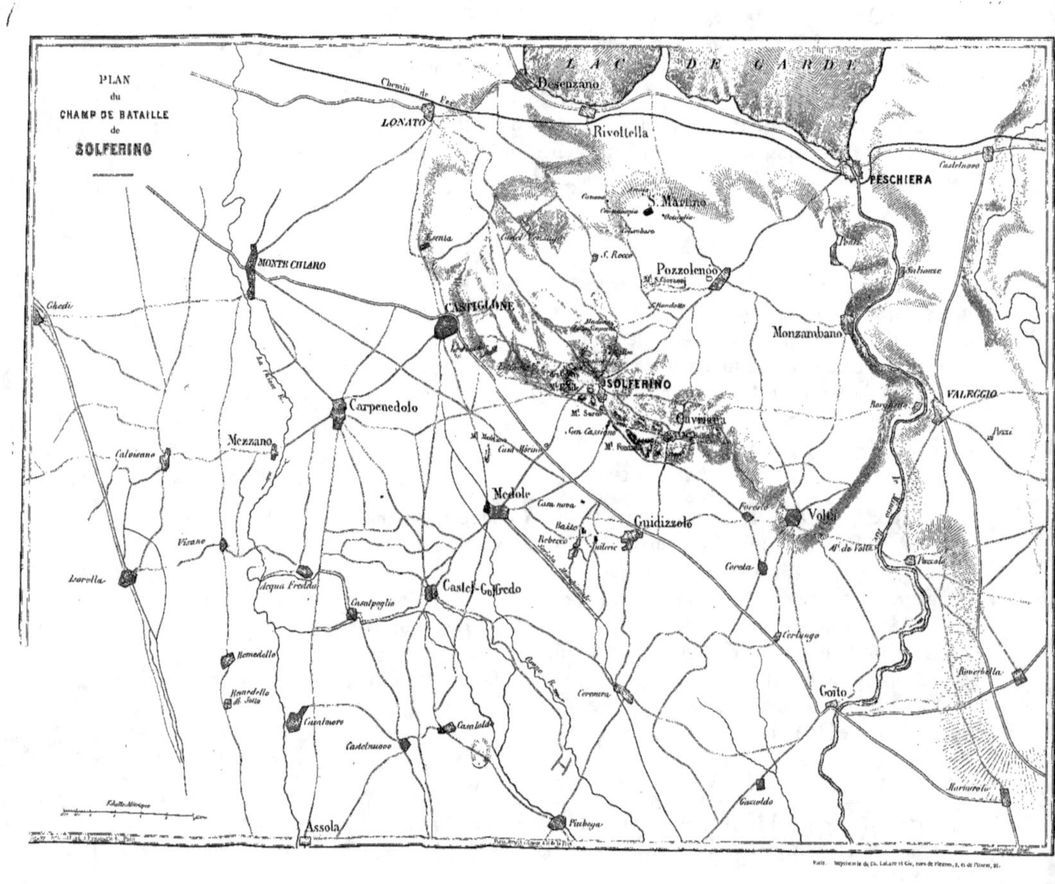

PLAN
du
CHAMP DE BATAILLE
de
SOLFERINO
LAC DE GARDE
Desenzano
Chemin de Fer
LONATO
Rivoltella
PESCHIERA
Castelnuovo
S. Martino
MONTE CHIARO
Esenta
S. Rocco
Ghedi
Pozzolengo
Monzambano
CASTIGLIONE
Carpenedolo
SOLFERINO
VALEGGIO
Cavriana
Calvisano
Mezzano
Medole
Casa nova
Volta
Guidizzolo
Visano
Rebecco
Coreta
Acqua Fredda
Casalpoglio
Castel-Goffredo
Isorella
Ceresara
Cerlungo
Remedello
Goïto
Rivarbella
Castelnuovo
Casaloldo
Assola
Piubega
Marmirolo

le 13 février 1841 ; lieutenant, le 2 mai 1845 ; capitaine, le 8 février 1851 ; passé au 79ᵉ de ligne, le 1ᵉʳ janvier 1855 ; passé au 1ᵉʳ régiment de voltigeurs de la garde, le 11 mars 1855.

CAPITAINE DE LATOUR

(Joseph-Marie-Auguste), né le 26 mars 1807, à Saint-Hars (Ariége). Capitaine au 15ᵉ de ligne. Tué à l'ennemi le 24 juin 1859.

Campagnes : 1830, 1831 et 1832 en Afrique ; 1855 et 1856 en Orient.— Chevalier de la Légion d'honneur, le 11 août 1855.

Engagé volontaire au 15ᵉ de ligne, le 21 décembre 1830 ; caporal, le 1ᵉʳ avril 1831 ; caporal-fourrier, le 10 juillet 1831 ; sergent-fourrier, le 1ᵉʳ avril 1832 ; sergent-major, le 11 novembre 1832 ; adjudant, le 27 juillet 1839 ; sous-lieutenant, le 30 juillet 1839 ; lieutenant, le 20 avril 1842 ; capitaine, le 25 juin 1849.

CAPITAINE LEFEVRE

(Louis-Nicolas-Adolphe), né le 11 mars 1820 à Paris (Seine). — Capitaine au 49ᵉ de ligne. Tué à l'ennemi le 24 juin 1859.

Campagnes : 1855 et 1856 en Orient. — Chevalier de la Légion d'honneur, le 30 décembre 1858.

Engagé volontaire au 49ᵉ de ligne, le 31 mars 1838 ; caporal, le 21 décembre 1838 ; sergent, le 15 décembre 1839 ; sergent-fourrier, le 1ᵉʳ janvier 1840 ; sergent-major, le 9 février 1841 ; adjudant, le 16 août 1845 ; sous-lieutenant, le 11 avril 1848 ; lieutenant, le 29 décembre 1851 ; **capitaine, le 1ᵉʳ août 1855.**

CAPITAINE LORÉAL

(Marie-Louis-Gustave), né le 4 septembre 1820, au Palais (Morbihan). Capitaine au 37ᵉ de ligne. Mort le 28 juin 1859, suite d'une blessure reçue à Solferino.

Engagé volontaire au 34ᵉ de ligne, le 10 juin 1839 ; caporal, le 27 décembre 1839 ; sergent, le 16 août 1840 ; sergent-major, le 7 octobre 1843 ; sous-lieutenant, le 25 janvier 1846 ; lieutenant, le 2 octobre 1848 ; capitaine au 37ᵉ de ligne, le 30 décembre 1854.

CAPITAINE MEISSONNIER

(Jacques), né le 28 février 1811, à Soudorgeus (Gard). Capitaine au 43ᵉ de ligne. Mort le 26 juin 1859, suite d'une blessure reçue à Solferino.

Chevalier de la Légion d'honneur, le 25 juin 1859.

Soldat au 4ᵉ de ligne, le 16 octobre 1832 ; caporal, le 27 juillet 1834 ;

sergent-fourrier, le 19 septembre 1835; sergent-major, le 6 mai 1839; adjudant, le 20 février 1842; sous-lieutenant, le 19 octobre 1844; lieutenant, le 19 décembre 1848; capitaine, le 30 décembre 1854.

CAPITAINE MEYER

(Édouard-Théophile), né le 15 mars 1824, à Obernai (Bas-Rhin). — Capitaine adjudant-major au 49e de ligne. Mort le 23 juillet 1859, suite d'une blessure reçue à Solferino.

Campagnes : 1855 et 1856 en Orient. Blessé au bras gauche par deux balles, le 18 juin 1855 (siége de Sébastopol). — Chevalier de la Légion d'honneur, le 16 avril 1856.

Élève à l'école spéciale militaire, le 16 novembre 1843; sous-lieutenant au 49e de ligne, le 1er octobre 1845; lieutenant, le 23 mai 1850; capitaine, le 15 mai 1855; capitaine adjudant-major, le 14 juillet 1855.

CAPITAINE MAUVISE

(Gustave-Antoine), né le 26 septembre 1827, à Braye (Indre-et-Loire). Capitaine adjudant-major au 73e de ligne, mort le 15 août 1859.

Campagnes : 1855 et 1856 en Orient.

Élève à l'école spéciale militaire, le 12 décembre 1846; sous-lieutenant au 73e de ligne, le 28 mai 1848; lieutenant le 10 août 1853; capitaine le 1er août 1855; capitaine adjudant-major, le 22 juin 1858.

CAPITAINE OLLIVIER

(Maxime-Louis-Alfred), né le 11 mars 1827, à Dôle (Jura). — Capitaine adjudant-major au 1er régiment de zouaves. Mort le 4 août 1859.

Campagnes : de 1852 à 1854 en Afrique; de 1854 à 1856 en Orient; 1857 et 1858 en Afrique. Chevalier de la Légion d'honneur après la prise de Sébastopol. Médaillé de la valeur militaire de Sardaigne. Il reçut de l'Empereur sur son lit de mort la croix d'officier.

Élève à l'école spéciale militaire, le 13 décembre 1846; sous-lieutenant au 65e de ligne, le 28 mai 1848; passé au 1er régiment de zouaves, le 25 février 1852; lieutenant, le 30 décembre 1852; capitaine, le 15 mai 1855; capitaine adjudant-major, le 10 mars 1856.

CAPITAINE PERRIER

(Julien-Marin), né le 4 septembre 1819, à Hardanges (Mayenne). — Capitaine au 15e de ligne. Tué à l'ennemi le 24 juin 1859.

Campagne : 1855 et 1856 en Orient. Blessé à la tête par un éclat d'obus, le 8 septembre 1855, devant Sébastopol.

Soldat au 15e de ligne, le 12 septembre 1840; caporal, le 15 octobre

1841; sergent, le 11 septembre 1842; sergent-fourrier, le 1er octobre 1846; sergent-major, le 24 janvier 1848; adjudant, le 3 juillet 1849; sous-lieutenant, le 25 juillet 1850; lieutenant, le 14 mars 1855; capitaine, le 27 mars 1858.

CAPITAINE PONTE

(Jacques-Antoine-Hilaire), né le 2 décembre 1821, à Ajaccio (Corse). Capitaine adjudant-major au 2e de ligne. Tué à l'ennemi le 24 juin 1859.

Campagnes : de 1843 à 1848 en Afrique.

Élève à l'école spéciale militaire, le 1er décembre 1840; sous-lieutenant, au 2e de ligne, le 1er octobre 1842; lieutenant, le 3 juin 1847; capitaine, le 29 décembre 1851; capitaine adjudant-major, le 30 décembre 1852.

CAPITAINE RANJARD

(Jules-Victor), né le 2 février 1820, à la Rochelle (Charente inférieure). Capitaine adjudant-major au 91e de ligne. Tué à l'ennemi le 24 juin 1859.

Campagnes : 1849 et 1850 en Italie; de 1850 à 1855 en Afrique.

Soldat au 35e de ligne, le 3 août 1838; caporal, le 11 février 1839; sergent-fourrier, le 1er janvier 1840; élève à l'école spéciale militaire, le 19 novembre 1840; sous-lieutenant au 16e léger, le 1er octobre 1842; capitaine, le 17 février 1850; capitaine adjudant-major, le 10 mai 1852; passé au 91e de ligne, le 1er janvier 1855.

CAPITAINE REMIAS

(Nicolas-Prosper), né le 11 septembre 1813, à Rogécourt (Aisne). — Capitaine au 1er régiment de voltigeurs de la garde impériale. Mort le 10 juillet 1859, suite de blessures reçues à Solferino.

Campagnes : de 1842 à 1847 en Afrique; 1855 en Orient. — Chevalier de la Légion d'honneur, le 20 mars 1855.

Soldat au 2e de ligne, le 7 novembre 1834; caporal, le 15 mai 1836; sergent, le 16 décembre 1837; sergent-fourrier, le 14 août 1839; sergent-major, le 9 août 1840; adjudant, le 29 mars 1845; sous-lieutenant, le 25 octobre 1846; sous-lieutenant porte-drapeau, le 11 janvier 1848; lieutenant, le 21 juillet 1850; passé au 1er régiment de voltigeurs de la garde, le 22 juin 1854; capitaine, le 29 septembre 1855.

CAPITAINE RICHARD

(Jean-Baptiste-Édouard), né le 23 juillet 1828, à Rambervillers (Vosges). Capitaine au 100e de ligne. Tué à l'ennemi le 24 juin 1859.

Campagnes : 1849 et 1850 en Italie; de 1850 à 1855 en Afrique; 1855 et 1856 en Orient. Contusion à la cuisse droite, le 8 juillet 1855, devant Sébastopol.

Élève à l'école spéciale militaire, le 12 février 1849; sous-lieutenant au 25e léger, le 1er octobre 1849; lieutenant, le 29 décembre 1853; passé au 100e de ligne, le 1er janvier 1855; capitaine, le 23 septembre 1855.

CAPITAINE DE ROQUEFEUIL

(Armand-Marie), né le 30 avril 1815, à Quintin (Côtes-du-Nord). Capitaine commandant au 1er régiment de chasseurs d'Afrique. Tué à l'ennemi le 24 juin 1859.

Campagnes : 1856 en Orient, de 1856 à 1859 en Afrique.

Élève à l'école spéciale militaire, le 4 janvier 1845; sous-lieutenant au 11e de chasseurs, le 1er octobre 1846; lieutenant, le 12 avril 1850; apitaine, le 1er octobre 1853; capitaine adjudant-major, le 1er mai 1854; passé au 1er régiment de chasseurs d'Afrique, le 24 janvier 1856; capitaine commandant, le 13 août 1857.

CAPITAINE ROUSSELET

(Pierre), né le 29 juin 1815, à Ille (Pyrénées orientales). Capitaine au 91e de ligne. Tué à l'ennemi le 24 juin 1859.

Campagnes : 1854 en Afrique; 1855 et 1856 en Orient. Blessé au bras droit par un biscaïen, le 18 juin 1855, devant Sébastopol.

Soldat au 47e de ligne, le 27 novembre 1840; caporal-fourrier. le 25 mai 1841; sergent, le 11 octobre 1841; sergent-major, le 23 février 1842; sous-lieutenant, le 9 juin 1848; lieutenant au 16e léger, le 6 mai 1854; passé au 91e de ligne, le 1er janvier 1855; capitaine, le 30 août 1855.

CAPITAINE DE SAINT-BALMONT

(Pierre-Marie-Arthur), né le 24 avril 1833, à Ligny (Meuse). Capitaine d'état-major. Tué à l'ennemi le 24 juin 1859.

Élève à l'école spéciale militaire, le 9 novembre 1852; sous-lieutenant au 14e léger, le 1er octobre 1854; élève à l'école d'application d'état-major, le 1er octobre 1854; sous-lieutenant au 89e de ligne, le 1er janvier 1855; admissible dans le corps d'état-major et détaché au 43e de ligne, le 19 janvier 1856; lieutenant au corps d'état-major, le 3 octobre 1856; placé au 4e régiment de lanciers, le 28 décembre 1857; capitaine, le 24 décembre 1858; aide de camp du général O' Farrell, le 27 avril 1859

CAPITAINE THOMAS

(Joseph), né le 17 octobre 1817, à Grenoble (Isère). Capitaine au

86ᵉ de ligne. Mort le 20 juillet 1859, suite de blessures reçues à Solferino.

Campagnes : de 1843 à 1852 en Afrique; 1855 et 1856 en Orient. — Chevalier de la Légion d'honneur, le 10 octobre 1858.

Engagé volontaire au 25ᵉ léger, le 8 mai 1837; passé au 9ᵉ bataillon des chasseurs à pied, le 25 novembre 1840; libéré avec le grade de sergent, le 19 avril 1844; arrivé comme sergent au 3ᵉ bataillon de chasseurs à pied, le 16 mai 1844; adjudant, le 4 juillet 1849; sous-lieutenant au 11ᵉ léger, le 26 mai 1850; lieutenant au 86ᵉ de ligne, le 1ᵉʳ janvier 1855; capitaine, le 20 novembre 1855.

CAPITAINE TONNELIER

(François-Admête), né le 28 février 1825, à Longueville-lès-Metz (Moselle). Capitaine au 6ᵉ bataillon de chasseurs à pied. Tué à l'ennemi le 24 juin 1859.

Campagnes : 1856 et 1857 en Afrique. Chevalier de la Légion d'honneur, le 17 juin 1859

Élève à l'école spéciale militaire, le 17 novembre 1843; sous-lieutenant au 4ᵉ de ligne, le 1ᵉʳ octobre 1845; lieutenant, le 21 juillet 1848; passé au 61ᵉ de ligne, le 4 juillet 1849; passé au 6ᵉ bataillon des chasseurs à pied, le 25 décembre 1853; capitaine au 18ᵉ de même arme, le 21 octobre 1854; passé au 6ᵉ de même arme, le 29 août 1857.

CAPITAINE YVER

(Louis-Abel), né le 12 décembre 1819, à Falaise (Calvados). Capitaine au 55ᵉ de ligne. Tué à l'ennemi le 24 juin 1859.

Soldat au 55ᵉ de ligne, le 11 septembre 1840; caporal, le 20 mars 1841; caporal-fourrier, le 11 octobre 1841; sergent-fourrier, le 24 août 1842; sergent-major, le 1ᵉʳ novembre 1844; sous-lieutenant, le 28 mai 1848; lieutenant, le 29 décembre 1851; capitaine, le 12 août 1857.

LIEUTENANT ADAM

(François-Pierre-Alexandre), né le 3 janvier 1829, à Grenoble (Isère). Lieutenant au 2ᵉ de ligne. Tué à l'ennemi le 24 juin 1859.

Élève à l'école spéciale militaire, le 6 décembre 1848; sous-lieutenant au 30ᵉ de ligne, le 1ᵉʳ octobre 1850; nommé lieutenant au 2ᵉ de ligne, le 10 juillet 1854.

LIEUTENANT ASSÉNAT

(Gabriel-Saturnin-Léon), né le 27 janvier 1835, à Colmar (Haut-Rhin). Lieutenant au 55ᵉ de ligne. Mort le 11 juillet 1859, suite d'une blessure reçue à Solferino.

Élève à l'école impériale spéciale militaire, le 19 janvier 1855 ; sous-lieutenant, le 1er octobre 1856 ; lieutenant, le 5 juillet 1859.

LIEUTENANT BEAUCOUSIN

(Théophile Gustave), né le 16 février 1828, à Osmanville (Calvados). Lieutenant au 15e de ligne. Mort le 16 juillet 1859, suite de blessures reçues à Solferino.

Engagé volontaire au 15e de ligne, le 6 septembre 1848 ; caporal, le 21 septembre 1849 ; caporal-fourrier, le 6 juillet 1850 ; sergent-fourrier, le 1er janvier 1851 ; sergent-major, le 29 janvier 1854 ; sous-lieutenant, le 31 octobre 1855 ; lieutenant, le 15 juillet 1859.

LIEUTENANT BENJAMIN

(Charles-Gabriel-Édouard), né le 13 octobre 1836, à Cayenne (Guyanne française). Lieutenant au régiment provisoire de tirailleurs algériens. Tué à l'ennemi le 24 juin 1859.

Campagnes : de 1857 à 1859 en Afrique.

Élève à l'école impériale spéciale militaire, le 10 novembre 1855 ; sous-lieutenant au 1er régiment de tirailleurs algériens, le 1er octobre 1857 ; passé au régiment provisoire de tirailleurs algériens, le 21 avril 1859 ; lieutenant, le 20 juin 1859.

LIEUTENANT BORDEROUGE

(Jean-Philippe), né le 1er mai 1816 à Précillon (Basses-Pyrénées) Lieutenant au 55e de ligne. Mort à Vérone le 12 août 1859, suite de blessures reçues à Solferino, où il fut fait prisonnier.

Engagé volontaire au 5e de ligne, le 9 novembre 1839 ; libéré avec le grade de sergent-major, le 9 novembre 1846 ; engagé volontaire au 55e de ligne, le 21 février 1847 ; caporal, le 25 mars 1847 ; sergent-fourrier, le 30 avril 1847 ; sergent-major, le 1er décembre 1847 ; sous-lieutenant, le 29 février 1852 ; lieutenant, le 28 juin 1856.

LIEUTENANT DE BOYNE

(Marie-Léon), né le 1er août 1831, à Paris (Seine). Lieutenant au régiment provisoire de tirailleurs algériens. Tué à l'ennemi le 24 juin 1859.

Campagnes : 1852 à 1854 en Afrique ; 1854 et 1855 en Orient ; 1855 à 1859 Afrique). Chevalier de la Légion d'honneur, le 14 septembre 1855.

Engagé volontaire au 29e de ligne, le 12 octobre 1850 ; caporal, le 21 septembre 1851 ; passé au bataillon de tirailleurs indigènes d'Al-

ger, le 19 février 1852 ; sous-lieutenant au régiment de tirailleurs algériens, le 21 mars 1854 ; lieutenant, le 29 juin 1855 ; passé au 3ᵉ régiment de tirailleurs algériens, le 7 novembre 1855 ; passé au régiment
provisoire de tirailleurs algériens, le 12 avril 1859.

LIEUTENANT BRÉGAND

(François-Xavier), né le 23 juin 1830, à Poligny (Jura). Lieutenant
au 49ᵉ de ligne. Tué à l'ennemi le 24 juin 1859.

Campagnes : 1855 et 1856, en Orient.

Engagé volontaire au 49ᵉ de ligne, le 2 juin 1849 ; caporal, le
10 mars 1850 ; sergent, le 28 février 1852 ; sergent-fourrier, le 20 mars
1852 ; sergent-major, le 8 juillet 1855 ; sous-lieutenant, le 23 septembre 1855 ; lieutenant, le 24 mai 1859.

LIEUTENANT CALLET

(Léon-Joseph), né le 23 décembre 1829, à Cateau-Cambresis (Nord).
Lieutenant au 1ᵉʳ de zouaves. Tué à l'ennemi le 24 juin 1859.

Campagnes : 1853 et 1854 en Afrique ; 1854, 1855 et 1856 en Orient ;
1856 à 1859 en Afrique. Contusion à la hanche droite par une balle, le
8 septembre 1855, devant Sébastopol.

Soldat au 67ᵉ de ligne, le 25 février 1848 ; caporal, le 22 novembre
1848 ; sergent, le 16 octobre 1849 ; sergent-fourrier, le 14 février
1850 ; sergent-major, le 9 mars 1851 ; passé comme sergent au 1ᵉʳ de
zouaves, le 17 août 1853 ; sergent-major, le 20 décembre 1854 ; sous-
lieutenant le 30 août 1855 ; sous-lieutenant porte-drapeau, le 20 novembre 1855 ; lieutenant, le 24 mai 1859.

LIEUTENANT CASABIANCA

(Alphonse), né le 26 août 1822, à Casabianca (Corse). Lieutenant au
2ᵉ de ligne. Tué à l'ennemi le 24 juin 1859.

Campagnes : 1845 à 1848 en Afrique.

Engagé volontaire au 2ᵉ de ligne, le 20 octobre 1845 ; caporal, le
19 novembre 1846 ; sergent-fourrier, le 28 septembre 1847 ; sergent-
major, le 1ᵉʳ juillet 1848 ; sous-lieutenant, le 5 mars 1852 ; lieutenant,
le 12 août 1857.

LIEUTENANT CAVALIER

(Jean-Baptiste), né le 30 mars 1823, à Gattières (Var). Lieutenant au
34ᵉ de ligne. Tué à l'ennemi le 24 juin 1859.

Campagnes : 1849 et 1850 en Italie ; 1850 à 1854 en Afrique ; 1854
en Orient).

Soldat au 22ᵉ léger, le 23 novembre 1844 ; caporal, le 16 juin

1845; sergent, le 6 juin 1847; sergent-fourrier, le 1ᵉʳ décembre 1848; sergent-major, le 10 avril 1850; adjudant, le 30 janvier 1854; sous-lieutenant au 34ᵉ de ligne, le 25 juillet 1854; lieutenant, le 5 mai 1859.

LIEUTENANT CHASSERIAUX

(Camille-Hippolyte), né le 28 avril 1827, à Saintes (Charente-Infé-rieure). Lieutenant au 2ᵉ régiment de voltigeurs de la garde impé-riale. — Tué à l'ennemi le 24 juin 1859.

Engagé volontaire au 70ᵉ de ligne, le 23 novembre 1846; caporal-fourrier, le 25 octobre 1847; sergent-fourrier, le 23 juillet 1848; ser-gent, le 6 décembre 1848; sergent-major, le 3 mars 1850; adjudant, le 21 mai 1853; sous-lieutenant au 25ᵉ de ligne, le 31 décembre 1853; passé au 2ᵉ régiment de voltigeurs de la garde, le 14 février 1855; lieutenant, le 23 septembre 1855.

LIEUTENANT COLONNA-LECA

(Jean-Baptiste-Joseph), né le 7 novembre 1824, à Nancy (Meurthe). Lieutenant au 8ᵉ de ligne. Tué à l'ennemi le 24 juin 1859.

Campagnes : 1850 à 1852 en Afrique.

Engagé volontaire au 8ᵉ de ligne, le 16 novembre 1842; caporal, le 21 juin 1843; caporal-fourrier, le 4 décembre 1843; sergent-fourrier, le 15 juin 1844; sergent, le 3 décembre 1844; sergent-major, le 1ᵉʳ dé-cembre 1846; sous-lieutenant, le 29 février 1852; lieutenant, le 27 mars 1858.

LIEUTENANT CRUZY

(Sauveur-Auguste), né le 14 septembre 1829, à Toul (Meurthe). Lieu-tenant au 17ᵉ bataillon de chasseurs à pied. Tué à l'ennemi le 24 juin 1859.

Campagnes : 1847 à 1854 en Afrique; 1855 et 1856 en Orient. — Che-valier de la Légion d'honneur, le 3 avril 1859.

Enfant de troupe au 1ᵉʳ bataillon d'infanterie légère d'Afrique, le 20 juillet 1833; engagé volontaire audit bataillon, le 1ᵉʳ juillet 1835; caporal-fourrier, le 11 décembre 1847; sergent-fourrier, le 1ᵉʳ avril 1848; sergent-major, le 1ᵉʳ juin 1849; sous-lieutenant au 7ᵉ bataillon de chasseurs à pied, le 29 décembre 1853; lieutenant au 17ᵉ bataillon de même arme, le 23 septembre 1855.

LIEUTENANT DECENCIERE

(Éléonore), né le 6 avril 1827, à Montlieu (Charente-Inférieure). Lieu-tenant au 1ᵉʳ régiment de zouaves. Mort le 28 juin 1859, suite de blessures reçues à Solferino.

Campagnes : 1852 à 1858 en Afrique. Légèrement blessé le 8 juin 1859 au combat de Marignan.

Soldat au 9ᵉ léger, le 24 mars 1847; caporal, le 12 novembre 1847, sergent-fourrier, le 29 novembre 1848; passé comme sergent au 1ᵉʳ de zouaves, le 2 mars 1852; sergent-major, le 23 juillet 1853; sous-lieutenant, le 31 octobre 1855; lieutenant, le 20 juin 1859.

LIEUTENANT DEDREUIL-PAULET

(Gabriel), né le 16 août 1836. Lieutenant au 8ᵉ de ligne. Mort le 30 août 1859, suite d'une blessure reçue à Solferino.

Chevalier de la Légion d'honneur le 25 juin 1859.

Élève à l'école spéciale militaire, le 14 novembre 1854; sous-lieutenant au 8ᵉ de ligne, le 1ᵉʳ octobre 1856; lieutenant, le 30 août 1859.

LIEUTENANT DELANNOY

(Alexandre-Joseph), né le 26 août 1818, à Salesches (Nord). Lieutenant au 55ᵉ de ligne. Tué à l'ennemi le 24 juin 1859.

Engagé volontaire au 54ᵉ de ligne, le 14 novembre 1839; caporal, le 12 août 1840; sergent-fourrier, le 8 octobre 1840; sergent-major, le 27 février 1842; adjudant, le 20 avril 1848; sous-lieutenant au 55ᵉ de ligne, le 27 mars 1849; lieutenant, le 31 mai 1854.

LIEUTENANT DEULNEAU

(Jacques-Antoine-Louis-Alexandre), né le 8 juin 1833, à Étain (Meuse). Lieutenant au 98ᵉ de ligne. Tué à l'ennemi le 24 juin. 1859.

Campagnes : 1855 et 1856 en Orient.

Élève à l'école spéciale militaire, le 13 novembre 1853; sous-lieutenant au 98ᵉ de ligne, le 31 janvier 1855; lieutenant, le 17 mars 1856.

LIEUTENANT DUCHAILLUT

(Jean-Pierre), né le 31 juillet 1822, à Besançon (Doubs). Lieutenant au 2ᵉ de ligne. Mort le 25 juin 1859, suite de blessures reçues à Solferino.

Engagé volontaire au 11ᵉ de ligne, le 18 avril 1843; caporal, le 7 janvier 1844; caporal-fourrier, le 20 juin 1844; sergent-fourrier, le 22 avril 1845; sergent, le 23 octobre 1846; sous-lieutenant au 2ᵉ de ligne, le 5 mars 1852; lieutenant, le 12 août 1857.

LIEUTENANT DUCLOS

(Émile), né le 26 février 1830, à Saint-Giros (Ariége). Lieutenant au 2ᵉ de ligne. Tué à l'ennemi le 24 juin 1859.

Élève à l'école spéciale militaire, le 7 novembre 1849; sous-lieutenant au 2e de ligne, le 1er octobre 1851; lieutenant, le 13 juin 1855.

LIEUTENANT DURIEZ

(Alphonse-Louis), né le 28 mars 1836, à Lille (Nord). Lieutenant d'état major. Tué à l'ennemi le 24 juin 1859.

Campagne : 1858 en Algérie.

Élève à l'école impériale spéciale militaire, le 12 novembre 1854; sous-lieutenant au 13e de ligne, le 1er octobre 1855, élève à l'école d'application d'état-major, le 1er janvier 1856; lieutenant au corps d'état-major, le 13 janvier 1858; détaché au 1er de zouaves, le 27 janvier 1858.

LIEUTENANT GALLÉAN

(Antoine), né le 12 février 1819, à Château-Ville-Vieille (Hautes-Alpes). Lieutenant au 8e de ligne. Tué à l'ennemi le 24 juin 1859.

Campagnes : 1847 à 1850 en Afrique.

Soldat au 8e de ligne, le 11 septembre 1840; caporal, le 11 novembre 1841; caporal-fourrier, le 21 janvier 1843; sergent-fourrier, le 1er mai 1843; sergent, le 16 décembre 1845; sergent-fourrier, le 23 juillet 1846; sergent-major, le 21 août 1847; sous-lieutenant, le 30 décembre 1854; lieutenant, le 24 mai 1859.

LIEUTENANT IZAR

(Jacques-Léon), né le 24 mai 1828, à Revel (Haute-Garonne). Lieutenant au 55e de ligne. Tué à l'ennemi le 24 juin 1859.

Soldat engagé volontaire au 5e bataillon de chasseurs à pied, le 15 septembre 1846; élève à l'école spéciale militaire, le 9 décembre 1848, sous-lieutenant au 55e de ligne, le 1er octobre 1850; lieutenant le 30 décembre 1854.

LIEUTENANT JARDIN

(Jean-Alphonse), né le 6 mai 1835, à Paris (Seine). Lieutenant au 61e de ligne. Tué à l'ennemi le 24 juin 1859.

Élève à l'école impériale spéciale militaire, le 12 novembre 1853; sous-lieutenant au 61e de ligne, le 13 mars 1857. Lieutenant le 13 mars 1857.

LIEUTENANT LARBI-BEN-LAGDAR

Né en 1816, à Constantine (Afrique). Lieutenant au régiment provisoire de tirailleurs algériens. Tué à l'ennemi le 24 juin 1859.

Campagnes : 1854 et 1855 en Orient. Coup de feu au côté gauche, le 29 mai 1855 (siége de Sébastopol).

Soldat au régiment de zouaves, le 11 mai 1838; sous-lieutenant aux tirailleurs algériens, le 1er août 1855; lieutenant au régiment provisoire de tirailleurs algériens, le 20 avril 1859.

LIEUTENANT LARDENOIS

(Jean-Joseph-Paul), né le 27 avril 1832, à Mirecourt (Vosges). Lieutenant au 34e de ligne. Tué à l'ennemi le 24 juin 1859.

Élève à l'école spéciale militaire, le 13 novembre 1850; sous-lieutenant au 34e de ligne, le 1er octobre 1852; lieutenant, le 12 août 1857.

LIEUTENANT LOËFFER

(Marie-François-Adolphe), né le 6 novembre 1819, à Vernon (Eure). Lieutenant au 1er régiment de chasseurs d'Afrique. Tué à l'ennemi le 24 juin 1859.

Campagnes de 1839 à 1858 en Afrique. — Chevalier de la Légion d'honneur, le 14 mars 1857.

Engagé volontaire au 9e régiment de dragons, le 20 décembre 1837; passé au 3e chasseurs d'Afrique, le 19 août 1839; passé au 4e de même arme, le 1er janvier 1840; libéré avec le grade de maréchal des logis-fourrier, le 20 décembre 1844; engagé volontaire au 1er de chasseurs d'Afrique, le 21 mai 1847; sous-lieutenant le 31 juillet 1854; lieutenant, le 5 mai 1859.

LIEUTENANT MALAPAYE

(Pierre), né le 20 août 1818, à Vergt (Dordogne). Lieutenant au 8e de ligne. Tué à l'ennemi, le 24 juin 1859.

Campagnes de 1847 à 1850 en Afrique.

Engagé volontaire au 9e de ligne, le 21 février 1839; caporal, le 1er janvier 1840; sergent, le 10 septembre 1841; sergent-fourrier le 20 février 1843; sergent-major, le 9 octobre 1844; adjudant, le 29 mars 1849; sous-lieutenant au 8e de ligne, le 4 juin 1853; lieutenant, le 30 décembre 1854; passé au 102e de ligne, le 5 juin 1850; passé au 8e de ligne, le 30 avril 1856.

LIEUTENANT MAMONY

(Henri-Alexandre-Ernest), né le 7 juin 1830, à Saint-Omer (Pas-de-Calais). Lieutenant au 71e de ligne. Mort le 27 juin 1859, suite d'une blessure reçue à Solferino.

Campagnes de 1854 à 1859 en Afrique.

Engagé volontaire au 50e de ligne, le 29 août 1848; caporal, le 10 janvier 1850; caporal-fourrier, le 28 janvier 1850; sergent-fourrier, le 26 août 1850; sergent, le 6 février 1851; sergent-fourrier, le 11 septembre 1851; adjudant au prytanée ·impérial militaire, le 23 mars 1852; sous-lieutenant au 71ᵉ de ligne, le 25 juillet 1854; lieutenant, le 21 mai 1859.

LIEUTENANT MANCEAUX

(Jean-Baptiste-Urbain), né le 4 octobre 1834, à Dizy-le-Gros (Aisne). Lieutenant d'état-major. Tué à l'ennemi, le 24 juin 1859.

Engagé volontaire au 32ᵉ de ligne, le 4 septembre 1854; élève à l'école impériale spéciale militaire, le 11 novembre 1854; sous-lieutenant au 12ᵉ de ligne, le 1ᵉʳ octobre 1855; élève à l'école d'application d'état-major, le 1ᵉʳ janvier 1856; lieutenant au corps d'état-major, le 13 janvier 1858; détaché au 30ᵉ de ligne, le 27 janvier 1858.

LIEUTENANT MILLOT

(Just-Théodore), né 12 juin 1829, à Gié-sur-Seine (Aube). Lieutenant au 8ᵉ de ligne. Tué à l'ennemi, le 24 juin 1859.

Campagnes de 1851 et 1852 en Afrique.

Élève à l'école spéciale militaire, le 5 novembre 1849; sous-lieutenant au 8ᵉ de ligne, le 1ᵉʳ octobre 1851; lieutenant, le 28 juin 1856.

LIEUTENANT MINARD

(François-Étienne), né le 8 février 1821, à Thoste (Côte-d'Or). Lieutenant au 61ᵉ régiment de ligne. Mort le 25 juin 1859, suite de blessures reçues à Solferino.

Campagnes : 1846 en Afrique; 1855 et 1856 en Orient. Chevalier de la Légion d'honneur, le 10 octobre 1858. Blessé à la tempe droite par un obus, le 28 août 1855, devant Sébastopol. Cité à l'ordre de la 4ᵉ division d'infanterie du 2ᵉ corps de l'armée d'Orient, pour sa belle conduite dans l'attaque de la nuit du 24 au 25 août 1855. — A obtenu de M. le ministre de l'intérieur une médaille d'honneur pour le dévouement qu'il a montré dans un incendie qui a éclaté à la Guillotière (Rhône), le 20 mars 1847.

Soldat au 11ᵉ léger, le 18 août 1841; caporal, le 21 juillet 1842; sergent, le 8 juin 1843; passé comme simple soldat au 61ᵉ de ligne, le 4 mars 1846; caporal, le 6 mai 1846; sergent le 11 janvier 1847; sergent-fourrier, le 1ᵉʳ juin 1847; sergent-major, le 1ᵉʳ janvier 1848; adjudant, le 22 octobre 1850; sous-lieutenant, le 5 mars 1852; lieutenant, le 29 juin 1855.

LIEUTENANT MONCHOT

(Alexandre Eugène), né le 28 février 1831, à Belfort (Haut-Rhin).

lieutenant au 91ᵉ de ligne. Mort le 4 octobre 1859, suite de blessures reçues à Solferino.

Campagnes : 1855 et 1856 en Orient, 1859 en Italie.

Engagé volontaire au 35ᵉ de ligne, le 14 août 1840; caporal, le 26 février 1849; sergent-fourrier, le 6 février 1850: sergent, le 11 février 1851 : sergent-major, le 16 mars 1852: passé au 91ᵉ de ligne, le 1ᵉʳ janvier 1855; adjudant, le 10 janvier 1855. sous-lieutenant porte-drapeau, le 12 janvier 1858; lieutenant, le 24 mai 1859.

LIEUTENANT MONNERET

(Joseph-Emmanuel), né le 20 août 1829, à Saint-Claude (Jura). Lieutenant au 91ᵉ de ligne. Tué à l'ennemi le 24 juin 1859.

Campagnes : 1850 à 1854 en Afrique; 1855 à 1856 en Orient.

Engagé volontaire au 16ᵉ léger, le 9 mai 1848; caporal-fourrier, le 26 novembre 1848; sergent-fourrier, le 27 décembre 1849; sergent, le 25 juillet 1850; sergent-major, le 24 octobre 1853; sous-lieutenant, le 30 décembre 1854; passé au 91ᵉ de ligne, le 1ᵉʳ janvier 1855; lieutenant, le 29 juin 1855.

LIEUTENANT MORAND.

(Charles-Ernest), né le 26 mai 1827, à Béziers (Hérault). Lieutenant au 45ᵉ de ligne. Tué à l'ennemi le 24 juin 1859.

Campagnes de 1854 à 1859 en Afrique.

Engagé volontaire au 45ᵉ de ligne, le 11 août 1845; caporal, le 6 octobre 1846; caporal-fourrier, le 6 avril 1847; sergent-fourrier, le 12 novembre 1847; sergent-major, le 9 juillet 1848; sous-lieutenant, le 19 juillet 1854; lieutenant le 13 mars 1857.

LIEUTENANT MOUSSET

(Charles), né le 15 septembre 1825, à Flers (Orne). Lieutenant au bataillon de chasseurs à pied de la garde. Mort le 12 juillet 1859, suite de blessures reçues à Solferino.

Campagnes : de 1850 à 1854 en Afrique; 1855 en Orient; 1859 en Italie. Blessures : blessé par un éclat de bombe le 19 juillet 1855 devant Sébastopol. Chevalier de la Légion d'honneur, le 25 juin 1859.

Engagé volontaire au 4ᵉ bataillon de chasseurs à pied, le 14 juin 1844; caporal, le 12 avril 1846; sergent, le 1ᵉʳ juillet 1847; sergent-fourrier, le 1ᵉʳ mai 1848; sergent-major, le 8 juillet 1849; adjudant, le 22 mars 1854; sous-lieutenant, le 25 juillet 1854; passé au bataillon de chasseurs à pied de la garde, le 24 juin 1855: lieutenant au 2ᵉ bataillon de chasseurs à pied, le 3 novembre 1855; passé au bataillon de chasseurs à pied de la garde, le 7 février 1856.

LIEUTENANT PARDON

(Charles-Marie), né le 27 juillet 1825, à Avallon (Yonne). Lieutenant
au 84ᵉ de ligne. Tué à l'ennemi, le 24 juin 1859.

Campagnes de 1855 et 1856 en Orient.

Soldat au 9ᵉ léger, le 2 novembre 1846; caporal, le 11 janvier 1848;
caporal-fourrier, le 1ᵉʳ avril 1848; sergent-fourrier, le 1ᵉʳ novembre
1849; sergent-major, le 1ᵉʳ avril 1850; adjudant, le 14 mars 1852; sous-
lieutenant, le 30 décembre 1854; passé au 84ᵉ de ligne, le 1ᵉ janvier
1855; sous-lieutenant porte-drapeau, le 14 avril 1856; lieutenant, le
août 1858.

LIEUTENANT POULET

(Frédéric-Eugène), né le 25 décembre 1826, à Héricourt (Haute-
Saône). Lieutenant au 91ᵉ de ligne. Tué à l'ennemi, le 24 juin 1859.

Campagnes : 1855 et 1856 en Orient. Contusionné à la jambe gauche,
le 1ᵉʳ septembre 1855, devant Sébastopol.

Engagé volontaire au 70ᵉ de ligne, le 12 mai 1847; caporal, le 6 janvier 1849; caporal-fourrier, le 21 juin 1849; sergent, le 26 mai 1850;
sergent-major, le 21 mai 1852; sous-lieutenant, le 25 juillet 1854;
passé au 91ᵉ de ligne, le 30 janvier 1855; lieutenant le 30 août 1855.

LIEUTENANT PREUD'HOMME

(Eugène-Maximilien), né le 21 juin 1828, à Anglure (Marne). Lieutenant au 5ᵉ de hussards. Mort le 2 juillet 1859, suite de blessures
reçues à Solferino.

Campagnes : 1854 en Orient; 1855 à 1858 en Afrique.

Engagé volontaire au 1ᵉʳ de hussards, le 15 mai 1848; brigadier, le
1ᵉʳ octobre 1849; maréchal des logis-fourrier, le 8 mai 1851; maréchal des logis chef, le 30 mai 1853; adjudant le 10 juillet 1854; sous-
lieutenant au 5ᵉ de hussards, le 29 août 1854; sous-lieutenant porte-
étendard, le 31 mai 1858; lieutenant, le 14 mars 1859.

LIEUTENANT RICOT

(Edmond), né le 15 novembre 1829, à Saint-Valéry (Somme). Lieutenant au régiment provisoire de tirailleurs algériens. Tué à l'ennemi le
24 juin 1859.

Campagnes : 1854 en Orient; 1857 à 1859 en Afrique.

Engagé volontaire au 2ᵉ régiment de cuirassiers, le 16 août 1848;
brigadier, le 23 juillet 1849; maréchal des logis, le 11 septembre 1850;
maréchal des logis-fourrier, le 27 juillet 1851; maréchal des logis-
chef, le 25 novembre 1852; sous-lieutenant au 5ᵉ régiment de cui-

rassiers, le 29 août 1854; passé au 2⁰ régiment de tirailleurs algériens, le 10 janvier 1857; passé au régiment provisoire de tirailleurs algériens, avril 1859; lieutenant, le 20 juin 1859.

LIEUTENANT RUINART DE BRIMONT

(Pierre-Joseph-Sixte), né le 30 avril 1827, à Reims (Marne). Lieutenant au 1er régiment de lanciers. Tué à l'ennemi le 24 juin 1859.

Engagé volontaire au 7e de lanciers, le 28 octobre 1847; entré à l'école de cavalerie, le même jour; maréchal des logis au 7e de lanciers, le 1er octobre 1849; sous-lieutenant au 1er régiment de même arme, le 1er mai 1854; lieutenant, le 14 mars 1859.

LIEUTENANT SIMONETTI

(Jean-Luc), né le 16 décembre 1818, à Clermont-Ferrand (Puy-de-Dôme). Lieutenant au 100e de ligne. Tué à l'ennemi le 24 juin 1859.

Campagnes : 1839 à 1842 et 1850 à 1855 en Afrique; 1855 en Orient. Blessé par une balle à la jambe gauche, le 8 septembre 1855, devant Sébastopol.

Engagé volontaire au 3e léger, le 16 mai 1837; libéré avec le grade de sergent-major, le 1er décembre 1840; engagé volontaire au 25e léger, le 2 septembre 1848; sergent, le 3 décembre 1848; sergent-fourrier, le 8 septembre 1849; sergent-major, le 1er septembre 1851; sous-lieutenant, le 28 février 1854; passé au 100e de ligne, le 1er janvier 1855; lieutenant, le 30 août 1855.

LIEUTENANT SULERBIE-TURON

(Jean-Pierre), né le 22 mars 1820, à Nûs (Hautes-Pyrénées). Lieutenant au 43e de ligne. Tué à l'ennemi le 24 juin 1859.

Campagnes : 1845 à 1851 en Afrique; 1855 à 1856 en Orient.

Soldat au 43e de ligne, le 26 juin 1841; caporal, le 1er avril 1842; sergent-fourrier, le 21 octobre 1843; sergent-major, le 25 décembre 1847; sous-lieutenant, le 5 mars 1852; lieutenant, le 9 juin 1855.

LIEUTENANT TEISSIER

(Paul), né le 20 mars 1812, à Calvisson (Gard). Lieutenant au 55e de ligne. Tué à l'ennemi le 24 juin 1859.

Soldat au 55e de ligne, le 4 novembre 1833; caporal, le 11 septembre 1834; sergent, le 1er avril 1836; sergent-major, le 5 janvier 1843; adjudant, le 9 janvier 1850; sous-lieutenant, le 31 mars 1850; lieutenant, le 27 décembre 1854.

LIEUTENANT VERDIÉ

(Paul-Alain), né le 20 mai 1828, à Espère (Lot). Lieutenant au 65ᵉ de ligne. Mort le 27 juin 1859, suite de blessures reçues à Solferino.

Campagnes : 1854 à 1859 en Afrique. — Chevalier de la Légion d'honneur, le 25 juin 1859.

Engagé volontaire au 65ᵉ de ligne, le 5 décembre 1846; caporal, le 8 novembre 1847; caporal-fourrier, le 2 juillet 1848; sergent-fourrier, le 12 août 1848; sergent, le 11 janvier 1849; sergent-major-vaguemestre, le 12 janvier 1853; sous-lieutenant, le 30 septembre 1853; lieutenant, le 27 mars 1858.

LIEUTENANT VIALA

(Ferdinand-Jean-Michel), né le 29 mars 1822, à Ganges (Hérault). Lieutenant au 55ᵉ de ligne. Tué à l'ennemi le 24 juin 1859.

Soldat au 55ᵉ de ligne, le 13 mars 1844; caporal, le 23 octobre 1844; caporal-fourrier, le 23 janvier 1845; sergent-fourrier, le 27 septembre 1845; sergent-major, le 4 janvier 1847; sous-lieutenant, le 5 mars 1852; sous-lieutenant porte-drapeau, le 7 juillet 1854; lieutenant, le 28 juin 1856.

LIEUTENANT VIALAY

(Victor-Jean-Antoine), né le 28 mai 1820, à Château-Chinon (Nièvre). Lieutenant au 98ᵉ de ligne. Tué à l'ennemi le 24 juin 1859.

Campagnes : 1855 et 1856 en Orient.

Engagé volontaire au 4ᵉ régiment de chasseurs à cheval le 11 avril 1840; brigadier, le 8 janvier 1841; maréchal des logis, le 19 octobre 1843; maréchal des logis-fourrier, le 27 novembre 1844; maréchal des logis chef, le 7 mai 1847; adjudant, le 4 avril 1849; sous-lieutenant, le 24 décembre 1849; lieutenant, le 1ᵉʳ mai 1854; passé au 98ᵉ de ligne, le 4 avril 1855.

SOUS-LIEUTENANT ARBELET

(André-Edmond), né le 21 juin 1832, à Lacauche (Côte-d'Or), sous-lieutenant au 45ᵉ de ligne. Tué à l'ennemi le 24 juin 1859.

Engagé volontaire au 29ᵉ de ligne, le 2 mars 1851; caporal, le 26 janvier 1852; élève à l'école impériale spéciale militaire, le 13 novembre 1854; sous-lieutenant au 45ᵉ de ligne, le 1ᵉʳ octobre 1856.

SOUS-LIEUTENANT BERNADA

(Édouard), né le 12 octobre 1827, à Lalanne-Arqué (Gers). Sous-lieutenant au 3ᵉ régiment de chasseurs d'Afrique. Tué à l'ennemi le 24 juin 1859.

Campagnes de 1849 à 1851 en Italie; de 1853 à 1859 en Afrique.

Engagé volontaire au 1ᵉʳ régiment d'artillerie, le 29 décembre 1845; libéré avec le grade de maréchal des logis, le 31 décembre 1852; engagé volontaire au 1ᵉʳ régiment de spahis, le 29 mars 1853; brigadier, le 11 mai 1853; maréchal des logis, le 8 novembre 1855; sous-lieutenant, le 24 mars 1858; passé au 3ᵉ régiment de chasseurs d'Afrique, le 24 mars 1858.

SOUS-LIEUTENANT BOMBLED

(Albert), né le 1ᵉʳ janvier 1826, à Clary (Nord). Sous-lieutenant au 91ᵉ de ligne. Tué à l'ennemi le 24 juin 1859.

Campagnes : 1851 et 1852 en Afrique.

Engagé volontaire au 24ᵉ léger, le 28 mars 1844; libéré avec le grade de sergent-major, le 27 mars 1851; engagé volontaire au 16ᵉ de même arme, le 23 avril 1851; caporal, le 6 mai 1851; sergent, le 1ᵉʳ avril 1852; sergent-fourrier, le 28 novembre 1853; sergent-major, le 20 février 1854; passé au 91ᵉ de ligne, le 1ᵉʳ janvier 1855; adjudant, le 8 juillet 1855; sous-lieutenant, le 27 mars 1858.

SOUS-LIEUTENANT BOURLIER

(Dominique), né le 28 septembre 1834, à Arnay-le-Duc (Côte-d'Or). Sous-lieutenant au 21ᵉ de ligne. Mort le 24 juillet 1859, suite de blessures reçues à Solferino.

Élève à l'école impériale spéciale militaire, le 14 novembre 1854; sous-lieutenant au 21ᵉ de ligne, le 1ᵉʳ octobre 1855.

SOUS-LIEUTENANT BOUSSARD

(Louis-Philippe-Joseph-Marie), né le 24 octobre 1830, à Pont-l'Abbé (Finistère). Sous-lieutenant au 6ᵉ bataillon de chasseurs à pied. Mort le 27 juillet 1859, suite de blessures reçues à Solferino.

Campagnes : 1854, 1855 et 1856 en Orient. Blessé à l'assaut de Sébastopol, le 8 septembre 1855, par un éclat d'obus à la jambe droite.

Soldat au 7ᵉ bataillon de la garde nationale mobile de Paris, le 16 septembre 1848; congédié par libération, le 31 décembre 1849; engagé volontaire au 4ᵉ léger, le 5 février 1850; caporal, le 19 février 1851; sergent-fourrier, le 28 janvier 1852; sergent, le 1ᵉʳ juin 1853; sergent-fourrier, le 23 novembre 1853, passé au 17ᵉ bataillon de chasseurs à pied, le 8 février 1854; sergent-major, le 11 juillet 1855; sous-lieutenant au 6ᵉ bataillon de même arme, le 2 août 1858.

SOUS-LIEUTENANT CATUSSE

(Jean), né le 15 décembre 1823, à Cuq (Lot-et-Garonne). Sous-lieutenant au 100ᵉ de ligne. Tué à l'ennemi le 24 juin 1859.

Campagnes : 1849 et 1850 en Italie; 1850 à 1855 en Afrique; 1855 et 1856 en Orient. Contusion à l'épaule droite par un éclat de bombe, le 8 septembre 1855, devant Sébastopol.

Soldat au 25ᵉ léger, le 4 avril 1845; caporal, le 1ᵉʳ mai 1847; sergent, le 1ᵉʳ novembre 1847; sergent-fourrier, le 21 septembre 1848; sergent-major, le 1ᵉʳ janvier 1855; sous-lieutenant, le 30 août 1855.

SOUS-LIEUTENANT CHESNEAU DE LA HAUGRENIÈRE

(Anatole-Henri), né le 11 octobre 1835, à Angers (Maine et Loire). Sous-lieutenant au 49ᵉ de ligne. Tué à l'ennemi, le 24 juin 1859.

Élève à l'école impériale spéciale militaire, le 17 janvier 1855; sous-lieutenant au 49ᵉ de ligne, le 1ᵉʳ octobre 1856.

SOUS-LIEUTENANT CLOCHE

(Hippolyte), né le 24 juillet 1830, à Charmoy (Yonne). Sous-lieutenant au 1ᵉʳ régiment de voltigeurs de la garde. Tué à l'ennemi le 24 juin 1859.

Campagnes : 1854, 1855 et 1856 en Orient.

Engagé volontaire au 18ᵉ de ligne, le 11 février 1849; caporal, le 1ᵉʳ octobre 1849; sergent, le 24 septembre 1851; sergent-fourrier, le 24 janvier 1852; sergent-major, le 10 janvier 1853; sous-lieutenant, le 1ᵉʳ août 1855; passé au 1ᵉʳ régiment de voltigeurs de la garde, en juillet 1858.

SOUS-LIEUTENANT CROUZET

(Pierre), né le 19 octobre 1821, à Charnoy (Saône-et-Loire). Sous-lieutenant au 34ᵉ de ligne. Décédé le 30 juin 1859, suite d'une blessure recue à Solferino.

Soldat au 34ᵉ de ligne, le 28 juin 1842, caporal, le 24 janvier 1843; sergent-fourrier, le 4 novembre 1843; sergent-major, le 11 août 1846; sous-lieutenant, le 17 février 1855.

SOUS-LIEUTENANT DELANDE

(Jean-Baptiste), né le 27 septembre 1824, à Carcaguy (Calvados). Sous-lieutenant au 21ᵉ de ligne, mort le 11 juillet, sui te de blessures reçues à Solferino.

Campagnes : 1854, 1855 et 1856 en Orient. Blessé d'un coup de feu à la jambe droite, le 24 juin 1848. (Insurrection de Paris.)

Soldat au 5ᵉ léger, le 6 août 1845; caporal, le 11 juin 1846; sergent, le 1ᵉʳ septembre 1848; passé au 80ᵉ de ligne, le 1ᵉʳ janvier 1855; sous-lieutenant au 21ᵉ de ligne, le 23 septembre 1855.

SOUS-LIEUTENANT DINEUR D'AYMERIES

(Alexandre-Étienne-Honoré), né le 8 janvier 1836, à Mézières (Ardennes). Sous-lieutenant au 61ᵉ de ligne. Tué à l'ennemi le 24 juin 1859.

Élève à l'école impériale spéciale militaire, le 3 novembre 1855; sous-lieutenant au 61ᵉ de ligne, le 1ᵉʳ octobre 1857.

SOUS-LIEUTENANT DUBOUCHER

(Pierre-François), né le 19 mai 1820, à Mont-de-Marsan (Landes). Sous-lieutenant au 7ᵉ régiment de chasseurs. Tué à l'ennemi le 24 juin 1859.

Engagé volontaire au 9ᵉ régiment de chasseurs, le 18 juillet 1840; brigadier le 26 octobre 1843; maréchal des logis le 1ᵉʳ avril 1844; sous-lieutenant au 7ᵉ régiment de même arme le 1ᵉʳ mai 1854.

SOUS-LIEUTENANT DULIN

(Marie-Théophane), né le 31 août 1823, à Vers-Hébecourt (Somme). Sous-lieutenant au 61ᵉ de ligne. Tué à l'ennemi le 24 juin 1859.

Campagnes : 1849, 1850, 1851, 1853 et 1854 en Italie; 1854, 1855 et 1856 en Orient. Décoré de la médaille militaire, le 11 avril 1855.

Soldat au 2ᵉ bataillon de chasseurs à pied, le 5 novembre 1844; libéré avec le grade de sergent-fourrier le 11 janvier 1851; engagé volontaire au 10 bataillon de chasseurs à pied, le 28 décembre 1852; caporal, le 16 juillet 1853; sergent, le 11 janvier 1854; sergent-fourrier, le 24 janvier 1854; sergent-major, le 14 avril 1855; sous-lieutenant au 61ᵉ de ligne, le 23 septembre 1855.

SOUS-LIEUTENANT DUPEYRAT

(Jean-Denis-Gustave), né le 16 janvier 1814, à Nérac (Lot-et-Garonne). Sous-lieutenant au régiment de chasseurs à cheval de la garde impériale. Mort le 27 juin 1859, suite de blessures reçues à Solferino.

Campagnes : de 1845 à 1854 en Afrique; de 1854 à 1856 en Orient.

Engagé volontaire au 4ᵉ régiment de chasseurs d'Afrique, le 15 avril 1845; brigadier, le 6 décembre 1845; brigadier-fourrier, le 27 mai 1849; maréchal des logis, le 12 novembre 1849; sous-lieutenant, le

14 juillet 1855; passé au régiment de chasseurs à cheval de la garde,
le 10 mai 1856.

SOUS-LIEUTENANT FORNIER DUPLAN

(Charles-Nicolas), né le 29 octobre 1829, à Rochefort (Charente-
inférieure). Sous-lieutenant porte-drapeau au 72ᵉ de ligne. Tué à
l'ennemi le 24 juin 1859.

Campagnes : de 1854 à 1858 en Afrique.

Engagé volontaire au 72ᵉ de ligne, le 21 septembre 1848; caporal,
le 7 octobre 1849; sergent-fourrier, le 13 janvier 1852; sergent-major,
le 1ᵉʳ septembre 1853; sous-lieutenant, le 13 mars 1857; id. porte-
drapeau, le 19 juin 1859.

SOUS-LIEUTENANT FOURNIER

(Jean-François), né le 6 février 1839, à Metz (Moselle). Sous-lieutenant au 2ᵉ régiment de voltigeurs de la garde. Mort le 25 juin 1859,
suite d'une blessure reçue à Solferino.

Campagnes : de 1849 à 1854 en Afrique; 1855 et 1856 en Orient,
blessé d'un coup de feu à la cuisse, au siége de Sébastopol.

Engagé volontaire au 1ᵉʳ régiment de la légion-étrangère, le 4 juin
1849; caporal, le 6 avril 1850; sergent, le 1ᵉʳ avril 1851; sergent-
fourrier, le 11 juillet 1852; sergent-major, le 11 juillet 1854; adjudant, le 6 septembre 1855; sous-lieutenant au 42ᵉ de ligne, le 20 novembre 1855; passé dans le 2ᵉ régiment de voltigeurs de la garde, le
13 octobre 1856.

SOUS-LIEUTENANT DE FOY

(Marie-Jacques-Jules), né le 27 février 1828, à Angle (Vienne). Sous-
lieutenant au régiment provisoire de tirailleurs algériens. Tué à l'ennemi, le 24 juin 1859.

Campagnes : de 1852 à 1859 en Afrique.

Engagé volontaire au 60ᵉ de ligne, le 31 mars 1846; caporal, le
21 novembre 1846; sergent-fourrier, le 1ᵉʳ avril 1848; sergent-major,
le 9 mai 1850; passé au 1ᵉʳ bataillon de tirailleurs indigènes d'Oran,
le 9 mai 1854; sous-lieutenant au 2ᵉ bataillon de tirailleurs indigènes
de Constantine, le 19 septembre 1855; passé au régiment provisoire de
tirailleurs algériens, le 12 avril 1859.

SOUS-LIEUTENANT GODARD

(André), né le 24 décembre 1826, à Ostange (Moselle). Sous-lieutenant au 21ᵉ de ligne. Mort le 25 juin 1859, suite de blessures reçues à Solferino.

Soldat au 21ᵉ de ligne. le 9 novembre 1847; caporal, le 29 novembre 1848; sergent-fourrier, le 1ᵉʳ octobre 1849; sergent, le 21 juillet 1850; sergent-major, le 11 mars 1851; adjudant, le 11 février 1855; sous-lieutenant, le 16 octobre 1856.

SOUS-LIEUTENANT GRASLEPOIS

(Isidore), né le 1ᵉʳ avril 1832 à Saujon (Charente-Inférieure). Sous-lieutenant au 72ᵉ de ligne. Tué à l'ennemi le 24 juin 1859.

Campagnes de 1854 à 1859 en Afrique.

Engagé volontaire au 72ᵉ de ligne, le 4 avril 1850; caporal, le 4 octobre 1850; sergent-fourrier, le 11 juillet 1851; sergent, le 21 mai 1852; sergent-major, le 13 mars 1854; sous-lieutenant, le 28 mai 1859.

SOUS-LIEUTENANT GRILLON DES CHAPELLES

(Armand-Eugène), né le 1ᵉʳ juin 1834, à Paris (Seine). Sous-lieutenant au 1ᵉʳ régiment de zouaves. Tué à l'ennemi le 24 juin 1859.

Campagnes : 1857 et 1858 en Afrique. Blessé le 8 juin 1859, au combat de Marignan.

Engagé volontaire au 8ᵉ de cuirassiers, le 1ᵉʳ décembre 1854; élève à l'école impériale spéciale, le 16 janvier 1855; sous-lieutenant au 1ᵉʳ de zouaves, le 1ᵉʳ octobre 1856.

SOUS-LIEUTENANT GRIMARD

(Nicolas-Georges-Joseph), né le 5 février 1836, à Strasbourg (Bas-Rhin). Sous-lieutenant au 5ᵉ bataillon de chasseurs à pied. Mort le 26 juin 1859, suite d'une blessure reçue à Solferino.

Engagé volontaire à la 12ᵉ compagnie d'ouvriers d'artillerie, le 7 février 1853; élève à l'école impériale spéciale militaire, le 23 novembre 1854; sous-lieutenant au 5ᵉ bataillon de chasseurs à pied, le 1ᵉʳ octobre 1856.

SOUS-LIEUTENANT GUILLIEN

(Camille-Jean-Baptiste), né le 24 janvier 1836, à Corbigny (Nièvre). Sous-lieutenant au 1ᵉʳ de zouaves. Tué à l'ennemi le 24 juin 1859.

Campagnes : 1857 et 1858 en Afrique. Blessé deux fois, le 8 juin 1859, au combat de Marignan.

Élève à l'école impériale spéciale, le 21 janvier 1855; sous-lieutenant au 1ᵉʳ de zouaves, le 1ᵉʳ octobre 1856.

SOUS-LIEUTENANT GUYHO

(Vincent-Guillaume-Marie), né le 23 juin 1835, à Bouin (Vendée). Sous-lieutenant au 30ᵉ de ligne. Tué à l'ennemi le 24 juin 1859

Élève à l'école spéciale militaire, le 14 novembre 1854; sous-lieutenant au 30ᵉ de ligne, le 1ᵉʳ octobre 1856.

SOUS-LIEUTENANT HACH

(Gustave-Émile), né le 13 novembre 1833, à Douai (Nord). Sous-lieutenant au régiment d'artillerie à cheval de la garde impériale, mort le 1ᵉʳ août 1859, suite d'une blessure reçue à Solferino.

Engagé volontaire au 9ᵉ régiment d'artillerie, le 24 septembre 1851; brigadier, le 4 novembre 1852; maréchal des logis, le 30 juillet 1853; maréchal des logis à l'École de cavalerie de Saumur, le 21 décembre 1855; passé au régiment d'artillerie à cheval de la garde, le 30 novembre 1858; sous-lieutenant, le 2 juillet 1859.

SOUS-LIEUTENANT HAVARD

(Jules-Amédée), né le 10 janvier 1828, à Bayeux (Calvados). Sous-lieutenant au 84ᵉ de ligne. Mort, suite de blessures, le 25 juin 1859, à Solferino.

Engagé volontaire au 9ᵉ léger, le 19 mai 1849; caporal, le 1ᵉʳ février 1851; sergent, le 1ᵉʳ septembre 1852; sergent-fourrier, le 30 septembre 1852; sergent-major, le 28 juillet 1854; passé au 84ᵉ de ligne, le 1ᵉʳ janvier 1855; adjudant, le 5 avril 1856; sous-lieutenant, le 28 mai 1859.

SOUS-LIEUTENANT HENRY

(Joseph-François), né le 19 mars 1830, à Briançon (Hautes-Alpes). Sous-lieutenant au 61ᵉ de ligne. Tué à l'ennemi le 24 juin 1859.

Campagnes : 1854, 1855 et 1856 en Orient. Blessé par un éclat d'obus à la région dorsale, le 8 septembre 1855, à l'assaut de Sébastopol.

Soldat au 67ᵉ de ligne, le 11 juillet 1848 ; caporal, le 18 février 1849; sergent, le 15 juin 1850; sergent-fourrier, le 24 juillet 1851; passé au 9ᵉ bataillon de chasseurs à pied, le 20 janvier 1854 : sergent-major, le 1ᵉʳ octobre 1854; sous-lieutenant au 61ᵉ de ligne, le 23 septembre 1855.

SOUS-LIEUTENANT JARDINET

(Julien-Joseph), né le 21 mars 1830, à Avesnes (Nord). Sous-lieutenant au 45ᵉ de ligne. Mort le 7 juillet 1859, suite de blessures reçues à Solferino.

Campagnes : de 1851 en France; 1854 et 1855, en Afrique.

Enfant de troupe au 37ᵉ de ligne, le 26 mars 1832; engagé volontaire audit régiment, le 21 mars 1848; caporal, le 21 septembre 18..

caporal-fourrier, le 17 décembre 1848 ; sergent-fourrier, le 23 août 1849 ; sergent, le 1ᵉʳ avril 1850 ; sergent-fourrier, le 4 juillet 1850 ; passé comme sergent au 45ᵉ de ligne, le 3 août 1853 ; sergent-fourrier, le 23 décembre 1853 ; sergent, le 26 juin 1854 ; sous-lieutenant, le 19 septembre 1855.

SOUS-LIEUTENANT JAVAUX

(Jacques-Joseph), né le 16 août 1830, à Givet (Ardennes). Sous-lieutenant au 43ᵉ de ligne. Tué à l'ennemi le 24 juin 1859.

Campagnes : 1855 et 1856 en Orient.

Engagé volontaire au 43ᵉ de ligne, le 19 mai 1851 ; caporal, le 21 juin 1853 ; sergent-fourrier, le 15 décembre 1853 ; sergent, le 1ᵉʳ juillet 1854 ; sergent-major, le 13 janvier 1855 ; adjudant, le 16 avril 1856 ; sous-lieutenant, le 2 août 1858.

SOUS-LIEUTENANT LABEYRIE

(Jean), né le 14 juin 1821, à Saubusse (Landes). Sous-lieutenant au 10ᵉ régiment de chasseurs. Mort le 16 juillet 1859, suite de blessures reçues à Solferino.

Campagnes : 1847 et 1848 en Afrique. A obtenu, le 11 décembre 1858, une médaille d'honneur de 2ᵉ classe pour le dévouement dont il a fait preuve dans plusieurs circonstances, notamment dans un incendie au Mans, le 20 juin 1858.

Soldat au 2ᵉ régiment de chasseurs, le 26 juillet 1842 ; brigadier, le 20 octobre 1843 ; entré à l'école de cavalerie, le 8 mai 1844 ; maréchal des logis, le 1ᵉʳ novembre 1846 ; passé au 2ᵉ régiment de chasseurs, le 26 novembre 1846 ; sous-lieutenant, le 5 mai 1859 ; passé au 10ᵉ régiment de chasseurs, le 5 mai 1859.

SOUS-LIEUTENANT LAROUBINE

(Jean), né le 17 novembre 1824, à Treignac (Corrèze). Sous-lieutenant au 65ᵉ de ligne. Tué à l'ennemi le 24 juin 1859.

Campagnes : de 1854 à 1856 en Afrique.

Soldat au 65ᵉ de ligne, le 19 juin 1845 ; caporal, le 11 septembre 1846 ; sergent, le 26 octobre 1847 ; sergent-fourrier, le 23 mars 1848 ; sergent-major, le 18 juillet 1851 ; adjudant, le 28 avril 1858 ; sous-lieutenant, le 20 juin 1859.

SOUS-LIEUTENANT LESEBLE

(Victor), né le 23 juin 1836, à Arbois (Jura). Sous-lieutenant au 72ᵉ de ligne. Tué à l'ennemi le 24 juin 1859.

Campagnes : de 1855 à 1859 en Afrique.

Élève à l'école impériale spéciale militaire, le 16 novembre 1854; sous-lieutenant au 72ᵉ de ligne, le 1ᵉʳ octobre 1855.

SOUS-LIEUTENANT LIEUTAUD

(Camille), né le 29 décembre 1830, à Beillane (Var). Sous-lieutenant au 71ᵉ de ligne. Tué à l'ennemi le 24 juin 1859.

Campagnes : de 1856 à 1859 en Afrique.

Engagé volontaire au 10ᵉ bataillon de chasseurs à pied, le 14 septembre 1850; libéré, le 7 septembre 1852; engagé volontaire au 44ᵉ de ligne, le 30 avril 1853; élève à l'école impériale spéciale militaire, le 17 novembre 1854; sous-lieutenant au 71ᵉ de ligne, le 1ᵉʳ octobre 1856.

SOUS-LIEUTENANT MAHÉ

(Auguste-Jean-Prudent), né le 10 décembre 1822, à Saint-Nazaire (Loire-Inférieure). Sous-lieutenant au 98ᵉ de ligne. Tué à l'ennemi le 24 juin 1859.

Campagnes : de 1849 à 1853, aux colonies; 1854, 1855 et 1856 en Orient.

Engagé volontaire au 3ᵉ régiment d'infanterie de marine, le 2 mai 1846; libéré avec le grade de sergent, le 27 avril 1853; engagé volontaire au 23ᵉ léger, le 12 septembre 1853; caporal, le 8 octobre 1853; sergent, le 25 janvier 1854; passé au 98ᵉ de ligne, le 1ᵉʳ janvier 1855; adjudant, le 9 juillet 1855; sous-lieutenant, le 20 novembre 1855.

SOUS-LIEUTENANT MARTIN

(Pierre-Auguste), né le 12 juin 1829, à Orthez (Basses-Pyrénées). Sous-lieutenant au 3ᵉ grenadiers de la garde impériale, mort le 10 juin 1859, suite de blessures reçues à Magenta.

Campagnes : 1854, 1855 et 1856 en Afrique.

Engagé volontaire au 75ᵉ de ligne, le 25 juin 1849; caporal, le 10 mars 1850; caporal-fourrier, le 13 janvier 1851; sergent-fourrier, le 21 février 1851; sergent, le 26 août 1852; sergent-fourrier, le 12 novembre 1853; sergent-major, le 28 janvier 1854; passé au 3ᵉ régiment de grenadiers de la garde, le 18 juillet 1856; sous-lieutenant, le 20 juin 1859.

SOUS-LIEUTENANT MAUCOURT

(Louis-Philippe-Hippolyte-Armand), né le 15 janvier 1831, à Besançon (Doubs). Sous-lieutenant au 17ᵉ bataillon de chasseurs à pied. Tué à l'ennemi le 24 juin 1859.

Campagnes : de 1856 à 1859 en Afrique.

Engagé volontaire au 31ᵉ de ligne, le 5 novembre 1849 ; caporal, le 18 juin 1850 ; sergent, le 11 avril 1851 ; sergent-fourrier, le 29 juillet 1851 ; sergent-major, le 17 septembre 1852 ; passé au 11ᵉ bataillon de chasseurs à pied, le 23 janvier 1854 ; passé au 21ᵉ de même arme, le 30 août 1855 ; passé au 11ᵉ de même arme, le 14 mai 1856 ; sous-lieutenant au 17ᵉ de même arme, le 20 juin 1859.

SOUS-LIEUTENANT MINART

(Édouard-Charles-Eugène), né le 19 novembre 1833, à Bergues (Nord). Sous-lieutenant au 1ᵉʳ régiment de zouaves. Tué à l'ennemi le 24 juin 1859.

Campagnes : de 1852 à 1854 en Afrique ; 1855 et 1856 en Orient ; 1857 et 1858 en Afrique. Contusion au ventre, le 20 septembre 1854, à l'Alma ; plaies contuses au front et au genou (éclats d'obus), dans la nuit du 26 au 27 avril 1855 (siège de Sébastopol).

Engagé volontaire au 64ᵉ de ligne, le 28 décembre 1850 ; caporal, le 11 septembre 1851 ; passé au 1ᵉʳ régiment de zouaves, le 29 mars 1852 ; sergent, le 26 mars 1855 ; sous-lieutenant, le 20 juin 1859.

SOUS-LIEUTENANT NARDIN

(Félix-Frédéric), né le 27 janvier 1826, à Héricourt (Haute-Saône). Sous-lieutenant porte-drapeau, mort le 29 juin 1859, suite de blessures reçues à Solferino.

Chevalier de la Légion d'honneur, le 23 juin 1859.

Soldat au 34ᵉ de ligne, le 4 avril 1847 ; caporal-fourrier, le 14 novembre 1847 ; sergent fourrier, le 16 août 1848 ; sergent, le 28 novembre 1848 ; sergent-major, le 1ᵉʳ août 1850 ; adjudant, le 26 novembre 1854 ; sous-lieutenant, le 16 octobre 1856 ; porte-drapeau, le 14 mars 1859.

SOUS-LIEUTENANT PIÉTRI

(Alexandre), né le 26 janvier 1820, à Castifao (Corse). Sous-lieutenant au 8ᵉ de ligne. — Tué à l'ennemi le 24 juin 1859.

Campagnes : de 1847 à 1850 en Afrique.

Soldat au 8ᵉ de ligne, le 29 juillet 1842 ; caporal, le 21 avril 1844 ; sergent, le 11 mai 1846 ; sergent-fourrier, le 16 septembre 1847 ; sergent-major, le 28 juillet 1848 ; sous-lieutenant, le 17 février 1855.

SOUS-LIEUTENANT PILLET

(Eugène-François), né le 18 mars 1831, à Poiseu (Nièvre). Sous-lieutenant au 17ᵉ bataillon de chasseurs à pied. Tué à l'ennemi le 24 juin 1859.

Campagnes : 1849 et 1850 en Afrique ; 1854, 1855 et 1856 en Orient. Plaie contuse à la tempe par une balle, le 8 septembre 1855, devant Sébastopol. Chevalier de la Légion d'honneur, le 24 septembre 1855.

Engagé volontaire au 5ᵉ de ligne, le 4 novembre 1848; capóral, le 2 décembre 1849; sergent-fourrier, le 30 octobre 1850; sergent, le 20 mars 1853; passé au 9ᵉ bataillon de chasseurs à pied, le 20 janvier 1854; sergent-major, le 18 novembre 1854; sous-lieutenant, le 29 juin 1855.

SOUS-LIEUTENANT RENER

(Henri-Louis), né le 20 mars 1829, à Mézières (Ardennes). Sous-lieutenant au 98ᵉ de ligne. Tué à l'ennemi le 24 juin 1859.

Campagnes : 1855 et 1856 en Orient.

Soldat au 12ᵉ bataillon de la garde nationale mobile, le 29 mars 1848; fourrier, le 13 septembre 1848; passé au 1ᵉʳ bataillon de même arme, le 3 juin 1849; parti, le 5 septembre 1849; engagé volontaire au 23ᵉ léger, le 3 octobre 1849; sergent-major, le 1ᵉʳ janvier 1855; passé au 98ᵉ de ligne, le 1ᵉʳ janvier 1855; adjudant, le 22 mars 1856; sous-lieutenant, le 20 juin 1859.

SOUS-LIEUTENANT ROCHE

(Claude), né le 15 juin 1837, à La Rochefoucault (Charente). Sous-lieutenant au 34ᵉ de ligne. Tué à l'ennemi le 24 juin 1859.

Élève à l'école impériale spéciale militaire, le 6 novembre 1855; sous-lieutenant au 34ᵉ de ligne, le 1ᵉʳ octobre 1857.

SOUS-LIEUTENANT DE SALIGNAC DE FÉNELON

(Alexandre-Paul), né le 14 février 1837, à Francfort-sur-Mein (Hesse). Sous-lieutenant au 1ᵉʳ régiment de chasseurs d'Afrique. Tué le 24 juin 1859, en enfonçant un carré autrichien à Solferino.

Campagnes : 1858 et 1859 en Afrique.

Engagé volontaire au 1ᵉʳ régiment d'infanterie, le 5 novembre 1855; élève à l'école impériale spéciale militaire, le 7 novembre 1855; sous-lieutenant au 1ᵉʳ régiment de chasseurs d'Afrique, le 1ᵉʳ octobre 1857.

SOUS-LIEUTENANT SCHIVRE

(Eugène), né le 19 mai 1830, à Metz (Moselle). Sous-lieutenant au 49ᵉ de ligne. Tué à l'ennemi le 24 juin 1859.

Campagne : de 1856 en Orient.

Engagé volontaire au 49e de ligne, le 20 mai 1848; caporal, le 8 décembre 1848 ; sergent, le 20 juin 1850; sergent-fourrier, le 1er février 1851 ; sergent-major, le 16 novembre 1853 ; adjudant, le 19 avril 1856; sous-lieutenant, le 27 mars 1858.

SOUS-LIEUTENANT SÉE

(Michel), né le 12 avril 1830, à Ribeauvillers (Haut-Rhin). Sous-lieutenant au 1er de zouaves. Mort le 6 juillet 1859, suite de blessures reçues à Solferino.

Campagnes : de 1851 à 1853 en Afrique; de 1854 à 1856 en Orient; 1857 et 1858 en Afrique. Coup de feu à la jambe gauche, le 8 juin 1859, à Marignan; coup de feu traversant la gorge, et trois coups de crosse de fusil à la poitrine, le 24 juin 1859, à Solferino.

Engagé volontaire au 30e de ligne, le 8 juin 1848; caporal, le 26 janvier 1850, libéré le 3 juin 1850; soldat au régiment de zouaves, le 4 juillet 1851; passé au 1er régiment de zouaves, le 6 mars 1852; caporal, le 23 janvier 1854; sergent, le 20 décembre 1854; sergent-major, le 25 avril 1856; sous-lieutenant, le 20 juin 1859.

SOUS-LIEUTENANT TOLLET

(François-Jules), né le 5 août 1830, à Saudillon (Loiret). Sous-lieutenant au 91e de ligne. Tué à l'ennemi le 24 juin 1859.

Campagnes : de 1851 à 1855 en Afrique; 1855 et 1856 en Orient.

Engagé volontaire au 5e léger, le 16 avril 1849; caporal, le 26 décembre 1849; libéré le 16 avril 1851; engagé volontaire au 16e de même arme, le 26 juin 1851; caporal, le 6 janvier 1852; sergent, le 16 décembre 1852; passé au 91e de ligne, le 1er janvier 1855; sergent-fourrier, le 14 mars 1855; sergent-major, le 21 juillet 1855; sous-lieutenant, le 20 novembre 1855.

SOUS-LIEUTENANT TOMASI

(Jules-Marie), né le 13 octobre 1835, à Varades (Loire-Inférieure). Sous-lieutenant au 15e de ligne. Tué à l'ennemi le 24 juin 1859.

Élève à l'école impériale spéciale militaire, le 6 novembre 1855; sous-lieutenant au 15e de ligne, le 1er octobre 1857.

SOUS-LIEUTENANT DE VALANTIN

(Charles-Paul), né le 29 septembre 1834, à Gugnecourt (Vosges). Sous-lieutenant au 45e de ligne. Mort le 25 juin 1859, suite de blessures reçues à Solferino.

Élève à l'école impériale spéciale militaire, le 11 novembre 1854;
sous-lieutenant au 45ᵉ de ligne, le 1ᵉʳ octobre 1855.

SOUS-LIEUTENANT VASSEUR

(Léon-François), né le 9 décembre 1835, à Rouen (Seine-Inférieure).
Sous-lieutenant au 34ᵉ de ligne. Mort le 4 juillet 1859, suite de blessure reçue à Solferino.

Élève à l'école impériale spéciale militaire, le 13 novembre 1854;
sous-lieutenant au 34ᵉ de ligne, le 1ᵉʳ octobre 1855.

SOUS-LIEUTENANT VOLFROM

(Léon-Joseph), né le 21 juillet 1834, à Toul (Meurthe). Sous-lieutenant au 53ᵉ de ligne. Tué à l'ennemi le 24 juin 1859.

Élève à l'école spéciale militaire, le 9 novembre 1852 ; sous-lieutenant
au 53ᵉ de ligne, le 1ᵉʳ octobre 1854.

FIN DU DEUXIÈME ET DERNIER VOLUME.

PIÈCES
JUSTIFICATIVES

PIÈCES JUSTIFICATIVES.

I

Combat de Melegnano.

*Rapport du maréchal Baraguey d'Hilliers, commandant
en chef le 1er corps.*

Melegnano, le 10 juin 1849.

Sire,

Votre Majesté m'a donné l'ordre, hier, de me porter avec
le 1er corps sur la route de Lodi, de chasser l'ennemi de
San Giuliano et de Melegnano, en me prévenant que, pour
cette opération, Elle m'adjoignait le 2e corps, commandé
par le maréchal de Mac-Mahon.

Je me suis porté immédiatement à San Donato pour m'entendre avec le maréchal, et nous sommes convenus qu'il
attaquerait avec sa 1re division San Giuliano; qu'après en
avoir déposté l'ennemi, il se dirigerait sur Carpianello pour
passer le Lombro dont les abords sont très-difficiles, et
que de là il se dirigerait sur Mediglia.

La 2e division devait prendre, à San Martino, la route
qui, par Trivulzo et Casanova, la conduisait à Bettola et se
dirigeait sur la gauche de Mediglia, de manière à tourner
la position de Melegnano.

Il fut convenu que le 1er corps se dirigerait tout entier
sur la grande route de Melegnano, enverrait à droite, au
point indiqué sur la carte « Betolma, » la 1re division qui,

passant par Civesio, Viboldone, irait à Mezzano, établirait sur ce point une batterie de 12 pièces pour battre Pedriano d'abord, et plus tard le cimetière de Melegnano où l'ennemi s'était retranché et où il avait établi de fortes batteries;

Que la 2ᵉ division du 1ᵉʳ corps, après avoir quitté San Giuliano, se porterait sur San Brera et y établirait également une batterie de 12 pièces pour battre le cimetière et enfiler la route de Melegnano à Lodi;

Qu'enfin la 3ᵉ division du même corps se dirigerait directement sur Melegnano et enlèverait la ville, concurremment avec les 1ʳᵉ et 2ᵉ divisions, dès que le feu de notre artillerie y aurait jeté du désordre.

La 1ʳᵉ division, laissant Melegnano sur sa gauche, eut ordre de se porter sur Cerro, la 2ᵉ et la 3ᵉ sur Sordio, où elles devaient se mettre en rapport avec le 2ᵉ corps qui, par Dresano et Casalmajocco, s'y dirigeait également.

Pour que ces combinaisons pussent avoir un plein succès, il fallait que le temps ne manquât pas à leur développement, et, en me prescrivant d'opérer le jour même de mon départ de San Pietro l'Olmo, Votre Majesté rendait ma tâche plus difficile, car la tête de la 3ᵉ divison du 1ᵉʳ corps ne put entrer en ligne qu'à trois heures et demie, tant la route était embarrassée par les convois des 2ᵉ et 4ᵉ corps. Cependant, à deux heures et demie je donne, l'ordre au maréchal de Mac-Mahon de marcher sur San Giuliano : il n'y trouva pas l'ennemi, passa le Lombro à gué, quoiqu'un pont fût indiqué sur la carte à Carpianello, et continua son mouvement sur Mediglia.

A cinq heures et demie, la 3ᵉ division du 1ᵉʳ corps arriva à environ 1200 mètres de Melegnano, occupé par l'ennemi, qui avait élevé une barricade à environ 500 mètres en avant sur la route, et avait établi des batteries à l'entrée même de la ville, derrière une coupure, à hauteur des premières maisons. J'ordonnai au général Bazaine de disposer sa division pour l'attaque : un bataillon de zouaves fut jeté en avant et sur les flancs en tirailleurs. L'ennemi nous accueillit par une canonnade qui pouvait devenir dangereuse, parce que ses boulets enfilaient la route sur laquelle nous devions marcher en colonne. Notre artillerie répondit avec succès à celle des Autrichiens, et le général Forgeot, avec deux batteries et les tirailleurs de la 1re division à Mezzano, appuya sur notre droite l'attaque que nous allions faire. Je fis mettre les sacs à terre et lancer au pas de course sur la batterie ennemie le 2e bataillon de zouaves, suivi par toute la 1re brigade. Les Autrichiens avaient garni d'une nuée de tirailleurs les premières maisons de la ville, la coupure de la route et le cimetière, et cependant ils ne purent résister à l'élan de notre attaque, battirent en retraite à droite et à gauche, firent une vigoureuse résistance dans les rues, au château, derrière les haies et les murs des jardins, et furent complétement chassés de la ville à neuf heures du soir.

La 2e division, à son arrivée près de Melegnano, prit à gauche de la 3e, suivit la rivière et prit ou tua les ennemis que nous avons déjà chassés du haut de la ville et dépassés. Le maréchal de Mac-Mahon put même envoyer aux Autrichiens des balles et des boulets sur la route de Lodi : il s'était porté, au bruit de notre fusillade, à Cologno.

La résistance de l'ennemi a été vigoureuse. On s'est plusieurs fois abordé à la baïonnette : dans l'un des retours offensifs des Autrichiens, l'aigle du 33e, un instant en péril, a été bravement défendue.

Les pertes de l'ennemi sont considérables : les rues et les terrains avoisinant la ville étaient jonchés de leurs morts : 1200 blessés autrichiens ont été portés à nos ambulances; nous avons fait de 800 à 900 prisonniers et pris une pièce de canon. Nos pertes s'élèvent à 943 hommes tués ou blessés; mais, comme dans tous les engagements précédents, les officiers ont été frappés dans une large proportion : le général Bazaine et le général Goze ont été contusionnés; le colonel du 1er de zouaves a été tué; le colonel et le lieutenant-colonel du 33e ont été blessés; il y a en tout 13 officiers tués et 56 officiers blessés.

J'ai l'honneur d'envoyer à l'Empereur, avec l'état de ces

pertes, les propositions faites par les généraux de division et approuvées par moi. Je le prie d'y avoir égard et de traiter le 1er corps avec sa bienveillance habituelle.

Je lui recommanderai particulièrement le colonel Anselme, mon chef d'état-major, proposé pour général de brigade ; le commandant Foy, dont le cheval a été blessé, et qui est proposé pour lieutenant-colonel ; le commandant Melin, proposé pour officier de la Légion d'honneur ; le capitaine de Rambaud, pour lequel j'ai demandé déjà de l'avancement, et M. Franchetti, sous-officier au 1er chasseurs d'Afrique, mon porte-guidon, qui a été blessé à mes côtés.

Je suis avec respect,

De Votre Majesté,
Sire,
Le très-humble et très-fidèle sujet,
Le maréchal,
BARAGUEY D'HILLIERS.

II

Bataille de Solferino.

Bulletin de la bataille de Solferino.

Quartier général de Cavriana, 28 juin 1859.

Après la bataille de Magenta et le combat de Melegnano, l'ennemi avait précipité sa retraite sur le Mincio en abandonnant l'une après l'autre les lignes de l'Adda, de l'Oglio et de la Chiese. On devait croire qu'il allait concentrer toute sa résistance derrière le Mincio, et il importait que l'armée alliée occupât le plus tôt possible les points principaux des hauteurs qui s'étendent de Lonato jusqu'à Volta, et qui forment au sud du lac de Garde une agglomération de mamelons escarpés. Les derniers rapports reçus par l'Empereur indiquaient, en effet, que l'ennemi avait abandonné ces hauteurs et s'était retiré derrière le fleuve.

D'après l'ordre général donné par l'Empereur le 23 juin au soir, l'armée du Roi devait se porter sur Pozzolengo; le maréchal Baraguey d'Hilliers sur Solferino; le maréchal duc de Magenta sur Cavriana; le général Niel sur Guiddizzolo, et le maréchal Canrobert sur Medole. La garde impériale devait se diriger sur Castiglione, et les deux divisions de cavalerie de la ligne devaient se porter dans la plaine entre Solferino et Medole. Il avait été décidé que les mouvements commenceraient à deux heures du matin, afin d'éviter l'excessive chaleur du jour.

Cependant, dans la journée du 23, plusieurs détachements ennemis s'étaient montrés sur différents points et l'Empereur en avait reçu avis; mais comme les Autrichiens ont l'habitude de multiplier les reconnaissances, Sa Majesté ne vit dans ces démonstrations qu'un exemple de plus du soin et de l'habileté qu'ils mettent à s'éclairer et à se garder.

Le 24 juin, dès cinq heures du matin, l'Empereur, étant à Montechiaro, entendit le bruit du canon dans la plaine et se dirigea en toute hâte vers Castiglione, où devait se réunir la garde impériale.

Pendant la nuit, l'armée autrichienne, qui s'était décidée à prendre l'offensive, avait passé le Mincio à Goito, Valeggio, Monzambano et Peschiera, et elle occupait de nouveau les positions qu'elle venait tout récemment d'abandonner. C'était le résultat du plan dont l'ennemi avait poursuivi l'exécution depuis Magenta, en se retirant successivement de Plaisance, de Pizzighettone, de Crémone, d'Ancône, de Bologne et de Ferrare; en évacuant, en un mot, toutes ses positions, pour accumuler ses forces sur le Mincio. Il avait, en outre, accru son armée de la plus grande partie des troupes composant les garnisons de Vérone, de Mantoue et de Peschiera; et c'est ainsi qu'il avait pu réunir neuf corps d'armée, forts ensemble de 250 à 270 000 hommes, qui s'avançaient vers la Chiese, en couvrant la plaine et les hauteurs.

Cette force immense paraissait s'être partagée en deux armées : celle de droite d'après les notes trouvées, après la bataille, sur un officier autrichien, devait s'emparer de Lonato et de Castiglione; celle de gauche devait se porter sur Montechiaro. Les Autrichiens croyaient que toute notre armée n'avait pas encore passé la Chiese, et leur intention était de nous rejeter sur la rive droite de cette rivière.

Les deux armées, en marche l'une contre l'autre, se rencontrèrent donc inopinément. A peine les maréchaux Baraguey d'Hilliers et de Mac-Mahon avaient-ils dépassé Castiglione, qu'ils se trouvèrent en présence de forces considérables qui leur disputèrent le terrain. Au même instant, le général Niel se heurtait contre l'ennemi à la hauteur de Medole. L'armée du Roi, en route pour Pozzolengo, rencontrait de même les Autrichiens en avant de Rivoltella, et, de son côté, le maréchal Canrobert trouvait le village de Castel-Goffredo occupé par la cavalerie ennemie.

Tous les corps de l'armée alliée étant alors en marche à une assez grande distance les uns des autres, l'Empereur se préoccupa tout d'abord de les relier afin qu'ils pussent se soutenir mutuellement. A cet effet, Sa Majesté se porta immédiatement auprès du maréchal duc de Magenta, qui était à droite dans la plaine et qui s'était déployé perpendiculairement à la route qui va de Castiglione à Goito.

Comme le général Niel ne paraissait pas encore, Sa Majesté fit hâter la marche de la cavalerie de la garde impériale et la mit sous les ordres du duc de Magenta, comme réserve, pour opérer dans la plaine, sur la droite du 2e corps. L'Empereur envoya en même temps au maréchal Canrobert l'ordre d'appuyer le général Niel autant que possible, tout en lui recommandant de se garder à droite contre un corps autrichien, qui d'après les avis donnés à Sa Majesté, devait se porter de Mantoue sur Assola.

Ces dispositions prises, l'Empereur se rendit sur les hauteurs, au centre de la ligne de bataille, où le maréchal Baraguey d'Hilliers, trop éloigné de l'armée sarde pour pouvoir se relier avec elle, avait à lutter, dans un terrain des plus difficiles, contre des troupes qui se renouvelaient sans cesse.

Le maréchal était néanmoins arrivé jusqu'au pied de la colline abrupte au sommet de laquelle est bâti le village de Solferino, que défendaient des forces considérables, retranchées dans un vieux château et dans un grand cimetière, entourés l'un et l'autre de murs épais et crénelés. Le maréchal avait déjà perdu beaucoup de monde et avait dû payer plus d'une fois de sa personne en portant lui-même en avant les troupes des divisions Bazaine et Ladmirault. Exténuées de fatigue et de chaleur, et exposées à une vive fusillade, ces troupes ne gagnaient du terrain qu'avec beaucoup de difficulté. En ce moment, l'Empereur donna l'ordre à la division Forey de s'avancer, une brigade du côté de la plaine, l'autre sur la hauteur, contre le village de Solferino, et la fit soutenir par la division Camou, des voltigeurs de la garde. Il fit marcher avec ces troupes l'artillerie de la garde, qui, sous la conduite du général de Sévelinges et du général Lebœuf, alla prendre position à découvert, à trois cents mètres de l'ennemi. Cette manœuvre décida du succès au centre.

Pendant que la division Forey s'emparait du cimetière et que le général Bazaine lançait ses troupes dans le village, les voltigeurs et les chasseurs de la garde impériale grimpaient jusqu'au pied de la tour qui domine le château et s'en emparaient. Les mamelons des collines qui avoisinent Solferino étaient successivement enlevés, et à trois heures et demie les Autrichiens évacuaient la position sous le feu de notre artillerie couronnant les crêtes, et laissaient entre nos mains 1500 prisonniers, 14 canons et 2 drapeaux. La part de la garde impériale dans ce glorieux trophée était de 13 canons et un drapeau.

Pendant cette lutte et au plus fort du feu, quatre colonnes autrichiennes, s'avançant entre l'armée du Roi et le corps du maréchal Baraguey d'Hilliers, avaient cherché à tourner la droite des Piémontais. Six pièces d'artillerie, habilement dirigées par le général Forgeot, avaient ouvert un feu très-vif sur le flanc de ces colonnes et les avaient forcées à rebrousser chemin en désordre.

Tandis que le corps du maréchal Baraguey d'Hilliers soutenait la lutte à Solferino, le corps du duc de Magenta s'était déployé dans la plaine de Guiddizzolo, en avant de la ferme de Casa Marino, et sa ligne de bataille, coupant la route de Mantoue, dirigeait sa droite vers Medole. A neuf heures du matin, il fut attaqué par une forte colonne autrichienne, précédée d'une nombreuse artillerie qui vint se mettre en batterie à 1000 ou 1200 mètres de notre front. L'artillerie des deux premières divisions du 2ᵉ corps, s'avançant immédiatement sur la ligne des tirailleurs, ouvrit un feu très-vif contre le front des Autrichiens, et, dans le même instant les batteries à cheval des divisions Desvaux et Partouneaux, se portant rapidement sur la droite, prirent d'écharpe les canons ennemis, qui furent ainsi réduits au silence et bientôt forcés à se reporter en arrière. Immédiatement après, les divisions Desvaux et Partouneaux chargèrent les Autrichiens et leur firent 600 prisonniers.

Cependant une colonne de deux régiments de cavalerie autrichienne avait cherché à tourner la gauche du 2ᵉ corps, et le duc de Magenta avait dirigé contre elle six escadrons de chasseurs. Trois charges heureuses de notre cavalerie repoussèrent celle de l'ennemi, qui laissa dans nos mains bon nombre d'hommes et de chevaux.

A deux heures et demie, le duc de Magenta prit l'offensive à son tour, et donna au général de La Motterouge l'ordre de se porter sur sa gauche, du côté de Solferino, pour enlever San Cassiano et les autres positions occupées par l'ennemi.

Le village fut tourné de deux côtés et emporté avec une vigueur irrésistible par les tirailleurs algériens et par le 45e. Les tirailleurs furent lancés aussitôt après sur le contre-fort principal qui relie Cavriana à San Cassiano, et qui était défendu par des forces considérables. Un premier mamelon, couronné par une espèce de redoute, tomba rapidement au pouvoir des tirailleurs ; mais l'ennemi, par un vigoureux retour offensif, parvint à les en déloger. Ils s'en emparèrent de nouveau avec l'aide du 45e et du 72e, et furent repoussés une fois encore. Pour soutenir cette attaque, le général de La Motterouge dut faire marcher sa brigade de réserve, et le duc de Magenta fit avancer son corps tout entier.

En même temps, l'Empereur donnait l'ordre à la brigade Manèque, des voltigeurs de la garde, appuyée par les grenadiers du général Mellinet, de se porter de Solferino contre Cavriana.

L'ennemi ne put résister plus longtemps à cette double attaque soutenue par le feu de l'artillerie de la garde, et, vers cinq heures du soir, les voltigeurs et les tirailleurs algériens entraient en même temps dans le village de Cavriana.

En ce moment, une effroyable tempête, qui éclata sur les deux armées, obscurcit le ciel et suspendit la lutte : mais, dès que l'orage eut cessé, nos troupes reprirent l'œuvre commencée et chassèrent l'ennemi de toutes les hauteurs qui dominent le village. Bientôt après, le feu de l'artillerie de la garde changeait la retraite des Autrichiens en une fuite précipitée.

Pendant cette affaire, les chasseurs à cheval de la garde, qui flanquaient la droite du duc de Magenta, eurent à charger la cavalerie autrichienne qui menaçait de le tourner.

A six heures et demie l'ennemi battait en retraite dans toutes les directions.

Mais bien que la bataille fût gagnée au centre, où nos troupes n'avaient pas cessé de faire des progrès, la droite et la gauche restaient encore en arrière. Cependant, les troupes du 4ᵉ corps avaient pris, elles aussi, une large et glorieuse part à la bataille de Solferino.

Parties de Carpenedolo à trois heures du matin, elles se dirigeaient sur Medole, appuyées par la cavalerie des divisions Desvaux et Partouneaux, lorsque, à deux kilomètres en avant de Medole, les escadrons de chasseurs qui éclairaient la marche du corps rencontrèrent les uhlans. Ils les chargèrent avec impétuosité, mais ils furent arrêtés par l'infanterie et l'artillerie ennemie, qui défendaient le village. Le général de Luzy prit aussitôt ses dispositions d'attaque. Pendant qu'il faisait tourner Medole à droite et à gauche par deux colonnes, il s'avançait lui-même de front, précédé par son artillerie qui canonnait le village. Cette attaque, exécutée avec une grande vigueur, eut un plein succès : à sept heures, l'ennemi se retirait de Medole, et nous lui avions enlevé deux canons et fait bon nombre de prisonniers.

La division Vinoy, qui suivait la division de Luzy, se porta, au sortir de Medole, dans la direction d'une maison isolée, nommée Casanova, qui est située dans la plaine sur la route de Mantoue, à deux kilomètres de Guiddizzolo. L'ennemi se trouvait en forces considérables de ce côté, et un combat acharné s'y engagea, pendant que la division de Luzy marchait vers Ceresara d'une part, et vers Rebecco de l'autre.

En ce moment, l'ennemi tenta de tourner la gauche de la division Vinoy par l'intervalle que laissaient entre eux le 2ᵉ et le 4ᵉ corps ; il s'approcha jusqu'à 200 mètres du front de nos troupes, mais il fut alors arrêté par le feu de 42 pièces d'artillerie, dirigées par le général Soleille. Le canon de l'ennemi vint aussitôt prendre part à la lutte, et la soutint une grande partie de la journée, bien qu'avec une infériorité manifeste.

La division de Failly arriva à son tour, et le général Niel, réservant la seconde brigade de cette division, porta la première entre Casanova et Rebecco, vers le hameau de Baite, pour relier le général de Luzy au général Vinoy. Le but du général Niel était de se porter vers Guiddizzolo dès que le duc de Magenta se serait emparé de Cavriana, et il espérait couper ainsi à l'ennemi la route de Volta et de Goito; mais il fallait, pour exécuter ce plan, que les troupes du corps du maréchal Canrobert vinssent remplacer à Rebecco celles du général de Luzy.

Le 3e corps, parti de Mezzano à deux heures et demie du matin, avait passé la Chiese à Visano et était arrivé à sept heures à Castel-Goffredo, petite ville enceinte de murs que la cavalerie de l'ennemi occupait encore. Tandis que le général Jannin tournait la position au sud, le général Renault l'abordait de front, faisant enfoncer la porte par les sapeurs du génie, et pénétrait dans la ville en chassant devant lui les cavaliers ennemis.

Vers neuf heures du matin, la division Renault, arrivée à hauteur de Medole, se reliait sur sa gauche avec le général de Luzy, du côté de Ceresara, et sur sa droite faisait face à Castel-Goffredo, de manière à surveiller les mouvements du corps détaché dont le départ de Mantoue avait été annoncé.

Cette appréhension paralysa, pendant la plus grande partie du jour, le corps d'armée du maréchal Canrobert, qui ne jugea pas prudent de prêter tout d'abord au 4e corps l'appui que lui demandait le général Niel.

Néanmoins, vers les trois heures de l'après-midi, rassuré sur sa droite, et ayant jugé par lui-même la position du général Niel, le maréchal Canrobert fit appuyer la division Renault sur Rebecco, et donna ordre au général Trochu de porter sa première brigade entre Casanova et Baite, sur le point où se dirigeaient les plus redoutables attaques de l'ennemi. Ce renfort de troupes fraîches permit au général Niel de lancer dans la direction de Guiddizzolo une partie des divisions de Luzy et de Failly. Cette colonne s'avança jusqu'aux premières maisons du village; mais, trouvant devant elle des forces supérieures établies dans une bonne position, elle fut contrainte de s'arrêter.

Le général Trochu s'avança alors pour soutenir l'attaque avec la brigade Bataille, de sa division. Il marcha à l'ennemi par bataillons serrés, en échiquier, l'aile droite en avant, avec autant d'ordre et de sang-froid que sur un champ de manœuvres. Il enleva à l'ennemi une compagnie d'infanterie et deux pièces de canon, et déjà il était arrivé à demi-distance de la Casa Nova à Guiddizzolo, lorsque éclata l'orage qui vint mettre fin à cette terrible lutte, que le concours du 3ᵉ et du 4ᵉ corps menaçait de rendre si funeste à l'ennemi.

Au milieu des péripéties de ce combat de douze heures, la cavalerie a été d'un puissant secours pour arrêter les efforts de l'ennemi du côté de la Casa Nova. A plusieurs reprises, les divisions Partouneaux et Desvaux ont chargé l'infanterie autrichienne et rompu ses carrés. Mais c'est surtout notre nouvelle artillerie qui produisit sur l'ennemi les effets les plus terribles. Ses coups allaient l'atteindre à des distances d'où les plus gros calibres étaient impuissants à riposter, et jonchaient la plaine de cadavres.

Le 4ᵉ corps a enlevé aux Autrichiens un drapeau, sept pièces de canon et deux mille prisonniers.

De son côté, l'armée du Roi, placée à notre extrême gauche, avait eu également sa rude et belle journée.

Elle s'avançait, forte de quatre divisions, dans la direction de Peschiera, de Pozzolengo et de Madonna della Scoperta, lorsque, vers sept heures du matin, son avant-garde rencontra les avant-postes ennemis entre San Martino et Pozzolengo.

Le combat s'engagea ; mais de gros renforts autrichiens accoururent et firent reculer les Piémontais jusqu'en arrière de San Martino, et menacèrent même de couper leur ligne de retraite. Une brigade de la division Mollard arriva alors en toute hâte sur le lieu du combat, et monta à l'assaut des hauteurs où l'ennemi venait de s'établir. Deux fois elle en atteignit le sommet en s'emparant de plusieurs pièces de canon, mais deux fois aussi elle dut céder au nombre et abandonner sa conquête.

L'ennemi gagnait du terrain, malgré quelques charges brillantes de la cavalerie du roi, quand la division Cucchiari, débouchant sur le champ de bataille par la route de Rivoltella, vint soutenir le général Mollard. Les troupes sardes s'élancèrent une troisième fois sous un feu meurtrier : l'église et toutes les cascines de la droite furent emportées, et huit pièces de canon furent enlevées : mais l'ennemi parvint encore à les dégager et à reprendre ses positions.

En ce moment, la 2ᵉ brigade du général Cucchiari, qui s'était formée en colonne d'attaque à gauche de la route de Lugano, marcha contre l'église de San Martino, regagna le terrain perdu, et emporta les hauteurs pour la quatrième fois, sans réussir cependant à s'y maintenir, car écrasée par la mitraille et placée en face d'un ennemi qui, renforcé sans cesse, revenait sans cesse à la charge, elle ne put attendre le secours que lui apportait la 2ᵉ brigade du général Mollard, et les Piémontais, épuisés, firent retraite en bon ordre sur la route de Rivoltella.

C'est alors que la brigade d'Aoste, de la division Fanti, qui s'était portée d'abord vers Solferino pour donner la main au maréchal Baraguey d'Hilliers, fut envoyée par le Roi pour appuyer les généraux Mollard et Cucchiari dans l'attaque de San Martino. Elle fut un moment arrêtée par la tempête, mais, vers cinq heures du soir, cette brigade et la brigade Pignerol, soutenues par une forte artillerie, marchèrent à l'ennemi sous un feu terrible et atteignirent les hauteurs. Elles s'en emparèrent pied à pied, cascine par cascine, et parvinrent à s'y maintenir en combattant avec acharnement. L'ennemi commença à plier, et l'artillerie piémontaise, gagnant les crêtes, put bientôt les couronner de 24 pièces de canon, que les Autrichiens cherchèrent vainement à enlever. Deux brillantes charges de la cavalerie du Roi les dispersèrent ; la mitraille porta le désordre dans leurs rangs, et les troupes sardes restèrent enfin maîtresses des formidables positions que l'ennemi avait défendues, une journée entière, avec tant d'acharnement.

D'un autre côté, la division Durando était restée aux prises avec les Autrichiens depuis cinq heures et demie du matin. A cette heure, son avant-garde avait rencontré l'ennemi à Madonna della Scoperta, et les troupes sardes y avaient soutenu jusqu'à midi les efforts d'un ennemi supérieur en nombre qui les avait enfin obligées à se replier; mais, renforcées alors par la brigade de Savoie, elles reprirent l'offensive, et, repoussant les Autrichiens à leur tour, elles s'emparèrent de Madonna della Scoperta. Après ce dernier succès, le général de La Marmora dirigea la division Durando vers San Martino, où elle ne put arriver à temps pour concourir à la prise de la position, car elle rencontra sur la route une colonne autrichienne avec laquelle elle eut à lutter pour s'ouvrir passage; et quand elle eut triomphé de cet obstacle, le village de San Martino était au pouvoir des Piémontais. Le général de La Marmora avait dirigé, d'autre part, la brigade de Piémont de la division Fanti vers Pozzolengo. Cette brigade enleva avec une grande vigueur les positions ennemies en avant du village, et, s'étant rendue maîtresse de Pozzolengo après une vive attaque, elle repoussa les Autrichiens et les poursuivit jusqu'à une certaine distance, en leur faisant essuyer de grandes pertes.

Celles de l'armée sarde furent malheureusement très-considérables et ne s'élevèrent pas à moins de 49 officiers tués, 167 blessés, 642 sous-officiers et soldats tués, 3405 blessés, 1258 hommes disparus; total, 5525 manquant à l'appel. Cinq pièces de canon étaient restées aux mains de l'armée du Roi comme trophée de cette sanglante victoire qu'elle avait remportée contre un ennemi supérieur en nombre, dont les forces paraissent n'avoir pas été moindres de 12 brigades.

Les pertes de l'armée française se sont élevées au chiffre de 12000 hommes de troupe tués ou blessés et de 720 officiers hors de combat, dont 150 tués. Parmi les blessés, on compte les généraux de Ladmirault, Forey, Auger, Dieu et Douay; 7 colonels et 6 lieutenants-colonels ont été tués.

Quant aux pertes de l'armée autrichienne, elles n'ont pu être estimées encore, mais elles ont dû être très-considérables, à en juger par le nombre des morts et des blessés qu'ils ont abandonnés sur toute l'étendue du champ de bataille, qui n'a pas moins de 5 lieues de front. Ils ont laissé dans nos mains 30 pièces de canons, un grand nombre de caissons, 4 drapeaux et 6000 prisonniers.

La résistance que l'ennemi a opposée à nos troupes pendant seize heures peut s'expliquer par l'avantage que lui donnaient la supériorité du nombre et les positions presque inexpugnables qu'il occupait.

Pour la première fois, d'ailleurs, les troupes autrichiennes combattaient sous les yeux de leur souverain, et la présence des deux Empereurs et du Roi, en rendant la lutte plus acharnée, devait la rendre aussi plus décisive.

L'Empereur Napoléon n'a pas cessé un seul instant de diriger l'action, en se portant sur tous les points où ses troupes avaient à déployer les plus grands efforts et à triompher des obstacles les plus difficiles. A diverses reprises, les projectiles de l'ennemi ont frappé dans les rangs de l'état-major et de l'escorte qui suivaient Sa Majesté.

A neuf heures du soir on entendait encore dans le lointain le bruit du canon qui précipitait la retraite de l'ennemi, et nos troupes allumaient les feux du bivouac sur le champ de bataille qu'elles avaient si glorieusement conquis.

Le fruit de cette victoire est l'abandon par l'ennemi de toutes les positions qu'il avait préparées sur la rive droite du Mincio pour en disputer les approches.

III

Rapport de S. M. le Roi de Sardaigne.

Le 24 juin, tandis que les troupes françaises sous les ordres de. M. le maréchal Baraguey d'Hilliers marchaient sur Solferino, trois divisions de l'armée piémontaise avançaient dans la direction de Peschiera, Pozzolengo et Madonna della Scoperta. Elles étaient précédées par des détachements chargés d'éclairer leur marche et de reconnaître le terrain.

La 3ᵉ division (général Mollard) devait battre la plaine comprise entre le chemin de fer et le lac, et la 5ᵉ (général Cucchiari) marcher sur Pozzolengo, où devait aussi se rabattre la 1ʳᵉ division (général Durando) en passant par Castel-Venzago et Madonna della Scoperta. Le détachement envoyé en reconnaissance par la 5ᵉ division, composé d'un bataillon d'infanterie, d'un bataillon de bersaglieri, d'un escadron de chevau-légers et de deux pièces d'artillerie, sous les ordres du colonel Cadorna, laissa sur sa droite les hauteurs de San Martino qui n'étaient point encore occupées par l'ennemi, et continua à s'avancer par la route de Lugano vers Pozzolengo.

Les avant-postes autrichiens, vigoureusement attaqués et refoulés vers sept heures du matin, furent bientôt soutenus par des forces imposantes devant lesquelles il fallut se replier.

Le général Mollard, entendant la fusillade et le bruit du canon, conduisit la petite colonne qui éclairait la marche de sa division au secours du colonel Cadorna, et envoya deux compagnies de bersaglieri à la cascine Succale pour opérer une diversion.

La 3ᵉ et la 5ᵉ division reçurent l'ordre de hâter leur marche.

La colonne du colonel Cadorna se replia lentement et en bon ordre, soutenue par quatre pièces d'artillerie et par un bataillon d'infanterie placés à San Martino. Mais, sur la droite, l'ennemi gagnait déjà avec de fortes colonnes les hauteurs par Stefano et San Donino, et s'avançait rapidement sur Cascina Contracio, menaçant de couper la ligne de retraite.

Il fallut abandonner San Martino. Il était alors neuf heures du matin. La tête de la colonne de la 3ᵉ division commençait à déboucher par la chaussée du chemin de fer. Dans l'espoir de ne pas laisser à l'ennemi le temps de s'établir sur les hauteurs, le général Mollard fit immédiatement marcher à l'assaut le premier régiment qu'il eut sous la main (7ᵉ d'infanterie), et le fit bientôt après soutenir par le 8ᵉ, avec ordre d'attaquer à la baïonnette sans faire un coup de feu.

Soutenus par une batterie et par quelques charges des chevau-légers de Montferrat, deux fois ces braves régiments atteignirent avec un élan admirable le sommet des hauteurs en s'emparant de plusieurs pièces de canon, mais deux fois aussi ils durent céder au nombre et abandonner leur conquête. Le colonel Berette et le major Lolaro avaient été tués ; le général Ansaldi, les majors Borda et Longoni, blessés ; les pertes en officiers subalternes étaient également nombreuses.

L'ennemi gagnait du terrain ; il s'avançait par la cascine Selvetta vers le chemin de fer pour nous couper cette importante ligne de communication. Une charge brillante, exécutée par un escadron de cavalerie, donna le temps de réunir quelques troupes sur le point menacé.

Ce fut alors, vers dix heures du matin, que la division Cucchiari arriva sur le champ de bataille par la route de Rivoltella. Trois bataillons du 12ᵉ régiment furent mis immédiatement à la disposition du général Mollard, afin de l'aider à reprendre les cascines Canova, Arnia. Selvetta et Monata, et dégager ainsi les approches du chemin de fer.

Sur la gauche, le 4ᵉ bataillon du 12ᵉ et le 11ᵉ régiment d'infanterie furent formés en colonnes d'attaque, à cheval sur la route de Lugano. On s'élança à l'assaut sous un feu meurtrier. Le village de San Martino, le Roccolo, ainsi que toutes les cascines sur la droite, y compris la Contracania, furent emportés avec une bravoure remarquable. On s'empara de trois pièces d'artillerie, mais l'ennemi parvint encore une fois à les dégager. Dans cette attaque, un major avait été tué; deux autres majors, ainsi qu'un colonel, blessés : telles étaient les pertes en officiers supérieurs.

Pendant ce temps, la deuxième brigade de la cinquième division (17ᵉ et 18ᵉ de ligne), avec son bataillon de bersaglieri, se formait en colonne d'attaque sur la gauche de la route de Lugano, laissant le 18ᵉ en réserve ; deux bataillons du 17ᵉ et deux compagnies de bersaglieri marchèrent sur l'église de San Martino et la cascine Contracania qui étaient retombées au pouvoir de l'ennemi, et les deux autres bataillons avec quelques bersaglieri, pliant à gauche, se dirigèrent sur Cascina Corbii di Sotto et Vestone. Le 18ᵉ s'avança pour soutenir le 11ᵉ engagé sur son front. On regagna partout le terrain perdu, on atteignit le point culminant des hauteurs, et les positions furent emportées encore une fois.

Sur ces entrefaites, la brigade Pignerol (division Mollard) arrivait de Desenzano et Rivoltella. Formée sur deux lignes et dirigée avec son artillerie sur la cascine Contracania, elle avait déjà commencé son feu, et allait compléter le succès de la 5ᵉ division, lorsque celle-ci, écrasée par la mitraille et placée en face d'un ennemi qui recevait sans cesse de nouveaux renforts, dut opérer sa retraite qui eut lieu en bon ordre sur la route de Rivoltella.

Le général Mollard crut dès lors devoir suspendre l'attaque commencée par la brigade Pignerol, jusqu'à l'arrivée de nouvelles troupes. L'attaque de San Martino ne pouvait plus effectivement être renouvelée sans que l'on donnât auparavant quelques heures de repos aux soldats qui avaient combattu toute la matinée sous un soleil ardent, et sans qu'on les fît soutenir par des troupes fraîches.

La seconde division (général Fanti) avait été acheminée vers Solferino afin de concourir, le cas échéant, à l'attaque dirigée sur ce point par le maréchal Baraguey d'Hilliers.

Le Roi, voyant que la position avait été vaillamment emportée par les troupes françaises, et jugeant d'autre part combien il était essentiel de renforcer notre gauche, donna l'ordre à la seconde brigade de cette division de se porter immédiatement sur San Martino, et à la première de marcher vers Pozzolengo, pour soutenir la division Durando, engagée depuis plusieurs heures dans un combat où elle avait déjà essuyé beaucoup de pertes.

Lorsque Sa Majesté fut informée que la brigade Aoste (de la seconde division) approchait de San Martino, elle envoya l'ordre d'attaquer de nouveau cette position et de s'en emparer avant la nuit. La brigade Aoste arriva sous San Martino vers quatre heures de l'après-midi et fut placée sous les ordres du général Mollard.

Elle prit position sur la gauche de la brigade Pignerol, en face de la cascine Contracania. L'artillerie avait l'ordre de n'ouvrir son feu qu'à très-petite portée de l'ennemi. On fit déposer les sacs aux soldats, et, vers cinq heures, on commença à marcher en avant.

Un bataillon et deux pièces d'artillerie devaient tâcher de tourner l'ennemi par sa gauche. La 5ᵉ division, qui s'était repliée sur la route de Rivoltella, était en marche pour rejoindre le champ de bataille. C'est alors qu'un ouragan terrible s'éleva du côté du lac, suivi d'une pluie torrentielle.

Les colonnes, bravant tous les obstacles, marchèrent résolûment à l'ennemi, qui, délivré de toute attaque sur sa droite, avait porté toute son artillerie sur le sommet des hauteurs entre les cascines Contracania et Colombare, d'où il balayait avec un feu très-vif les approches de la position. La brigade Pignerol s'élança vers la cascine Contracania; obligée de conquérir pied à pied le terrain, elle éprouva des pertes sensibles. Parmi les officiers supérieurs, les deux colonels furent tués et un major blessé.

La brigade Aoste marcha sur les cascines Canova, Arnia et Monata, s'en empara successivement, attaqua ensuite la Contracania et l'église de San Martino et tâcha de se maintenir dans ces différentes positions en combattant avec acharnement. Elle avait déjà son général, 2 colonels, 2 majors blessés et un major tué. Afin de soutenir l'infanterie par un feu imposant d'artillerie, le chef d'état-major fit placer 18 pièces près de la Casa Monata, pour battre la cascine Contracania.

Tous les efforts se dirigèrent bientôt vers ce point. Attaqué de front par le 3ᵉ et le 6ᵉ d'infanterie qui s'avançaient de Casa Monata ; sur la droite par la brigade Pignerol, et successivement par les 7ᵉ, 12ᵉ, 17ᵉ et 18ᵉ et par les bataillons de bersaglieri, l'ennemi commença à plier. Pour assurer un succès si chèrement acheté, l'ordre fut donné à toute l'artillerie disponible de se porter au galop sur le sommet.

Bientôt après, 24 pièces couronnaient les hauteurs et ouvraient leur feu. L'ennemi, qui était à peu de distance, menaçait de se jeter sur nos canons. Un escadron de cavalerie, avec deux charges des plus brillantes, mit le désordre dans ses rangs déjà éclaircis par la mitraille, et, poursuivi par l'infanterie, l'ennemi laissa entre nos mains les formidables positions défendues une journée entière avec tant d'acharnement.

Tandis que le combat s'engageait dès le matin sur l'extrême gauche, du côté opposé, sur les collines de Solferino, le 4ᵉ corps d'armée française était aux prises avec l'ennemi, et soutenait un combat très-vif.

Une reconnaissance composée de troupes de la 1ʳᵉ division (Durando) (3ᵉ bataillon de bersaglieri, un bataillon de grenadiers et une section d'artillerie de la 10ᵉ batterie), sous la conduite du chef d'état-major, colonel de Casanova, partie de Lonato à l'aube, arriva vers cinq heures et demie à la hauteur de la position Madonna della Scoperta, qu'elle trouva occupée par l'ennemi.

Celui-ci fut aussitôt attaqué par les troupes de la reconnaissance, suivies de près par la brigade des grenadiers. Ces corps soutinrent à eux seuls jusque vers midi les efforts de l'ennemi, supérieur en nombre, puis furent obligés de se replier jusqu'à l'intersection des routes de Cascina Rondotto. Là, renforcées par quatre bataillons de la brigade de Savoie, commandés par le colonel de Rolland, elles reprirent vivement l'offensive et chargèrent l'ennemi à la baïonnette. Deux bataillons de grenadiers, envoyés dès le matin par Castelloro et Cadignolo, entraient à leur tour en ligne, tandis que la 11ᵉ batterie, se mettant en position, ouvrait son feu. Ces efforts combinés décidaient l'ennemi à abandonner les positions conquises dans la matinée.

Le général de La Marmora avait été chargé par le Roi de prendre le commandement de la 1ʳᵉ et de la 2ᵉ division. L'ennemi une fois repoussé à Madonna della Scoperta, le général, suivant les ordres de Sa Majesté, dirigea une partie des troupes contre San Martino, où la 3ᵉ et la 5ᵉ division continuaient à combattre. La 1ʳᵉ division (Durando) passa par San Rocca, Cascina Taverna et Monte Fami; elle donna, chemin faisant, contre une colonne ennemie composée du régiment de Prohaska et d'autres troupes qui avaient combattu à San Martino et cherchaient vraisemblablement à tourner les forces qui attaquaient cette position. Cette colonne, repoussée, se replia à la hâte, mais il en résulta un retard dans le mouvement de la 1ʳᵉ division. L'heure était d'ailleurs avancée, et ces troupes avaient combattu toute la journée contre trois brigades ennemies. Les pertes de cette division furent : en officiers, 6 morts et 25 blessés; en troupes, 97 morts et 580 blessés.

La brigade de Piémont de la 2ᵉ division (Fanti) avait coopéré également à l'attaque des positions de Madonna della Scoperta. L'ennemi repoussé, cette brigade fut dirigée par le général de La Marmora contre Pozzolengo. Arrivée à la hauteur de Cascina Rondotto, elle rencontra un corps ennemi, fortement établi dans les cascines Torricelli, San Giovanni et Predra, et sur les hauteurs de Serino.

L'ennemi, vivement attaqué dans ses positions par le 9ᵉ bataillon de bersaglieri (major Angelini), le 4ᵉ régiment de Piémont et une section de la 4ᵉ batterie sous le commandement du général Camerana, céda le terrain et fut poursuivi jusqu'au delà du bourg de Pozzolengo.

Cette même brigade de la 2ᵉ division (Fanti) ayant occupé San Giovanni, une batterie de 4 obusiers y prit position et ouvrit un feu très-vif, qui prenait à revers les défenses de San Martino. Cette attaque contribua puissamment à obliger l'ennemi à céder cette position disputée avec acharnement depuis le matin.

La 2ᵉ division, outre les graves pertes subies par la brigade d'Aoste, qui avait été postée sur la gauche, compta encore dans cette journée 1 officier tué, 5 blessés, 16 hommes tués et 36 blessés. Les quatre divisions composant ce jour-là l'armée sarde en ligne furent toutes engagées, et leurs pertes totales s'élevèrent à 49 officiers tués, 167 blessés, 642 sous-officiers et soldats tués, 3 405 blessés, 1 258 hommes dispersés ; total : 5 525 manquant à l'appel. Plusieurs corps ont eu le quart de leur effectif hors de combat, et un bataillon de bersaglieri, sur 13 officiers, en eut 7 tués ou blessés ; trois colonels de la même division ont succombé glorieusement.

L'ennemi, à la fin de la journée, avait été chassé de toutes ses positions, et celle de Pozzolengo avait été occupée par nos troupes ; 5 pièces de canon étaient restées dans nos mains comme trophées de cette sanglante victoire, où nos troupes avaient eu à lutter contre des forces bien supérieures. Celles-ci peuvent être portées, selon toute vraisemblance, à 12 brigades, car il a été fait des prisonniers appartenant à ces divers corps.

L'armée autrichienne avait déployé toutes ses forces, s'élevant à près de 200 000 hommes. Reprenant l'offensive, elle avait repassé le Mincio et occupé les positions de Pozzolengo, Solferino, étendant sa gauche dans la plaine de Guiddizzolo ; mais le soir, sur tous les points de ce vaste champ de bataille, elle avait dû se replier et mettre entre elle et l'armée alliée victorieuse la barrière du Mincio et de ses forteresses.

Le chef de l'état-major,

L. G. Della Rocca.

IV

Rapport du maréchal Regnaud de Saint-Jean d'Angely,
commandant en chef la garde impériale.

Cavriana, 25 juin 1859.

Sire,

Le 24 juin, la garde impériale était campée, les deux divisions d'infanterie à Montechiaro, les huit batteries d'artillerie et la division de cavalerie à Castenedolo.

Votre Majesté lui donna l'ordre de partir de ces deux positions pour se rendre à Castiglione.

L'infanterie partit de Montechiaro à cinq heures du matin, l'artillerie partit à la même heure de Castenedolo et rejoignit la gauche des deux divisions d'infanterie à Montechiaro, vers sept heures moins un quart.

La division de cavalerie ne devait partir qu'à neuf heures du matin de Castenedolo et marcher librement afin de ménager ses chevaux.

Vers six heures du matin, une canonnade bien nourrie s'engagea avec l'ennemi, qui avait pris position au delà de Castiglione et s'était décidé à livrer bataille.

Votre Majesté ordonna alors à la garde d'accélérer son mouvement. L'ordre fut expédié de suite à la cavalerie de partir avant l'heure qui lui avait été désignée : à huit heures elle put monter à cheval, et, vers neuf heures et demie, elle arriva sur le lieu du combat, où elle fut mise à la disposition de M. le maréchal de Mac-Mahon, d'après les ordres de Votre Majesté.

Les deux divisions d'infanterie de la garde avaient débouché de Castiglione par la route de Guiddizzolo, mais Votre Majesté ayant jugé que le point décisif de la bataille était l'enlèvement de la position de Solferino, vivement défendue par l'ennemi, donna l'ordre à sa garde de se porter à gauche, afin de se trouver en situation d'appuyer l'attaque du maréchal Baraguey d'Hilliers contre Solferino.

La division de voltigeurs, commandée par le général Camou, fut placée en ligne déployée derrière le 1er corps, et, à 500 mètres en arrière, la division Mellinet fut formée en colonne double par division à distance de déploiement.

La division Forey ayant éprouvé des pertes sensibles dans l'attaque de la position del Monte, la brigade Manèque, composée des chasseurs à pied de la garde, des 1er et 2e voltigeurs, fut portée à son secours et enleva ces positions aux cris de : *Vive l'Empereur !*

Au même moment, deux bataillons du 2e voltigeurs, lancés sur la tour et le couvent de Solferino, les enlevèrent avec un remarquable élan.

Ces bataillons ont ensuite occupé les crêtes de la position del Monte et y ont été soutenus par l'artillerie à cheval de la garde, qui vint se mettre en batterie sur la grande route de Cavriana. Bientôt l'ennemi chercha à reprendre cette importante position, et le petit nombre de troupes qui étaient sur ce point n'aurait pas permis de la conserver si Votre Majesté, en se rendant parfaitement compte de l'état des choses, n'avait envoyé immédiatement l'ordre à la division de grenadiers, commandés par le général Mellinet, de soutenir les batteries de la garde et la brigade Manèque. Cet ordre, promptement exécuté par le général Mellinet, permit à la brigade Manèque et à l'artillerie de la garde non-seulement de conserver la position un instant menacée, mais encore de gagner du terrain en avant, en s'emparant successivement des positions de l'ennemi.

La brigade Manèque arriva ainsi à quelque distance de
Cavriana, position importante entourée de vieilles fortifications, où l'ennemi pouvait renouveler dans la ville et
dans le château la longue résistance qu'il avait opposée à
Solferino.

Votre Majesté envoya l'ordre à l'artillerie de la garde de
battre cette position, et à la brigade Manèque de l'enlever.
Cet ordre fut exécuté avec vigueur et intelligence sous les
yeux de Votre Majesté.

Le village de Cavriana venait d'être enlevé vers cinq
heures du soir, lorsqu'un violent orage éclata et suspendi
un instant les opérations. Mais à peine avait-il cessé que
les voltigeurs de la garde reprirent l'œuvre commencée et
chassèrent l'ennemi des hauteurs qui dominent le village
où le quartier général de Votre Majesté devait être établi,
et terminèrent ainsi la journée.

La brigade Manèque a enlevé un drapeau, des prisonniers et 13 pièces de canon aux Autrichiens.

Pendant toute cette affaire, l'artillerie de la garde s'est
fait remarquer par la précision de son tir et le choix suc-
cessif de ses positions. Partout où elle a eu à contre-battre
des batteries ennemies, elle a fait taire leur feu en peu de
temps.

La cavalerie, commandée par le général Morris, est
venue, dès son arrivée sur le champ de bataille, et d'après
les ordres de Votre Majesté, se placer sous le commandement du maréchal de Mac-Mahon, qui opérait dans un
pays de plaine où, dans certains cas, elle pourrait trouver
l'occasion de faire un bon service.

En attendant l'arrivée du corps du général Niel qui devait
se lier par sa gauche au maréchal de Mac-Mahon, elle fut
employée à couvrir la droite du 2e corps, et, à cet effet, le
général Morris disposa ses trois brigades par échelons et
les fit couvrir par une ligne de tirailleurs.

Le général Morris attendait avec impatience l'occasion
de faire agir sa cavalerie ; elle se présenta vers trois heures
et demie. Une colonne de cavalerie autrichienne ayant

paru, il la fit charger en flanc par les chasseurs à cheval. Les Autrichiens, refoulés, se retirèrent à droite vers leurs batteries, dont le feu arrêta notre poursuite.

Je viens d'exposer la part que la garde a prise à la bataille de Solferino. Là, comme à Magenta, elle a agi sous les yeux et l'impulsion directe de Votre Majesté, qui a pu juger par Elle-même du courage et du dévouement absolu qu'elle mettait à exécuter ses ordres.

Je ferai connaître plus tard à Votre Majesté les noms des officiers qui se sont le plus particulièrement distingués, et je les proposerai pour des récompenses.

Je suis avec le plus profond respect,

Sire,

De Votre Majesté

Le très-humble et très-obéissant serviteur,

Le maréchal de France, commandant en chef la garde impériale,

Regnaud de Saint-Jean d'Angely.

P. S. Je dois signaler à Votre Majesté M. Moneglia, lieutenant de chasseurs à pied, qui a pris, dans le village de Solferino, quatre pièces de canon attelées, commandées par un colonel qui lui a remis son épée.

V

Rapport du maréchal Baraguey d'Hilliers, commandant en chef le 1ᵉʳ corps.

Pozzolengo, le 25 juin 1859.

Sire,

Votre Majesté m'avait donné l'ordre de me porter, le 24, d'Esenta à Solferino. Je fis partir, à deux heures du matin,

par la route de la montagne, la division Ladmirault avec
quatre pièces d'artillerie, et par celle de la plaine, à trois
heures, les divisions Forey et Bazaine, avec leur artillerie,
l'artillerie de réserve et les bagages.

A peine la tête de cette dernière colonne était arrivée aux
Fontanes, que la division Forey engagea deux compagnies
de chasseurs avec l'ennemi, le débusqua sans trop de difficulté des hauteurs du Monte di Valscura, et, avec deux
bataillons du 74e, le chassa du village du Grole, où la résistance fut plus sérieuse.

A ce moment, la 2e division, à gauche de la 1re, était
ralliée, dans une vallée assez large, bordée des deux côtés
de collines élevées s'étendant par des positions successives
et étagées jusqu'à Solferino. Le général de Ladmirault disposa sa division en trois colonnes : celle de droite, composée de deux compagnies de chasseurs et de quatre bataillons, confiée à M. le général Douay; celle de gauche,
composée comme la première, sous les ordres du général
de Négrier, et se réserva la colonne du centre, composée de
quatre compagnies de chasseurs, de quatre bataillons et
de l'artillerie.

Les divisions Forey et Ladmirault s'avancèrent parallèlement sur Solferino : la première à droite, attaquant le
mont Fenile ; la deuxième à gauche, enlevant à l'ennemi les
premiers mamelons boisés de sa position.

L'occupation du mont Fenile par le 84e permit à la
6e batterie du 8e régiment de s'y établir et de protéger le
mouvement de la 1re brigade, commandée par le général
Dieu, qui descendit le revers du mont Fenile et se porta
dans la direction de Solferino en chassant de crête en crête
les troupes ennemies dont le nombre s'accroissait sans
cesse. Cette brigade prit position devant des forces supérieures, et dirigea le feu de son artillerie sur les hauteurs
couronnées par une tour et un bois de cyprès. Ce fut pendant cette canonnade que le général Dieu, gravement
blessé, dut remettre son commandement à M. le colonel
Cambriels, du 84e.

Votre Majesté arriva elle-même près des batteries de la division Forey, et, après avoir examiné la position, donna l'ordre de porter en avant avec quatre pièces de la réserve du premier corps, la brigade d'Alton, déployée par bataillon, à demi-distance en colonne par peloton. Le général Forey se mit à la tête de cette brigade qui s'avança avec élan, mais qui fut accueillie par un feu de mitraille et de mousqueterie si violent de front et d'écharpe, qu'elle dut arrêter son mouvement. Votre Majesté envoya aussitôt la brigade Manèque, des voltigeurs de la garde, soutenir la 1re division, qui, ranimée par ce secours, battit la charge, se reporta en avant, attaqua l'ennemi au cri de : *Vive l'Empereur !* et, après une lutte opiniâtre, s'empara du mamelon aux Cyprès et de la tour qui domine Solferino.

La division Ladmirault avait commencé son attaque en même temps que la division Forey ; elle mit d'abord son artillerie en batterie, et, après une canonnade qui avait ébranlé l'ennemi, elle s'élança et enleva à la baïonnette les premières positions ; mais bientôt ses charges firent démasquer des bataillons entiers fournissant le feu le plus serré et le plus meurtrier, et elle n'avança plus qu'à grand'peine et pied à pied. Le général de Ladmirault fut atteint d'un coup de feu à l'épaule, se retira un instant pour se faire panser, reprit le commandement et lança ses quatre bataillons de réserve qui imprimèrent à notre attaque une nouvelle impulsion : frappé d'une nouvelle balle, le général de Ladmirault fut contraint de remettre son commandement au général de Négrier. L'opiniâtre résistance de l'ennemi, les forces considérables qu'il nous opposait, et les difficultés que présentaient à la 2e division le terrain très-rétréci des attaques et les feux croisés du mamelon aux Cyprès et du cimetière crénelé contre lequel plusieurs charges au pas de course avaient vainement été tentées, me forcèrent à engager la division Bazaine. Le 1er régiment de zouaves, et, bientôt après, le 34e vinrent appuyer la 2e division ; l'ennemi couvrit nos colonnes de feux d'artillerie, de mousqueterie et de fusées, et tenta à plusieurs reprises des retours offensifs sur nos deux flancs. Le 37e fut aussi lancé en avant.

Le cimetière arrêtait tous nos efforts ; voyant qu'il était indispensable de démolir cet obstacle, je donnai l'ordre d'y faire brèche en portant à découvert, à 300 mètres du mur, dans un poste très-périlleux, une batterie d'artillerie du 10e régiment, commandée par M. le capitaine de Canecaude. La demi-batterie de montagne et d'autres pièces des divisions concentrèrent leur tir dans la même direction. Après un feu bien dirigé et très-nourri, les murs du cimetière, des maisons et du château étant suffisamment ébréchés, et l'artillerie ennemie du mamelon des Cyprès ayant été éteinte par l'artillerie du général Forey et par la 9e batterie du 10e régiment de la 3e division, le général Bazaine lança sur le cimetière le 3e bataillon du 78e, commandé par le chef de bataillon Lafaille, et fit sonner et battre la charge dans les deux divisions : toutes les troupes s'élancèrent et emportèrent le village et le château, au moment même où la 1re division apparaissait sur le sommet de la tour et au bois des Cyprès.

Je crois remplir un devoir en rendant témoignage de la bravoure et de la fermeté de la brigade de la garde que Votre Majesté a envoyée soutenir la 1re division dans un moment difficile ; une batterie de la garde, conduite par le général Lebœuf, et lançant dans le village une grêle d'obus, a puissamment secondé notre attaque.

Le 1er corps a tué à l'ennemi 800 ou 1 000 hommes environ, lui a blessé beaucoup de monde, lui a fait 1 200 prisonniers, pris quatre canons, deux caissons et deux drapeaux. Il n'a pas obtenu ce succès sans éprouver de pertes regrettables. Les généraux de Ladmirault et Dieu ont été blessés dangereusement, le général Forey légèrement. Les colonels de Taxis, Brincourt, Pinard et Barry ont été blessés, ainsi que les lieutenants-colonels Vallet, Maire, Hémard et Servier. Le lieutenant-colonel Ducoin et les chefs de bataillon Kléber, de Saint-Paër Angevin et Guillaume ont été tués. Les chefs de bataillon Brun, Meuriche, de Pontgibaud, Lebreton, Laguerre, Lesèble, Mocquery, Gouzy, Lespinasse et Foy ont été blessés. Le nombre des officiers hors de combat est de 234, et celui des soldats tués ou blessés s'élève à 4 000 environ.

J'ai adressé à Votre Majesté des mémoires de proposition, non-seulement pour pourvoir aux emplois vacants, mais encore pour les récompenses à accorder à de braves soldats qui ont bien mérité de la patrie et de l'Empereur dans cette grande journée où les deux armées se sont rencontrées sur un vaste terrain dont Solferino occupait au centre un des points du plus difficile accès. Votre Majesté, qui était elle-même sur le lieu du combat, a vu et apprécié les obstacles que le 1er corps a eus à vaincre, les forces nombreuses que l'ennemi lui a opposées et la ténacité de la défense, augmentée encore, dit-on, par la présence du général en chef autrichien à Solferino.

Après la prise du village, les troupes étaient à peine reformées, que, sur l'ordre de Votre Majesté, la 1re division s'est portée sur les crêtes, dans la direction de Cavriana; la 3e division a poursuivi l'ennemi pendant une lieue dans la plaine, et, couvrant du feu de ses batteries les colonnes autrichiennes en retraite, leur a fait éprouver de grandes pertes et capturé de nombreux prisonniers. Parties d'Esenta à deux et trois heures du matin, mes divisions n'ont pris leurs bivouacs qu'à neuf heures du soir. .

Pendant le combat et au plus fort du feu, vers midi, nous aperçûmes quatre colonnes autrichiennes qui cherchaient à tourner la droite de l'armée piémontaise; six pièces d'artillerie, dirigées par M. le général Forgeot, forcèrent, par un feu très-juste et très-vif, ces colonnes à rebrousser chemin en désordre.

Je ne saurais assez louer le zèle et la vigueur de tous les officiers des divisions du 1er corps et de l'état-major général, et particulièrement des généraux Forey, de Ladmirault, Bazaine et Forgeot. Je m'abstiens de faire des citations individuelles, parce qu'elles seraient trop nombreuses; je

dois aux officiers de toutes les armes ce tribut d'éloges bien
mérités ; et si, parmi eux, le chiffre des tués et blessés dans
ce rude combat est au-dessus de la proportion ordinaire,
c'est que tous ont payé largement de leurs personnes, heureux de donner ainsi à l'Empereur une nouvelle preuve de
leur dévouement.

> Je suis avec respect,
> Sire,
> De Votre Majesté,
> Le très-humble et très-fidèle sujet,
> *Le maréchal,*
> BARAGUEY D'HILLIERS.

VI

*Rapport du maréchal de Mac-Mahon, commandant
en chef le 2ᵉ corps.*

Au quartier général, à Cavriana, le 26 juin 1859.

Sire,

Conformément aux ordres de Votre Majesté, le 2ᵉ corps
a quitté Castiglione le 24 au matin, pour aller occuper Cavriana. Il a débouché de Castiglione vers trois heures, marchant sur une seule colonne, par la route de Mantoue, afin
de ne pas gêner le mouvement des 1ᵉʳ et 4ᵉ corps, qui marchaient sur ses flancs en arrière de lui.

Il devait quitter la route de Mantoue à environ 9 kilomètres de Castiglione et se porter sur Cavriana, par le
chemin de San Cassiano.

Vers quatre heures, je fus prévenu par le général Gaudin
de Villaine, qui éclairait ma marche, que l'ennemi était

devant moi, à peu de distance, sur la route même que je suivais.

A cinq heures, la fusillade s'engageait entre mes tirailleurs et ceux de l'ennemi qui occupaient la ferme de Casa Marino.

Je me portai de ma personne à Monte Medolano qui est près de cette ferme, et de cette éminence je pus me convaincre que j'allais avoir affaire à des masses ennemies avec lesquelles il fallait compter.

A cette même heure (cinq heures) j'entendais un vif engagement sur ma gauche, entre Castiglione et Solferino.

C'était le maréchal Baraguey d'Hilliers qui, dans sa marche sur ce dernier point, se trouvait aux prises avec l'ennemi.

Du côté de Cavriana, j'apercevais un grand mouvement de troupes ennemies venant couronner successivement toutes les hauteurs qui s'étendent entre Solferino et Cavriana.

La situation dans laquelle je me trouvais méritait réflexion. Je sentais la nécessité de me porter aussitôt que possible sur le canon du maréchal Baraguey d'Hilliers; mais d'un autre côté, je ne pouvais dégarnir et marcher sur Solferino ou sur Cavriana sans courir le risque de permettre à l'ennemi de couper l'armée en deux, en débouchant dans cette même plaine par la route de Mantoue à Guiddizzolo, entre les 3e et 4e corps et moi.

J'étais sans nouvelles du général Niel et je sentais toute l'importance de me maintenir dans la position où je me trouvais, et de savoir, avant de faire un mouvement, s'il était à même de me soutenir en occupant la ligne qui s'étend de Medole à Guiddizzolo.

Vers six heures, je ne voyais point encore les colonnes du général Niel du côté de Medole. J'envoyai mon chef d'état-major général dans cette direction, afin de savoir où en était le mouvement du 4e corps sur Guiddizzolo.

Le général Lebrun arriva à Medole au moment même où le 4e corps attaquait ce village, où l'ennemi s'était établi fortement.

Le général Niel, prévenu de l'intention que j'avais de me porter vers le 1ᵉʳ corps, me fit connaître que, dès qu'il aurait enlevé Medole, il se rapprocherait aussi vite que possible de ma droite, afin de me permettre d'exécuter mon mouvement sur Cavriana. Il me prévenait en même temps qu'il ne pourrait me rejoindre avant que le 3ᵉ corps n'eût fait sa jonction avec lui pour appuyer sa droite.

Vers huit heures et demie, m'apercevant que les forces de l'ennemi augmentaient sur mon front dans la plaine de Guiddizzolo, je fis attaquer la ferme de Casa Marino pour porter ma tête de colonne à hauteur de cette ferme, d'où je devais mieux juger les mouvements et les forces de l'ennemi.

Je pris alors les dispositions suivantes :

La 2ᵉ division, qui marchait en tête du corps d'armée, fut déployée en avant de la ferme, perpendiculairement à la route de Mantoue, sa droite à cette route. A sa hauteur et prolongeant la ligne de bataille, je fis placer la 1ʳᵉ brigade de la 1ʳᵉ division, sa gauche à la même route, sa droite se dirigeant vers Medole, par où devait venir le corps du général Niel. La 2ᵉ brigade de la 1ʳᵉ division formant la réserve du corps d'armée, fut établie en arrière de Casa Marino, vers la ferme Barcaocia pour tenir tête aux colonnes de cavalerie qui, de San Cassiano, menaçaient de faire une trouée entre le 1ᵉʳ et le 2ᵉ corps. La cavalerie de réserve (7ᵉ régiment de chasseurs) couvrit de ce même côté la gauche de ma 2ᵉ division.

A peine ces dispositions étaient-elles prises, qu'une forte colonne autrichienne, venant de Guiddizzolo par la route de Mantoue, s'avança sur Casa Marino. Elle était précédée d'une nombreuse artillerie qui vint se mettre en batterie à 1000 ou 1200 mètres en avant de mon front.

Les quatre batteries d'artillerie des 1ʳᵉ et 2ᵉ divisions (12ᵉ du 7ᵉ, 11ᵉ du 11ᵉ, 2ᵉ du 9ᵉ et 13ᵉ du 13ᵉ) se portèrent immédiatement sur la ligne des tirailleurs et ouvrirent un feu très-vif, qui força bientôt l'artillerie ennemie à se reporter en arrière, après avoir vu sauter deux de ses caissons. C'est au commencement de ce combat d'artillerie contre artillerie que le général Auger eut le bras gauche emporté par un boulet.

Sur ces entrefaites, on me signalait les divisions de cavalerie Partouneaux et Desvaux, arrivant en arrière de la droite de ma ligne de bataille. Je les fis prévenir de se porter rapidement à hauteur de ma droite, de manière à occuper l'espace laissé libre jusque-là entre Medole et Monte Medelano.

Les batteries à cheval de ces deux divisions se déployèrent en avant de leur front, et prirent d'écharpe l'artillerie ennemie, déjà battue de front par le canon de mes divisions. Les généraux Partouneaux et Desvaux exécutèrent plusieurs charges heureuses. Dans l'une d'elles, 600 hommes d'infanterie furent rejetés sur nos tirailleurs, qui les firent prisonniers.

Pendant que ceci se passait sur ma droite, une colonne, composée de deux régiments de cavalerie, cherchait à tourner ma gauche, qui était soutenue par deux escadrons du 4ᵉ chasseurs et quatre escadrons du 7ᵉ chasseurs, commandés par le colonel Savaresse. Notre cavalerie repoussa vigoureusement trois charges de l'ennemi, et le rejeta, dans le plus grand désordre, sur les bataillons de gauche de la 2ᵉ division (11ᵉ bataillon de chasseurs, 72ᵉ de ligne), qui s'étaient formés en carrés. L'ennemi laissa sur le terrain un grand nombre de chevaux tués ou blessés. Nos chasseurs ramenèrent plusieurs prisonniers, parmi lesquels un officier supérieur et une trentaine de chevaux tout harnachés.

Grâce à ces charges heureuses, grâce au feu de mon artillerie, je pus maintenir partout l'ennemi à bonne distance, et attendre, non sans une certaine impatience, l'entrée en ligne du 4ᵉ corps.

Vers onze heures seulement, je reçus du général Niel l'avis qu'il était en mesure de marcher directement sur Cavriana. J'ordonnai au général de La Motterouge de se porter, avec sa division disposée sur deux lignes, vers

Solferino, où il devait faire jonction avec l'infanterie de la garde impériale qui marchait sur ce point. Le général Decaen devait suivre son mouvement.

En ce moment (deux heures et demie), la division de cavalerie de la garde impériale était mise à ma disposition par ordre de Votre Majesté.

J'ordonnai au général Morris de se porter dans l'intervalle qui séparait ma droite des divisions Partouneaux et Desvaux, et de se former en arrière en échelons dès que le 2ᵉ corps se reporterait en avant. De cette manière, il devait me relier avec le quatrième corps.

Ces dispositions prises, et dès que la division La Motterouge eut fait sa jonction avec les voltigeurs de la garde, tout le 2ᵉ corps fit, dans chaque bataillon, tête de colonne à droite pour se porter sur San Cassiano et sur les autres positions que l'ennemi occupait dans la plaine.

Le village de San Cassiano fut tourné à droite et à gauche, et enlevé en un instant, avec un élan irrésistible, par les tirailleurs indigènes et par le 45ᵉ de ligne.

Les tirailleurs algériens appuyèrent ensuite à gauche pour se porter sur le contre-fort principal qui relie Cavriana à San Cassiano.

Ce contre-fort était fortement défendu par l'ennemi, qui avait réuni sur ce point des forces considérables. Le premier mamelon, sur lequel se trouvait une espèce de redoute, fut enlevé par les tirailleurs. Mais en ce moment, je m'aperçus que l'ennemi faisait un nouvel effort pour se jeter entre ma droite et le général Niel, et que, d'un autre côté, la colonne qui était à ma gauche n'arrivait pas encore à ma hauteur.

Je dus donc faire arrêter un moment le mouvement général en avant.

L'ennemi réunit alors de grandes forces entre Cavriana et la redoute occupée par les tirailleurs, puis il fit tout à coup un vigoureux retour offensif qui les obligea à quitter cette position. Un bataillon du 45ᵉ et une partie du 72ᵉ, commandée par le colonel Castex, vinrent alors en aide aux

tirailleurs, qui reprirent la redoute, où ils durent également
s'arrêter d'après l'ordre donné.

Le 45ᵉ et le 72ᵉ de ligne prirent position plus en arrière.

Bientôt l'ennemi fit un nouvel effort sur les tirailleurs et
les força une seconde fois à quitter la position.

J'ordonnai alors au général de La Motterouge de soutenir
cette colonne avec sa brigade de réserve (65ᵉ et 70ᵉ de
ligne), et je prescrivis à tout le corps d'armée de se porter
en avant dès que notre attaque de gauche recommence-
rait.

Dès que le général de la Motterouge eut rejoint les tirailleurs et le 35ᵉ, toute la colonne se porta en avant.

Elle fut soutenue dans ce mouvement par un bataillon de
grenadiers, et un peu en arrière par le reste de la brigade
de la garde, commandée par le général Niel.

Toutes les positions furent successivement enlevées jusqu'à Cavriana, où les tirailleurs indigènes entrèrent en
même temps que les voltigeurs de la garde, qui y arrivèrent
par le chemin de Solferino.

La division Decaen suivit le mouvement et chassa l'ennemi de plusieurs fermes qui se trouvaient devant elle dans
la plaine.

La cavalerie de la garde qui, sous les ordres du général
Morris, flanquait mon extrême droite pendant tout le mouvement, était formée en trois échelons.

Le premier, composé des chasseurs et des guides, avait
sa gauche appuyée à la droite de la division Decaen; les
deux autres, situés un peu plus en arrière, se reliaient avec
le général Desvaux.

Vers trois heures, le général Morris fit charger en flanc,
par le général Cassaignoles, une colonne de cavalerie autrichienne qui menaçait de tourner sa droite.

Un peu plus tard, un régiment de cavalerie ennemie
chercha à repousser un escadron de chasseurs de la garde,
qui formait une ligne de tirailleurs conduite d'une manière
remarquable par le commandant de Lavigerie. L'ennemi
prit sa direction, sans s'en douter, sur le 11ᵉ bataillon de

chasseurs à pied, qui était formé en carré dans un chemin creux et dans les blés, d'où il ne pouvait être aperçu.

Ce bataillon se leva tout à coup et fit feu de deux de ses faces. La cavalerie ennemie fit aussitôt demi-tour et se retira en désordre, prise alors en flanc par une batterie de la 2ᵉ division et par une batterie de la garde.

Vers six heures et demie, l'ennemi était en retraite dans toutes les directions, ayant éprouvé de très-grandes pertes, à en juger par le nombre des cadavres qu'il avait laissés sur le terrain.

La 1ʳᵉ division bivouaqua alors sur le contre-fort situé en arrière de Cavriana, et la 2ᵉ division resta en bataille dans la plaine, de manière à faciliter la jonction du 4ᵉ corps avec le 2ᵉ.

Je n'ai pas besoin de dire ici si les troupes du 2ᵉ corps ont combattu vaillamment pendant cette longue journée. Votre Majesté a pu juger elle-même de leur élan irrésistible pendant les diverses phases de la bataille. Elle a vu de ses propres yeux comment elles ont su, à la fin de la journée, pour couronner la victoire, enlever les positions si difficiles de Cavriana et battre l'ennemi sur les hauteurs, où il a essayé vainement de tenir devant elles.

Nos pertes ont malheureusement été très-sensibles : il n'en pouvait être autrement.

Au début de la bataille, le général Auger, commandant l'artillerie du 2ᵉ corps, a eu le bras gauche emporté par un boulet.

Le colonel Douay, du 70ᵉ de ligne, le colonel Laure et le lieutenant-colonel Herment, du régiment de tirailleurs, ont été tués bravement à la tête de leurs troupes.

Parmi les corps qui ont le plus souffert, je citerai : le régiment de tirailleurs, qui a eu 7 officiers tués et 22 officiers blessés, le 72ᵉ de ligne, qui a eu 5 officiers tués et 19 officiers blessés ; le 45ᵉ de ligne, déjà si éprouvé à Magenta, a eu 20 officiers mis hors de combat dans la journée du 24 juin.

En résumé, dans cette rude journée, le 2ᵉ corps a eu :

19 officiers tués, 95 officiers blessés, 192 soldats tués, 1 266 blessés et 300 disparus. (Ce dernier chiffre, qui était de 500 hier, diminue d'heure en heure, par suite de la rentrée à leurs corps d'hommes fatigués qui n'avaient pu suivre.)

Je ne fais pas en ce moment de citations particulières à Votre Majesté : je me réserve d'appeler ultérieurement toute sa bienveillante sollicitude sur ceux qui, braves entre tous, ont mérité d'être proposés pour des récompenses.

J'ai l'honneur d'être avec respect,

Sire,

De Votre Majesté,

Le très-humble et très-obéissant serviteur et sujet,

Le maréchal commandant en chef le 2ᵉ corps,

De Mac-Mahon, duc de Magenta.

VII

Rapport du maréchal Canrobert, commandant en chef le 3ᵉ corps.

Bivouac de Robecco, le 25 juin 1859.

Sire,

En rendant compte à Votre Majesté, dès hier soir, des opérations auxquelles le 3ᵉ corps a pris part dans la journée du 24 juin courant, je n'ai pu fournir à l'Empereur que des indications sommaires, en l'absence de renseignements transmis par les généraux commandant les divisions : les rapports que je reçois aujourd'hui me permettent d'entrer dans des détails plus précis.

Parti de Mezzano le 24 juin, à deux heures et demie du matin, en me dirigeant sur Medole, conformément aux ordres de l'Empereur, j'ai effectué le passage de la Chiese à Visano, sur un pont jeté pendant la nuit par le génie piémontais. J'avais prescrit la veille au soir à la brigade Jannin, de la division Renault, de se porter sur ce point pour protéger l'opération.

A sept heures, ma tête de colonne arrivait à Castelgoffredo, et les renseignements recueillis par mon avant-garde m'apprenaient que la cavalerie ennemie était encore dans cette petite ville, ancienne place ceinte d'une muraille et munie de portes qui avaient été barricadées. Le général Jannin, à la tête d'un bataillon du 56ᵉ, reçut l'ordre de tourner la position et de se diriger au sud de la ville pour y pénétrer par la porte de Mantoue. Le général Renault se plaça à la tête des troupes qui devaient attaquer de front, et la porte du côté d'Acqua Fredda fut abattue à coups de hache par le génie.

Les hussards du 2ᵉ régiment, composant mon escorte, sous la vigoureuse impulsion de leur chef, le capitaine commandant Lecomte, se ruèrent sur un piquet de hussards autrichiens qui se trouvaient dans la ville et le sabrèrent. Ces cavaliers ont fait preuve d'un grand élan ; ils ont eu plusieurs blessés et ont tué et blessé quelques hommes à l'ennemi.

A neuf heures un quart, le 3ᵉ corps est arrivé à hauteur de Medole. En entrant dans ce village, j'ai appris que le 4ᵉ corps était engagé en avant de moi. L'aile droite de ce corps, commandée par le général de Luzy, avait dû soutenir des attaques très-sérieuses, et, menacée d'être tournée, elle demandait instamment à être appuyée.

Le général commandant le 4ᵉ corps m'adressait également plusieurs officiers pour me demander d'envoyer des renforts sur son centre qui avait eu beaucoup à souffrir.

A ce moment même je recevais de l'Empereur communication d'une lettre par laquelle on annonçait qu'un corps de 25 à 30 000 hommes était sorti de Mantoue par la porte

Pradella, dans la journée d'hier 23, et que ses avant-postes étaient au village d'Acqua Negra. Ces renseignements étaient du reste corroborés par le général de Luzy, qui annonçait avoir vu une colonne considérable passer de sa gauche vers sa droite, par des renseignements émanant des gens du pays, enfin par une indication consistant en une longue traînée de poussière se dirigeant du côté d'Assola vers Acqua Fredda.

Pour faire face aux exigences de la situation, je m'empressai d'envoyer le général Renault, avec six bataillons, soutenir le général de Luzy sur la route de Ceresara. Le 41ᵉ prit position à 2 kilomètres de Medole, à cheval sur la Seriola Marchionale. Le 56ᵉ fut placé en retour, faisant face à Castelgoffredo, de manière à surveiller le mouvement tournant annoncé de la part de l'ennemi. Une section d'artillerie se mit en batterie sur la route à hauteur des tirailleurs, et fit feu sur les colonnes autrichiennes qui se dirigaient sur notre droite.

Cette disposition permit à la division de Luzy d'appuyer à gauche, vers le centre du général Niel, et, vers une heure de l'après-midi, les attaques sur Rebecco paraissaient plus menaçantes, j'appelai la totalité de la division Renault, moins deux bataillons du 23ᵉ de ligne que je laissai à la garde de Medole. La division fut alors établie sur la droite et la gauche de la Seriola, se reliant fortement à la droite du 4ᵉ corps, qu'elle suivit dans un mouvement prononcé que ce dernier dut faire vers la gauche.

Une partie de la division Renault se trouva donc, par suite de ce mouvement à hauteur de Rebecco, sur lequel durent se porter un bataillon du 56ᵉ, le 90ᵉ avec deux compagnies du 8ᵉ bataillon de chasseurs à pied et une section d'artillerie. Cette attaque fut dirigée de la manière la plus énergique par le colonel Guilhem du 90ᵉ et le commandant Schwartz du 56ᵉ. Cette colonne arriva en ligne au moment où le 73ᵉ (division de Luzy), débordé sur sa droite, était menacé d'être tourné ; une vigoureuse charge à la baïonnette du 56ᵉ, dirigée par le commandant Schwartz, eut un plein succès, et plus tard, vers les cinq heures, cette portion de la division Renault occupait le village de Rebecco.

Le 3ᵉ corps avait, en raison des éventualités qui pouvaient se produire sur sa droite, disposé d'une partie déjà bien importante de ses forces, et cependant de nouvelles demandes lui étaient adressées instamment afin d'appuyer le centre du 4ᵉ corps sur lequel l'ennemi faisait, comme sur la droite, un effort désespéré. Supposant que la division Bourbaki ainsi que la brigade Collineau de la division Trochu seraient suffisantes pour repousser le corps ennemi annoncé de Mantoue, j'envoyai le général Trochu avec la brigade Bataille de sa division au général Niel, pour être placé entre les divisions de Failly et Vinoy du 4ᵉ corps.

A quatre heures cette brigade entrait en ligne, les bataillons en colonne serrée par division, dans l'ordre en échiquier que je leur prescrivis sur le terrain, l'aile gauche refusée et l'artillerie à portée d'agir efficacement. Ce renfort permettait au général Niel de prononcer un mouvement offensif qui a d'abord repoussé l'ennemi ; mais celui-ci ayant opéré un retour, la brigade Bataille a été lancée de nouveau, et, conduite avec un admirable entrain par le général Trochu, a refoulé définitivement l'ennemi qui n'a pas reparu.

Dans cette marche rapide fournie jusqu'à la route de Ceresara, le 44ᵉ formant l'aile droite, a été un instant débordé par l'ennemi ; mais, sur l'ordre du général Bataille, dont je ne saurais trop louer le courage et le sang-froid, les deux derniers bataillons, vigoureusement conduits par le colonel Pierson et le commandant Coudanieu, ont fait face à droite, marché rapidement sur la tuilerie, et serré de si près l'ennemi qu'ils lui ont fait des prisonniers et l'ont forcé à abandonner deux pièces qui ont été prises.

Le 43ᵉ de ligne, dont un bataillon s'est trouvé un instant très-sérieusement engagé, a montré une grande solidité. J'ai le regret d'annoncer à l'Empereur que son chef, le colonel Broutta, a été mortellement blessé.

Le 19ᵉ bataillon de chasseurs à pied s'est également distingué par son élan.

Pour soutenir le mouvement de la brigade Bataille, j'avais prescrit au général Courtois d'Hurbal de faire avancer son artillerie de réserve, qui était venue prendre position.

J'avais envoyé le colonel Besson, mon chef d'état-major général, sur la route de Medole à Castelgoffredo, pour s'assurer si les reconnaissances du général Bourbaki avaient pu faire découvrir quelque chose des projets de l'ennemi au sujet du mouvement tournant annoncé. De forts détachements de uhlans, appuyés par de l'artillerie légère, avaient pu faire croire à la réalisation de cette attaque, à laquelle il était indispensable de parer; mais, comme il avait été constaté à plusieurs reprises qu'aucun corps d'infanterie ne paraissait derrière la cavalerie, je crus pouvoir laisser la brigade Collineau, de la division Trochu, seule, pour couvrir Medole et faire entrer en ligne la division Bourbaki. A partir de ce moment, notre position était entièrement assurée.

La part prise par le général Trochu au succès de la journée mérite d'être signalée tout spécialement, et fait le plus grand honneur à cet officier général, qui se loue beaucoup de son aide de camp, le capitaine Capitan, lequel a eu un cheval tué sous lui.

Les pertes éprouvées par les troupes du 3ᵉ corps engagées dans la bataille du 24 juin s'élèvent à 250 tués ou blessés, parmi lesquels 3 officiers tués et 12 blessés.

De Votre Majesté,

Sire,

Le très-fidèle sujet,

Maréchal CANROBERT.

VIII

*Rapport du maréchal Niel, commandant en chef
le 4ᵉ corps.*

Au quartier général de Volta, le 27 juin 1859.

Sire,

Les troupes du 4ᵉ corps ont pris une large et glorieuse
part à la bataille de Solferino. Je vais rendre à Votre Majesté un compte sommaire de cette rude journée.

D'après l'ordre de marche du 24 juin, le quartier impérial devait se porter avec la garde de Montechiaro à Castiglione; le 1ᵉʳ corps, d'Esenta à Solferino; le 2ᵉ corps, de
Castiglione à Cavriana; le 3ᵉ corps, de Mezzano à Medole;
enfin le 4ᵉ corps, renforcé des deux divisions de cavalerie
Partouneaux et Desvaux, de Carpenedolo à Guiddizzolo.
Le Roi de Sardaigne devait occuper Pozzolengo.

Le 4ᵉ corps s'est mis en route à trois heures du matin,
les soldats ayant pris le café. Les trois divisions d'infanterie suivaient la route de Carpenedolo à Medole; les batteries et le parc de réserve étaient intercalés entre la division
Vinoy et la division de Failly; la division de Luzy marchait
en tête, éclairée par deux escadrons du 10ᵉ chasseurs,
commandés par le général de Rochefort. La route traverse
un pays couvert de riches cultures, d'arbres et de vignes;
elle est bordée par des fossés profonds et pleins d'eau. Les
deux divisions de cavalerie marchaient sur la route de
Castiglione à Goito, qui traverse une plaine de 3 ou 4 kilomètres de largeur, où la cavalerie et l'artillerie peuvent facilement manœuvrer. Cette route passe à Guiddizzolo.

A environ 2 kilomètres de Medole, les escadrons du général de Rochefort ayant rencontré des uhlans, les chargèrent avec impétuosité ; mais ils furent bientôt arrêtés par des troupes d'infanterie qui occupaient le village en force, soutenues par de l'artillerie. Le général de Luzy prit immédiatement ses dispositions d'attaque ; il fit entourer le village des deux côtés de la route par plusieurs bataillons d'infanterie, sous les ordres des généraux Lenoble et Douay, et, dès qu'il fut en vue des premières maisons qu'occupait l'ennemi, il les fit canonner.

Bientôt après, les mouvements de flanc étant bien prononcés, il fit battre la charge et aborda lui-même le village avec une forte colonne d'infanterie. Cette attaque, exécutée avec une grande bravoure, fut couronnée d'un plein succès. A sept heures, Medole était en notre pouvoir, et l'ennemi se retirait, ayant essuyé de grandes pertes et laissant entre nos mains deux canons et beaucoup de prisonniers.

Au sortir de Medole, trois bataillons de la division de Luzy se portèrent sur la route de Ceresara, tandis que la brigade Douay marchait à la poursuite de l'ennemi vers Rebecco, village situé à une lieue de Medole, sur la route de Guiddizzolo. Cette brigade rencontra bientôt des forces supérieures qui arrêtèrent sa marche.

Aussitôt que la division Vinoy vint déboucher du village de Medole, je fis porter en avant, vers la route de la plaine, huit pièces appartenant à la division de Luzy ; la division Vinoy alla soutenir cette artillerie, repoussant en même temps l'ennemi qui occupait des petits fourrés dans la direction d'une maison isolée, nommée Casa Nova, qui se trouve sur la droite de la grande route de Goito, à deux kilomètres de Guiddizzolo. Des combats acharnés se sont livrés pendant toute la journée autour de cette maison.

Dès que je pus sortir du pays couvert que traverse le chemin de Medole, j'aperçus dans la plaine de fortes colonnes autrichiennes d'infanterie et de cavalerie qui faisaient face au corps du maréchal de Mac-Mahon, et qui menaçaient de m'envelopper dans le mouvement que je faisais sur leur flanc. La division Vinoy se forma en bataille dans une direction oblique qui me rapprochait du maréchal de Mac-Mahon, et, sous cet appui, je fis déboucher de Medole l'artillerie de réserve, qui se mit en batterie, ayant derrière elle et à sa gauche les divisions de cavalerie.

Pour avoir un appui à sa droite, le général Vinoy enleva à l'ennemi la ferme de Casa Nova ; mais, occupant ainsi un front très-étendu pour mes forces, j'attendais avec impatience la division de Failly, qui, de son côté, doublait de vitesse pour venir prendre part au combat.

L'ennemi tenta de tourner la gauche du général Vinoy dans l'espace que laissaient entre eux le 2ᵉ et le 4ᵉ corps. Une colonne d'infanterie, soutenue par une nombreuse cavalerie, s'approcha jusqu'à 200 mètres de la division Vinoy, mais elle fut arrêtée par la mitraille et les boulets des 42 pièces d'artillerie des divisions et de la réserve, qui prenaient successivement leur poste de combat, et qui bientôt furent toutes en batterie sous l'habile direction du général Soleille.

L'ennemi déploya à son tour son artillerie.

Dans cette lutte , qui dura une grande partie de la journée, notre artillerie eut toujours un avantage incontestable, et ses terribles effets sont marqués par les débris d'hommes et de chevaux qui jonchent le sol.

A mesure que le corps du maréchal de Mac-Mahon s'avançait, la division Vinoy, pivotant sur la Casa Nova, suivait le mouvement par l'aile gauche. Mais les forces ennemies, qui reculaient dans la plaine, portaient leurs efforts sur la Casa Nova et sur les premières maisons de Rebecco où se livraient des combats acharnés. Dès que la division de Failly put entrer en ligne, je donnai pour direction à sa tête de colonne le hameau de Baite, situé entre Rebecco et la ferme de Casa Nova.

Le général de Failly s'y porta avec la brigade O'Farrell, et je conservai sous ma main, comme réserve, la brigade Saurin.

A partir de ce moment, mes troupes étaient disposées comme il suit, de la droite à la gauche : au village de Rebecco, la division de Luzy ; à Baite la première brigade de la division de Failly ; à gauche, se refusant dans la direction du marécnal de Mac-Mahon, la division Vinoy déployée, sept batteries d'artillerie et deux divisions de cavalerie.

Le but que je poursuivais, et qui aurait donné de magnifiques résultats si j'avais pu l'atteindre, c'était que, lorsque Cavriana serait au pouvoir du 2ᵉ corps, le maréchal Canrobert, arrivé à Medole, voulût bien envoyer en avant une ou deux de ses divisions pour occuper Rebecco. Alors, avec les deux divisions de Luzy et de Failly, j'allais m'emparer de Guiddizzolo, et, maître de l'embranchement des routes. je coupais la retraite, soit sur Goito, soit sur Volta, aux masses ennemies qui occupaient la plaine. Malheureusement, le maréchal Canrobert, mcnacé sur sa droite, ne jugea prudent de me prêter son appui que vers la fin de la journée.

L'ennemi, qui sentait tout le danger que lui faisait courir ma marche sur Guiddizzolo, réunit tous ses efforts pour l'arrêter.

Une lutte des plus vives se prolongea pendant plus de six heures autour de la ferme de Casa Nova, au hameau de Baite et au village de Rebecco. Quand le combat avait lieu par des feux d'infanterie, l'ennemi ayant l'avantage du nombre, je perdais du terrain. Alors je formais une colonne d'attaque avec un des bataillon de ma réserve, et la baïonnette nous donnait plus que la fusillade ne nous avait fait perdre.

Dans ces combats incessants, j'ai eu le regret de voir tomber de braves soldats et des chefs bien dignes de les commander :

Le colonel Lacroix, du 30ᵉ de ligne ; le colonel Capin, du 53ᵉ ; le colonel Broutta, du 43ᵉ (division Trochu) ; les lieutenants-colonels de Neuchèze, du 8ᵉ de ligne ; de Campagnon, du 2ᵉ de ligne ; Des Ondes, du 5ᵉ hussards ; les chefs de bataillon Nicolas, Tiersonnier et Hébert, se sont fait tuer à la tête de leurs troupes.

Le général Douay, qui s'est particulièrement distingué dans cette journée, et un grand nombre d'officiers supérieurs, ont reçu des blessures qui priveront momentanément l'Empereur de leurs services.

A toutes ces pertes j'en dois ajouter une qui m'est particulièrement sensible, celle du colonel du génie Jourjon, officier accompli aussi remarquable par sa science que par ses qualités militaires.

La cavalerie nous a été d'un puissant secours pour éloigner de la Casa Nova l'infanterie ennemie, qui renouvelait sans cesse ses efforts pour nous enlever ce point d'appui important.

Les deux divisions de Partouneaux et Desvaux ont, à plusieurs reprises, chargé l'infanterie autrichienne avec une grande bravoure.

Vers trois heures, M. le maréchal Canrobert, étant venu sur le champ de bataille pour juger par lui-même ma position, envoya l'ordre à la division Renault, du 3ᵉ corps, qui observait la route de Medole à Ceresara, d'appuyer sur Rebecco, et il ordonna en même temps au général Trochu d'amener sa première brigade sur le lieu même où se trouvait ma réserve, entre Casa Nova et Baite, car c'était toujours là que se portaient les plus grands efforts de l'ennemi.

Voyant que j'allais être soutenu par des troupes fraîches, je formai immédiatement quatre bataillons de la division de Luzy en colonnes d'attaque; j'y joignis deux bataillons de la division de Failly, qui formaient en ce moment mon unique réserve, et le général de Luzy conduisit les troupes dans la direction de Guiddizzolo.

La tête de colonne, formée par un bataillon du 30ᵉ de ligne, arriva jusqu'aux premières maisons du village; mais, trouvant devant elle des forces supérieures, elle dut se retirer.

Nos soldats étaient, d'ailleurs, accablés par la fatigue;

ils marchaient et combattaient depuis douze heures sur un terrain complétement dépourvu d'eau, et, pendant cette lutte incessante, ils n'avaient pas eu le temps de manger.

Cependant M. le maréchal Canrobert ayant bien voulu me promettre l'arrivée avant la nuit de la division Bourbaki, je voulus tenter un dernier effort sur Guiddizzolo avec la brigade Bataille de la division Trochu, qui avait pris la place de ma réserve. Le général Trochu, ayant formé ses bataillons en colonnes serrées, les conduisit à l'ennemi en échiquier, l'aile droite en avant, avec autant d'ordre et de sang-froid que sur un champ de manœuvres. Il enleva à l'ennemi une compagnie d'infanterie et deux pièces de canon, et arriva jusqu'à demi-distance de la Casa Nova à Guiddizzolo.

Un violent orage précédé de tourbillons de poussière, qui nous plongea dans l'obscurité, vint mettre fin à cette terrible lutte, et le 4e corps prit ses bivouacs sur un champ de bataille qu'il avait glorieusement conquis. Il a pris à l'ennemi un drapeau, enlevé par des soldats du 76e de ligne, et 7 pièces de canon. Il a fait environ 2000 prisonniers ; et, sur un champ de bataille qui a près de deux lieues de long, la marche du 4e corps est jonchée des cadavres de l'ennemi. La lutte a été longue et opiniâtre, et il n'est pas un bataillon du corps d'armée qui n'y ait pris part.

Je ne puis citer à Votre Majesté les nombreux actes de bravoure dont j'ai été témoin ou qui m'ont été rapportés, mais je dois lui dire que chacun a fait noblement son devoir et qu'en voulant donner des témoignages de satisfaction, je suis tout naturellement conduit à parler à Votre Majesté de la belle conduite des généraux de division ; après eux, des généraux de brigade, et ensuite des chefs de corps, qui ont été en si grand nombre tués ou blessés.

Voici l'état des pertes éprouvées par les troupes du 4e corps et des deux divisions de cavalerie :

4e CORPS.	Tués.		Blessés.		Disparus	
	Officiers.	Troupes.	Officiers.	Troupes.	Officiers.	Troupes.
1re division d'infanterie (de Luzy)..	15	276	84	1552	»	»
2e — — (Vinoy).......	4	150	39	896	»	126
3e — — (de Failly).. .	18	89	58	723	3	372
Division de cavalerie (Partouneaux).	1	12	7	44	»	4
— — (Desvaux).....	7	51	15	137	4	38
Artillerie.......................	»	8	4	65	»	1
État-major.....................	1	»	»	5	»	»
Totaux.......	46	586	207	3417	7	541
	632		3.624		548	
			4.804			

Le maréchal commandant le 4e corps,

Niel.

Note insérée au Moniteur universel.

7 août 1859.

Le maréchal commandant le 3e corps de l'armée d'Italie a réclamé contre un passage du rapport sur la bataille de Solferino, adressé à l'Empereur par le commandant du 4e corps. Sa Majesté a ordonné l'insertion de la note suivante :

Il est dit dans ce passage que le 3e corps n'a donné son appui au 4e que sur la fin de la journée. Cependant, dès son arrivée au village de Medole, le maréchal Canrobert envoya les premières troupes de la division Renault sur la route de Ceresara, avec la mission de couvrir la droite du 4e corps. La présence de ces troupes a donc eu pour résultat, dès dix heures du matin, d'enlever au général Niel toute appréhension sur les attaques qu'il pouvait avoir à craindre sur son flanc droit, qui n'était gardé que par trois de ses bataillons. Il est donc juste de reconnaître que le maréchal Canrobert avait déjà donné un appui utile au 4e corps avant l'heure où la division Renault vint occuper le village de Rebecco pour permettre au général Niel d'en retirer une partie de la division de Luzy, en même temps que la première brigade de la division Trochu venait combattre au milieu des troupes du 4e corps.

D'ailleurs le général Niel ne pouvait avoir l'intention, dans son rapport à l'Empereur, d'incriminer en aucune manière la conduite du maréchal Canrobert, dont le caractère chevaleresque est bien connu.

IX

Rapport de S. A. I. le Prince Napoléon, commandant
le 5e corps de l'armée d'Italie, à l'Empereur.

Quartier général à Goito, le 4 juillet 1856.

Sire,

Jusqu'à ce jour, la mission du 5e corps, dont Votre Majesté a daigné me confier le commandement, a été politique et militaire.

Seule la division d'Autemarre, retenue à l'armée de Votre Majesté, a été assez heureuse pour qu'un de ses régiments, le 3e de zouaves, engagé avec l'ennemi, se couvrît de gloire à Palestro. Un autre, le 93e, a eu aussi le bonheur de combattre à Montebello.

Le 5e corps, en se réunissant en Toscane, avait pour mission politique :

1° De maintenir ce duché dans la ligne de conduite tracée par Votre Majesté, c'est-à-dire de ne pas laisser dégénérer l'expression du sentiment patriotique, et surtout d'organiser militairement toutes les ressources que l'on pouvait tirer de ce pays, ainsi que des duchés de Parme et de Modène ;

2° De contraindre, par la présence du drapeau français sur les frontières de la Romagne, le gouvernement autrichien à observer strictement la neutralité dans les États du Pape ;

3° De garantir les habitants contre un retour offensif de l'Autriche, et de leur permettre de faire éclater sans entrave l'expression de leur sympathie pour la cause de l'indépendance italienne, et de leur reconnaissance pour les bienveillantes intentions du gouvernement de Votre Majesté.

La mission militaire du 5e corps était :

1° D'empêcher un corps autrichien de faire une pointe sur la Toscane et de priver l'ennemi des précieuses ressources de l'Italie centrale ;

2° De menacer le flanc gauche de l'armée autrichienne en compromettant ses lignes de retraite et de hâter son abandon des duchés de Parme et de Modène dès après la première victoire de l'armée alliée.

Ces divers buts ont été atteints heureusement, et sans coup férir, par la présence seule à Livourne, à Florence, aux débouchés des Apennins, des troupes du 5e corps.

1° Au point de vue politique :

La Toscane a joui de la plus grande tranquillité sans que sa liberté fût troublée. Sous la protection du drapeau français, l'armée toscane, désorganisée après le 27 avril, a pu se réorganiser assez vite pour qu'aujourd'hui elle donne au 5e corps un appoint de 8 à 10 000 soldats armés, équipés et prêts à se mesurer avec l'ennemi ; pour qu'une division de volontaires, aux ordres du général Mezzacapo, s'organise également à Florence, sans que le pays soit privé du régiment des gendarmes toscans, fort de

2000 hommes et suffisant pour maintenir la tranquillité; en outre, la neutralité n'a pas été violée par l'ennemi dans les États pontificaux.

Enfin l'enthousiasme qui s'est produit dans tous les lieux parcourus par le 5e corps, depuis le jour de son débarquement à Livourne jusqu'à celui de sa jonction avec l'armée de Votre Majesté; les ovations qu'il a reçues, lui et son chef, à Livourne, à Florence, à Lucques, à Massa, à Parme et dans toutes les localités petites ou grandes où il a dû s'arrêter, sont un témoignage authentique et qui ne saurait manquer de produire un effet moral considérable.

2° Au point de vue militaire :

La présence du 5e corps en Toscane, ou plutôt d'une division d'infanterie, d'une brigade de cavalerie et de neuf batteries, a retenu les corps autrichiens qui, des bords du Mincio, semblaient prêts à se jeter sur les riches plaines qui avoisinent la rive droite du Pô; la présence de ce corps, prêt à déboucher sur l'armée autrichienne, a imprimé à cette armée une crainte assez vive pour qu'elle se soit hâtée, dès après la bataille de Magenta, d'abandonner Ancône, Bologne, et successivement toutes les positions sur la rive droite du Pô, faisant sauter des ouvrages qui avaient coûté beaucoup de temps et d'argent.

Tels sont, Sire, les résultats qui ont été la conséquence de l'envoi par Votre Majesté du 5e corps en Toscane et dans les duchés.

Il me reste à faire connaître en peu de mots à Votre Majesté les opérations, malheureusement jusqu'à ce jour toutes pacifiques, de la partie de ce corps réunie en Toscane.

Le 12 mai dernier, la presque totalité de la 1re division du 5e corps (division d'Autemarre) débarquait à Gênes.

Je me trouvais moi-même dans cette ville avec une partie de mon état-major.

Le 14, le 3e de zouaves, de la division d'Autemarre, est envoyé à Bobbio.

Le 17, le 5ᵉ corps, moins la division d'Autemarre, reçoit de Votre Majesté l'ordre de se rendre à Livourne, où doivent être transportées directement de France les troupes de la 2ᵉ division (Uhrich) arrivant de Paris. La brigade de cavalerie légère du général de Lapérouse reçoit également l'ordre de s'embarquer pour Livourne, tandis que la division d'Autemarre est détachée provisoirement du 5ᵉ corps au 1ᵉʳ corps à Voghera.

Le 23 mai, je débarquai à Livourne, où ne tardaient pas à se concentrer la 2ᵉ division, la brigade de cavalerie, l'artillerie divisionnaire, l'artillerie de réserve et le parc arrivant de France.

Le 31 mai, je transportais mon quartier général à Florence ; la 1ʳᵉ brigade de la 2ᵉ division, la cavalerie, l'artillerie et tous les services administratifs se concentraient dans cette ville, tandis que la 2ᵉ brigade se portait de Lucques à Pistoja, occupant par des postes avancés tous les débouchés des Apennins et le nœud des routes. Le général toscan Ulloa portait, sur mon ordre, la brigade organisée de sa division également aux débouchés principaux de la Romagne.

Le 12 juin, le but politique que Votre Majesté voulait d'abord et avant tout atteindre par la présence du 5ᵉ corps étant accompli, il me fut permis de commencer mon mouvement pour rallier la division d'Autemarre et me joindre à l'armée de Votre Majesté.

Tandis que je dirigeais la division toscane sur Parme, par le duché de Modène et par la route du col de l'Abetone, je fis marcher les troupes françaises qui se trouvaient de Lucques à San Marcello et à Florence, par Lucques. Massa, Pontremoli et Parme.

Cette marche de seize jours, effectuée dans des conditions atmosphériques souvent peu favorables, m'a permis de constater la vigueur et l'excellente discipline des troupes de Votre Majesté.

La division du général Uhrich (14ᵉ bataillon de chasseurs, 18ᵉ, 26ᵉ, 80ᵉ et 82ᵉ de ligne), les 6ᵉ et 8ᵉ de hussards de la brigade Lapérouse, l'escadron des guides toscans que j'ai joint à notre cavalerie, les neuf batteries divisionnaires ou de la réserve, les deux batteries du parc du 5e corps, ont dû marcher sous une température très-élevée, et plusieurs fois ces troupes ont eu à supporter de violents orages qui ont grossi les torrents et présenté certaines difficultés.

L'état sanitaire s'est maintenu dans les conditions les plus favorables, et je n'ai eu qu'à me louer de la discipline parfaite maintenue dans tous les corps par les chefs et par les officiers.

Le contact avec les populations n'a donné lieu à aucune plainte.

Le passage du Pô à Casal Maggiore, à 12 kilomètres de Mantoue, ainsi que la construction du pont de bateaux, ont été des opérations faites avec intelligence, activité et zèle.

Les troupes que j'amène à Votre Majesté et qui opèrent aujourd'hui avec l'armée principale, à Goito, seront dignes, je n'en doute pas, de celles qui, plus heureuses, ont déjà battu l'ennemi.

Le Prince, commandant le 5e corps
de l'armée d'Italie,

NAPOLÉON (Jérôme).

X

Bulletin autrichien de la bataille de Solferino.

L'armée impériale avait occupé le 21 juin les positions qui lui avaient été désignées derrière le Mincio ; le 8e corps d'armée se tenait à l'extrémité de l'aile droite, entre Peschiera et Casa Nova; le 5e corps d'armée s'étendait de Brentina à Salionze; le 1er et le 7e corps étaient en réserve à Quaderni et San Zenore di Mozzo ; la cavalerie et l'artillerie de réserve à Rosegaferro près de Villafranca, où le quartier général de l'Empereur avait été transporté depuis le 20 juin.

De la 1re armée le 3e corps se trouvait tout près de Pozzolo, le 9e à Goito et aux environs, le 14e corps d'armée arrivée entre temps était à Roverbella, la division de cavalerie du lieutenant feld-maréchal comte Zedwitz à Mozzecane.

L'armée autrichienne se trouvait ainsi réunie aux renforts disponibles qu'elle avait reçus, et mise de la sorte en mesure de pouvoir prendre contre l'ennemi, bien qu'encore supérieur en nombre, une vigoureuse offensive avec quelque chance de succès.

De plus, les dernières nouvelles que nous avions reçues sur les mouvements et les intentions probables de l'ennemi, nous firent croire que nous devions précipiter l'attaque le plus possible.

En conséquence, le 24 juin fut désigné pour le passage du Mincio.

« L'ennemi s'était provisoirement borné à occuper fortement la ligne de la Chiese sans suivre l'armée impériale dans sa retraite au delà du Mincio. Une patrouille composée d'un escadron de hussards Empereur, d'un escadron de uhlans de Sicile et de deux pièces d'artillerie à cheval, sous le commandement du major Appell, du régiment de uhlans que nous venons de nommer, avait été chargé de reconnaître le pays coupé de collines qui se trouve entre les deux fleuves; elle n'avait nulle part rencontré de colonnes importantes, mais seulement quelques détachements isolés.

A Chiodino et à Castel Vanzago, il y eut des escarmouches qui se terminèrent par la retraite de l'ennemi, et dans lesquelles nous perdîmes 2 officiers, 5 hommes et 9 chevaux.

La 1re armée avait également envoyé vers la Chiese des reconnaissances qui ne rencontrèrent nulle part l'ennemi.

Le 23 juin, au matin, l'armée autrichienne commença son mouvement en avant. L'extrémité de l'aile droite était formée par la brigade Reichlein, du 6e corps d'armée, qui, arrivée de Roveredo, se porta à travers le camp retranché de Peschiera vers Ponti, pour s'y joindre au 8e corps d'armée, qui passa le Mincio près de Salionze et atteignit Pozzolengo sans avoir éprouvé de la part de l'ennemi la moindre résistance.

Le 5e corps d'armée passa le fleuve à Valeggio et se dirigea sur Solferino.

Le 1er corps d'armée suivit le 5e et remonta vers Cavriana.

Le 7e corps d'armée et la division de cavalerie de réserve du lieutenant feld-maréchal comte Mensdorff passèrent le Mincio sur un pont de chevalets près de Ferri, entre Massimbona et Pozzolo, et se rendirent le premier à Foresto, la seconde au delà de cette localité jusqu'à Tezze près de Cavriana.

Toutes les parties de la seconde armée, placée sous les ordres du général de cavalerie comte Schlick, atteignirent, dans le courant de l'après-midi, les points qui leur avaient été désignés, sans rencontrer l'ennemi, et le soir les avant-postes furent avancés de Casa Zapablia jusqu'à le Grolle, en passant par Contrada Mescolaro et Madonna della Scoperta.

La première armée, sous le commandement du feldzeugmestre comte Wimpffen, formait l'aile gauche de l'avant-garde et passa également le Mincio à Ferri avec le 3e corps d'armée; le 9e et le 11e corps, ainsi que la division de cavalerie du lieutenant feld-maréchal comte Zedwitz, effectuèrent leur passage à Goito. Cette dernière division, appuyée par le 9e corps d'armée, s'avança jusqu'à Medole; le 3e et le 9e corps d'armée campèrent à Guiddizzolo, et le 11e, comme réserve, à Castel Grimaldo.

Du 2ᵉ corps d'armée la division du lieutenant feld-
maréchal, comte Jellachich, reçut l'ordre de se rendre de
Mantoueà Marcaria pour prendre part aux opérations de
l'armée principale, et pouvoir agir sur le flanc de l'ennemi
au delà de Goffredo.

Le commandant de corps, lieutenant feld-marécha-
prince Édouard de Liechtenstein, prit en personne le commandement de cette division.

Le 6ᵉ corps d'armée avait pour mission d'appuyer,
dans la mesure des circonstances, la marche en avant
de l'armée par des détachements envoyés du sud du
Tyrol.

Pendant que le gros de l'armée autrichienne avait
ainsi pris position, dans la journée du 23, de Pozzolengo à
Guiddizzolo pour agir ensuite concentriquement dans la
direction de la Chiese et attaquer l'armée ennemie dans ses
positions principales de Carpenedole et de Montechiaro,
l'ennemi, soit qu'il eût été entre temps informé de nos
projets, soit qu'il exécutât un plan arrêté d'avance, fit également un mouvement en avant, et le 23 il avait, avec toute
l'armée piémontaise et quelques détachements français,
forts de 60 000 à 70 000 hommes, atteint les points d'Esenta,
Dezenzano et Rivoltella, ainsi que les positions avancées
de Castel Venzago et de San Martino, pendant que le gros
de l'armée française occupait fortement Castiglione delle
Stiviere, Carpenedole et Montechiaro et envoyait des détachements jusque vers Solferino et Medole.

Les deux armées se rencontrèrent. Dès le 24, de grand
matin, l'ennemi entreprit avec des forces considérables
une attaque générale contre la ligne de marche de l'armée
autrichienne.

A l'aile droite, les troupes du 8ᵉ corps d'armée, sous
la conduite du lieutenant feld-maréchal Benedek, réussi-
rent non-seulement à soutenir et à repousser le choc violent de l'armée piémontaise, mais encore elles poussèrent
jusqu'à San Martino, s'emparèrent de cette position favorable et parvinrent à y maintenir la lutte.

Les troupes piémontaises furent repoussées avec des pertes considérables jusqu'à Rivoltella et Dezenzano.

Au centre des positions autrichiennes, dont les hauteurs qui dominaient Solferino formaient la clef, la brigade Bils, avant-garde du 5ᵉ corps d'armée, fut également attaquée avec violence de très-grand matin dans sa position avancée, et se trouva engagée dans une lutte ardente.

L'attaque ennemie se développa bientôt avec des forces de beaucoup supérieures sur toute la ligne du 5ᵉ corps d'armée.

Au premier rang, les brigades Bils et Puchner (infanterie Kinsky et Culoz, 1ᵉʳ bataillon Ogulins et 4ᵉ bataillon chasseurs de l'Empereur) firent preuve d'une bravoure et d'une énergie admirables; elles repoussèrent à la baïonnette jusqu'à onze heures du matin toutes les attaques d'un ennemi trois fois plus nombreux, qui cependant avançait sans cesse avec de nouvelles troupes, mettait de nouveaux canons en batterie, et, à une distance de près de 3000 pas, inondait avec succès Solferino de grenades.

Cependant, lorsque l'ennemi, avec une forte division, pénétra aussi dans la vallée au nord de Solferino, et dans le val de Quadri, menaçant ainsi de déborder la position des brigades ci-dessus nommées, il fut impossible, même avec la résistance des brigades Koller et Gaal du 5ᵉ corps d'armée, qui étaient arrivées entre temps, de rétablir dans de bonnes conditions le combat, qui, dès midi, commença à prendre une tournure défavorable.

N'étant pas appuyées avec une énergie suffisante par le corps d'armée, les troupes du 5ᵉ corps qui, après avoir été repoussées à plusieurs reprises, s'étaient de nouveau lancées en avant avec les réserves et avaient reconquis leurs premières positions, se virent enfin obligées d'abandonner les premières hauteurs qui commandent le champ de bataille, et de se retirer sur les cimes de Monte Mezzana; puis, lorsque de fortes colonnes ennemies s'avancèrent sur la route qui, de Castiglione, conduit par le Grole à Solferino, elles durent évacuer cette dernière localité et se borner à occuper le château, le cimetière et la Rocca, et, enfin, après une héroïque résistance, il leur fallut aussi céder ces dernières positions.

Ce n'est qu'après la lutte la plus sanglante, et au prix de sacrifices énormes, que l'ennemi parvint à arracher ces points dominants au brave régiment Reischach, qui, avec un admirable dévouement, protégea et couvrit le départ des troupes de son propre corps et de celles du 1er, non sans faire les pertes les plus considérables. Les troupes du 5e corps se retirèrent à Mescolaro et Pozzolengo, celles du 1er se replièrent sur Cavriana, et de là sur Volta et Valeggio.

Le 4e corps d'armée, qui, de Foresto s'était avancé pendant ce temps-là en partie vers Solferino en passant dans la plaine par San Cassiano, en partie vers Cavriana en passant par les hauteurs situées au sud de cette dernière localité, n'arriva malheureusement pas à temps pour retarder la perte de Solferino, et donner sur ce point une tournure favorable à la lutte. Par contre, il réussit, en occupant Cavriana et les collines environnantes, à protéger la retraite du centre, jusqu'à ce que, l'ennemi avançant des hauteurs de Solferino qui dominent cette dernière position, et la foudroyant de son artillerie, elle ne fût plus tenable.

La division de cavalerie Mensdorff, composée de trois brigades, s'était dès le matin avancée dans la plaine, au delà du Val del Termine, pour s'emparer du terrain ouvert et favorable au mouvement de la cavalerie qui se trouve entre Casa Mariana et San Cassiano ; elle attaqua les batteries ennemies établies à cheval sur la route et les détachements de cavalerie ; mais elle eut à essuyer un violent feu croisé de quatre à cinq batteries et dut se retirer. Pendant que le 7e corps se portait en avant, cette division de cavalerie chercha à appuyer par son artillerie les mouvements de ce corps, mais elle ne put résister au feu de l'ennemi, qui disposait d'un beaucoup plus grand nombre de canons.

Sur l'aile gauche, les détachements de la 1re armée envoyés dès le 23 au soir en avant de Medole (2 bataillons du régiment d'infanterie archiduc François-Charles), furent violemment attaqués au point du jour, et, après une lutte acharnée, rejetés vers Guiddizzolo.

L'ennemi, en les poursuivant, s'empara du village de Rebecco, situé entre Guiddizzolo et Medole, et s'y établit avec des forces imposantes.

Le 9e et le 3e corps d'armée arrivaient cependant de Guiddizzolo; le dernier s'avança sur la grande route jusqu'à la Quagliara, mais ne put aller au delà, car le 9e corps ne parvint pas, malgré tous ses efforts, à déloger l'ennemi de Rebecco.

Pendant plusieurs heures, le combat se livra pour la possession de cette localité, où l'ennemi envoyait constamment de Medole des réserves fraîches, tandis que de notre côté nous détachions de suite du 4e corps, arrivé entre temps de Castel Grimaldo, la division Blomberg (brigades Dobrzensky et Host) pour appuyer le 9e corps d'armée, et la brigade Baltin pour couvrir le 3e corps. La localité de Rebecco fut plusieurs fois prise et reperdue; la lutte s'arrêta plusieurs fois, et plusieurs fois l'armée autrichienne reprit l'offensive.

Mais, bien qu'appuyées par une attaque énergique contre Medole, les troupes du 9e et du 11e corps, malgré de vigoureux efforts et des pertes considérables, ne purent obtenir aucun avantage durable. Le 3e corps se trouva par là arrêté dans sa marche en avant, et il résista avec une admirable persévérance aux violentes attaques de l'ennemi, qui se renforçait sans cesse.

La division de cavalerie Zedwitz, dont l'appui était indispensable et continuellement attendu pour dégager l'aile gauche, ne vint pas, attendu que, par suite du combat livré le matin de bonne heure à Medole, elle avait dû se retirer jusqu'à Ceresara et Goito.

Le mouvement de flanc que deux brigades du 2e corps d'armée avaient reçu l'ordre d'exécuter, et qui pouvait avoir un effet décisif sur le flanc et les derrières de l'ennemi, ne fut pas non plus exécuté, car la nouvelle de l'approche d'un gros corps ennemi venant de Piadene et Cremone (où se trouvait , en effet, la division d'Autemarre) retint cette division à Marcaria dès qu'elle eut passé l'Oglio.

L'aile gauche, sur l'ordre de l'Empereur, essaya encore une fois, vers trois heures de l'après-midi, de reprendre l'offensive.

Après que la brigade Greschke du 11ᵉ corps d'armée se fut avancée jusqu'à Guiddizzolo pour rallier les détachements déjà ébranlés de son propre corps et du 9ᵉ, les deux dernières batteries de réserve furent amenées sous la protection de deux bataillons et de deux divisions de cavalerie, pour canonner l'artillerie ennemie, pendant que, espérant toujours dans l'appui de la cavalerie de réserve, les troupes faisaient encore une attaque générale. Mais ce fut en vain; fortement et sans cesse pressées sur le flanc gauche, ces troupes ne purent, cette fois encore, obtenir un bon résultat.

Vers le même temps, Cavriana, après une vaillante résistance, était aussi tombé au pouvoir de l'ennemi ; deux brigades du 7ᵉ corps d'armée, enflammées par la présence de S. M. l'Empereur, avaient défendu longtemps, avec des chances diverses, cette localité et les hauteurs environnantes ; l'aile gauche de ce corps, appuyée par la division de cavalerie Mensdorff, qui revenait à la charge pour la troisième fois, fit encore une dernière et inutile tentative pour repousser l'ennemi, qui s'avançait en forces supérieures de San Cassiano à Cavriana.

Le centre ayant ainsi cédé à Solferino et à Cavriana, l'aile gauche ne pouvait plus forcer la position de l'ennemi, et à 4 heures de l'après-midi, on décida la retraite générale.

A l'aile gauche, elle fut couverte avec beaucoup de prudence par les deux derniers bataillons intacts du régiment d'infanterie archiduc Joseph et le brave 10ᵉ bataillon de chasseurs, sous la direction personnelle du lieutenant

feld-maréchal Weigl, commandant le corps d'armée; Guiddizzolo ne fut abandonné qu'à dix heures du soir, après
que toutes les troupes eurent évacué la place, emmené les
blessés et mis les batteries en sûreté.

Au centre, la retraite fut couverte par les troupes du
7ᵉ corps d'armée, qui firent preuve de fermeté et de dévouement, et l'on se retira en bon ordre et en combattant
par le Bosco-Scuro, derrière Cavriana.

Un violent orage ayant interrompu de part et d'autre
le combat pendant une demi-heure, l'ennemi cessa complétement de s'avancer dans le Bosco-Scuro. Les brigades
Brandenstein et Wussin (les braves régiments d'infanterie
archiduc Léopold et Empereur, le 19ᵉ bataillon de chasseurs
et le 1ᵉʳ bataillon de Liccans) se retirèrent en bon ordre à
Volta sous la conduite du lieutenant feld-maréchal prince
de Hesse; elles y arrivèrent à huit heures du soir, et l'oc-
cupèrent convenablement pour couvrir la retraite du train
de l'armée à travers les défilés difficiles de Borghetto et
Valeggio.

La brigade Gablenz, de la même division, occupa jusqu'à dix heures du soir les hauteurs situées immédiatement en face de Cavriana avec deux bataillons d'infanterie
Grucher et trois bataillons de chasseurs Empereur, et, après
avoir reçu tous les petits détachements qui se retiraient,
elle se replia tard dans la nuit sur Volta, et dès le point du
jour elle passa le Mincio sur le pont de Ferri.

A l'aile droite, le 8ᵉ corps d'armée s'était maintenu
dans les conditions de lutte les plus favorables. Dès que le
5ᵉ corps d'armée eut commencé sa retraite vers Pozzolengo,
le lieutenant feld-maréchal Benedek se retira aussi sur
Salionze, après avoir repoussé deux attaques de l'ennemi
en forces supérieures et lui avoir fait 400 prisonniers.

Pozzolengo resta occupé jusqu'à dix heures du soir par
les troupes du 8ᵉ corps d'armée, ce qui rendit possible la
retraite ordonnée des troupes du 5ᵉ et du 1ᵉʳ corps.

Dans ces combats, comme dans les autres, les troupes
impériales se sont battues avec une admirable bravoure.

Les troupes des 5ᵉ et 8ᵉ corps d'armée, qui ont été conduites avec beaucoup de prudence et d'activité, se sont comportées d'une manière admirable et ont fait preuve d'un dévouement au-dessus de tout éloge.

Du 1ᵉʳ corps d'armée, le régiment italien Wernhordt-infanterie, qui s'est très-bravement battu, est cité d'une manière tout à fait honorable dans le rapport détaillé du commandant d'armée. Dans la cavalerie, le régiment de hussards du roi de Prusse mérite la mention la plus glorieuse; ce régiment, sous le feu le plus violent des batteries ennemies, a exécuté une charge contre le régiment français des chasseurs d'Afrique, auquel il a fait subir des pertes considérables; de plus il a fait à l'ennemi de nombreux prisonniers.

Nos pertes, surtout en officiers, sont très-considérables; dans quelques corps de troupes elles s'élèvent au quart de l'effectif total. Les rapports détaillés et nominatifs des pertes ont déjà été donnés par la *Gazette de Vienne*. Mais l'ennemi a éprouvé aussi des pertes énormes, notamment à l'assaut de Cavriana et de Solferino.

Sur aucun point il n'a osé contrarier le moins du monde la retraite de nos troupes.

Au centre il n'a pas poussé plus loin que Cavriana; sur les deux ailes l'ennemi n'avait pu gagner un pouce de terrain sur nos troupes.

De notre côté, les 1ᵉʳ, 3ᵉ, 5ᵉ, 7ᵉ, 8ᵉ, 9ᵉ et 11ᵉ corps d'armée, et une brigade du 6ᵉ, avaient pris part au combat; du côté de l'ennemi il y avait, au dire des prisonniers, cinq régiments de cavalerie, les corps d'armée de Niel et de Mac-Mahon à l'aile droite, en face de l'aile gauche autrichienne; au centre, les corps d'armée de Canrobert et de Baraguey d'Hilliers, puis la garde et enfin toute l'armée piémontaise à l'aile gauche, de sorte que toute l'armée ennemie était engagée.

L'armée autrichienne n'est pas ébranlée, et elle se tient prête au combat dans les positions qui lui ont été désignées par l'Empereur. Si les forces supérieures de l'ennemi et un concours de circonstances contraires lui ont cette fois encore dérobé la palme de la victoire, elle se sent cependant encouragée et relevée par la conscience qu'elle a d'avoir non-seulement donné à l'agresseur des preuves réitérées de sa vaillance et de sa fermeté, mais encore, dans cette nouvelle rencontre, de lui avoir causé aussi de grandes pertes, d'avoir essentiellement ébranlé ses forces, et contribué par là, au moins en partie, à amener le succès final. »

XI

Rapport du vice-amiral Romain Desfossés, commandant en chef l'escadre de la Méditerranée, à S. Ex. le Ministre de la marine.

Vaisseau *la Bretagne*, Lossini Piccolo,
le 23 juillet 1859.

Monsieur l'amiral,

Honoré par la confiance de l'Empereur du commandement en chef des forces navales de la Méditerranée, je dois compte à Votre Excellence de la répartition et de l'emploi que j'en ai dû faire, d'après les termes de vos instructions, au moment où elles ont eu pour mission spéciale de seconder, dans la mer Adriatique, les grandes opérations de l'armée de Sa Majesté.

Ces forces navales comprenaient dix vaisseaux de ligne et quatre frégates à hélice; deux de ces vaisseaux et deux frégates se trouvaient déjà détachés sous le commandement particulier du contre-amiral Jurien de La Gravière pour assurer le blocus effectif de Venise.

Votre Excellence m'avait prescrit de laisser quatre vaisseaux et deux frégates en réserve à Toulon, sous les ordres

du contre-amiral Jehenne : c'était donc avec quatre vaisseaux, y compris *la Bretagne*, qui porte mon pavillon, que
je devais me rendre dans le golfe de Venise, et y réunir les
éléments divers de la flotte expéditionnaire.

Le plus important de ces éléments, si l'on considère la
nature des eaux où nous devions opérer, était une nouvelle
escadre récemment constituée par les ordres de Sa Majesté
et qui, sous le nom de flotte de siége, venait, avec cinq
avisos et six transports à hélice, compléter l'ensemble des
forces navales placées sous mon commandement supérieur.

La flotte de siége fut confiée à l'habile direction du
contre-amiral comte Bouët-Willaumez, qui arriva à Toulon
le 1er juin pour activer l'appropriation spéciale et l'armement des bâtiments destinés à en faire partie.

Elle se composait de quatre frégates à roues et de vingt-
cinq batteries flottantes et canonnières, pour la plupart
d'un faible tirant d'eau, bardées de fer par le travers ou
par l'avant, c'est-à-dire admirablement propres à démanteler des fortifications.

Les frégates à roues et les batteries flottantes furent armées si rapidement, que, dès le 12, le contre-amiral Bouët-
Willaumez put partir pour l'Adriatique avec cette première
et lourde division de la flotte de siége.

Après une relâche forcée de trois jours à Messine, pour
renouveler son approvisionnement de charbon, il atteignit,
le onzième jour, la baie d'Antivari que Votre Excellence
m'avait désignée comme point de rendez-vous général de
la flotte expéditionnaire. Afin d'avancer autant que possible
le moment de cette réunion, je m'étais décidé à faire remorquer chaque groupe de canonnières, au fur et à mesure qu'elles seraient prêtes, par un de mes quatre vaisseaux.

L'Arcole partait le 15 avec six de ces petits bâtiments.

Le 18, au point du jour, le vaisseau *l'Alexandre* suivait,
avec six autres canonnières à la remorque, et, le soir du
même jour, je quittais Toulon avec *la Bretagne* et deux vais-

seaux traînant après nous nos dix dernières canonnières, et laissant à Toulon le vaisseau *le Redoutable* qui devait, trois jours après, conduire le dernier groupe de la flotte, composé de deux transports chargés de munitions de guerre et de deux canonnières toscanes.

Le 30 juin, toutes ces forces, après des difficultés de navigation que les marins devinent, et qu'il est inutile par conséquent d'énumérer à Votre Excellence, étaient réunies à Antivari, où elles se ravitaillaient en charbon au moyen des nombreux transports du commerce que vous aviez d'avance dirigés sous escorte vers ce port neutre. J'y avais été rallié la veille par une division navale sarde, composée de deux frégates à hélice et de trois corvettes et avisos à roues. Cette division, commandée par le capitaine de vaisseau Tholozano, s'était immédiatement rangée sous mon commandement.

Du 30 au soir au 1er juillet à midi, toute la flotte partit d'Antivari par groupes, comme elle y était venue; mais le premier de ces groupes que je conduisais, et que je dirigeai avec toute la rapidité possible vers le fond de l'Adriatique, où j'avais mission de m'emparer de l'île de Lossini, était composé, en vue d'une résistance à vaincre, de la manière suivante :

Les vaisseaux *la Bretagne* et *le Redoutable;*

Les frégates *le Mogador* (contre-amiral Bouët-Willaumez) et *l'Isly;*

La frégate sarde *Victor-Emmanuel;*

Huit canonnières; une batterie flottante.

L'île de Lossini, située à l'entrée de l'archipel de Quarnero, est un point central entre Venise, Trieste, Pola, Fiume et Zara, qui sont les principaux établissements maritimes de l'Autriche sur le littoral de la Vénétie, de l'Illyrie, de l'Istrie, de la Hongrie et de la Dalmatie.

La possession de cette île était pour nous d'une importance extrême, et devait nous assurer une excellente base d'opérations. L'ennemi ne pouvait manquer de le comprendre, et nous devions dès lors penser qu'il chercherait à nous opposer une résistance que nous étions d'ailleurs en mesure de briser.

Il n'en fut rien, et, soit crainte de nous laisser une garnison prisonnière, soit plutôt impuissance de se garder sur toute l'étendue des côtes menacées par la flotte alliée, les Autrichiens avaient complétement abandonné à elle-même la nombreuse population de Lossini et désarmé les tours Maximiliennes qui dominent la ville et le port Augusto.

Après avoir substitué, sur la ville et sur les tours de Lossini Piccolo, les couleurs françaises et piémontaises à celle de l'Autriche, je fis savoir aux habitants que je les traiterais comme des compatriotes, si, de leur côté, ils nous assistaient de toutes leurs ressources. Je fus compris de cette population essentiellement pacifique et commerçante; aussi je jugeai à propos de ne pas user du droit que j'avais de confisquer 14 ou 15 navires du commerce mouillés dans le port, après m'être assuré qu'ils étaient bien la propriété d'habitants de l'île.

Alors commencèrent les préparatifs de l'attaque des côtes de la Vénétie. Les batteries flottantes reçurent le complément de leur artillerie et se démâtèrent entièrement, afin d'être moins vulnérables aux coups de l'ennemi; les canonnières en firent autant. Les unes et les autres, dirigées par le contre-amiral Bouët-Willaumez et le capitaine de vaisseau de La Roncière le Noury, se rendirent dans une baie voisine pour y exécuter des tirs d'exercice que ces bâtiments, armés en toute hâte, et pourvus d'ailleurs d'excellents matelots canonniers brevetés, n'avaient encore pu faire convenablement.

Le commandant Bourgeois, du *Mogador*, faisait en même temps, et avec succès, des essais répétés de puissants pétards sous-marins pour faire sauter des estacades imitées de celles qui barraient l'entrée des trois ports de Venise : Chioggia, Malamocco et Lido.

Trois jours à peine avaient suffi pour nous établir fortement à Lossini, dont je confiai la garde à 400 marins et

400 soldats d'infanterie de la marine, sous le commandement supérieur du capitaine de frégate Duvauroux, officier énergique, instruit et vigilant. Des magasins, loués en ville, se remplissaient de nos approvisionnements en vivres, en charbon ; des appareils distillatoires se montaient sur la plage, pour nous fournir de l'eau par la distillation de l'eau de mer ; enfin, un hôpital de 120 lits, placé à terre avec nos ressources, recevait les malades des bâtiments de flottille, tandis que nous disposions un des transports mixtes de la flotte pour recevoir les blessés le jour du combat.

Pendant qu'une partie de nos infatigables matelots accomplissaient ces travaux de première urgence, sous l'énergique et active direction du contre-amiral Chopart, mon chef d'état-major, les autres complétaient le charbon des bâtiments, dégréaient et démâtaient les batteries blindées, ainsi que les petites canonnières, travaillaient à établir sur des trabaccoli capturés des mortiers de 0,32 centimètres que Votre Excellence m'avait accordés avant mon départ de Toulon.

Le 6 juillet, deux grands transports mixtes arrivaient à Lossini, m'apportant, dans le moment le plus opportun, les 3000 hommes d'infanterie de ligne faisant partie des troupes que l'Empereur avait ordonné d'adjoindre à l'expédition. Je les fis immédiatement repartir sur les vaisseaux : j'appris en même temps que le général de division de Wimpffen venait, par ordre de Sa Majesté, pour prendre le commandement des troupes de débarquement.

Le 7, un aviso que j'avais envoyé à Rimini porter une dépêche télégraphique par laquelle je rendais compte à Votre Excellence de la prise de possession de Lossini et lui demandais les ordres de l'Empereur, ainsi que la recommandation m'en avait été faite avant de quitter Toulon, rentra au port Augusto, porteur d'une dépêche qui y attendait l'arrivée de l'escadre, et par laquelle l'Empereur m'ordonnait d'attaquer les défenses extérieures de Venise.

La flotte était prête ; je fixai le départ au lendemain

matin, 8 juillet, laissant seulement deux canonnières toscanes à la disposition du commandant supérieur pour concourir à la sécurité de notre établissement.

L'attaque combinée de la flotte et du corps expéditionnaire devait avoir lieu le 10 juillet, et j'en avais avisé Votre Excellence dès le 7, par le télégraphe de Rimini. Personne ne doutait de son succès.

Le 8 juillet, au point du jour, la flotte était sous vapeur et sortait de Lossini lorsque parut le vaisseau *l'Eylau*, expédié la veille au soir par le contre-amiral Jurien, pour m'apporter une lettre du gouverneur général de la Vénétie et une dépêche de Vérone par laquelle le général Fleury, aide de camp de l'Empereur, en m'annonçant qu'une suspension d'armes venait d'être signée, m'ordonnait, de la part de Sa Majesté, de suspendre toute hostilité.

Un instant après, un aviso parlementaire expédié de Zara me ralliait, et son capitaine me remettait une note par laquelle le gouverneur général de la Dalmatie me donnait également avis de la suspension d'armes.

Cet événement imprévu ne devait pas modifier nos dispositions de départ, et je pensais même que la présence d'une flotte nombreuse devant Venise emprunterait à la suspension des hostilités une nouvelle et grande importance.

Toutes les remorques prises, nous nous dirigeâmes donc vers les plages vénitiennes, et le lendemain, au lever du soleil, la flotte entière, forte de 45 bâtiments de guerre de tous rangs, mouillait sur cinq lignes parallèles à la côte, en vue des dômes de Saint-Marc et d'une population agitée, à ce moment solennel, de sentiments bien divers.

J'expédiai immédiatement un officier parlementaire à Malamocco, porteur d'une lettre par laquelle j'avertissais le feld-maréchal que je suspendais toute hostilité. Je lui demandais en même temps qu'un sauf-conduit me fût accordé pour un officier que je désirais envoyer au quartier général de l'Empereur, par le chemin de fer de Venise à Vérone. Il me fut répondu que l'on allait en référer à Sa Majesté Apostolique elle-même.

Le 10 au matin, un aviso portant le pavillon parlementaire vint, le long de *la Bretagne*, se mettre à ma disposition pour porter l'officier que j'avais demandé à envoyer près de l'Empereur. Mon premier aide de camp, le capitaine de frégate Foullioy, s'y embarqua, porteur d'un rapport dans lequel je rendais compte sommairement à Sa Majesté de la situation de la flotte, de ce qu'elle avait fait jusqu'à ce jour et de ce qu'elle était prête à entreprendre au premier signal qui lui en serait donné.

Mon aide de camp était de retour le 12 au matin; il avait été accompagné pendant son voyage au travers de l'armée ennemie par des officiers autrichiens et traité avec une extrême courtoisie. Arrivé au quartier général français, à Valeggio, il eut l'honneur d'être reçu le 11 au matin par l'Empereur, qui voulut bien le questionner longuement sur la flotte et sur ses moyens d'action.

Sa Majesté eut la bonté de lui remettre pour moi la lettre autographe suivante :

Valeggio, le 11 juillet 1859.

« Mon cher amiral,

« Une suspension d'armes est conclue jusqu'au 15 août: je vous prie donc de renvoyer à Lossini tous les bâtiments qui n'ont pas besoin de tenir la mer.

« Si la paix ne se fait pas, je compte sur l'énergie de la flotte et sur l'habileté de son chef pour concourir, avec l'armée de terre, au but que je me suis proposé.

« Employez le temps jusqu'au 15 août à exercer les équipages, à faire des reconnaissances sur toutes les côtes, et à tâcher d'avoir des renseignements sur les points faibles de l'ennemi.

« Recevez l'assurance de mon amitié.

« NAPOLÉON. »

Je termine ici, Monsieur l'amiral; le reste est connu de Votre Excellence ; elle sait que l'abnégation est une vertu nécessaire et essentielle de notre profession : les marins de la flotte de l'Adriatique, déçus de l'espoir de voir couronner de grands efforts d'activité par une participation honorable aux glorieux travaux de l'armée, savent encore se réjouir des triomphes auxquels il ne leur a pas été donné de concourir les armes à la main, et s'associer aux joies ainsi qu'à la reconnaissance de la patrie.

Je prie Votre Excellence d'agréer l'hommage de mon profond respect.

> *Le vice-amiral, sénateur, commandant en chef*
> *l'escadre de la Méditerranée,*
> ROMAIN DESFOSSÉS.

XII

Composition de la flotte de l'Adriatique mouillée devant Venise le 9 juillet 1859.

Escadre des vaisseaux, frégates, corvettes et transports à hélice, sous le commandement direct du vice-amiral Desfossés, commandant en chef les forces de mer et de terre dans l'Adriatique.

La Bretagne, vaisseau de 130 canons. — Portant le pavillon du vice-amiral Desfossés, contre-amiral Chopart, chef d'état-major général ; capitaine du vaisseau Pothuau.

L'Algésiras, vaisseau de 90 canons. — Portant le pavillon du contre-amiral Jurien La Gravière, Miquel, capitaine de frégate, chef d'état-major ; capitaine du vaisseau, Dieudonné.

L'Arcole, vaisseau de 90 canons. — Capitaine de vaisseau Rapatel.

L'Eylau, vaisseau de 90 canons. — Capitaine de vaisseau Jaurès.

Le Redoutable, vaisseau de 90 canons. — Capitaine de vaisseau Moulac.

L'Alexandre, vaisseau de 90 canons. — Capitaine de vaisseau Philippe-Kerhallet.

L'Impétueuse, frégate de 56 canons. — Capitaine de vaisseau Excelmans.

L'Isly, frégate de 40 canons. — Capitaine de vaisseau Roze.

Le Monge, corvette de 5 canons. — Capitaine de frégate Bourdais.

Le Colbert, corvette à roues de 4 canons. — Capitaine de frégate Duboisguehenneuc.

L'Isère, transport de 1200 tonneaux. — Capitaine de frégate Allègre.

L'Ariége, transport de 900 tonneaux. — Capitaine de frégate Allemand.

L'Yonne, transport de 1 200 tonneaux. — Capitaine de frégate Chastenet.

Victor-Emmanuel, frégate sarde de 50 canons. — Portant le guidon du baron *Tholosano*, chef de la division sarde ; capitaine de vaisseau, le comte Albini, capitaine de vaisseau commandant la frégate, le marquis d'Aste, capitaine de frégate, chef d'état-major.

Malfatano, corvette à roues de 4 canons.

Carlo Alberto, frégate sarde de 40 canons. — Capitaine de vaisseau, comte Basano.

Flotte de siége. — Le contre-amiral comte Bouët-Willaumez, commandant en chef.

Frégates à vapeur.

Le Mogador (650 chevaux), frégate à roues de 20 canons. — Portant le pavillon du contre-amiral comte Bouët-Willaumez ;— A. Bouët, capitaine de vaisseau, chef d'état-major ; — Bourgois, capitaine de vaisseau, commandant la frégate.

Le Vauban (540 chevaux), frégate à roues de 20 canons.
— Capitaine de vaisseau Coupvent-Desbois.

Le Descartes (540 chevaux), frégate à roues de 20 canons.
— Capitaine de vaisseau Fisquet.

Le Gomer (450 chevaux), frégate à roues de 16 canons. —
Capitaine de vaisseau, Fabre-Lamaurelle.

Batteries flottantes cuirassées.

La Lave (225 chevaux), batterie flottante de 16 canons
cuirassée. — Capitaine de frégate Bonie.

La Tonnante (225 chevaux), batterie flottante de 16 canons
cuirassée. — Capitaine de frégate Lejeune.

La Dévastation (225 chevaux), batterie flottante de 16 canons
cuirassée. — Capitaine de frégate Majastre.

Canonnières de 1ʳᵉ classe.

L'Éclair (110 chevaux), canonnière de 1ʳᵉ classe de 4 canons. — Portant le guidon du baron La Roncière le
Noury, Capitaine de vaisseau, chef de la division des
canonnières de 1ʳᵉ et 2ᵉ classe. De Jonquières, capitaine
de frégate aide de camp.

La Grenade (110 chevaux), canonnière de 1ʳᵉ classe de
4 canons. — Capitaine Charlemagne, lieutenant de vaisseau, capitaine Bergasse, lieutenant de vaisseau.

La Fulminante (110 chevaux), canonnière de 1ʳᵉ classe de
4 canons.—Capitaine Duburquois, lieutenant de vaisseau.

L'Étincelle (110 chevaux), canonnière de 1ʳᵉ classe, de 4 canons. — Capitaine Hamon, lieutenant de vaisseau.

La Flamme (110 chevaux), canonnière de 1ʳᵉ classe de 4 canons. — Capitaine Le Peltier, lieutenant de vaisseau.

La Flèche (110 chevaux), canonnière de 1ʳᵉ classe de 4 canons. — Capitaine Grasset, lieutenant de vaisseau.

L'Aigrette (110 chevaux), canonnière de 1ʳᵉ classe de 4 canons. — Capitaine Bouju, lieutenant de vaisseau.

Canonnières de 2ᵉ classe.

La Sainte-Barbe (90 chevaux), canonnière de 2ᵉ classe de
2 canons (30 rayé). — Capitaine Périer, lieutenant de
vaisseau.

La Tempête (90 chevaux), canonnière de 2ᵉ classe de 2 canons (30 rayé). — Capitaine Charmois, lieutenant de
vaisseau.

L'Arquebuse (90 chevaux), canonnière de 2ᵉ classe de 2 canons (30 rayé). — Capitaine Perrier, lieutenant de vaisseau.

La Redoute (90 chevaux), canonnière de 2ᵉ classe de 2 canons (30 rayé). — Capitaine Loyer, lieutenant de vaisseau.

La Lance (90 chevaux), canonnière de 2ᵉ classe de 2 canons (30 rayé). — Capitaine Butel, lieutenant de vaisseau.

La Poudre (90 chevaux), canonnière de 2ᵉ classe de 2 canons (30 rayé). — Capitaine Brosset, lieutenant de vaisseau.

La Salve (90 chevaux), canonnière de 2ᵉ classe de 2 canons
(30 rayé). — Capitaine Lefèvre-Dubua, lieutenant de
vaisseau.

Chaloupes canonnières de 3ᵉ classe.

La Tirailleuse (25 chevaux), chaloupe canonnière de 1 canon (30 rayé). — Capitaine Borg, enseigne de vaisseau.

L'Alerte (25 chevaux), chaloupe canonnière de 1 canon
(30 rayé). — Capitaine de Marquessac, lieutenant de
vaisseau.

La chaloupe canonnière n° 11 (16 chevaux), dite *la Guêpe*,
de 1 canon (30 rayé). — Capitaine Ch. Duperré, lieutenant de vaisseau, destinée à arborer le pavillon du contre-amiral Bouët-Willaumez pendant le combat.

La chaloupe canonnière n° 1 (16 chevaux), de 1 canon
(30 rayé). — Capitaine Garreau, lieutenant de vaisseau.

La chaloupe canonnière n° 2 (16 chevaux), de 1 canon
(30 rayé). — Capitaine de Parseval, lieutenant de vaisseau.

La chaloupe canonnière n° 3, de 1 canon (30 rayé). — Capitaine Gubert, enseigne de vaisseau.

La chaloupe canonnière n° 4, de 1 canon (30 rayé). — Capitaine Michaux, lieutenant de vaisseau.

Total, 43 bâtiments à vapeur, parmi lesquels les 3 batteries flottantes, cuirassées de fer dans tout leur pourtour,
et les 21 canonnières de 1re, 2e et 3e classe, cuirassées de
fer par l'avant, peuvent hanter les eaux peu profondes et
s'approcher presque impunément des forts et batteries de
la côte.

XIII

Note sur le service télégraphique de l'armée d'Italie.

Dans les premiers jours de mai, S. Exc. le maréchal
ministre de la guerre fit la demande à son collègue de
l'intérieur d'un service télégraphique pour l'armée d'Italie.

La direction de ce service fut confiée à M. Lair (Clément), inspecteur général de 2e classe.

Ce fonctionnaire partit de Paris, le 16 mai avec :

5 inspecteurs ;

4 directeurs de station ;

12 stationnaires ;

28 surveillants ;

et rejoignit le 22, le grand quartier général à Alexandrie.

Le temps et l'expérience manquant pour créer un matériel spécial qui pût faciliter les opérations d'une mission sans précédent, M. le directeur de l'administration avait en toute hâte réuni à Lyon, Avignon et Marseille, environ 3000 poteaux de 6 mètres de longueur, les plus légers qu'il avait pu trouver dans ses dépôts, et les avait remis à l'administration de la guerre avec 5000 kilogrammes de petit fil de fer, bon nombre d'isolateurs en porcelaine, des outils de construction, des piles électriques et des appareils de transmission (système Morse) disposés de façon à être aussi portatifs que possible.

Tout ce matériel, débarqué à Gênes, fut en quelques jours réuni à Alexandrie par les soins du chef de la mission, avec 2000 perches légères de $4^m,50$ de hauteur qu'il s'était empressé de faire confectionner à Gênes, lorsqu'il avait appris que les Sardes et les Autrichiens possédaient un matériel de lignes volantes dont ils attendaient les plus heureux résultats, qui ont été loin de se réaliser. M. l'intendant général mettait alors à la disposition du service télégraphique 14 voitures du train auxiliaire qui, quoique bien insuffisantes, ont été d'un grand secours pendant toute la campagne. La mission a dû pourvoir à l'insuffisance de ces moyens de transport par des réquisitions. C'est ainsi également que, pour la plantation des poteaux, elle s'est procuré, mais toujours avec bien de la peine et après avoir perdu à ce soin un temps bien précieux, des travailleurs qu'elle payait fort cher.

Le personnel fut organisé en trois brigades :

Les 2 premières étaient chargées de constructions, la 3e de la consolidation des lignes, de leur surveillance et de leur entretien, ainsi que de l'organisation des convois de matériel, destinés à approvisionner les constructeurs.

Les premières étaient commandées chacune par un inspecteur de 1re classe ayant sous ses ordres :

1 inspecteur adjoint;

6 surveillants;

2 stationnaires munis de leurs appareils de transmission;

7 voitures du train auxiliaire chargées de matériel de ligne.

La 3e brigade se composait d'un inspecteur, d'un directeur de station et de quelques surveillants, chargés d'escorter les convois de matériel, et enfin de tout le personnel chargé du service des stations ouvertes et de l'entretien des lignes reliant ces stations.

C'est au moyen de ces ressources renouvelées par l'administration centrale que la mission télégraphique s'est mise courageusement à l'œuvre, pour remplir dignement la tâche difficile qui lui était confiée.

De Vercelli à Valeggio, du 31 mai au 6 juillet, jour de la signature de l'armistice, il a été réparé ou construit plus de 400 kilomètres de lignes, et ouvert 35 bureaux, qui ont toujours, sauf quelques courtes interruptions, assuré à l'Empereur et à son quartier général, leurs communications avec la France et souvent avec les maréchaux commandant les corps d'armée, et qui ont fait en même temps le service des dépêches du roi de Sardaigne et de son quartier général.

Voici la liste de ces 35 bureaux et les dates de leur ouverture :

Vercelli, 30 mai.	Brescia, 16 juin soir.
Novare, 2 juin.	Lodi, 17 juin soir
Galliate, 3 juin.	Plaisance, 19 juin matin.
Turbigo, 4 juin au soir.	Crémone, 21 juin matin.
Trecate, 4 juin au soir.	Cilivergho, 21 juin matin.
St-Martin de Tessin, 5 juin à midi.	Lonato, 21 juin soir.
	Piadena, 24 juin soir.
Magenta, 5 juin au soir.	Bozzolo, 25 juin soir.
Milan, 6 juin au matin.	Pozzolengo, 25 juin soir.
Melzo, 9 juin soir.	Cavriana, 28 juin matin.
Trecello, 10 juin matin.	Volta, 29 juin midi.
Melegnano, 10 juin soir.	Rodondesco, 30 juin midi.
Binasco, 11 juin soir.	Gazzaldo, 1er juillet soir.
Treviglio, 13 juin matin.	Borghetto, 1er juillet soir.
Bergame, 14 juin soir.	Valeggio, 2 juillet soir.
Chiari, 15 juin soir.	Goito, 2 juillet soir.
Pavie, 15 juin soir.	Castelnuovo, 3 juillet soir.
Ospedaletto, 16 juin soir.	Ste-Lucie.

Plusieurs fois les inspecteurs, poussant leurs lignes au

delà même des avant-postes de l'armée, ont pu transmettre, sur les positions et les mouvements de l'ennemi, des renseignements qui étaient communiqués immédiatement à M. le maréchal major-général.

Le jour de l'armistice, les communications du grand quartier général avec Milan étaient assurées par deux grandes lignes, l'une passant par Brescia, l'autre par Crémone et les mesures étaient prises pour porter, aussi rapidement que possible en avant, nos fils qui enveloppaient déjà Peschiera et s'avançaient sur la route de Villafranca jusqu'à Custozza.

Pendant la campagne, le nombre des stationnaires seul s'est accru. Il était de 28 et allait être porté à 34, quand les hostilités ont cessé.

Il n'est pas besoin de faire ressortir toutes les difficultés que la mission a dû surmonter pour construire ses lignes au milieu d'une armée de plus de cent mille hommes et sur des routes encombrées de bagages et d'approvisionnements de toutes sortes ; mais c'est ici le cas de signaler les améliorations qu'il serait indispensable d'apporter à l'avenir dans l'organisation d'un semblable service, pour réunir toutes les chances possibles de succès.

Ces améliorations ont été exposées dans un rapport spécial adressé par M. Lair à M. le directeur de l'administration.

En terminant cette note, le chef de la mission est heureux de remercier l'administration de la guerre, du concours qu'elle en a reçu et de déclarer que les rapports entre ses fonctionnaires et tous les chefs des divers services militaires et administratifs, n'ont pas cessé un seul instant d'être parfaits.

Paris, le 20 novembre 1859.

L'Inspecteur général, chef du service télégraphique de l'armée d'Italie.

C. LAIR.

FIN DE LA DEUXIÈME ET DERNIÈRE PARTIE.

TABLE DES MATIÈRES

DE LA DEUXIÈME PARTIE.

LIVRE PREMIER.

CHAPITRE PREMIER.

CHAPITRE II.

— Adresse des Milanais à l'*Empereur*. — Le maréchal *de Mac-Mahon* quitte Magenta pour San Pietro l'Olmo. — Le 7, l'*Empereur* porte son quartier général à Quarto Cagnino. — Le maréchal de *Mac-Mahon* entre dans Milan. — Le maréchal *Baraguey d'Hilliers* va remplacer le 2ᵉ corps à San Pietro l'Olmo. — Entrée de l'*Empereur* et du roi de Sardaigne à Milan. — Le maréchal *Baraguey d'Hilliers* reçoit l'ordre d'enlever Melegnano. — Le 2ᵉ corps est mis sous ses ordres. — Plan du maréchal *Baraguey d'Hilliers* pour l'attaque de Melegnano. — Le général *Bouteilloux* forme une section de sapeurs pour marcher en tête de chaque brigade. — A 1 heure, les troupes sont réunies à San Donato. — A 2 heures, le maréchal *de Mac-Mahon* a porté en avant la division *Decaen* (2ᵉ). — La division *La Motterouge* (1ʳᵉ) part à 4 heures. — Le duc de *Magenta* se porte sur San Giuliano. — La 1ʳᵉ division rejoint la 2ᵉ à Mediglia à 6 heures du soir. — Elles continuent leur marche pour s'établir sur deux lignes sur la route de Lodi. — Le canon du 1ᵉʳ corps se fait entendre. — La 3ᵉ division *Bazaine* (1ᵉʳ corps) s'est avancée sur San Giuliano. — De ce village, elle pousse sur Melegnano. — Il est 6 heures moins un quart quand elle est en vue de Melegnano. — Le feu commence. — Le général *Forey* est arrivé à Mezzaro. — Continuant sa route jusqu'à Pedriano, il met 12 pièces d'artillerie en batterie qui prennent Melegnano d'écharpe. — L'ordre est donné de se lancer en avant. — Le général *Goze* fait déposer les sacs à terre. — Le colonel *Paulze d'Ivoy* et le colonel *Borda* se portent sur le village avec le 1ᵉʳ zouaves et le 33ᵉ de ligne. — Le choc est terrible. — Les barricades sont franchies. — Sur la gauche, dans le cimetière, les Autrichiens ont organisé une résistance sérieuse. — Les zouaves sont décimés. — Attaque à la baïonnette. — De son côté, la 2ᵉ division du 1ᵉʳ corps est partagée en deux. — La 2ᵉ brigade (général *Négrier*) marche dans la direction de San Brera et forme la réserve de la 1ʳᵉ brigade. — La 1ʳᵉ brigade (*Niol*), sous le commandement du général *de Ladmirault*, suit la 2ᵉ brigade. — Difficultés de la route pour le transport de l'artillerie. — Le général *de Ladmirault* entend le canon de la division *Bazaine*. — Il se jette en toute hâte dans la direction du feu avec le 10ᵉ bataillon de chasseurs (commandant *Courrech*). — Les Autrichiens occupent une ferme, qui est enlevée à la baïonnette. — Pendant ce temps, le 15ᵉ de ligne pousse droit devant lui, en tenant Melegnano sur sa droite. — Les généraux *de Ladmirault* et *Niol* marchent avec ce régiment. — Les Autrichiens sont en retraite sur la ville. — Nos troupes les poursuivent. — Au centre de la ville, l'attaque continue avec vigueur. — Les Autrichiens refoulés pied à pied par le 1ᵉʳ zouaves et le 33ᵉ de ligne, se précipitent sur leurs lignes de retraite par le pont de Melegnano. — Le général *Bazaine* cul-

CHAPITRE III.

le 3ᵉ corps traverse l'Adda et s'établit au bivouac de Triviglio. — Le
2ᵉ corps atteint Albignano. — Le 1ᵉʳ corps se rend à Melzo, et le 4ᵉ,
à Pioltello. — Le même jour, la garde impériale vient remplacer le
3ᵉ corps à Gorgonzola, où *l'Empereur* transporte son quartier général. — Le général *Roguet* est nommé commandant d'Alexandrie. —
Le général de *Béville* reçoit le commandement de Milan. — Ascensions aérostatiques par M. *E. Godard.* — LE 13 JUIN, le 3ᵉ corps est
à Mozzanica. — Le 2ᵉ corps franchit l'Adda et s'établit à mi-chemin
de Caravaggio. — Le 1ᵉʳ corps franchit également l'Adda et s'arrête
à Triviglio. — Le 4ᵉ corps atteint Albignano. — *L'Empereur* reste à
Gorgonzola avec la garde impériale. — Les différents corps d'armée
marchent à une distance d'une lieue et demie à deux lieues l'un de
l'autre. — LE 14 JUIN, le 3ᵉ corps franchit le Serio et se porte à Fontanella. — Le 2ᵉ corps traverse le Serio à la suite du 3ᵉ et occupe
Calcio et Urago. — Le 1ᵉʳ corps est à Mozanica. — Le 4ᵉ corps à Caravaggio. — La garde impériale passe l'Adda et vient occuper Triviglio et Cassano. — Le quartier général de *l'Empereur* est à Triviglio.
— Le 13, les Piémontais ont franchi le Serio et porté leur quartier
général à Palazzuolo. — Le 12, *Garibaldi* entre à Brescia. — Le général *Cialdini* fait surveiller la vallée de l'Oglio supérieur et couvrir
les derrières de l'armée alliée. — LE 15 JUIN, la garde impériale
vient camper à Romano. — Les autres corps d'armée conservent leurs
bivouacs. — Engagement de *Garibaldi* avec une colonne autrichienne
à Castenedolo. — *Victor-Emmanuel* fait avancer la division *Cialdini*
sur San Eufemia. — LE 16 JUIN, le Roi se porte en avant de Brescia.
— Le même jour, le 3ᵉ corps atteint Soncino. — Le 2ᵉ corps à Castrezzato. — Le 4ᵉ corps remplace le 2ᵉ corps à Urago. — La garde
impériale quitte Romano. — LE 17 JUIN, le 3ᵉ corps est à Mariano;
le 4ᵉ, à Orci-Vecchi. — Le 2ᵉ corps campe à Castelnovo. — Le 1ᵉʳ corps
vient se placer à Trenzano et à Maclodio. — La garde impériale se
transporte à Castrezzato et Travagliato. — Le quartier général de
l'Empereur à Travagliato. — LE 18 JUIN, le 3ᵉ corps franchit la Mella
et occupe Poncarale. — Le 4ᵉ corps à Bagnolo. — Le 2ᵉ à San Zeno.
— Le 1ᵉʳ corps tourne Brescia et se dirige sur les routes de Lonato
et de Monte-Chiaro, appuyant l'armée piémontaise et la reliant avec
le 2ᵉ corps. — La garde impériale entre dans Brescia. — LES 19 ET
20 JUIN, jours de repos. — *L'Empereur* établit son quartier général
à Brescia. — Le 19, le drapeau du 2ᵉ zouaves est décoré par le maréchal de *Mac-Mahon.* — Le même jour, le général *Cialdini* s'établit à
Breno. — La 3ᵉ division sarde occupe Tri-Ponti et Ponte di San Marco.
— Le 20, l'armée piémontaise campe le long de la Chiese. — Service
télégraphique sous la direction de M. *Clément Lair.* — MM. *Gauthier,
Saigey, Grosjean, Retz, Amiot.* — Rapport de M. *Lair.* Pages 91-114

LIVRE II.

CHAPITRE PREMIER.

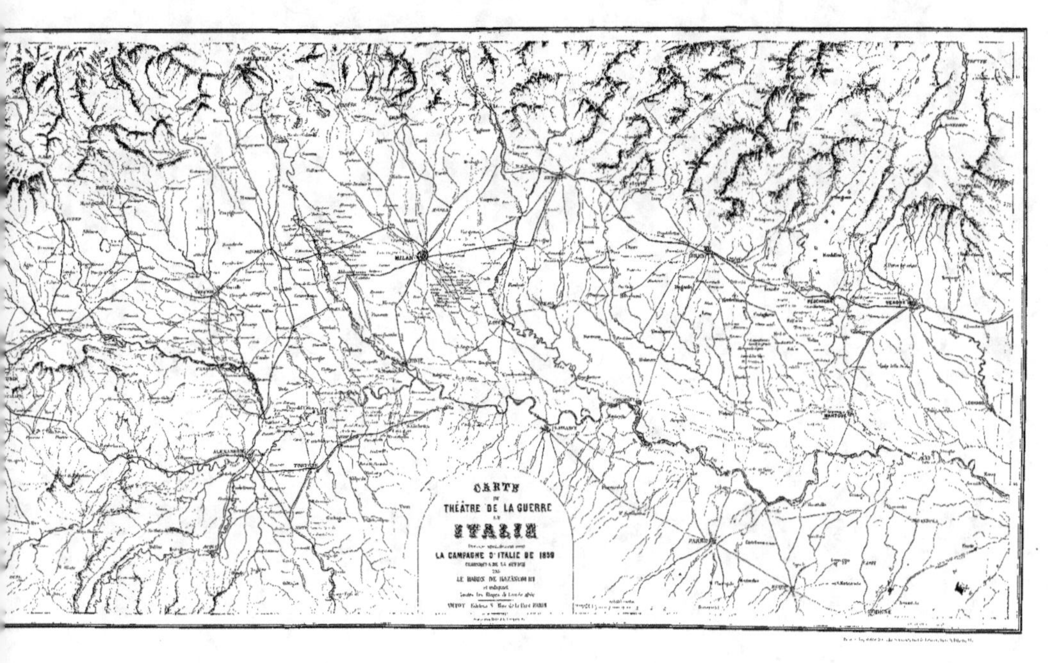
CARTE
DU
THÉÂTRE DE LA GUERRE
EN
ITALIE
LA CAMPAGNE D'ITALIE DE 1859
PAR
LE BARON DE BAZANCOURT
AMYOT, Éditeur, 8, Rue de la Paix, PARIS
MILAN
ALEXANDRIE

CHAPITRE II.

PREMIER CORPS. —Le 23, le commandant *Le Roy*, et le capitaine *Fabre* (1ᵉʳ corps) sont envoyés en reconnaissance sur Solferino. — Solferino est occupé par les Autrichiens. — Ordre de marche du 1ᵉʳ corps prescrit par le maréchal *Baraguey-d'Hilliers*, dans la prévision d'une attaque. — La 2ᵉ division du 1ᵉʳ corps (général *de Ladmirault*) part à 3 heures du matin et prend la route de gauche qui passe par Santa-Maria.—Le général Forey (1ʳᵉ division) s'engage par la route de droite qui traverse Castiglione. — Il est suivi, 2 heures plus tard, par le général *Bazaine* (3ᵉ division). — La 2ᵉ division, avant d'entrer à Castiglione, doit attendre que cette ville soit évacuée par le corps *de Mac-Mahon*, qui l'a occupée la veille et qui se dirige sur Cavriana.— Les difficultés du terrain font avancer péniblement le général de *Ladmirault.*— Le maréchal *de Mac-Mahon* ne peut s'éclairer qu'avec difficulté sur sa gauche.—Le maréchal *Baraguey-d'Hilliers*, désireux de reconnaître le terrain, marche en avant de la division *Forey*. — Il donne dans les avant-postes autrichiens et est forcé de rallier la tête de la 1ʳᵉ division. — Le général *Forey* lance le commandant *Pichon* et le commandant *Brun* et continue sa marche sur le Fontane et le Grole. — Le général Forey fait occuper le Grole par le général *Dieu.*—Puis il ordonne à ce général de porter vigoureusement le 84ᵉ sur le mont Fenile. — Le colonel *Cambriels* (84ᵉ) s'en empare. — Le maréchal *Baraguey-d'Hilliers* fait couvrir l'arrivée du général *de Ladmirault* et donne ordre au général *Bazaine* de le rallier sur le mont Rosso. — La division *Ladmirault* est arrivée.—Elle est divisée en 3 colonnes d'attaque. — Quatre pièces d'artillerie sont placées à 2500 mètres des premiers contre-forts occupés par les Autrichiens.— Telles sont, à 8 heures du matin, les positions d'attaque occupées par le 1ᵉʳ corps.

DEUXIÈME CORPS. — A 3 heures du matin, le maréchal *de Mac-Mahon* se met en route pour se porter sur Cavriana, en passant par San Cassiano. — Le général *Gaudin de Villaine* éclaire la marche. — Il

nato. — Le lieutenant-colonel *Cardona* rencontre les avant-postes autrichiens. — Il est forcé de se replier devant des forces supérieures. — Le général *Mollard* dispute avec énergie le terrain. — Cette vigoureuse défense arrête les progrès de l'ennemi. Pages 130-151

CHAPITRE III.

L'Empereur a Montechiaro. — Mort du général *de Cotte*. — Sa biographie. — Deux officiers d'état major, envoyés par les maréchaux *Canrobert* et *Baraguey-d'Hilliers*, annoncent à l'*Empereur* que, de toutes parts, l'ennemi déploie des forces considérables sur les hauteurs de Solferino et de Cavioana. — Le capitaine *de Kleinenberg* est envoyé auprès du maréchal Canrobert pour lui remettre une lettre renfermant des renseignements de la plus haute importance. — L'*Empereur* se rend à Castiglione. — Il monte au clocher de cette ville, et du premier coup d'œil comprend qu'une grande bataille va être livrée. — Description du champ de bataille de Solferino. — Le 1er corps a circonscrit dans les positions élevées de Solferino les efforts de l'ennemi. — Le général *de Ladmirault* se maintient sur les crêtes en face du cimetière. — Le général *Dieu* attend le signal de l'attaque. — Le 2e corps est déployé au milieu de massifs épais perpendiculairement à la route de Castiglione à Goito. — Le 4e corps avance ses têtes de colonne sur les routes de Rebecco et Ceresara. — Le 3e corps se dirige sur Medole. — La garde impériale s'est portée en avant de Castiglione. — Solferino est la véritable clef de la position. — Le but de l'ennemi est de séparer l'armée en deux. — Le général *Morris* est mis sous les ordres du maréchal *de Mac-Mahon*. — Sa biographie. — L'*Empereur* se dirige vers le 2e corps. — Le maréchal *de Mac-Mahon* s'empare de la Casa Marino. — Le général *Decaen* déploie sa division en avant. — La 1re division tient sa gauche à la route de Mantoue. — Le général *Auger* reconnaît la position des Autrichiens. — Il place sur la route les batteries de la 1re division, dont les boulets ravagent les rangs ennemis. — A ce moment, l'*Empereur* arrive et rejoint le maréchal de *Mac-Mahon*. — Instructions données par l'*Empereur* au maréchal. — Le 4e corps avance lentement. — L'*Empereur* envoie le capitaine *de Clermont-Tonnerre* dire au maréchal *Canrobert* d'appuyer les mouvements du général *Niel*. — L'*Empereur* se dirige alors vers le 1er corps. — Il est arrivé à la hauteur du mont Fenile. — Le général *Forey* (1re division) fait un feu très-actif sur une vallée en arrière des hauteurs à droite de Solferino, où sont massées de puissantes réserves. — Le général *Dieu* est grièvement blessé. — Le colonel *Cambriels* prend le commande-

CHAPITRE IV.

CHAPITRE V.

continue sa marche. — L'ennemi devient de plus en plus menaçant.
— Le général *Niel* fait dire au général *de Failly* de hâter sa marche.
— Il ordonne au général *Vinoy* de se rapprocher par une de ses
ailes du 2e corps. — L'ennemi s'appuie à la ferme de Casanova. —
— Le général *Soleille* accourt avec les batteries de réserve. — Arrivé
près de la ferme de Casanova, le général *Vinoy* donne ordre de s'en
emparer. — La ferme est prise d'assaut. — Le général *Vinoy* porte
de nouveau sa ligne de bataille en avant. — Les divisions *Partou-*
neaux et *Desvaux* débouchent dans la plaine. — Le général *Douay*
s'empare de Rebecco. — Il s'épuise à se maintenir contre les retours
continuels de l'ennemi. — Le général *Niel* lui envoie des renforts.
— La tête de colonne du général *de Failly* apparaît au delà de Medole. — Les Autrichiens cherchent à se faire jour entre le général
Vinoy et le général *Douay*. — Le général *de Failly* se dirige avec
sa 1re brigade sur Baite. — De toutes parts la lutte grandit. —
Biographie du général *de Failly*. — Ce général, engagé avec une
seule brigade, est dans une position extrêmement critique. — Le général *Niel* lance la brigade *Saurin*. — Le colonel du génie *Jourjon*
est tué. — Sa biographie. — Lutte acharnée. — Mort du colonel *de*
Maleville. — Sa biographie. — La brigade *Douay* soutient à Rebecco
une lutte inégale. — Le général, gravement blessé, est obligé de quitter le commandement. — Le général *Niel* donne ordre au colonel
O'Malley de tenter encore un vigoureux effort. — Le colonel entre
dans Rebecco. — Le général *Renault* s'est porté de son côté sur Rebecco, qui nous est définitivement acquis. — Les Autrichiens, battus
de tous les côtés, défendent avec acharnement leur dernière position.
— La bataille est concentrée sur Baite et Casanova. — Le prince
de Windischgraetz attaque Casanova, où se maintient depuis le matin
le 6e bataillon de chasseurs. — La mêlée est terrible. — Le général
Lenoble accourt. — Le général *Vinoy* fait des prodiges de valeur. —
Charge du général *de Clérembault*. — Revenons au 3e corps, au
point où nous l'avons laissé. — Le maréchal *Canrobert* est sur la
route de Ceresara. — Il a à se garder contre le corps d'armée de
Mantoue. — Il doit aussi appuyer le 4e corps. — Position difficile. — Privé
de cavalerie, il ne peut faire de sérieuses reconnaissances. — Le
général *Niel* demande du renfort. — Biographie du général *Bour-*
baki. — Le maréchal envoie le général *Trochu* au général *Niel*, avec
la brigade *Bataille*. — Le général *Trochu* se lance dans la direction
de Casanova. — Le maréchal *Canrobert* arrive sur les lieux avec le
général *Niel*. — La position est grave. — Le général *Niel* a engagé
ses dernières réserves contre Guiddizzolo. — Deux batteries arrêtent
l'ennemi par leur feu habilement dirigé. — Le général *de Luzy* se
lance sur l'ennemi. — Nos troupes doivent rétrograder devant des

CHAPITRE VI.

LIVRE III.

CHAPITRE PREMIER.

Le 5e corps (Prince *Napoléon*). — La présence d'une colonne de la division d'Autemarre, en avant de Plaisance, tient en respect le corps autrichien qui sortait de Mantoue. — Le 5e corps doit rallier à Goito le gros de l'armée. — Le 19, les fractions de ce corps, sous les ordres du Prince en Toscane, sont réunies à Massa. — Le général *Ulloa* s'avance sur Parme par la route de Modène. — Le 20, les troupes quittent Massa et se dirigent vers Parme. — Biographie du général *d'Autemarre*. — Le 25, le Prince est à Fornovo. — Il arrive à Parme. — Les avant-postes du général *d'Autemarre* à San Bionetta. — Les Autrichiens se retirent à l'approche des troupes. — Le 28 et le 29 le général *Uhrich* passe le Pô sur des ponts volants. — Le 30 juin, le 5e corps tout entier a franchi le fleuve. — Le 5e corps se dirige sur Goito. — Mouvements de l'armée principale. — Le 25 au matin,

PIÈCES JUSTIFICATIVES.

FIN DE LA TABLE DE LA DEUXIÈME ET DERNIÈRE PARTIE.

Paris. — Imprimerie de Ch. Lahure et Cⁱᵉ, rue de Fleurus, 9.

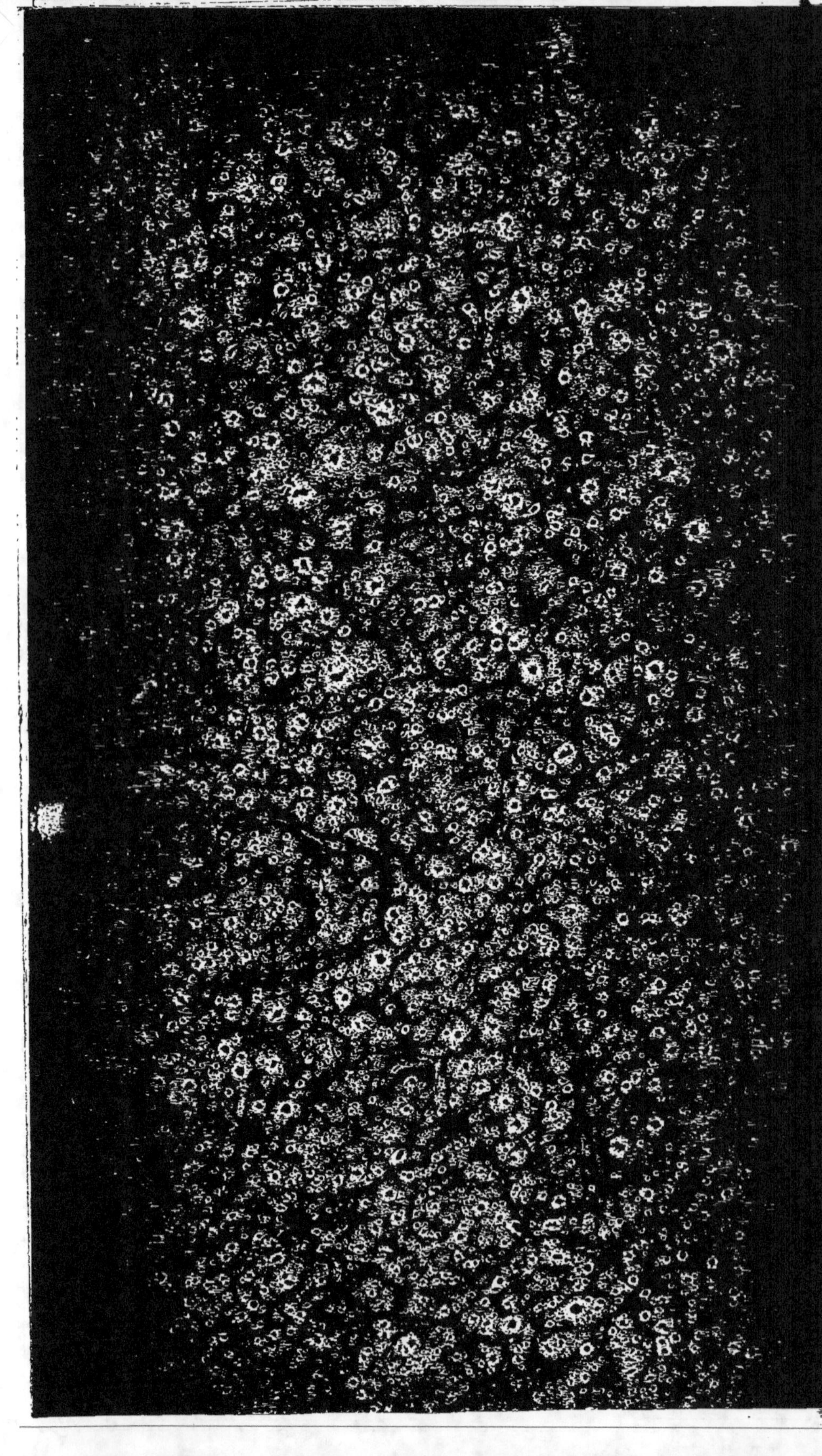

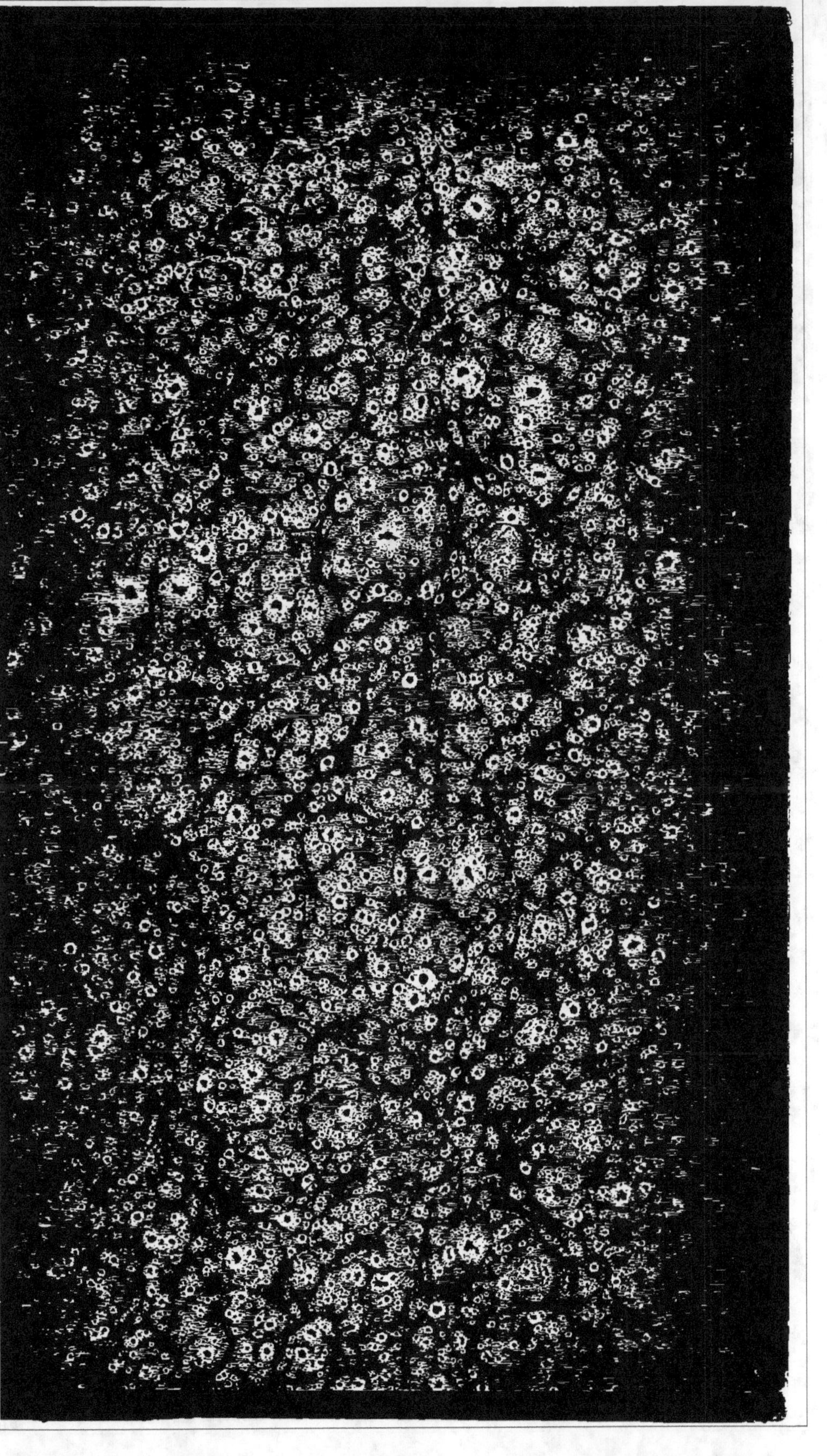

BIBLIOTHEQUE NATIONALE DE FRANCE

3 7531 02920926 0

www.ingramcontent.com/pod-product-compliance
Lightning Source LLC
Chambersburg PA
CBHW051730250726
48659CB00001B/7